Heinrich Rudolf Hertz, 1857–1894

Die von dem Bonner Bildhauer A. Küppers im Auftrag von Hertz' Eltern 1894 errichtete Büste; jetzt im Burndy Museum, Norwalk, Connecticut, USA

Bust by the Bonn sculptor A. Küppers, commissioned in 1894 by Hertz's parents; now in the Burndy Museum, Norwalk, Conn.

Heinrich Hertz

Erinnerungen • Briefe • Tagebücher

Memoirs • Letters • Diaries

Heinrich Hertz

Erinnerungen • Briefe • Tagebücher

Zusammengestellt von
JOHANNA HERTZ

Zweite, erweiterte Auflage herausgegeben von
Mathilde Hertz und Charles Susskind

Englische Übersetzung von
Lisa Brinner, Mathilde Hertz und Charles Susskind

Mit einer biographischen Einleitung von
Max von Laue

physik verlag

D-6940 Weinheim, Postf. 1260

Heinrich Hertz

Memoirs • Letters • Diaries

Arranged by
JOHANNA HERTZ

Second enlarged edition prepared by
Mathilde Hertz and Charles Susskind

English translation by
Lisa Brinner, Mathilde Hertz, and Charles Susskind

With a biographical introduction by
Max von Laue

San Francisco Press, Inc.
547 Howard Street, San Francisco, California 94105

Published in the United States of America
by San Francisco Press, Inc.,
and simultaneously in the Federal Republic of Germany
by Physik Verlag, GmbH

Gleichzeitig veröffentlicht
in den Vereinigten Staaten von Amerika
von San Francisco Press, Inc.
und in der Bundesrepublik Deutschland
vom Physik Verlag, GmbH

Library of Congress Catalog Card Number 77–80082
ISBN 0–911302–35–2 (San Francisco Press)
ISBN 3–87664–033–4 (Physik Verlag)
Printed in the USA

Dem Andenken an
Heinrich Hertz's Eltern
gewidmet

Dedicated
to the memory of
Heinrich Hertz's parents

Anmerkung des Verlegers

Die Herausgabe einer verbesserten und erweiterten Auflage dieses längst vergriffenen Buches erfolgt im Auftrag der jüngeren Tochter von Heinrich Hertz, Frau Dr. Mathilde Hertz. Im Hinblick auf das weltweite Interesse an ihres Vaters Werk und dessen Auswirkungen gab sie nicht nur ihre Zustimmung zur Veröffentlichung der vorliegenden zweisprachigen Auflage, sie ging sogar viel weiter: ihre großzügige Unterstützung, ermöglicht durch die Wiedergutmachungen der Deutschen Bundesrepublik, deckte die Kosten der Übersetzung und der Vorbereitung des Manuskripts für den Druck. Die Akademische Verlagsgesellschaft in Frankfurt am Main, die Nachfolgerin des Leipziger Verlages der Originalausgabe, übertrug großmütig die Publikationsrechte an den jetzigen Verlag.

Der von Max von Laue (1879–1960) kurz vor seinem Tode verfaßte biographische Beitrag wurde uns vom Ullstein-Verlag zur Verfügung gestellt. Seit Dr. von Laue jenen Beitrag schrieb, haben weitere Auswirkungen der Hertzschen Theorien und Experimente auch zur Raumfahrt und zu den Fernmeldungen durch Satelliten beigetragen. Durch die internationale Annahme des Namens *Hertz* zur Bezeichnung der Frequenzeinheit wurde sein Ruhm bis in die fernsten Winkel der Erde getragen.

Außer Verbesserungen und neuen Anmerkungen bringt die Neuausgabe auch einige bisher nicht veröffentlichte Illustrationen. Die Übersetzung wurde von Frau Lisa Brinner entworfen und von Frau Dr. M. Hertz kurz vor ihrem Tode aufs genaueste überprüft. Der endgültige Wortlaut ist von Prof. Charles Süßkind, der ihn auch mit einigen weiteren Bemerkungen (in eckigen Klammern) ausgestattet hat, um dem nichtdeutschen Leser gewisse literarische und geographische Anspielungen verständlich zu machen.

Publisher's Note

The publication of a corrected and extended edition of this volume, which has been long out of print, was undertaken at the behest of Hertz's younger daughter, Dr. Mathilde Hertz. In view of the worldwide interest in her father's work and its consequences, she not only consented to the publication of the present bilingual edition but went beyond that to provide generous support of the translation and preparation of the manuscript for the printer—an undertaking made possible by restitutions from the Federal Republic of Germany. The successors of the Leipzig publisher of the original edition, Akademische Verlagsgesellschaft in Frankfurt am Main, generously made the publication rights available to the present publisher.

The biographical entry that Max von Laue (1879–1960) wrote shortly before his death was placed at our disposal by Verlag Ullstein. Since Dr. von Laue wrote that contribution, additional applications of Hertz's theories and experiments have led to space travel and communication satellites. The international adoption of the name of *Hertz* as a unit of frequency has carried his fame to the farthest corners of the earth.

Besides corrections and additional notes, the new edition also contains a few previously unpublished illustrations. The translation was drafted by Lisa Brinner and most exactingly checked by Dr. M. Hertz shortly before her death. The final version is by Prof. Charles Susskind, who also equipped it with a few further notes (in brackets) to make certain literary and geographical allusions accessible to the non-German reader.

Vorwort zur ersten Ausgabe

Das vorliegende Buch enthält Auszüge aus Tagebüchern und Briefen von Heinrich Hertz. Es wurde versucht, sie so auszuwählen und zusammenzustellen, daß Hertz' Entwicklungsgang möglichst lückenlos, sein Charakterbild möglichst vollständig aus ihnen hervorgeht. Seine Kindheit wird durch Aufzeichnungen seiner Mutter geschildert. Einige Briefe von Helmholtz wurden angefügt, weil sie mir eine Bewertung der Lebensleistung von Hertz, ein Nachwort aus berufenster Feder zu sein scheinen.

Die Tagebücher und Briefe von Hertz an seine Eltern sowie die Briefe von Helmholtz lagen im Original vor. Den Briefen von Hertz an Helmholtz liegt eine Abschrift zugrunde, die Frau von Helmholtz nach dem Tode ihres Gatten anfertigen ließ und der Witwe von Hertz zur Verfügung stellte. Das Tagebuch von Hertz aus der Frankfurter Zeit ist in Kurzschrift geschrieben. Sie wurde von Josef von Geitler, Professor der Physik in Czernowitz und später in Graz, einem Vetter von Hertz, in die übliche Schreibweise übertragen. Für die Entzifferung der griechischen Stellen bin ich Frau Dr. Else Wentscher zu Dank verpflichtet. Im Interesse der Einheitlichkeit wurden sämtliche Dokumente in neuer Orthographie wiedergegeben, da das Stenogramm und die zum Teil starken Abkürzungen in den Tagebüchern eine buchstabengetreue Wiedergabe ohnehin nicht tunlich erscheinen ließen. Einige offenkundige Schreib- und Flüchtigkeitsfehler wurden ausgemerzt. Zu stilistischen Ausfeilungen, die ohne Zweifel sowohl von Hertz wie von seiner Mutter vor einer Veröffentlichung vorgenommen worden wären, hielt sich die Herausgeberin nicht befugt.

Dr. Johanna Hertz

Bonn, September 1927

Preface to the First Edition

This book contains excerpts from the diaries and letters of Heinrich Hertz. An attempt was made to select and arrange them in such a way that Hertz's development is evident from them with the fewest possible gaps and the delineation of his character is as complete as possible. His childhood is described by way of an extended note written by his mother. A few letters from Helmholtz have been appended because they seem to be an evaluation of Hertz's life's work, a postscript from the pen best equipped to write one.

The diaries and letters of Hertz to his parents as well as the letters from Helmholtz were available in the original. The letters from Hertz to Helmholtz are based on a copy that Frau von Helmholtz had made after her husband's death and that she placed at the disposal of Hertz's widow. Hertz's diary of the Frankfurt period is written in shorthand. It was transcribed by Josef von Geitler, professor of physics in Czernowitz and later in Graz, Hertz's cousin. I am indebted to Dr. Else Wentscher for deciphering the Greek quotations. For the sake of uniformity all documents have been conformed with the new orthography, since the part in shorthand and some of the more severe abbreviations in the diaries made a letter-perfect rendering impractical in any case. A few obvious orthographic errors and slips have been corrected. The editor did not feel called upon to introduce stylistic refinements of the sort that would have been doubtless undertaken by Hertz himself and by his mother prior to publication.

Dr. Johanna Hertz

Bonn, September 1927

Vorwort zur zweiten Ausgabe

Als die Bündel der Original-Briefe und Aufzeichnungen von Heinrich Hertz nach dem Tode meiner Mutter und der schweren Krankheit meiner Schwester Johanna in meine Hände kamen, las ich sie mit großer Aufmerksamkeit, nicht nur, um mich selbst mit der Persönlichkeit meines Vaters vertrauter zu machen als es bisher möglich gewesen war, sondern auch mit dem Gedanken an die Vorbereitung einer neuen Ausgabe der Briefveröffentlichung meiner Schwester, die nun Jahrzehnte zurücklag und seit langem vergriffen war.

Ich wußte, Neuentdeckungen waren nicht zu erwarten. Die Eltern von Heinrich Hertz in Hamburg hatten die an sie gerichteten Briefe für ihre eigenen schmerzlich-stolzen Erinnerungen bewahrt und über die Jahre wieder und wieder gelesen. Alles, was das Bild eines idealen Verhältnisses hätte stören können, der Niederschlag von Meinungsverschiedenheiten, menschlichen Schwächen und Melancholien, war, so ließ sich vermuten, über die Jahre ausgeschieden worden. Nicht, so denke ich heute, mit so viel Unrecht, wie man in einer Zeit harten Realismus' anzunehmen geneigt sein könnte. Das Ergebnis scheint mir so wahr wie die Zeichnung eines Künstlers, dessen Hand nicht von einer klar erkannten großen Linie abweicht. Viel kann es nicht gewesen sein, die Zahl der vorliegenden Briefe entspricht im Allgemeinen dem Vorsatz eines wöchentlichen Rechenschaftgebens an die Eltern, in den jüngeren Jahren sehr bereitwillig, später, als er selbst Familienvater war, oft nur dem Druck des Pflichtgefühls folgend. Der Stil meines Vaters, der mich in seinen mir selbst nur gelegentlich verständlichen, gedruckten Arbeiten immer als vorbildlich beeindruckte mit dem beherrschten Aufbau der Sätze und den gewissenhaften Konjuktiven — ist in den Briefen oft nachlässig unter dem Druck der Müdigkeit am Ende des Tages. Die Zeiten, in denen viele Briefe zu fehlen scheinen, sind die letzten Monate in Kiel und das erste Jahr in Karlsruhe. Er war damals sehr unglücklich, bis zum Krankhaften schwermütig und erschreckte die Eltern mit seiner Rastlosigkeit, er fuhr in die

Preface to the Second Edition

When the bundles of Heinrich Hertz's original letters and diary notes came into my care after the death of my mother and my sister Johanna's serious illness I read them with eager attention, not only to make myself closer acquainted with my father's personality than had been possible so far, but furthermore with the idea of preparing a new edition of the memorial book edited by my sister decades ago and now long out of print.

I knew I could not expect to make new discoveries. Heinrich Hertz's parents had preserved the letters written to them from the time he left their home in Hamburg in 1875 until his death in 1894 with loving care. Over the years, they had read them again and again, nursing their proud if melancholy memories. Whatever might have disturbed the picture of an ideal relationship—expressions of differences, of morbid thoughts and human weakness—would have been sorted out and destroyed; that seemed natural, even a duty, to their way of thinking. In the light of the uncompromising realism of today this attitude may be regretted or even condemned. I myself accept it. What resulted seems to me as true as the drawing of an artist whose hand does not stray from an accepted great line. Many letters cannot have been eliminated: their number more or less tallies with the intent of a weekly report, willingly rendered in his younger years; later on, when he was burdened with responsibilities and himself father of a family, often written only under the pressure of a recognized filial duty. In the infrequent cases when I can follow my father's thought in his printed papers his style always impresses me as exemplary. He loved form, the controlled building up of sentences, the use of the subjunctive mode as a matter of conscience. In the letters home he is sometimes less careful but still enjoys forming a pointed phrase. The period when many letters appear to be missing are the last months in Kiel and the first year in Karlsruhe. He was very unhappy then, depressed almost to the point of mental illness; he frightened his parents by his restlessness—he left Karlsruhe for a holiday in Switzerland and two days

Ferien in die Schweiz und tauchte zwei Tage später bei ihnen in Helgoland auf. Er litt unter eigenen Irrtümern und den Fehlern anderer. Aber im Frühjahr 1886 gelang es ihm, sich zusammenzuraffen und ein normales Semester in Karlsruhe, in seinem ersten Ordinariat, 28 Jahre alt, anzufangen. Dann gelang auch die Verlobung mit dem Mädchen, das ihm dort sogleich am besten gefallen hatte, und es folgte die glückliche Ehe, die nur 7½ Jahre dauern konnte.

Gleichzeitig stellten sich die großen wissenschaftlichen Erfolge wie mit Selbstverständlichkeit ein. Die Briefe lassen erkennen, wieviel unmittelbaren hohen Genuß die experimentelle Arbeit ihm bereitete. Eine gewisse nervöse Schwäche zeigte sich nach seiner glücklichsten Zeit noch einmal, als er unter seinem jungen Ruhm zu leiden begann. Er brachte allzuviel formale Korrespondenz und Inanspruchnahme von allen Seiten mit sich — damals hatten Professoren noch keine Sekretärinnen und Schreibmaschinen, noch machten sie Gebrauch von den ersten Telephonämtern, die damals gerade eingerichtet wurden. Aber er stand nun genügend über der Situation, um seine Klagen mit charakteristischer, spielerischer Übertreibung zu ironisieren. Es ist dabei keine Frage, daß die Erfolge an sich, die Anerkenntnis einer wesentlichen Leistung, ihn glücklich machten. Ein Leben ohne Auszeichnung wäre ihm unerträglich gewesen, er hätte dies als unwürdigen Verrat an seiner Erziehung und an sich selbst verachtet.

Das in Bonn von seinem Vorgänger Rudolf Clausius in einem spätesten Klassizismus gebaute bescheidene Haus empfand er lebhaft als den gewünschten Hintergrund dauernder Zufriedenheit. „Ordnung und Reinlichkeit, Gesundheit und Schönheit!" rief er dankbar aus, als er aus den Entbehrungen des Manöverlebens zurückkam, und nach dem Erzählen einer kleinen Anekdote schließt er einen Brief: „Es ist närrisch, wie lieb man seine Kinderchen hat." Als die übermäßige Inanspruchnahme sich wieder etwas auszugleichen begann und er auf ein langes und glückliches Leben hoffte — mit dem Proviso: bene vixit qui bene latuit — zeigten sich die ersten Symptome seiner grausamen, lang hingezogenen und tödlichen Krankheit.

Ich habe die in meinen Augen sehr treffende Auswahl der Briefe zum Druck durch meine Schwester mit kleinen Erweiterungen und einem etwas bestimmteren Setzen von Akzenten zu vervollständigen gesucht. Diese beziehen sich zum Teil auf Lebensumstände, die er mit ironischer Heiterkeit betrachtete, zum Teil auf Nebensächlichkeiten seiner Welt, die der größere Zeitabstand bemerkenswerter gemacht hat. Er war völlig ein Mann des 19. Jahrhunderts, für den die Natur ein, wie ein edles Haustier zu bändigendes Geschöpf war, dessen erzwungene Leistungen nichts als Gewinn bringen konnten, „jedem gegeben und keinem genommen", und nicht wie es vielen von uns heute scheint, ein unweise gedemütigtes und schlecht gefesseltes Ungeheuer.

Was in der Darstellung, die sich im Ganzen aus diesem Buch ergibt, zu fehlen scheint und fehlen muß ist die Abrundung der Persönlichkeit durch Schicksale, Tätigkeiten und Überzeugungen der höheren Mannesjahre. Mit einer Mischung von Mitleid und Neid wendet sich die Zuneigung der Menschen spontan zu denen, die nur „kurz und doch genug" lebten. Diese liebende Be-

later joined them on Helgoland. He suffered severely in his emotional life through his own errors of judgment and the mistakes of others. But in the spring of 1886 he succeeded in pulling himself together and starting the summer semester on time. It was his first full professorship, when he was 28 years old. He now got engaged to the girl who had pleased him best when he had first arrived in that circle, and the happy marriage that was destined to last only 7½ years followed at the end of the summer of 1886.

His first great scientific successes began to materialize at the same time almost as if by magic. The letters reflect the immense pleasure he took in his experimental work. A certain nervous oversensibility reappeared only once after his happiest years, when the limelight that his early fame brought him hit him too hard for his taste—too much formal correspondence and too many demands on his cooperation from all directions from abroad and at home. German professors then had no typewriters or secretaries, nor did they apparently patronize the first public telephone exchanges that went into operation about that time. But he was now sufficiently in control of himself and of the circumstances to be able to exaggerate his complaints with a very personal sort of self-mockery. There is no question that fame itself, the recognition that his work earned throughout the world as a major achievement in science, contributed to his happiness. A life without distinction would have been unbearable to him as a betrayal of his gifts and of his education.

The modest house in Bonn to which the family moved for his second professorship at the university was built by his predecessor Rudolf Clausius; in style it was one of the last survivals of the classicist taste. Hertz loved it and felt strongly that it provided exactly the right background for a permanent home. "Order and cleanliness, health and beauty!" he exclaims gratefully on returning home after the privations of some weeks of military exercises. And, after telling a little anecdote, he concludes a letter, "It is ridiculous how fond one can be of one's babies." When the irritating outside demands on him slowly began to diminish and he could hope for a lastingly happy life—given the proviso: *bene vixit qui bene latuit* [he has lived well who remained well hidden (Ovid)]—the first symptoms of his long-drawn-out, cruel and lethal illness appeared.

The selection of letters made by my sister for publication could not be much bettered. I have tried to round it off with small additions stressing certain aspects of the contemporary scene which have grown more noteworthy through the longer distance in time. He was entirely a man of the 19th Century. Physical nature was to him a creature to be subdued and put to use like a noble domestic animal whose enforced collaboration could bring nothing but advantage "given to everybody, taken from none" and not, as it now appears to many of us, an unwisely humiliated and poorly constrained monster.

From the portrait of Heinrich Hertz as it results from this book certain traits are inevitably missing: that is, the fulfillment of his personality through the experiences, convictions, and activities of later manhood. With a mixture of envy and compassion human sympathy turns to those who in a short life

wunderung habe ich oft in den Betrachtungen erkannt, die sich auf Heinrich Hertz und seine Leistungen bezogen. In dem kurz abgeschnittenen Leben scheint schon eine Auszeichnung im Sinne einer besonderen Wahl und Absetzung zu liegen, die den Menschen vom Gemeinen entfernt. „Alles geben die Götter ihren Lieblingen ganz, alle Freuden, die unendlichen, alle Schmerzen, die unendlichen, ganz.“

*

Ich ergreife gerne die Gelegenheit, an dieser Stelle zu betonen, wieviel das Zustandekommen dieses Bandes dem Unternehmungsgeist und den unermüdlichen Anstrengungen von Herrn Professor Charles Süßkind verdankt. Seine Aufgabe, die verschiedenen Absichten und Einfälle über einen weiten Abstand von Raum und Alter zu versöhnen, stellte bisweilen mehr als gewöhnliche Anforderungen. Ich möchte glauben, man wird mit mir finden, daß ihm diese Aufgabe gelungen ist und ich hoffe, die Freunde Heinrich Hertz' werden sich meinem Dank an ihn anschließen.

Mathilde Hertz

Cambridge, 1975

did enough. I have often noticed this loving admiration in remarks referring to Heinrich Hertz and his achievements: The fact of an early fulfilled and terminated life confers distinction in the sense of being chosen and set apart from the more vulgar human aspirations. "The gods give their favorites everything in full, all the limitless joys, all the limitless pains" [Goethe].

*

It gives me pleasure to acknowledge here how much this volume owes to the enterprise and untiring efforts of Professor Charles Susskind. His task in coordinating different ideas over the long distance in space and age has been exacting. I trust it will be agreed that he succeeded and that the friends of Heinrich Hertz will thank him with me.

Mathilde Hertz

Cambridge, 1975

Inhaltsverzeichnis

zu gebrauchen. Zunächst hielt Hertz diese Erscheinung für zu unregelmäßig, um mit ihr zu arbeiten. Das änderte sich aber, als er zu einfacheren Sendern überging, nämlich zu gestreckten Drähten mit Metallkugeln oder -platten an den Enden und einer Funkenstrecke in der Mitte; aufgeladen wurden die beiden Hälften durch ein großes Induktorium. Die Empfänger hatten manchmal dieselbe Gestalt, konnten aber auch in Rechtecken oder Kreisen aus Draht bestehen, stets unterbrochen durch eine Funkenstrecke, an der die „Nebenfunken" entstehen sollten. Auf diese Art konnte er Nebenfunken mit völliger Regelmäßigkeit erzielen oder auch durch Veränderungen der Bedingungen ausschließen. Er ermittelte die Abhängigkeit von diesen Umständen. So bestimmte er die Wellenlänge der hier vorliegenden Schwingungen und, da die Schwingungszahl berechenbar war, auch die Geschwindigkeit im Luftraum. Dafür ergab sich nach Ausmerzung anfänglicher Irrtümer die Lichtgeschwindigkeit im leeren Raum, mit dem der Luftraum in dieser Beziehung so gut wie identisch ist.

Nicht immer waren die Beobachtungen leicht. Manchmal galt es, Fünkchen von einem zehntel Millimeter Länge oder noch weniger zu bemerken, welche so schwach waren, daß nur das ausgeruhte Auge im Dunkeln sie sah. Aber scharfsinnige Überlegung und experimentelles Geschick ergänzten sich bei Hertz in glücklicher Weise und führten schließlich zum Ziel, der vollen Bestätigung der Voraussagen Maxwells.

Gehen wir ein wenig ins einzelne. Außerordentlich ergiebig war schon die erste Veröffentlichung über diese Schwingungen in Wiedemanns Annalen der Physik von 1887. Hertz beschreibt darin zum Beispiel Knotenstellen längs des Empfängerdrahtes, an denen keine elektrische Wirkung auftrat; er fand, daß Abstimmung zwischen Sender und Empfänger den Empfang wesentlich verbessert. Aus der Unschärfe dieser Resonanz, die durchaus der Resonanz akustischer Resonatoren entspricht, schloß er auf starke Dämpfung seiner Schwingungen. Alles dies hat die spätere Forschung völlig bestätigt.

Eine zweite, 1888 an derselben Stelle erschienene Abhandlung, bringt die Fortsetzung dieser Untersuchungen unter vielfach veränderten Bedingungen. Die dritte, „Über Induktionserscheinungen, hervorgerufen durch elektrische Vorgänge in Isolatoren", muß ihm eine besondere Genugtuung gewährt haben; hier konnte er die erwähnte Preisaufgabe der Berliner Akademie mit schönstem Erfolge lösen. Stellte er den Empfänger in solche Lage zum Sender, daß zunächst keine Nebenfunken auftraten, so setzten diese sofort ein, wenn er größere Massen isolierender Stoffe, wie Holz, Schwefel, Paraffin oder Asphalt, in die Nähe brachte. Damit war erwiesen, daß ganz im Sinne von Faraday und Maxwell ein Isolator Sitz elektromagnetischer Vorgänge sein kann.

Die vierte, noch im gleichen Jahre erschienene Untersuchung geht einen großen Schritt weiter. Waren bisher Sender und Empänger dicht beieinander gewesen, so trennte sie Hertz nunmehr so weit, als es der größte verfügbare Raum, der Hörsaal seines Institutes, zuließ, nämlich bis zu fünfzehn Metern. An der einen Stirnwand stand der Sender, die gegenüberliegende Stirnwand war mit Zinkblech zu einem Spiegel für elektrische Wellen ausgestaltet. Der

Table of Contents

Heinrich Hertz
1857–1894
Von
Max von Laue*

Die Lehre von der Elektrizität und vom Magnetismus wurde, obwohl sie sich bis ins Altertum zurückverfolgen läßt, erst am Ende des 18. Jahrhunderts den anderen Zweigen der Physik ebenbürtig. 1785 fand Charles Augustin de Coulomb aus Messungen über die Anziehung oder Abstoßung geladener Kügelchen das nach ihm benannte Grundgesetz der statischen elektrischen Kräfte; 1796 erkannte Alessandro Volta, daß in Metallen und anderen Leitern der Elektrizität ein stationärer Strom fließen kann und konstruierte das erste galvanische Element, die „Voltasche Säule." Der nächste entscheidende Schritt war es, als 1820 Hans Christian Örsted die Richtkraft zwischen einem elektrischen Strom und einem Magneten entdeckte. Nun stürzten sich viele, namentlich französische Forscher, auf das neuerschlossene Gebiet, und im Verlaufe von zwei Jahren hatten sie, an ihrer Spitze André Marie Ampère, die Kraftwirkungen nicht nur zwischen einem Strom und einem Magneten erschöpfend erforscht, sondern auch die zwischen zwei Strömen. Als Gegenwirkung dazu stellte von 1831 an Michael Faraday die magnetische Induktion ins Licht der Erkenntnis, das heißt die Tatsache, daß zeitliche Veränderung von Magnetfeldern in Leitern elektrische Ströme hervorruft.

Die Theorie dieser Erscheinungen geht auf dieselben Jahrzehnte zurück. Das Coulombsche Gesetz entsprach ja dem Newtonschen Anziehungsgesetz, insofern es die Kräfte zwischen Ladungen umgekehrt proportional zum Quadrat des Abstandes setzte, und auch für den Magnetismus konnte man auf eine solche Gesetzmäßigeit schließen. So war es natürlich, daß man die auf die Gravitation zugeschnittene Theorie auf Elektrizität und Magnetismus übertrug, wobei nur die Beweglichkeit der elektrischen Ladung in Leitern, die bei der

* Der Abdruck erfolgt mit Genehmigung der Verlag Ullstein GmbH, Frankfurt/M.-Berlin, aus dem Werk *Die großen Deutschen*, Berlin: Propyläen-Verlag, 1957; Band 4, S. 103–112.

Heinrich Hertz
1857–1894
By
Max von Laue*

The study of electricity and magnetism, although its traces go back to antiquity, did not achieve parity with other branches of physics until the end of the 18th Century. In 1785 Charles Augustin de Coulomb discovered the basic law (known by his name) of static electric forces from measurements on the attraction or repulsion of small charged spheres; in 1796 Alessandro Volta realized that a stationary current can flow through metals and other conductors of electricity and constructed the first galvanic element, the "Voltaic pile." The next decisive step was the discovery, by Hans Christian Örsted in 1820, of the vector force between an electric current and a magnet. Now many researchers, notably in France, rushed into the newly unlocked field, and in the course of two years, led by André Marie Ampère, they had exhaustively determined the effects of forces not only between a current and a magnet, but also between two currents. As a complement, beginning in 1831, Michael Faraday interpreted magnetic induction in the light of his realization (which is to say of the fact) that a change in magnetic fields as a function of time produces electric currents in conductors.

The theory of these phenomena goes back to the same decades. Coulomb's law did correspond to Newton's law of gravitational attraction, in that the forces between charges were inversely proportional to the square of the distance, and a similar rule could be deduced for magnetism as well. So it was natural that the theory developed for gravitation would be transferred to electricity and magnetism, with the mobility of electric charge in conductors

* Reprinted by permission of Verlag Ullstein GmbH, Frankfurt/M.–Berlin, from *Die großen Deutschen*, Berlin: Propyläen-Verlag, 1957; vol. 4, pp. 103–112.

Gravitation ihresgleichen nicht hat, eine gewisse Modifikation erforderte. Die elektrodynamischen Kräftewirkungen zwischen Strömen und Magneten oder Strömen untereinander aber konnten Ampère, Wilhelm Weber und andere durchaus richtig darstellen, indem sie den nach Coulomb nur von Abstand bestimmten Kräften noch solche hinzufügten, welche auch von den Geschwindigkeiten und den Beschleunigungen der Ladungen abhingen. Allen diesen, in manchen Einzelzügen abweichenden Theorien, war ein Zug gemeinsam: Sie nahmen Fernkräfte an, welche unvermittelt, den Zwischenraum überspringend, von einen zum anderen Körper hinüber wirken. Diese Zug hatten sie eben von Newtons Gravitationstheorie übernommen; das ungeheure Ansehen, welches die Berechnung der Planetenbahnen dieser erworben hatte, kam nun auch der jüngeren Theorie der Elektrodynamik zugute.

Und doch lag darin etwas Unbefriedigendes; gegen den Gedanken solcher Fernwirkung sträubt sich der menschliche Geist. Schon Newton hatte dies gelegentlich ausgesprochen und gefordert, daß die Physik allen Wirkungen Übertragung durch ein Zwischenmedium und deshalb auch endliche Geschwindigkeit der Ausbreitung zuschreibe. Aber in der ganzen Astronomie fand sich keine Beobachtung, welche auf eine endliche Geschwindigkeit der Gravitation hinwies; die Fernwirkungstheorie genügte für die Deutung aller Tatsachen und genügt dafür auch heute noch, bis auf jene minimale Perihelbewegung des Merkur, deren Erklärung erst Albert Einsteins Allgemeine Relativitätstheorie gab. Die Physiker haben sich zu allen Zeiten ohne viel Bedenken über philosophische Forderungen hinweggesetzt, wenn ihnen dies Verfahren zu bequemer Deutung der derzeit bekannten Beobachtungen verhalf. So hatten sie sich seit dem 18. Jahrhundert daran gewöhnt, Fernwirkung, wenigstens durch den leeren Raum, als Tatsache hinzunehmen, während sie in der Elastizitätstheorie für die Übertragung mechanischer Wirkungen längst schon die Nahewirkung anerkannt hatten. Ihnen folgten dabei Philosophen von Rang; die Fernwirkungsidee ging in das allgemeine wissenschaftliche Bewußtsein der Menschen über.

Jedoch stellte sich bald heraus, daß in der Elektrodynamik eine Geschwindigkeit von universellem Wert ins Spiel kam, nämlich wenn man die Coulombsche Anziehung zweier Ladungen verglich mit den Kraftwirkungen die sie als Ströme aufeinander ausüben. 1852 maß Wilhelm Weber diese Geschwindigkeit und fand sie erstaunlicherweise gleich der Lichtgeschwindigkeit im leeren Raum, dreihunderttausend Kilometer pro Sekunde. Dieses Meßergebnis war unverrückbar und doch zunächst unverständlich.

Die Reaktion gegen den Fernwirkungsgedanken ging von zwei englischen Physikern aus, dem schon erwähnten Faraday (1791–1867) und von Clerk Maxwell (1831–1879). Das Wesentlichste an dem Lebenswerk des ersteren war der tausendfältige experimentelle Nachweis, daß die Übertragung statischer, elektrischer oder magnetischer Wirkungen auf alle Fälle mit Veränderungen im Zwischenmedium verknüpft ist, Veränderungen, welche als Träger dieser Übertragung anzusehen sind. Aber abgesehen von der Neuheit seiner Gedankenwelt erschwerte die Art seiner Darstellung den Zeitgenossen ihr

(which has no equivalent in gravitation) as the only thing that required a certain modification. But Ampère, Wilhelm Weber, and others could describe the electrodynamic force effects between currents and magnets or between several currents quite correctly by adding to the distance-dependent Coulomb forces other forces that in addition depended on the velocities and accelerations of the charges. All these theories, which diverged in some details, had one feature in common: they assumed the existence of distant forces acting from one body to another directly, jumping over the intervening space. It was that feature they had taken over from Newton's theory of gravitation; the immense respect that theory had earned when it enabled the trajectories of the planets to be calculated also redounded to the benefit of the more recent theory of electrodynamics.

And yet there was something unsatisfactory about it; the human mind shies away from the idea of such an action at a distance. Even Newton occasionally spoke of it and demanded that physics ascribe transmission through an intervening medium, and thus a finite velocity of propagation, to all effects. But in all astronomy there was no observation that would point to a finite velocity of gravitation; the action-at-a-distance theory was sufficient to explain all facts and is still sufficient today, except for that minimal perihelic motion of Mercury, whose explanation had to await Albert Einstein's General Theory of Relativity. Physicists had always risen above the demands of philosophy without giving it much thought if that procedure helped them interpret known observations more conveniently. From the 18th Century on they had thus become used to taking action at a distance for granted, at least in empty space, whereas they had long since recognized the proximity effect in explaining the transmission of mechanical effects in the theory of elasticity. Ranking philosophers followed them in that; the idea of the action at a distance passed into the general scientific consciousness of mankind.

Yet it soon became apparent that a velocity of universal value came into play in electrodynamics, that is when one compared the Coulomb attraction of two charges with the effects of forces that they exerted upon one another as currents. In 1852 Wilhelm Weber measured this velocity and astonishingly found it to be the same as the velocity of light in empty space, three hundred thousand kilometers per second. The result of this measurement was incontrovertible and yet incomprehensible at first.

The reaction against the idea of action at a distance was led by two British physicists, the previously mentioned Faraday (1791–1867) and Clerk Maxwell (1831–1879). The most essential result in the life's work of the former was the experimental proof, repeated a thousand-fold, that the transmission of static electric or magnetic effects was in all cases related to changes in the intervening medium, changes that must be regarded as the carriers of this transmission. But quite apart from the novelty of his outlook, the manner in which he presented it made it hard for his contemporaries to grasp. Maxwell's

Verständnis. Maxwells Ziel war zunächst, diese Ideen in die gewohnte Sprache der Mathematik zu übersetzen und so zugänglicher zu machen. Dabei mußte er von Webers Meßergebnis Gebrauch machen und die Lichtgeschwindigkeit in die elektrodynamische Theorie einführen. Er führte auch — dies war die entscheidende, neue Idee — neben dem altbekannten Leitungsstrom den Verschiebungsstrom ein, welcher bei jeder Änderung des elektrischen Feldes in den Isolatoren entsteht. Zwangsläufig, auf rein mathematischem Wege, führte dies zu der Folgerung, daß sich in allen Körpern, insbesondere aber im leeren Raum, losgelöst von den sie erregenden Körpern, elektromagnetische Wellen ausbilden können und daß diese, wenigstens für den luftleeren Raum, sich mit Lichtgeschwindigkeit ausbreiten. Daraufhin sprach er 1865 die kühne Idee aus, das Licht sei selbst nichts anderes als derartige elektrische Wellen und nicht, wie man vordem angenommen hatte, elastische Wellen in einer hypothetischen Substanz, dem Weltäther, den man, um die Lichtausbreitung zu verstehen, ad hoc angenommen hatte. Maxwells Theorie fand lebhaften Widerspruch, nicht allein wegen der Neuheit seiner Ideen, sondern auch weil er, selbst in seinem Hauptwerk „Treatise on electricity and magnetism" (erschienen 1873), es nicht überall zu einer eindeutig klaren Ausdrucksweise gebracht hatte. In diesem Zustand fand der junge Hertz beim Eintritt ins Studium die Elektrodynamik vor.

Heinrich Rudolf Hertz war in Hamburg am 22. Februar 1857 als erstes Kind eines wohlhabenden Rechtsanwaltes geboren, der später Oberlandesgerichtsrat und dann Justizsenator dieser Freien und Hansestadt wurde. Das Verhältnis zu seinen Eltern muß ein ungewöhnlich glückliches gewesen sein. Längst zum Mann erwachsen, bis zu seinem Tode, stand er mit ihnen in enger geistiger Verbindung, fragte brieflich um Rat und bekam ihn auch bei allen wichtigen Entscheidungen. Seine gütige und verständnisvolle Mutter aber schrieb sieben Jahre nach seinem frühen Tode einen entzückenden Bericht von der Kindheit ihres großen Sohnes und dokumentierte sich damit selbst als eine geistig hochstehende Frau. Wir erfahren daraus von frohen Spielen mit Geschwistern und Kameraden, von ungewöhnlicher Begabung in Mathematik, aber auch in Sprachen, von seiner Geschicklichkeit im Zeichnen und „Basteln", wie man heute sagen würde, im Modellieren, Schreinern, Drechseln. Bis zu seiner Konfirmation erhielt er Unterricht auf einer höheren Bürgerschule, später in der Gelehrtenschule seiner Vaterstadt, dem Johanneum; dies entließ ihn 1875 mit dem Zeugnis der Reife. Zeitlebens hat er der humanistischen Erziehung, die er dort erhalten hatte, mit Dankbarkeit gedacht und ihrer vor jeder anderen den Vorzug gegeben. Obwohl sich sein Lebensweg alsbald entschieden der Naturwissenschaft zuwandte, erinnerte er sich immer wieder der Kraftquellen, welche in der Antike, aber auch bei Shakespeare und den deutschen Klassikern fließen. Das formal Sprachliche an jener Erziehung färbte auf seine Arbeit ab, insofern er vom privaten Brief bis zur druckfertigen Abhandlung sich einer nicht nur sachlich klaren, sondern auch gewählten, grammatisch durchdachten Sprache befleißigte. Sein Verständnis für Kunst

first goal was to translate these ideas into the ordinary language of mathematics and thus to make them more accessible. To do so he had to make use of Weber's experimental result and to introduce the velocity of light into electromagnetic theory. Also, in addition to the well-known induction current, he introduced—and that was the decisive, new idea—the displacement current that every change of the electric field generates in insulators. Through purely mathematical reasoning, this concept necessarily led to the conclusion that all bodies, but particularly in empty space, can form electromagnetic waves, set off by the bodies that generate them, and that these waves, at least in free space, propagate with the velocity of light. In 1865 he then enunciated the bold idea that light itself was nothing but such electric waves and not, as had been previously assumed, elastic waves in a hypothetical substance, the ether, an ad hoc assumption that had been necessary for an understanding of the propagation of light. Maxwell's theory created a lively opposition, not only because of the novelty of his ideas, but also because he had failed to give them unequivocally clear expression, even in his major work, *Treatise on Electricity and Magnetism* (published 1873). That was the state in which young Hertz found electrodynamics as he entered upon his studies.

Heinrich Rudolf Hertz was born in Hamburg on 22 February 1857 as the first child of a well-to-do attorney, who later became a judge of the provincial appeal court and then Judiciary Senator of that Free and Hanseatic City. His relationship to is parents must have been an uncommonly happy one. Even long after he had passed into adulthood, right up to his death, he remained closely tied to them in spirit, often wrote them for advice, and received it in all important decisions. Seven years after his death his benign und understanding mother set down a charming account of her great son's childhood and thereby showed herself to be a woman of lofty spirit. From it we learn of happy games with his siblings and comrades; of an uncommon talent for mathematics, but also for languages; of his aptitude for drawing and (as we should say today) modeling, for sculpting, carpentry, lathe work. Right up to his confirmation he received instruction in an upper secondary school; in his hometown, he attended an academy, the Johanneum, from which he graduated in 1875 with the certificate of maturity [matriculation]. All his life he gratefully appreciated the humanistic background that he got there and preferred it to all others. Although his career soon turned decisively toward natural science, he always recalled the sources of strength deriving from antiquity, but also from Shakespeare and the German classics. The formal linguistic element of that education colored his work, in that he availed himself, whether in private letters or in articles for publication, of a syntax that was not only clear and matter-of-fact but also carefully chosen and grammatically thought through. His appreciation for art also played a role. All that, doubtless

spielte dabei mit. Alles dies, wohl noch verstärkt durch den Umgang mit Helmholtz, bewirkte, daß sich seine Werke wie die eines Klassikers der Naturwissenschaft lesen.

Als Beruf dachte sich Hertz zunächst den des Bauingenieurs und tat auch die entsprechenden Schritte. Helmholtz, der 1894, nach dem Tode von Hertz, ein Vorwort zum dritten Bande von dessen Gesammelten Werken schrieb, führte es wohl mit Recht auf eine besonders bei begabten jungen Leuten nicht ungewöhnliche Selbstunterschätzung zurück, daß er eine wissenschaftliche Betätigung als für sich zu hoch ansah. Solche Jünglinge haben eine gute Vorstellung von den zu überwindenden Schwierigkeiten, aber keine von den eigenen Kräften. Volle zwei Jahre, von denen das eine freilich vom Militärdienst beansprucht wurde, dauerte dieses Stadium des Zweifelns. Aber im Herbst 1877, in München, änderte er seine Absicht und schrieb dem Vater, er wäre von einer praktischen Tätigkeit nicht befriedigt und wolle zur Mathematik und den Naturwissenschaften übergehen, ein Entschluß, den der Vater sogleich billigte. Ein Jahr hindurch studierte er dann in München diese Wissenschaften, teils an der Universität, teils an der Technischen Hochschule.

Im Herbst 1878 jedoch vollzog er, angezogen durch den Ruhm von Helmholtz und Kirchhoff, die folgenschwere Umsiedlung an die Friedrich-Wilhelms-Universität zu Berlin. Helmholtz selbst rang damals um Verständnis und Prüfung der Maxwellschen Theorie; unter seinem Einfluß hatte die Philosophische Fakultät eine Preisaufgabe gestellt, nämlich festzustellen, ob die elektrische Ladung, die sich als Strom in Leitern bewegt, träge Masse besitze. Trotz seiner nur zwei Semester begann Hertz im Helmholtzschen Institut die Versuche dazu und führte sie zu voller Zufriedenheit der Fakultät durch mit dem Ergebnis, daß eine träge Masse, wenn sie wirklich existiert, in ihrer Trägheitswirkung völlig zurücktritt hinter jene als Selbstinduktion benannte Trägheitswirkung, welche auf der Energie des jeden Strom begleitenden Magnetfeldes beruht. Haben sich auch durch die Entdeckung der Elektronen unsere Vorstellungen sehr bald nach Hertz wesentlich verändert, und wissen wir auch heute ganz bestimmt, daß es solche träge Masse gibt, so hat doch die Feststellung von Hertz ihre Richtigkeit und ihren Wert für die Elektrodynamik nicht eingebüßt. Am 5. Februar 1880 promovierte der Dreiundzwanzigjährige magna cum laude mit einer theoretischen Untersuchung über die Rotation von Metallkugeln in einem Magnetfelde.

Dann ging er wieder zum Experiment über. Das physikalische Institut der Berliner Universität erwies sich als eine überaus günstige Stätte für die Forschung vermöge der steten, anregenden Beziehungen, die Helmholtz mit seinen Mitarbeitern unterhielt, und des großen Stabes gleichgesinnter jüngerer Physiker, die sich um ihn versammelten. Eugen Goldstein (1850–1930), damals schon ein verdienter Erforscher der Gasentladungen, übte nachhaltigen Einfluß auf Hertz aus. Regelmäßig kam man in der Physikalischen Gesellschaft zusammen; auch Hertz hat in ihr öfter vorgetragen. Eine ganze Reihe von Arbeiten konnte er in jenen Jahren veröffentlichen; sie lagen aber außerhalb der Elektrodynamik.

reinforced by his relationship with Helmholtz, makes his works read like those of a classic of natural science.

Hertz's first career decision was for structural engineering, and he took the appropriate steps. Helmholtz, in a preface to the third volume of Hertz's *Collected Works* (written in 1894 after Hertz's death) rightly related this decision to a self-underestimation, not uncommon particularly among highly talented young people, which led Hertz to regard scientific activity as too lofty an ambition for himself. Such youngsters have a good idea of the obstacles to be overcome, but no idea of their own capabilities. This period of doubt persisted for fully two years, one of them to be sure taken up with military service. But in the autumn of 1877, in Munich, he changed his mind and wrote his father that a practical career did not satisfy him and that he wanted to go over to mathematics and the natural sciences, a decision which received his father's immediate approval. Throughout the following year he studied these sciences in Munich, partly at the university, partly at the *Technische Hochschule* [technical university].

But in the autumn of 1878, attracted by the fame of Helmholtz and Kirchhoff, he carried out the fateful removal to the Friedrich Wilhelm University in Berlin. Helmholtz himself was at the time engaged in a struggle to achieve understanding and proof of Maxwell's theory; on his urging the Faculty of Philosophy had set a prize problem, to establish whether the electric charge that constitutes a current when it moves in conductors has inertial mass. Despite having completed only two semesters, Hertz began the relevant experiments in Helmholtz's institute and carried them (to the full satisfaction of the Faculty) through to the result that an inertial mass, if it really existed, would have an inertial effect that would be negligibly small compared with the inertial effect called self-induction, which derives from the energy of the magnetic field that accompanies all currents. Even though the discovery of the electron substantially changed these concepts very soon after Hertz, and even though we now know that such an inertial mass does exist, Hertz's finding has lost neither validity nor value in eletrodynamics. On 5 February 1880 the twenty-three-year-old received his doctorate *magna cum laude* on the basis of a theoretical analysis of the rotation of metal spheres in a magnetic field.

Then he returned once more to experimental work. The Institute of Physics of the University of Berlin proved to be an altogether favorable place for research owing to the constant, stimulating relations between Helmholtz and his co-workers, and to the great staff of compatible younger physicists who gathered around him. Eugen Goldstein (1850–1930), already an established research worker in the field of gaseous discharges, exercised lasting influence on Hertz. They all met regularly in the Physical Society; Hertz also read several papers before them. He was able to publish an entire series of papers during those years; but they were outside the realm of electrodynamics.

Helmholtz, der auf Hertz große Stücke hielt, hätte es wohl lieber gesehen, wenn sich dieser der 1879 von der Preußischen Akademie der Wissenschaften gestellten Preisaufgabe gewidmet hätte, irgendeinen Einfluß von Isolatoren auf elektrodynamische Vorgänge nachzuweisen; denn solche Einflüsse forderte die Maxwellsche Theorie, im Gegensatz zu den älteren Ansichten. Hertz hat sich auch eingehend mit den Aussichten beschäftigt, welche ein solches Unternehmen bieten konnte, dessen Bedeutung ihm durchaus einleuchtete. Aber obgleich ihm Helmholtz die volle Unterstützung mit den Mitteln des Institutes zusagte, bezweifelte Hertz wohl mit Recht, daß er Wirkungen der gesuchten Art in nachweisbarer Stärke erzielen könne. Und doch liegt hier der Ausgangspunkt für seine große Entdeckung; denn von nun an stand ihm das Problem immerfort vor Augen. 1883 habilitierte sich Hertz mit einer Arbeit „Versuche über die Glimmentladung" an der Universität Kiel.

Dort fühlte er sich aber wissenschaftlich nicht wohl. Die theoretischen Vorlesungen, die er zu halten hatte, lagen ihm nicht; zu experimenteller Betätigung hatte er anscheinend keine Gelegenheit. Was an Veröffentlichungen aus dieser Zeit stammt, sind theoretische Gelegenheitsarbeiten — abgesehen von der einen „Über die Beziehungen zwischen den Maxwellschen elektrodynamischen Grundgleichungen und den Grundgleichungen der gegnerischen Elektrodynamik"; diese zeigt die Nachwirkungen der von Helmholtz gegebenen Anregungen. Er empfand es als „Erlösung", als er im Winter 1884 den Ruf als Ordinarius der Physik an die Technische Hochschule Karlsruhe erhielt und ihm zum April 1885 Folge leisten konnte. Hier bekam er zu seiner Freude ein eigenes experimentelles Institut, wenn ihm auch die damit verbundenen Vorlesungspflichten anfangs einige Sorge bereiteten. Er sprach von „Angstvorlesungen", weil die Tücke des Objekts das Gelingen der Versuche auch bei bester Vorbereitung manchmal in Frage stellte. Viel trug zu seinem Glück bei, daß er im Jahre darauf Elisabeth Doll, die Tochter eines Kollegen, heimführen konnte.

Nun begann die klassische Epoche im Leben von Hertz. Den Physikern war längst klar, daß man die Entscheidung über die Maxwellsche Theorie nur mittels schneller elektrischer Schwingungen erbringen könne. Solche Schwingungen hatte um 1860 Behrend Wilhelm Feddersen bei der Entladung der Leydener Flasche beobachtet, indem er den Entladungsfunken im rotierenden Spiegel betrachtete. Aber diese Schwingungen waren immer noch viel zu langsam, die gemäß der Lichtgeschwindigkeit dafür zu berechnende Wellenlänge viel zu groß, als daß man im Laboratorium ihren Wellencharakter hätte nachweisen können. Für die dazu erforderlichen schnellen Schwingungen, mit mindestens hundert Millionen Perioden in der Sekunde, gab es damals, falls man sie überhaupt erregen konnte, keinen Nachweis. (Heute leistet dies jeder Rundfunkapparat.) Da kam ein Zufall zu Hilfe. Beim Experimentieren mit zwei isolierten, dicht nebeneinanderliegenden Spiralen, von denen die eine eine Funkenstrecke enthielt, fand Hertz etwas Unerwartetes: Sobald er eine Leydener Flasche durch die eine entlud, sprangen bei der anderen „Nebenfunken" über. Die erste Spirale war zum Sender, die zweite zum Empfänger für elektrische Schwingungen geworden, um später eingebürgerte Ausdrücke

Helmholtz, who thought very highly of Hertz, would have doubtless preferred to see him devote himself to the prize problem set in 1879 by the Prussian Academy of Sciences, to demonstrate some sort of effect of insulators on electrodynamic processes; for such effects were called for by Maxwell's theory, in contradistinction to the older concepts. Hertz went rather extensively into the prospects offered by such an undertaking, the importance of which he thoroughly understood. Yet although Helmholtz promised the full support of the means at the Institute's disposal, Hertz rightly doubted that the kind of effects being sought could be found at an intensity that would leave no doubt about the results. And yet this proved to be the point of departure for his great discovery; for the problem was never far from his thoughts from then on. In 1883, Hertz qualified for a faculty position at the University of Kiel with a paper on "Experiments on the Cathode Discharge."

He was not happy there from a scientific viewpoint. The theoretical lectures he was expected to give did not suit him; there was apparently no opportunity for experimental activity. What publications derive from this period are theoretical works of the moment—apart from his "On the Relations Between Maxwell's Fundamental Electromagnetic Equations and the Fundamental Equations of the Opposing Electromagnetics"; that shows the consequences of Helmholtz's influence. He perceived it as "reprieve" to receive, in the winter of 1884, a call to a professorship in physics at the *Technische Hochschule* in Karlsruhe and to be able to assume the position in April 1885. To his joy his own experimental institute went with the position, even though the teaching duties connected with it were somewhat worrisome at first. He spoke of "lectures of anxiety," because the perversity of inanimate objects sometimes put the success of the experiment in doubt even after the best of preparations. A great contribution to his happiness was his marriage, in the following year, to Elisabeth Doll, the daughter of a colleague.

Now began the classic period of Hertz's life. It had long been obvious to physicists that a decision regarding Maxwell's theory could come about only with the help of rapid electric oscillations. Such oscillations had been observed around 1860 in connection with the discharge of a Leiden jar by Behrend Wilhelm Feddersen, who viewed the spark discharge in a rotating mirror. But these oscillations were still much too slow, and the wavelength calculated on the basis of the velocity of light too large, to have made a laboratory proof of their wave characteristics possible. No proof was available for the existence of the requisite rapid oscillations, of at least hundred million periods per second—even if they could have been generated to begin with. (Today any radio receiver can do it.) It was then that an accident intervened. While experimenting with two insulated, closely adjacent spirals, only one of which contained a spark gap, Hertz found something unexpected: As soon as a Leiden jar was discharged through one of the spirals, "secondaries" sparked over in the other. One spiral had become a transmitter, the other a receiver of

electric oscillations, to use later parlance. At first Hertz thought this phenomenon to be too irregular to be useful. But all that changed when he went on to simpler transmitters, that is straight wires with metal spheres or plates at the ends and a spark gap in the middle; the two halves were charged by a large induction machine. The receivers were sometimes of a similar configuration, but could also take the form of wire rectangles or circles, always interrupted by a spark gap across which the "secondaries" were to be generated. In that way he was able to produce secondary sparks with great regularity, or else to quench them by altering the conditions. He determined how they depended on the circumstances. Thus he determined the wavelength of the oscillations at hand and (since the frequency of oscillations could be calculated) the velocity in the atmosphere as well. Its value, after elimination of some initial mistakes, proved to be the velocity in free space, with which the atmosphere is practically identical in this regard.

The observations were not always easy. In some, tiny sparks a tenth of a millimeter or less in length had to be observed, so weak that they could be seen only after the eye had adapted itself to darkness. But Hertz's fortunate complement of keen insight and experimental skill finally led him to his goal, the full confirmation of Maxwell's predictions.

Let us look at a few particulars. The very first publication regarding these oscillations in Wiedemann's *Annalen der Physik* in 1887 was extraordinarily fruitful. For instance, Hertz described in it nodes of zero electric effect along the receiving wire; he found that tuning between transmitter and receiver substantially improved reception. The lack of sharpness of this resonance, which is quite analogous to the resonance of acoustic resonators, led him to conclude that his oscillations were strongly damped. All that was fully confirmed by subsequent research.

A second publication in the same journal in 1888 describes the continuation of these researches under circumstances that differed in many respects. The third, "On Electromagnetic Effects Produced by Electrical Disturbances in Insulators," must have afforded him particular satisfaction: in it he was able to solve the previously mentioned prize problem of the Berlin Academy most successfully. After placing the receiver in a position relative to the transmitter such that no secondary sparks appeared at first, he could make them appear at once simply by bringing up sizable masses of insulating materials, such as wood, sulfur, paraffin, or asphalt. That proved that an insulator can be the seat of electromagnetic processes, entirely according to Faraday and Maxwell.

The fourth investigation, likewise published that year, is a great step forward. Whereas transmitter and receiver had until then been kept in close proximity, Hertz now separated them to the full extent permitted by the largest room at his disposal, the auditorium of his Institute, fifteen meters. The transmitter stood at one end wall; the opposite end wall had been turned into a mirror for electric waves by being equipped with a sheet of zinc. The result

Erfolg war der erwartete: Es zeigten sich im Funkenspiel des Empfängers an gewissen Stellen Verstärkung, dazwischen Abschwächung bis zum völligen Aussetzen — ein Beweis für Knoten und Bäuche stehender Wellen. Aus dem Abstand dieser Stellen ergab sich eine Wellenlänge von acht Metern. Die Wellennatur dieses elektromagnetischen Vorganges war damit so sicher erwiesen wie die Wellennatur des Lichtes durch die optischen Interferenzuntersuchungen zu Beginn des 19. Jahrhunderts.

Zur Vervollständigung dieses Nachweises kam es nun darauf an, alle am Licht bekannten Erscheinungen auch an den neuen elektrischen Wellen aufzuzeigen. Dazu mußte sich aus diesen, vom Sender zunächst nach allen Seiten ausgestrahlten Wellen ein Strahl bestimmter Richtung ausbündeln lassen. Hertz benutzte dazu nach dem Vorbild der Optik einen Hohlspiegel, in dessen Brennlinie der Sender seinen Platz fand. Auch der Empfänger kam zur Vergrößerung seiner Empfindlichkeit in die Brennlinie eines solchen. Gleichzeitig wurde die Schwingungszahl vergrößert und die Wellenlänge entsprechend vermindert, bis zu einem halben Meter. So ließ sich beobachten: erstens die geradlinige Ausbreitung des Strahles, sofern er unbehindert blieb, zweitens seine Spiegelung nach den bekannten optischen Gesetzen durch einen Metallspiegel und drittens seine Brechung in isolierenden Prismen. Schließlich ließ sich auch die vom Licht her bekannte Polarisation feststellen; der Strahl hatte in der Richtung des Sendedrahtes andere Eigenschaften, als in der zu dieser und zu ihm selbst senkrechten Richtung. Nun war kaum noch ein Zweifel möglich, daß elektrisch erzeugte Wellen und Licht sich nur in der Wellenlänge, in dieser freilich sehr wesentlich, unterscheiden.

Und doch suchte Hertz in seiner Gewissenhaftigkeit nach einer Gegenprobe. In seinem alle diese Versuche zusammenfassenden Vortrag auf der Heidelberger Naturforscherversammlung vom Herbst 1889 verlangte er den Nachweis elektrischer Eigenschaften beim Licht. Es berührt uns eigenartig, ja ein wenig tragisch, daß er nicht merkte, oder doch nicht anzuerkennen wagte, daß er diesen Nachweis selbst erbracht hatte. Unter den seine Funkenversuche störenden Einflüssen erwähnt er immer wieder Bestrahlung mit dem Licht eines anderen Funkens. Im Juni 1887 hatte er auch schon darauf hingewiesen, daß es der ultraviolette Teil dieses Lichtes war, der die Eigenschaften des bestrahlten Funkens verändert. Das war die Entdeckung jenes „lichtelektrischen Effekts", wie wir heute sagen, den 1888 Wilhelm Hallwachs in Leipzig durchaus richtig darauf zurückführte, daß Träger negativer Ladung aus dem Metall der Funkenstrecke freigemacht würden. In ihm liegt die gesuchte elektrische Wirkung des Lichtes unmittelbar vor. Aber Hertz hielt noch 1891, in der Einleitung zu Band II seiner Werke, die „Mechanik" dieser Versuche für nicht hinreichend geklärt; und in der Tat ist die volle Aufklärung erst der Quantentheorie gelungen, die damals noch in weiter Ferne lag.

Reiche Anerkennung folgte der Entdeckung der elektrischen Wellen. Die Royal Society lud Hertz nach London ein, wo er sich der persönlichen Bekanntschaft vieler der großen englischen Physiker erfreute. Die Berufungen häuften sich, nach Amerika, nach Gießen, nach Berlin, nach Bonn. Hertz wählte kurz

was as expected: the spark trains in the receiver exhibited an intensification at certain points, and in between a weakening of intensity down to complete cessation—a proof of nodes and antinodes of standing waves. The distance between these points yielded a wavelength of eight meters. The wave nature of this electromagnetic process was thus as surely proved as was the wave nature of light by the optical interference experiments at the beginning of the 19th Century.

To complete the proof it was necessary to demonstrate all known light phenomena in connection with the new electric waves. To do that it was necessary to take the waves, initially emitted in all directions, and focus them into a beam in a given direction. To do so Hertz employed a concave mirror as in optics, along whose focal line he placed the transmitter. To increase the sensitivity of the receiver, it was similarly placed along the focal line of such a mirror. At the same time he increased the frequency of oscillations and correspondingly decreased the wavelength, down to half a meter. Thus he was able to observe, first, the rectilinear propagation of the beam, as long as it was left unperturbed; second, its reflection by a metal mirror according to known optical laws; and third, refraction by prisms of insulating materials. Finally, it proved also possible to demonstrate the polarization known from optics; the beam had different properties in the direction of the transmitting wire from those in the direction perpendicular to the wire and to the beam itself. Now no doubt could remain that waves produced electrically and light differed only in wavelength, albeit substantially in that regard.

Yet Hertz in his conscientiousness looked for a counter proof. In a paper read before the Heidelberg meeting of the Society of Natural Scientists in the autumn of 1889, in which he summarized all these experiments, he asked for a proof of the electric properties of light. We find it peculiarly touching, even a bit tragic, that he did not notice, or else did not dare to acknowledge, that he had accomplished such a proof himself. Among the disturbing effects in his spark experiments he repeatedly mentions irradiation by the light of another spark. As early as June 1887 he pointed out that it was the ultraviolet portion of this light that altered the properties of the irradiated spark. That was the discovery of the same "optoelectric effect," as we call it now, which Wilhelm Hallwachs in Leipzig in 1888 correctly ascribed to the liberation of negative-charge carriers from the metal of the spark gap. That constitutes a direct demonstration of the sought-for electric effect of light. Yet as late as 1891, in the preface to Volume II of his *Collected Works,* Hertz held that the "mechanics" of these experiments had not been fully elucidated; and as a matter of fact the full explanation did not come until the quantum theory, then still in the distant future.

The discovery of electric waves was thoroughly appreciated. The Royal Society invited Hertz to London, where he took pleasure in meeting many of Britain's great physicists. One call followed another, to America, to Giessen, to Berlin, to Bonn. Hertz quickly chose Bonn and moved there during Easter

entschlossen Bonn und zog dort zu Ostern 1889, der freudigsten Erwartungen voll, in jenes Haus, welches schon sein großer Amtsvorgänger, der Thermodynamiker Rudolf Clausius (1822–1888) bewohnt hatte. Aber wenngleich er 1891 seinen Eltern bekannte, daß er je länger um so lieber dort weile, die alte Arbeitskraft wollte sich nicht wieder einstellen. Nur eine kurze, freilich wiederum grundlegende experimentelle Arbeit stammt aus der Bonner Zeit, nämlich aus dem Jahre 1892: „Über den Durchgang der Kathodenstrahlen durch dünne Metallschichten." Die Durchlässigkeit der Materie für solche, wie sich später herausstellte, korpuskularen Strahlen wurde in den klassischen Untersuchungen von Philipp Lenard (1862–1947) eine der Grundlagen für die Erkenntnis des Baus der Atome. Hertz hatte seinen Schüler Lenard nachdrücklich auf diese Erscheinung hingewiesen, hat aber dessen große Erfolge nicht mehr erlebt.

In den Vordergrund traten in Bonn theoretische Untersuchungen. Die erwähnten Unklarheiten in Maxwells Hauptwerk, so gering sie im Vergleich zum Ganzen sein mochten, boten doch den Gegnern Angriffspunkte. 1890 gab nun Hertz in einer Arbeit von klassischer Knappheit und Klarheit „Über die Grungleichungen der Elektrodynamik für ruhende Körper" der Elektrodynamik jene architektonisch wundervolle Form, vor der ein Boltzmann staunend bekannte: „War es ein Gott, der diese Zeichen schrieb?" Seitdem antwortet jeder Physiker, nach dem Wesen der Maxwellschen Theorie befragt, mit Hertz: „Diese Theorie ist das System der Maxwellschen Gleichungen." Und was diese Arbeit für ruhende Körper leistet, das leistet eine kurz darauf folgende für bewegte. Hier ging Hertz selbständig über Maxwell hinaus und schuf ein Gedankengebäude, das innerhalb gewisser, von ihm selbst erkannter Grezen noch heute brauchbar ist und das den Weg bahnte zu Forschungen, die erst Albert Einsteins Relativitätstheorie zu wirklichem Abschluß brachte. Das historische Verdienst dieser Elektrodynamik für bewegte Körper äußerte sich unter anderem darin, daß sie die erste tiefere Begründung gab für einen zarten, aber grundlegend wichtigen magnetischen Effekt, den 1888 Wilhelm Conrad Röntgen (1845–1923) als Folge der Bewegung eines Isolators im elektrischen Felde entdeckte hatte; dieser war, nebenbei bemerkt, auch ein Beitrag zur Lösung jener Preisaufgabe der Berliner Akademie.

Das umfassendste Werk aus der Bonner Zeit aber ist das rund dreihundert Seiten starke Buch „Die Prinzipien der Mechanik", erschienen als dritter Band der Gesammelten Werke. Hertz nahm Anstoß an den üblichen Darstellungen der Mechanik, insbesondere an dem in ihnen so wichtigen Begriff „Kraft". Er eliminierte ihn, indem er alle gegenseitigen Einwirkungen der Körper auf die Vermittlung sonstiger, anderweitig freilich nicht immer bemerkbarer Massen zurückführte. Logisch ist sein System unanfechtbar, und es hat den Vorzug, daß er Fernwirkung grundsätzlich ausschließt. Aber bisher hat sich noch kein Physiker diesen Ideen angeschlossen. Die Gründe dafür dürften sein, daß nicht einmal Hertz selbst von ihnen neue, über das Bekannte hinausgehende Ergebnisse erwartete und daß kaum jemand seine Bedenken gegen den Kraftbegriff teilte.

of 1889, full of the most pleasant expectations, into the very house that had been occupied by his predecessor in that post, the thermodynamicist Rudolf Clausius (1822–1888). Yet although he admitted to his parents in 1891 that the longer he stayed there the better he liked it, the old vigor would not manifest itself. Only one short though again fundamental paper derives from his stay in Bonn, in 1892: "On the Passage of Cathode Rays Through Thin Metallic Layers." The transparency of matter to such rays, which later proved to be corpuscular, came to figure—as a result of the classical experiments of Philipp Lenard (1862–1947)—as one of the fundamentals in the understanding of atomic structure. Hertz specifically pointed out this phenomenon to his pupil Lenard, but did not live to witness his great successes.

Theoretical investigation came to the fore in Bonn. The previously mentioned obscurities in Maxwell's major work, no matter how insignificant in relation to the whole, still afforded opponents opportunities for attack. In 1890 Hertz gave electromagnetics such a structurally perfect form, in a paper of such classic brevity and clarity, "On the Fundamental Equations of Electromagnetics for bodies at Rest," that a Boltzmann could say of it with astonishment, "Was it a God, who traced this sign?" [Goethe, *Faust,* Part I.] Since then any physicist, when asked about the essence of Maxwell's theory, will reply, with Hertz, "This theory is the system of Maxwell's equations." And what that paper does for bodies at rest is done for bodies in motion in a paper that followed soon thereafter. Here Hertz went independently beyond Maxwell and created a structure of ideas that is still useful (within certain bounds that he himself recognized) and that pointed the way toward investigations that were actually brought to conclusion only by Albert Einstein's theory of relativity. Among the features that impart historic merit to this electrodynamics of bodies in motion is that it was the first to provide any sort of justification of a delicate but fundamentally important magnetic effect, which had been discovered in 1888 by Wilhelm Conrad Röntgen (1845-1923) as a consequence of the motion of an insulator in an electric field; it was, by the way, another contribution to the solution of that prize problem set by the Berlin Academy.

But the most comprehensive work of the Bonn period is a book of about 300 pages, *The Principles of Mechanics,* which appeared as the third volume of his *Collected Works.* Hertz took issue with conventional treatments of mechanics, particularly with their all-important concept of "force." He eliminated it by ascribing all mutual effects of bodies upon one another to the agency of other masses, not always actual. His system is logically flawless and has the advantage of excluding action at a distance on principle. But to date no physicist has adopted these ideas. Possible reasons may be that not even Hertz himself expected that they would yield new results which would go beyond what was known and that almost no one shared his reservations about the concept of force.

Vielleicht spielt hierbei auch das Wanken seiner Gesundheit mit hinein. Schon am Ende der Karlsruher Zeit, im November 1889, wurde Hertz von einem kleinen Leiden nach dem anderen geplagt. Im Sommer 1892 zeigte sich eine gefährliche Kieferinfektion; es folgten Operationen, vorübergehende Besserung, Rückfälle. Im August 1893 schrieb er seinen Eltern: „Nichts ist schwerer als ein Kampf, den man nicht mehr um den Sieg kämpft, sondern um nicht unanständig zu fallen." Und dann im Dezember: „Wenn mir wirklich etwas geschieht, so sollt Ihr nicht trauern, sondern sollt ein wenig stolz sein und denken, daß ich dann zu den besonders Auserwählten gehöre, die kurz leben und doch genug leben. Dieses Schicksal habe ich mir nicht gewünscht und gewählt, aber wo es mich betroffen, muß ich zufrieden sein; und wenn mir die Wahl gelassen wäre, würde ich es vielleicht selbst gewählt haben." Am 1. Januar 1894, kurz nach der Absendung des Hauptteiles seiner „Mechanik" an den Verlag, schloß Hertz, noch keine siebenunddreißig Jahre alt, die Augen für immer. Er hinterließ außer seiner Frau zwei Töchter; daß sich diese drei einige Jahrzehnte später genötigt sehen würden, wegen der Zugehörigkeit zu ihm, dem „Halbarier", Deutschland zu verlassen, hat er nicht geahnt.

Warum rechnen wir nun Hertz zu den großen Deutschen?

Erstens: Die Hertzschen Wellen, an deren technische Verwendung er selbst nie gedacht hat, erwiesen sich einige Jahre nach seinem Tode in den Händen bedeutender Techniker, vor allem von Guglielmo Marconi (1874–1937) und Ferdinand Braun (1850–1918), als vortreffliche Übermittler von Nachrichten aller Art, mit dem Vorteil gegenüber der älteren Telegraphie und Telephonie, daß sie die Drahtverbindung zwischen Ausgangs- und Empfangsort überflüssig machten. Wenn wir heute von Schiffen auf dem Ozean Nachricht erhalten, wenn wir am Rundfunkapparat lauschen oder vor dem Fernsehschirm sitzen, wenn sich Schiffe und Flugzeuge im Nebel mit Radar zurechtfinden, stets verdanken wir dies der Entdeckung von Heinrich Hertz. Bei der ungeheuren Bedeutung solchen Nachrichtenaustausches darf man wohl sagen: Er hat an der neuzeitlichen Umgestaltung der Welt wesentlich mitgewirkt.

Zweitens: Aus dem Weltraum kommen nicht nur Lichtwellen zu uns und geben uns Kunde von diesen Himmelskörpern, sondern, wie sich neuerdings herausgestellt hat, auch viel langwelligere, Hertzsche Strahlung. Die ganze „Radio-Astronomie" beruht auf ihnen und hat jetzt schon zu vielen neuen Entdeckungen im Kosmos geführt.

Drittens aber — und das scheint uns das Wichtigste — hat die Entdeckung von Hertz die Grundanschauungen der Physik umgestaltet, die nicht für die Physik selbst, sondern auch für die Philosophie von gar nicht abzuschätzender Bedeutung sind und tief in die Weltanschauung jedes einzelnen eingreifen, ob er sich nun dessen bewußt ist oder nicht. Seitdem Hertz die unvermittelte Fernwirkung für die Elektrodynamik widerlegt hat, glaubt auch bei der Gravitation oder irgendeiner anderen Erscheinung niemand mehr an sie. Albert Einsteins größte Leistung, eine Theorie der Gravitation, nach der diese sich mit Lichtgeschwindigkeit ausbreitet, geht so mittelbar auf Heinrich Hertz zurück.

Perhaps his failing health played a part. Hertz had been plagued by one small complaint after another, going back to the end of his stay in Karlsruhe, in November 1889. In the summer of 1892 a dangerous jaw infection made its appearance; operations, temporary improvements, setbacks followed. In January 1893 he wrote his parents: "Nothing is harder than a struggle fought no longer for victory but merely so as not to give up without making a decent stand." And then in December: "If anything should really befall me, you are not to mourn; rather you must be proud a little and consider that I am among the especially elect destined to live for only a short while and yet to live enough. I did not desire to choose this fate, but since it has overtaken me, I must be content; and if the choice had been left to me, perhaps I should have chosen it myself." On 1 January 1894, shortly after dispatching the main part of his *Mechanics* to the publisher, Hertz closed his eyes forever, not quite thirty-seven years old. Besides his wife he left two daughters; he did not suspect that several decades later these three would feel obliged, because of their association with him, the "half-Aryan," to leave Germany.

Why do we reckon Hertz among great Germans?

First, the Hertzian waves, to whose technological application he himself never gave a thought, several years after his death proved to be—in the hands of important technologists, above all Guglielmo Marconi (1874–1937) and Ferdinand Braun (1850–1918)—capital transmitters of messages of all kinds, with the advantage over the older telegraphy and telephony that they obviated the need of a wire connection between the transmitter and receiver sites. Today when we receive messages from ships on the high seas, when we listen to a broadcast receiver or sit in front of a television screen, when ships and aircraft establish their locations by radar, we owe it all to Heinrich Hertz's discovery. The immense significance of such communications justifies our saying that he was an essential participant in the recent transformation of the world.

Second, it is not light waves alone that reach us from outer space to give us information about heavenly bodies but, as has recently been established, also much longer Hertzian waves. The entire field of "radio astromony" is based on them and has already made many new discoveries in the cosmos possible.

And third and most important, Hertz's discovery revolutionized the basic concepts of physics, concepts that are important not only for physics proper but are also of invaluable significance to philosophy and profoundly affect the world view of each individual, whether he is aware of it or not. Since Hertz has countervailed against action at a distance in electromagnetics, no one believes in it in connection with gravitation or any other phenomenon, either. Albert Einstein's greatest contribution, a theory of gravitation according to which it propagates with the velocity of light, thus traces back directly to Heinrich Hertz.

Am 4. Februar 1878 hatte Heinrich Hertz an seine Eltern in einem längeren Brief von seinen Studien im Lesezimmer der Münchener Bibliothek erzählt, wo ihm die Leipziger Acta eruditorum von 1684 in die Hand gefallen waren. Mit großem Interesse berichtete er von den reichen mathematischen und naturwissenschaftlichen Fortschritten, die zu jener Zeit gemacht worden waren und fügt dann hinzu:

„Es tut mir wirklich manchmal leid, daß ich nicht damals gelebt habe, wo es noch so viel Neues gab; es gibt zwar auch jetzt genug Unbekanntes, aber ich glaube nicht, daß noch jetzt leicht etwas gefunden werden kann, was so umgestaltend auf die ganze Anschauungsweise einwirken kann wie in jener Zeit, wo Teleskop und Mikroskop noch neu waren."

Er hat diese Meinung selbst auf das gründlichste widerlegt.

On 4 February 1878, in a fairly long letter to his parents, Hertz gave an account of his studies in the reading room of the Munich library, where he had picked up the Leipzig *Acta eruditorum* of 1684. With considerable interest he reports on the extensive advances in mathematics and the natural sciences that were made in that period and adds:

"Sometimes I really regret that I did not live in those times, when there was still so much that was new; to be sure enough is yet unkown, but I do not think that it will be possible to discover anything easily nowadays that would lead us to revise our entire outlook as radically as was possible in the days when the telescope and the microscope were still new."

He himself most fundamentally controverted this opinion.

Kindheit
1857-75

*Sieben Jahre nach Heinrich Hertz' Tode schrieb seine Mutter:**

Hamburg, den 22. Februar 1901

Heute ist der Geburtstag unseres Heins, — vierundvierzig Jahre sind es, daß er nach schweren Kämpfen das Licht der Welt erblickte, nach langem Bemühen des vorzüglichen Arztes Dr. Wilhelm Plath, der nur mit genauer Not den halbtoten Knaben uns und der Welt erhalten konnte. Ich selbst hatte so schwer gelitten, daß ich nichts von der Seligkeit empfand, auf die ich monatelang gehofft, und sein und mein Leben waren mir gleichgültig. Und doch hatte ich mich so namenlos auf ihn gefreut! Mit der freilich nur sehr langsam wiederkehrenden Gesundheit wuchs das Glück, und ich erinnere mich eines Abends in der Wochenstube, als die alte Wärterin mit dem Baby im Schoß bei mir am Bette saß, daß diese plötzlich auffuhr und sagte: Nein, so etwas habe ich doch noch nicht gesehen! Sehen Sie doch einmal, wie energisch der Junge sein Köpfchen dreht, und wie vernünftig er blickt! Diese Szene ist mir noch lebhaft im Gedächtnis geblieben, denn ich törichte Mutter hatte ja damals schon Wünsche und Hoffnungen, die ich ihm alle laut auseinandersetzte, als ich ihn zum ersten Male in meinem alleinigen Besitz hatte, ohne Wärterin und Mädchen, und die er sich gerne vorerzählen ließ. Wie wollte ich ihn liebhaben, wie wollten wir zusammen lernen und streben, und dann sollte er ein großer und tüchtiger Mann werden und in der Welt etwas bedeuten! Dies alles sagte ich ihm, bis ich zufällig auf die Straße blickte, die voll Menschen wimmelte,** und mir sagen mußte: wie viele darunter, von denen ihre Mutter dasselbe gehofft!

* Anna Elisabeth Hertz (1835–1908), Tochter des Frankfurter Arztes Dr. Joh. Peter Hieronymus Pfefferkorn.

** Die erste Wohnung der Eltern war in der Poststraße.

Childhood
1857-75

Seven years after Heinrich Hertz's death, his mother wrote:*

Hamburg, 22 February 1901

Today is our Heins's birthday—it was forty-four years ago that he first saw the light of day after a painful struggle and following the prolonged efforts of our excellent physician Dr. Wilhelm Plath, who was barely able to save the half-dead child for us and for the world. I had suffered so heavily that I felt none of the bliss that I had anticipated for months and was indifferent to his life and mine. And yet I had looked forward to him with such untold joy! As I gradually regained my health my happiness grew, and I remember an evening in the nursery, the old nanny sitting by my bed with the baby on her lap, when she suddenly started and said: Never have I seen the like of of that! Quick, look how energetically the boy turns his little head and watch his intelligent expression! This scene still remains lively in my memory, for I, the foolish mother, already harbored wishes and hopes that I fully explained to him aloud the first time I had him all to myself, without nanny or maid, and to which he liked to listen. How I would love him, how we would learn and strive together and then he would become a proper man and make a mark in the world! All that I told him, until I happened to look out on the street,** thronged with people, and had to say to myself: how many must there be among them whose mothers had the same hopes for them!

* Anna Elisabeth Hertz (1835–1908), daughter of the Frankfurt physician Dr. Johann Peter Hieronymus Pfefferkorn.

** The parents' first apartment was in Post-strasse in Hamburg.

Aber er war in der Tat schon frühzeitig eigentümlich intelligent. Nicht für Fremde, denn er war ein unschönes, blasses und ausdrucksloses Kind. Ihn zum Lachen zu bringen, was er doch später so gerne tat, war nicht leicht, aber er war von klein auf sehr intensiv in seiner Auffassung. Seine sehr tüchtige Wärterin hatte es leicht, ihn zu erziehen; er verstand und gehorchte sehr schnell und beschäftigte sich ruhig mit sich selbst. Im fünften Monat kannte er uns alle im Hause (ich weiß es deshalb so sicher, da wir zum Geburtstag meiner Mutter, am 15. Juni, in Frankfurt waren und es mir immer so viel Vergnügen machte, mit welchem Eifer er die Arme nach mir ausstreckte); mit sieben Monaten, wieder in Hamburg, kannte er alle Gegenstände im Zimmer und die Bilder an der Wand. Zu Weihnachten, also mit zehn Monaten, bekam er von meinem Bruder Rudolf ein schönes Bilderbuch — den ersten Anschauungsunterricht — und von meinen Schwiegereltern Tisch und Stuhl. Da konnte nun der kleine Junge stundenlang sitzen, Blatt für Blatt aufmerksam betrachten, die Gegenstände bald kennend, niemals das Buch zu andern Zwecken benutzend oder es zerreißend.

Vierzehn Tage nach seinem ersten Geburtstag bekam er ein Brüderchen, unsern Gustav, mit dem er sich sein Leben lang sehr gut vertrug. Er war nun der Große, und ich glaube, es wurden schon frühzeitig viel Ansprüche an ihn gemacht, denen er aber immer vorzüglich nachkam.

Da er sehr gutmütig und sehr bequem war, ließen ihm die Leute im Hause gerne seinen Willen und freuten sich mit mir an seinem eifrigen Spiel. Wir liebten uns sehr. Und so war es mein Schönstes, nach Tisch mit dem Jungen — wie ich das später auch so gerne mit meinen andern Kindern getan — Bilder zu besehen, den „ersten Anschauungsunterricht", den ich heute noch auswendig kann, und dann den „Orbis pictus" von Lauckhardt. Das war eine große Freude. Wir lebten in den Tieren und Menschen, die wir betrachteten, und Heinrichs große Aufmerksamkeit, seine vernünftigen Fragen brachten mir täglich neuen Genuß. Noch sehe ich die lieben Augen, die so treuherzig die meinen suchten.

Ungefähr in dieser Zeit, Heinrich war im dritten Jahr, gewiß nicht viel darüber, fiel mir zum erstenmal sein großes Gedächtnis auf. Wir hatten mit vielem Vergnügen und natürlich öfters die „Speckterschen Fabeln" betrachtet, die ich ihm vorlas.* Da überraschte er mich eines Tages damit, daß er, auf einem Schemel sitzend, das Buch in der Hand, die Fabeln *mir* vorlas, und zwar immer die richtige, ohne daß ein Wort mangelte, alle hundert Stück, in und außer der Reihe. Das war in der Tat sehr viel, da ich keine Ahnung davon hatte, daß er sie wisse, und sie nicht in dieser Absicht mit ihm gelesen hatte. Übrigens war er auch von klein auf mit der Hand sehr geschickt; ein Stück Papier und ein Bleistift konnten ihn lange beschäftigen, und er zeichnete mit drei Jahren schon ganz erkennbare Sächelchen. Später ermüdete er nie, wenn ich ihn in ein Buch Striche machen ließ und nach Punkten Figuren bilden. Sein Beschäftigungsdrang war in allen Zeiten seines Lebens ganz außerordentlich groß, und alles tat er mit großer Akkuratesse und angeborenem Eifer. Dabei war er auch lebhaft

* Die von Otto Speckter illustrierten Hey'schen Fabeln in Versen.

But he really was strangely intelligent at an early age. Not for visitors, for he was an unprepossessing, pale, and expressionless child. To make him laugh, which he later did so readily, was not easy, but he was intensely perceptive from his earliest youth. His very capable nanny had an easy time bringing him up: he understood and obeyed very promptly and kept himself calmly occupied. In his fifth month he knew us all at home (I am certain of the date, for we visited my mother in Frankfurt on her birthday, June 15, and I always got such pleasure from seeing how eagerly he stretched out his arms to me); at seven months, back in Hamburg, he knew every object in the room and all the pictures on the walls. At Christmas, when he was ten months old, my brother Rudolf gave him a beautiful picture book—the First Pictorial Primer—and my parents-in-law gave him a little table and chair. There the little boy would sit still for hours, attentively turning over page after page—soon he knew all the pictures; never would he put the book to other uses or tear it.

Two weeks after his first birthday he got a little brother, our Gustav, with whom he got on very well all his life. Now he was the big one, and I believe much was expected of him from the start; but he always lived up fully to all expectations.

Since his nature was so placid and easy, the servants also let him have his own way and joined me in taking pleasure in his eager play. We loved each other greatly. And it was my greatest enjoyment to sit with the boy after dinner—as I also liked to do later with my other children—and look at pictures, the First Pictorial Primer, which I know by heart to this day, and later Lauckhardt's *Orbis pictus*. That was a great joy. We lost ourselves among the animals and people as we looked at them together, and Heinrich's great attentiveness and his earnest questions daily brought me new pleasures. I can still see those beloved eyes so honestly seeking mine.

At about this time, when Heinrich was in his third year, certainly not much older, I first took notice of his perfect memory. We had looked with much enjoyment and of course repeatedly at the Speckter Fables, which I read to him.* One day he surprised me by sitting down on a footstool, the book in his hands, and "reading" the fables to me, the right one in each case, without omitting a word, the whole one hundred of them, in and out of sequence. That was really something, as I had not read them to him with that purpose in mind. He was very clever with his hands besides, from his earliest youth; a piece of paper and pencil could keep him busy for a long time, and he drew quite recognizable objects when he was three. Later he never tired of drawing lines in a book or forming patterns by connecting points. The urge to keep active was extraordinarily strong in him throughout his entire life and he did everything with great exactitude and inborn zeal. At the same time he was lively and not

* Wilhelm Hey's fables in verse, illustrated by Otto Speckter.

und nicht ohne Phantasie. Die beiden Knaben stellten ihr ganzes Spielzimmer auf den Kopf, bauten lange Eisenbahnen und Dampfboote und machten einen gehörigen Spektakel. Am 12. Mai 1861 kam dann ein drittes Brüderchen dazu, unser lieber Rudi. Bei seiner Geburt war ich recht krank gewesen, und so zogen wir alle zu meiner Erholung einige Monate nach dem Andreasbrunnen in Eppendorf. Hier in dem herrlichen Garten hatten es die Kinder sehr gut, und ich konnte mich bald wieder an ihnen freuen. Es waren wilde, lebhafte Kinder (wie der dortige Kellner einmal äußerte: in denen steckt Feuer!). Hier war es auch, wo ich Heins eines Abends mit Inbrunst beten hörte: „Lieber Gott, gib doch, daß die Nacht recht schnell herumgeht, damit ich wieder zum Spielen komme." Noch einige nette Sachen sind mir aus damaliger Zeit im Gedächtnis. So hatte ich etwas von ihm gehört, was mir nicht recht war, und als er am andern Morgen bei mir saß, frug ich ihn, warum er das getan habe. Da guckte er mich ganz erstaunt an. „Mama, woher weißt du das?" „Ei," antwortete ich keck, „mein kleiner Finger hat mir das gesagt." Erneutes zweifelndes Nachdenken. Da erhob er plötzlich seinen Kopf, sah mir fest in die Augen und frug eindringlich: „Mama, sprichst du immer die Wahrheit?" „Ja," antwortete ich darauf, „aber dieses Mal habe ich es nicht getan."

Michaeli 1863 kam er in die Schule von Dr. Wichard Lange, und nun begannen wieder neue Freuden. Auf Wunsch von Dr. Lange hatte ich gar nicht mit ihm vorgearbeitet, und er kannte noch keinen Buchstaben, als er in seine Klasse trat. Lesen lernen war für ihn nur eine Kleinigkeit, und bald war er immer obenan. Sein Eifer, aber auch der meinige, war sehr groß, und die ersten anderthalb Jahre habe ich wohl jeden Buchstaben überwacht, den er schrieb. Und wehe, wenn nicht jeder Strich mit der äußersten Mühe gezogen wurde. Denn leider konnte ich sehr heftig werden, und ich erinnere mich verschiedener Szenen, die zu einem Krach führten. Aber mein Heins bat mich immer wieder flehentlich, seine Arbeiten zu überwachen, und wir begannen von neuem: ich, indem ich meine Ansprüche zu dämpfen suchte, und er mit einem Fleiß und einer Geduld ohne Ende. Jeden Sonnabend kam denn auch der Lohn durch die wöchentlichen Zeugnisse, und wenn die Zeit da war, stürzte ich meinem Jungen entgegen, und auf der untersten Stufe der Treppe kramten wir zusammen die Mappe aus und durften uns meist eines guten Lobes erfreuen. Scherzhaft pflegte ich dann wohl zu sagen, daß er das „Sehr" mir zu danken habe. Ehrgeizig war er eigentlich nicht, nur sehr eifrig. In seinen Zeugnissen kam öfters die Bemerkung vor: „Warum ist er nicht der Erste? Er müßte immer der Erste sein." „Ja, warum nicht, lieber Heins?" frug ich ihn. „Ach," antwortete er, „ob ich der Erste sitze, ist mir ganz egal, wenn ich nur der Erste bin."

Als Erster saß Heinrich in jener Zeit nur ganz vorübergehend. Vorstehendes Gespräch mag sich auf die Bemerkung beziehen, die Dr. Wichard Lange am 25. Februar 1865 unter ein nicht erstklassiges Zeugnis schrieb:

„Glänzt im Unterricht stets als Stern erster Größe", oder auf das Zeugnis vom 1. April 1866:

„Heinrichs Betragen war tadellos. Keiner weiß den Spielplatz so konsequent

without imagination. The two boys turned their playroom upside down, constructed long railroads and steamships, and made a proper row. On 12 May 1861 a third little brother arrived, our beloved Rudi. I was quite ill at his birth and we all moved for my convalescence to Andreas Springs in Eppendorf. There, in the splendid garden, the children had a very good time and I was soon able to be happy with them again. They were wild, lively children (as a local waiter once put it: there's fire in them!). It was there I heard Heins one evening praying with devotion: "Dear God, make the night pass quickly, so I can get back to playing." I remember a few other little stories from those days. Once I heard something about him that did not please me, and as he sat by me the next morning I asked him why he had done it. He looked at me quite astonished. "Mama, how do you know that?" "Ah well," I replied cheekily, "a little bird told me." Renewed skeptical thought. Then he suddenly raised his head, looked me straight in the eye, and asked urgently: "Mama, do you always tell the truth?" "Yes," I replied, "only this time I didn't."

At Michaelmas in 1863 he was enrolled in Dr. Wichard Lange's school and new joys came our way. At Dr. Lange's request I had not prepared him at all and he did not know a single letter when he entered the class. Learning to read was no effort for him and he was soon at the top of the class. His zeal, and mine too, was very great, and during the first year and a half he wrote scarcely a letter that I did not supervise. And all the worse for him if every stroke was not drawn with the greatest of care. For, alas, I have a very quick temper and I remember more than one scene that led to a row. But my Heins always implored me to supervise his work and we began anew: I trying to moderate my demands, and he with endless industry and patience. The reward came each Saturday in the form of the weekly reports, and when the time came, I rushed to meet my boy and at the bottom of the stairs we rummaged together through his satchel and usually enjoyed good praise. Then I would say in jest that he owed the "very" in "very good" to me. He was not actually ambitious, only very eager. A remark that often appeared in his reports was, "Why is he not at the head of the class? He ought to be always at the head." "Well, why not, my dear Heins?" I asked. "Oh," he replied, "I don't care a bit whether I sit at the head of the class, just as long as I am at the top."

At that time Heinrich stood at the head of the class only occasionally. The foregoing conversation may relate to the comment that Dr. Wichard Lange wrote under a less than first-class report on 25 February 1865:

"Shines as a star of the first magnitude in lessons," or on the report of 1 April 1866:

"Heinrich's behavior was exemplary. No one knows how to make use of

und energisch auszubeuten wie er, keiner übertrifft ihn in der Stunde an Schnelligkeit und Schärfe der Auffassung. Im Punkte des Fleißes und der Ordnung zeigten sich kleine Schwankungen, die weniger einwirkten auf seine Fortschritte als auf seinen Klassenplatz. Ohne diese würde er in der Klasse unzweifelhaft stets der Erste sein."

Heinrich selbst bemerkt in seinem Kindertagebuch:

„Den 3. Januar 1867. Ich habe eine neue Schulmappe und einen neuen Federkasten, den ich schon in der Schule gebraucht habe, Mama wünscht, daß in die neue Mappe nur gute Zeugnisse kommen. Ich hoffe es auch, aber glaube es nicht. Mühe will ich mir doch geben."

Den allergrößten Einfluß auf die gute Entwicklung der Knaben gewann ihr Vater. Denn nicht nur, daß sie sich stets unter seiner zärtlichsten, liebevollsten Obhut fühlten, durch sein vielseitiges Wissen und eine sehr gute pädagogische Anlage wurde er für sie allezeit zum Lehrer. Bei Tische, der einzigen Zeit, in der mein Mann die Kinder in der Woche sah, waren es ihre Interessen, die uns beschäftigten, und ein vertrauliches Plaudern machte uns die Stunde lieb. Wie gerne ließen wir uns von den Knaben erzählen, was sie den Tag über in der Schule gelernt, und ich erinnere mich noch jetzt mit Vergnügen daran, wie geschickt mein Mann das Gelernte zu befestigen und den Umblick der Knaben zu eweitern wußte. Ihr Vertrauen zu dem Vater war sehr groß, und ein Gefühl der Furcht kannten sie nicht. Dies ist auch Gott sei Dank ihr Leben lang so geblieben, und die Kinder haben in dem Vater stets Stütze und Hilfe gefunden. Eine große und mir unvergeßliche Freude machte es mir, als mir Heinrich in späteren Jahren einmal sagte, er habe nun viele und tüchtige Männer kennengelernt, aber niemals jemand gefunden, der einen so sicheren Blick wie sein Vater und so vielseitiges Wissen habe.

So wuchs der Knabe immer weiter und wurde ein Stolz der Schule, die ihm stets lieb war. Dr. Wichard Lange, der uns ab und zu besuchte, hielt sehr viel von ihm und prophezeite mir öfter, daß etwas ganz Besonderes aus ihm würde. Als ich ihn frug, ob Heins in der Schule beliebt sei, meinte er, das wisse er nicht; jedenfalls staunten ihn alle an, da er alles wisse, oft ehe es gelehrt würde.

Einer kleinen Szene erinnere ich mich mit besonderem Vergnügen. Wir saßen in einem Dämmerstündchen zusammen und plauderten über die Schule. Da frug ich Heins nach seinem besten Freund, Hermann Hesselmann, und er erzählte mir, daß neulich der Lehrer die Klasse gefragt hätte, wer wohl der gutmütigste in der Klasse wäre, und da hätten sie alle auf Hermann Hesselmann gewiesen. „Ei," sagte ich, „wie schön, das möchte ich wohl auch von dir hören." Da erwiderte Heins ganz verlegen: „Ich könnte dir wohl auch etwas sagen, aber ich geniere mich." „Das brauchst du nicht, Heins, ich bin doch deine Mutter." „Ja," sagte er, „der Lehrer frug auch, wer wohl der klügste und der geschickteste wäre, und da wiesen sie alle auf mich." „Oh, das hat dir aber doch Freude gemacht?" „Das wohl," erwiderte Heins, „aber in diesem Augenblick hätte ich gerne *unter* der Bank gesessen."

Und in der Tat war er mit seinen Händen sehr geschickt. Wie er als kleines

the playground as energetically and consistently as he, no one surpasses him in class in quickness and sharpness of perception. In diligence and neatness there were slight fluctuations that had less effect on his progress than on his place in the class. Without them he would doubtless always be at the head of the class."

Heinrich himself notes in his childhood diary:

"3 January 1867. I have a new satchel and a new pen case that I have already used at school, Mama hopes I shall bring home only good reports in the new satchel. I hope so too, but I do not believe it. Yet I will try hard."

The greatest influence of all on the boys' development was their father. Not only could they feel his most tender and affectionate care at all times, but because of his extensive knowledge and very good pedagogic disposition he became their teacher as well. At meals, the only time during the week when my husband saw the children, it was their interests that occupied us and our intimate chats made the hour dear to us. How we loved to let the boys tell us what they had learned in school during the day; and I still recall with pleasure how well my husband knew how to fix it in their minds and to broaden their outlook. Their trust in their father was complete and they never knew any fear. So it remained all their lives, thank God; the children always found their father a source of help and support. It gave me great and lasting pleasure when Heinrich told me in later years that he had now come to know many outstanding men but had never found anyone with such sure insight and broad knowledge as his father.

So the boy grew and became the pride of his school, which was always dear to him. Dr. Wichard Lange, who visited us from time to time, thought a great deal of him and often predicted he would become somebody outstanding. When I asked whether Heins was liked at school, he said he could not tell; but in any case, all admired him because he knew everything, often before it was taught.

I remember one little scene with special enjoyment. I sat with him for a while at dusk and we chatted about school. I asked Heins about his best friend, Hermann Hesselmann, and he said that recently the teacher had asked the class who was the most good-natured boy in the class, and all had pointed to Hermann Hesselmann. "Oh," I said, "how splendid! That's what I'd like to hear about you, too." Very bashful, Heins replied, "I could tell you something else but I am embarrassed." "You need not be, Heins, I am your mother." "Well," he said, "the teacher also asked who was the brightest and most ingenious among us, and then they all pointed to me." "Oh, that must have made you happy?" "Yes," replied Heins. "but at that moment I like to have crawled *under* my desk."

He was indeed very clever with his hands. Just as he had built and played

Kind unermüdlich gebaut und mit Interesse gespielt hatte, so zeichnete und modellierte er jetzt mit größtem Eifer, und wenn ich des Abends aus einer Gesellschaft nach Hause kam, fand ich häufig eine Arbeit von ihm vor: eine Mühle, die sich drehte, eine Schmiede, Landhäuser usw., ab und zu eine hübsche Zeichnung. Einmal kam unser Arzt, Dr. Eduard Cohen, ganz aufgeregt an mein Bett: „Wer ist der Michelangelo in Ihrem Hause?" „Wieso?" „Unten steht ein ganzes Brett gelungener Tongegenstände. Wirklich ein großes Talent, der Junge muß Bildhauer werden." Ich war damals krank und habe nicht viel davon gesehen; ich erinnere mich nur, daß Heinrich eine Zeitlang mit Vergnügen Ton knetete und daß mir die Köchin erzählte, er kröche schon um fünf Uhr morgens aus dem Küchenfenster, um zur Arbeit zu kommen. Und dieser Eifer blieb bei jeder Gelegenheit, unbeschäftigt konnte er nicht sein. Dabei war er ein sehr wilder Junge. Dr. Lange schreibt in einem Zeugnis am 1. April 1867: „Heinrich ist auf dem Spielplatz ein kleiner Durchgänger, der unsere spezielle Wachsamkeit herausfordert."

Unser Garten war der Tummelplatz der Nachbarjungen, die sich zu den unsern gesellten, und ich habe oftmals zitternd am Fenster gestanden und den Schlachten zugesehen, denen ich keinen Einhalt gebieten konnte. Ihr Vater war sehr für ihre Freiheit, die er in der Jugend entbehrt hatte, und ich gönnte ihnen diese gewiß, aber ich wäre manchmal gerne weit weg gewesen.

Als erwachsene Männer erzählten sie mir oft mit Begeisterung von ihren Jungenstreichen, daß sie eine große Indianerbande gebildet hätten, deren Namen sie noch wußten, die des Abends auf Streif- und Raubzügen gewesen wäre, und schütteten sich dann vor Lachen aus, wenn ich nachträglich noch ganz erschrocken über meine bitterbösen Buben war. Aber gottlob, sie haben ihre Kinderzeit sehr genossen und wenig Unheil dabei gehabt oder gemacht.

Einmal hatte ich einen gewaltigen Schreck und einen Tag schweren Kummer. Heinrich kam aus der Schule mit einer dicken, blauen Beule auf der Stirne, aber auf meine Frage wußte er nicht, woher er sie hatte. Und wie erschraken wir, als wir gleich darauf merkten, daß Heinrich gar keine Erinnerung davon hatte, daß er seinen Vater unterwegs getroffen und mit ihm und ein paar Schulfreunden nach Hause gegangen war. Dann nahm er mit großem Eifer drei Diktionäre und zeigte mir verschiedene Verben, die in Deutsch, Französisch und Englisch die gleichen Wurzeln hatten, also war er ganz klar. Als er aber einen Augenblick die Stube verlassen hatte und wieder zurückkam, frug er ganz erstaunt: „Wer hat denn hier die Diktionäre benutzt?" Das Gedächtnis war ganz weg, was sich beständig zeigte. Er war in der Schule die steinerne Treppe hinuntergestürzt und hatte schon eine Stunde bei dem Pedellen mit kalten Umschlägen gelegen. Da er aber ohne Schmerzen und ganz klar war, hatten sich die Lehrer dabei beruhigt. Dr. Cohen nahm es aber sehr ernst, und wir waren in Verzweiflung, denn es ging so immer weiter. Er wußte von nichts mehr, was fünf Minuten vorher geschehen war. *Vor* dem Fall konnte er aufs genaueste alle Einzelheiten aus seinen Stunden erzählen, *nach* dem Fall war alles dicker Nebel. So ging es bis in die Mitte der Nacht, in der sein Vater die Wache übernommen hatte. Da kam ich als Ablösung und erschrak

tirelessly as a child, he now drew and molded clay with the greatest zeal, and when I came home from a party in the evening, I often found a piece of his work: a mill that actually turned, a forge, country houses, and so on, and sometimes a pretty drawing. Once our family doctor, Dr. Eduard Cohen, came to my bedside very excited: "Who is the Michelangelo in your house?" "What do you mean?" "Downstairs there is a whole board full of capital clay models. Really a great talent, the lad must become a sculptor." I was ill at that time and did not see much of it; I only remember that for a while Heinrich greatly enjoyed working with clay and that the cook told me that he would crawl out through the kitchen window at five in the morning to get to his work. And this zeal remained with him in all things; he could not stay idle. Yet he was quite a wild lad. Dr. Lange wrote on his report on 1 April 1867, "Heinrich is a real little bolter on the playground, and demands our special vigilance."

Our garden was the playground of the neighborhood boys who joined ours and often I would stand at the window trembling, watching their battles, unable to stop them. Their father gladly gave them the freedom of which he had been deprived as a child, and I certainly did not begrudge it, but sometimes I should have liked to have been far away.

As grown men they often told me with great enthusiasm about their boyhood pranks: that they had formed a gang of Red Indians, whose name they still knew, that went on the warpath and on raids in the evening, and they shook with laughter when I was quite terrified by my wicked boys. But, praise God, they enjoyed their childhood very much and neither came to harm nor caused it.

Once I had a dreadful shock and a day of great anxiety. Heinrich came home from school with a large, blue bump on his forehead, but could not tell me where it came from when I asked him. How terrified we were when we discovered that he had no recollection of meeting his father along the way or of walking home with him and a couple of schoolmates. Then, very eagerly, he took out three dictionaries and showed me various verbs with the same root in German, French, and English; he was entirely lucid. But after leaving the room for a moment, he came back again and asked in great surprise, "Who's been using the dictionaries here?" It became increasingly evident that he had lost his memory. He had fallen down the stone stairs at school and had already spent an hour lying down with cold compresses in the school porter's room. Since he had no pains and was completely lucid, the teachers were reassured. But Dr. Cohen took it very seriously and we were quite distraught because his condition worsened steadily. He was totally unaware of what had happened only five minutes earlier. He could recount every detail of his lessons *before* his fall exactly; *after* his fall a heavy fog obscured everything. So it went into the middle of the night while his father kept watch. Then I came to relieve him and was quite frightened when Heinrich asked

nicht wenig, als Heinrich mich frug: „Mama, wie komme ich eigentlich ins Bett?" Gleich darauf setzte er aber hinzu — o welche Seligkeit —: „Wie gut schmeckt die Medizin, die Papa mir gegeben hat" und: „Wenn ich nur alles wüßte, was Papa die Nacht gelesen hat." Er war gerettet! Nach dem ersten Schlaf war alles wieder zurecht gekommen, was Dr. Cohen den andern Morgen kaum glauben wollte. Es kamen keine Schwankungen hinterher, und ich war überdankbar und froh.

Im Sommer hatten wir keine Schwierigkeiten, die Knaben zu überwachen, da wir immer zusammen waren; im Winter war es durch einen größeren geselligen Verkehr unsererseits schon etwas anders. Da kam ich auf die gute Idee, eine sogenannte Gartenkasse zu bilden. Konnten mich die Jungen versichern, daß sie keinerlei Unfug getrieben und sich gut miteinander vertragen hatten, so kam ein Schilling in die Kasse, die im Sommer zu Sämereien verwendet werden sollte. Und wiederum war es Heins, der das Ganze leitete und in Ordnung hielt. Auf ihn konnte ich mich felsenfest verlassen, denn er war so wahr und lauter wie Gold. Ein falsches Wort, nur eins, das er berichtigen mußte, kam ihm nie aus dem Mund.

Strafen gab es bei uns nicht, und ich erinnere mich, daß einmal ein Nachbar zu mir sagte: „Sie strafen nie, und doch geht alles ganz glatt." Na, so ganz glatt ging es nicht immer. Ich hatte eine sehr schlanke Hand, und soviel Freiheit ich den Knaben gab, sowenig konnte ich Widersetzlichkeiten vertragen. So gab es denn je nach dem Temperament der Jungen manche Szene, die aber immer mit Versöhnung, Liebe und Zärtlichkeit endete. Ihr Vater aber, der natürlich von allem aufs genaueste unterrichtet war, stand mir beruhigend zur Seite, blieb fröhlich mit den Kindern und mischte sich nicht in meine kleinen Erziehungssorgen.

Mit acht Jahren bekam Heinrich mit seinem Bruder Gustav und Hugo Schnars* wöchentlich eine Zeichenstunde bei Herrn Erich, und die Knaben zeichneten mit Feuereifer — Hugo, der öfters wochenlang in unserm Hause war, mit ausgesprochener Genialität, Heinrich mit größter Akkuratesse, so daß schon damals sein geometrisches Zeichnen hervorragend war. Er ging dann auch ein paar Jahre später regelmäßig Sonntags in die Gewerbeschule und war da wieder so eifrig, daß er ein ganzes Vierteljahr die drei Stunden auf den Zehen stand, da das Pult zu hoch für ihn war, bis es der Lehrer zufällig merkte und ihm einen Schemel unter die Füße gab. Auch geschah es, daß wir an einem Sonntag im Sommer eine Partie nach Travemünde machten und ihn gerne mithaben wollten. Mein Heins war aber zu der Versäumnis der Gewerbeschule nicht zu bewegen und blieb deshalb mutterseelenallein zu Haus. Die Folge war dann, daß er auch hier Vorzügliches leistete, so daß eines Tages Direktor Jessen zu meinem Mann kam und ihm dringend zuredete, Heinrich Mathematik studieren zu lassen, da er dazu selten befähigt sei. Als ich mit Heins darüber sprach, antwortete er mir: „Nein, das möchte ich nicht, Mathematik ist eine so abstrakte Wissenschaft, in die man sich ganz vertiefen muß, und ich will doch so gerne mit den Menschen leben."

* Schnars-Alquist, Marinemaler.

me, "Mama, how did I come to be in bed?" But then he added immediately—oh what bliss!—"The medicine Papa gave me tasted so good," and "If only I knew all that Papa read tonight." He was saved! After the first sleep all had come right again, which Dr. Cohen could scarcely believe the next morning. No relapses followed, and I was overjoyed and thankful.

In summer we had no difficulties in watching over the boys, since we were with them at all times; in the winter it was different because we had more social engagements. Then I had the good idea of setting up a garden piggy bank. Whenever the boys could assure me that they had not got into mischief and had got along well with each other, a schilling was put in, to be used for garden seeds in summer. Once again it was Heins who took charge of the project and kept order. I could rely on him, fast as a rock, for he was as true and pure as gold. No false word, not one that he would have had to take back, ever passed his lips.

No punishments were used in our house, and I remember that a neighbor once said to me, "You never punish, and yet everything goes smoothly." Well, everything did not always go so smoothly. I had a very quick hand, and as much freedom as I gave them, I could not tolerate the least disobedience. So we had some scenes, according to each boy's temperament, but they always ended in reconciliation, love, and tenderness. But their father, who was naturally kept informed of everything, remained cheerful with the children and never interfered with my little educational problems.

When Heinrich was eight years old, he and his brother Gustav and Hugo Schnars* began to take weekly drawing lessons from Herr Erich, and the boys drew with great zeal—Hugo, who frequently spent weeks in our house, with pronounced talent, and Heinrich with the greatest accuracy, so that his geometric drawing was already outstanding at that time. A few years later he regularly attended the *Gewerbeschule* [industrial high school] each Sunday, and again he was so eager that during an entire quarter he stood on tiptoe for the three-hour sessions, because the drawing table was too high for him, until by chance the teacher noticed it and put a foot stool under him. One Sunday we planned a trip to Travemünde and would have liked to take him with us. But my Heins could not be persuaded to miss the *Gewerbeschule* and prefered to stay at home all by himself. The result was that here again his performance was excellent, so that Director Jessen called on my husband one day and urged him to let Heinrich study mathematics because he was so unusually gifted for it. When I talked to Heins about it, he answered, "No, I should not like that, mathematics is such an abstract science in which one must immerse himself completely, and I should like so much to be involved with people."

* Schnars-Alquist, naval painter.

Am 30. März 1867, kurz nach Heinrichs bösem Fall, wurde unser vierter Knabe geboren, Otto, der später Heinrichs Liebling wurde, wie er die Wonne unseres ganzen Hauses war. Ein so harmonisch gebildetes, glückliches Menschenkind ist mir nie wieder begegnet. Musikalisch genial beanlagt, verband er mit innerer und äußerer Grazie und Anmut, dem feinfühligsten Gemüt einen klaren Kopf und einen festen, selbstverständlichen Willen zu allem Guten. Nie wurde er unbequem; immer zufrieden, erinnere ich ihn in seinem kurzen Leben — er wurde leider! nur siebzehn Jahre — nur glücklich und glücklich machend.

Otto war wohl über den Durchschnitt musikalisch begabt. Heinrich war keineswegs musikalisch.

Am 1. April 1864 besagt das Zeugnis:

Singen: Gehörbildungsübungen an kleinen, einfachen Liedchen vorgenommen. Wir sind bemüht gewesen, Heinrichs musikalische Fähigkeiten durch passende Übungen hervorzurufen, aber unsere Bemühungen waren bis jetzt von nur geringem Erfolg. Hoffen wir für die Folge auf bessere Resultate. Es sollte uns große Freude bereiten, wenn wir die harmonische Ausbildung dieses geistig geweckten, fähigen Knaben auch nach dieser Seite hin fördern könnten.

Am 1. April 1865:

Singen: Fortsetzung der Gehörsübungen. Anfang der Notenkenntnis. Einstimmige Lieder. Heinrich gehört, was das theoretische Verständnis betrifft, zu unsern besten Schülern, aber in bezug auf Gehörsbildung stehen wir leider noch auf dem alten Punkt.

Am 1. April 1869:

Singen: Heinrich beteiligt sich nicht an den Übungen.

In dem folgenden Winter bekamen die Jungen Pappstunde, und hier wurde Heins wieder die Freude des Lehrers. Mich haben viele seiner selbstgemachten Sachen durchs Leben begleitet, die mich an seine glückliche Kindheit erinnern.

Weihnachten vor seinem zwölften Jahr erhielt er zu seiner frohen Überraschung eine Hobelbank und gute Tischlerwerkzeuge, die ihm zu einem neuen Quell fröhlicher Arbeit wurden. Nur wenige Besuche in der Werkstatt unseres Tischlers genügten, ihm die richtigen Handgriffe zu geben, und bald lieferte er Schemel, kleine Tische, einen sehr netten Schrank ohne alle Hilfe. Ja, zuletzt versuchte er mit unendlicher Geduld und Ausdauer ein Rad für eine Drechselbank zu zimmern, das aber nie in Gebrauch kam und leider verlorengegangen ist.

Aus der Klasse seiner Schule hatten sich unterdessen zwei gebildet. In der einen Klasse wurde denjenigen, die später studieren wollten, Latein gelehrt, in der andern wurde mehr auf Rechnen und Naturwissenschaften gesehen. Da Heinrich seiner Handgeschicklichkeit halber Ingenieur werden wollte, blieb er auf Rat der Sachverständigen in der letzteren. Es dauerte aber nicht lange, so machte es ihn unbehaglich, daß die andern mehr wußten wie er, und da sich gerade Gelegenheit bot, gab ihn sein Vater in eine Privatstunde zu Dr. Köstlin, die er neben seiner Schule besuchte. Sein Eifer und seine Fortschritte waren groß, und Dr. Köstlin sprach oft aus, für wie eminent begabt er ihn hielt.

On 30 March 1867, shortly after Heinrich's nasty fall, our fourth son was born, Otto, who later became Heinrich's favorite and the joy of our whole household. Never again have I met such a well-balanced, happy child. Musically talented, he combined inner and outer grace and charm with a most sensitive spirit, a clear head, and a strong, natural will for good. He never became tiresome; in his short life—alas! he lived to be only seventeen—I remember him always content, happy himself and passing happiness on to others.

Otto's musical gifts were—it appears—above average. Heinrich was tone deaf.

On 1 April 1864 the school report reads:

Singing: Started ear training exercises with short, simple songs. We have taken great pains to elicit Heinrich's musical abilities by suitable exercises, but so far our efforts show only little success. Let us hope for better results in the future. It would give us great pleasure if we could further the well-rounded education of this intellectually alert and able boy in that direction as well.

On 1 April 1865:

Singing: Continuation of ear training. Beginning of note recognition. Single-voice songs. As far as theoretical comprehension is concerned, Heinrich is among our best pupils, but in ear training we are unfortunately still making no progress.

On 1 April 1869:

Singing: Heinrich does not participate in the exercises.

The following winter the boys had handicraft lessons and there Heinrich became the teacher's joy once again. Many of the things he made with his own hands have accompanied me through life, reminding me of his happy childhood.

At Christmas before his twelfth birthday he was happily surprised to receive a carpenter's bench and a good set of tools that became a new source of happy work for him. A few visits to our cabinetmaker's workshop were enough to give him the knack of it, and he soon produced foot stools, small tables, a very handsome cabinet, without any help. Finally he tried, with endless patience and perseverance, to make a wheel for a turner's lathe, but it was never used and unfortunately disappeared.

Meanwhile his class in school had been divided into two. One class was taught Latin, for those who would later go to the university; in the other, more emphasis was placed on arithmetic and the natural sciences. Since Heinrich's manual skill led him to want to become an engineer, he remained in the latter class, on the advice of experts. But before long the feeling that the others came to know more than he made him uneasy, and since an opportunity arose just then, his father sent him to private classes with Dr. Köstlin, which he attended in addition to school. His zeal and progress were great and Dr. Köstlin often mentioned how eminently gifted he thought him to be.

Im Sommer 1871 war ich mit meinen vier Jungen in Münster am Stein, der vierzehnjährige Heinrich mein guter Kamerad und Beschützer und Leiter der kleinen Truppe. Wir machten viele Touren in der Umgegend, waren sehr glücklich, freuten uns an der schönen Natur und waren voll Interesse für alle Pflanzen, Steine und alles, was uns in den Weg kam. An diese herrlichen Wochen sollte sich noch eine vierzehntägige sehr schöne Reise mit meinem Mann anschließen, der uns zu unserer großen Freude abholte. Aber wieder weigerte sich unser Heins ganz entschieden, seine Ferien zu verlängern. So großen Genuß er von jedem Vergnügen hatte, die Pflicht ging ihm ganz selbstverständlich über alles. Er wollte durchaus zu Beginn der Schule wieder zu Hause sein. So mußten wir ihn denn allein nach Hamburg reisen lassen, in ein leeres, ungemütliches Heim.

Am 18. März 1872 war Heinrichs Konfirmationstag, und am 25. März verließ er die Dr. Langesche Schule. Sein Trieb für die alten Sprachen und ihre Schriftsteller war immer lebhafter geworden, er tischlerte und drechselte mit großem Eifer, trieb mit einigen seiner jungen Freunde Chemie, und da die Schule immer größere Anforderungen an ihn stellte, die er gewissenhaft erfüllte, fand sein Vater, daß alles zusammengenommen zu viel für ihn würde, und entschloß sich, ihn aus der Schule zu nehmen, um ihn privatim auf die obere Klasse des Johanneums* vorzubereiten und ihm Freiheit für seine Neigungen zu verschaffen. Sein Abgangszeugnis hatte in allen Lehrfächern nur das eine Wort: „Vorzüglich."

Heinrich schreibt 1874 über die Schule von Dr. Lange:

„Wir alle, oder doch wenigstens die Bessern unter uns, waren außerordentlich gern in jener Schule, trotz der vielen Arbeit und der großen Strenge. Denn streng wurden wir gehalten, Nachsitzen, Strafarbeiten, Tadel in Ordnung und Betragen regnete es; aber was uns die Strenge und die Fülle der Arbeit versüßte, war meiner Meinung nach besonders der rege Wetteifer, der in uns wachgehalten wurde, und die Gewissenhaftigkeit der Lehrer, bei denen keine Tugend und kein Fehler ohne Lohn oder Strafe blieb."

Nun begannen zwei arbeitsame Jahre, die Heinrich sehr förderten und die in meiner Erinnerung als höchste Freude, ja ich darf sagen — Glück leben. Jeden Morgen von 7–8 Uhr (im Winter von 8–9 Uhr) hatte er eine Stunde: zweimal Griechisch und zweimal Latein bei Dr. Köstlin, zweimal Mathematik bei Herrn F. Schlottke, Sonntags besuchte er von 9–12 Uhr die Gewerbeschule. Nach Beendigung der Stunde ging er auf meinen Wunsch, wenn auch sehr ungern, zum Turnen, und um 9 Uhr war er bereits zu Hause bei seiner Arbeit. Saß er bei seinen Büchern, so störte ihn nichts dabei, nichts zog ihn davon ab. Sein Tisch stand in einem Durchgangszimmer, das ich öfters passieren mußte, aber immer sah ich ihn gleichmäßig gebückt und voll Interesse bei seiner Arbeit. Nie wechselten wir ein Wort zusammen. Um 12½ Uhr frühstückten wir dann beide mit unserm Ottchen. Eine halbe Stunde Spielen

* Humanistisches Gymnasium.

In the summer of 1871 I was in Münster am Stein with my four boys and fourteen-year-old Heinrich was my good companion and protector and leader of our little band. We were very happy, making many expeditions into the countryside, taking pleasure in the beauties of nature and in all the plants and stones, and everything else that came our way. These wonderful weeks were to be followed by a beautiful two-week tour with my husband, who came to fetch us, much to our delight. But once again Heins refused resolutely to prolong his vacation. No matter how much enjoyment every pleasure gave him, he quite naturally put duty above all else. Thus we had to let him return to Hamburg alone, to an empty, comfortless house.

March 18, 1872, was Heinrich's confirmation day, and on March 25 he left Dr. Lange's school. His interest in classical languages and writers had steadily grown, he worked as carpenter and joiner with great zeal, and he studied chemistry with some of his young friends. Since school made increasingly heavy demands on him that he fulfilled conscientiously, his father felt that all these activities taken together were too much for Heinrich and decided to take him out of school and to let him study privately to prepare for the upper class at the Johanneum* and to afford his interests free scope. There was only one word for each branch of instruction in his final school report, "Excellent."

In 1874 Heinrich wrote about Dr. Lange's school:

"All of us, or at least the better scholars among us, were unusually fond of that school, despite the hard work and the great strictness. For we were ruled strictly; detentions, impositions, bad marks in neatness and behavior rained down upon us; but what particularly sweetened the strictness and profusion of work for us was, in my opinion, the lively spirit of competition that was kept alert in us and the conscientiousness of the teachers who never let merit go unrewarded nor error unpunished."

Now began two work-filled years that advanced Heinrich's studies greatly and that live on in my memory as the greatest joy—or I may even say happiness. Every morning from 7 to 8 o'clock (in winter from 8 to 9 o'clock) he had a lesson: Greek and Latin twice a week with Dr. Köstlin, mathematics twice a week with Herr F. Schlottke, and Sunday he attended the *Gewerbeschule* from 9 to 12 o'clock. At the end of the daily lesson, complying with my wishes even though very unwillingly, he went to a physical exercise class; and at 9 o'clock he was already back at his work at home. When he sat with his books, nothing could disturb him nor draw him away from them. His desk stood in a room through which I often had to pass, but I always saw him bent over his books in the same way, deep in his work. We never exchanged a word. At 12:30 we both had lunch with our little Otto. Half an

* Humanistic *gymnasium* [academic high school].

mit dem kleinen Jungen war seine ganze Erholungszeit. Dann lernte er von neuem, meist bis zum Tische um 5 Uhr. Gustav war damals in einer Pension in Ballenstedt, und der vier Jahre jüngere Rudolf trieb sich mit seinen Kameraden herum, so daß er auch im Hause wenig abgezogen wurde. Dagegen fand er große Teilnahme und Anregung bei seinem Vater, der mit großem Interesse Heinrichs Arbeiten verfolgte. Ihre lebhaften Gespräche machten mir viel Freude. Ich selbst verstand leider wenig davon. Ich erinnere mich, daß er mir eines abends von seinen mathematischen Studien erzählen wollte und ich ausrief: „Ach, Heins, ich bin zu dumm dazu." Da schloß er mich zärtlich in seine Arme und sagte aus tiefstem Herzen: „Arme Mama, daß dir diese Freude entgehen muß!" Nach Tisch wurde nicht mehr schriftlich gearbeitet, sondern mit gleichem Eifer gedrechselt. Er hatte im Frühjahr eine Drechselbank erhalten und von dem sehr tüchtigen Drechslermeister Schultz Unterricht bekommen. Scherzeshalber will ich hinzufügen, daß Schultz, als ich ihm nach Jahren erzählte, daß Heinrich Professor geworden sei, ausrief: „Ach, wie schade, was wäre das für ein Drechsler geworden!" Mit Herrn Schultz zusammen drechselte Heinrich ganz allerliebste Sachen aus Elfenbein. Als er aber aus eigner Hand arbeitete, ging er bald auf andere Sachen über. Er machte schon damals verschiedene physikalische Apparate, und mit schier unglaublicher Geduld drehte er sich jede Messingschraube, goß die kleinen Gewichte und machte alles, was dazu gehörte, selbst.

Einmal hatte er einen großen Kummer. Er versuchte einen Spektralapparat zu machen. Sein Vater hatte ihm die Prismen dazu versprochen und deshalb an Herrn Schroeder geschrieben, der berühmt für seine guten Gläser war. Die Antwort lautete, daß Heinrich am Sonntag zu ihm kommen solle, er sei bis 12 Uhr auf seinem Bureau und wolle ihm die Gläser einsetzen. Nun war Heinrichs Freude und Hoffnung groß. Er arbeitete mit Feuereifer an seinem Apparat, stand am Sonntag um 5 Uhr auf, gönnte sich kaum die Zeit zum ersten Frühstück, um fertig zu werden, und machte sich dann mit seinem Vater auf den Weg. Aber da sie wohl die Zeit nicht recht berechnet hatten, kamen sie erst fünf Minuten nach 12 Uhr an Ort und Stelle, fanden das Lokal geschlossen und ein Plakat, daß Herr Schroeder auf Wochen verreist sei. Heins kam trostlos nach Hause, und mir schnitt es ins Herz, als ich in seiner stillen Art eine dicke Träne nach der andern über seine Backen rollen sah. Warum ihm auf keine andere Art zu helfen war, verstehe ich jetzt nicht.

Im übrigen war er aber zu allen Zeiten zufrieden und immer vergnügt. Auch hatte er ein paar gute Freunde, Robert Henriques und Franz Zimpel. Mit dem ersten trieb er gerne Chemie, mit dem zweiten machte er Touren in der Umgegend mit ein paar Groschen für Milch und Brot in der Tasche. Kam dann Gustav in den Ferien aus Ballenstedt zu Besuch, so waren die Brüder rein toll vor Freude, und das Haus hallte wider von ihrem Gelächter. Wie oft fand ich Ottchen als Richter in einem Sessel sitzen, und die drei Großen turnten vor ihm, rangen miteinander und prüften ihre Kräfte.

Februar 1873 wurde uns eine langersehnte Tochter geboren, und nun kam die Reihe der schönsten Jahre, die wir, Gott sei Dank, im Vollgefühl des

hour's play with the little boy was his only relaxation. Then he studied afresh, mostly until dinner time at 5 o'clock. Gustav was then at a boarding school in Ballenstedt and Rudolf, who was four years younger, was usually out playing with his friends, so that there was little distraction for Heinrich in the house. On the other hand, he found full support and inspiration in his father, who followed Heinrich's studies with great interest. Their lively conversations gave me great pleasure. Unfortunately I understood very little myself. I remember one evening he wanted to tell me about his mathematical studies and I exclaimed, "Oh Heins, I am too stupid for that." He put his arms around me tenderly and said with deepest feeling, "Poor Mama, that you have to miss this pleasure!" After dinner there was no more written work; turnery was taken up with the same enthusiasm instead. He had been given a turner's lathe in the spring, and had received instruction from the very capable master turner Schultz. I must add that when I told Schultz, years later, that Heinrich had become a professor, he exclaimed, "What a pity! What an ivory turner he would have made!" Heinrich made the loveliest ivory things with Herr Schultz. But when he worked on his own, he soon turned to other enterprises. At that time he already produced various types of physical apparatus, cutting each brass screw, pouring the little weights, and making all the essential parts by himself, with sheer incredible patience.

Once he came to grief. He tried to make a spectroscope. His father had promised him the prisms for it and had written about it to Herr Schroeder, who was famous for his optical glass. The reply was that Heinrich should come to see him on Sunday, he would be in his office until 12 o'clock and would fix the prisms for him. Heinrich's joy and hopes were great. He worked on his apparatus with fiery zeal, got up at 5 o'clock on Sunday, hardly permitted himself time for breakfast in order to be ready, and then set out with his father. But because they had apparently miscalculated the time required, they did not get there until five minutes past 12 o'clock and found the place closed and a sign saying that Herr Schroeder would be away for several weeks. Heins came home inconsolable, and it cut me to the quick to see him crying in his quiet way, one big tear after another rolling down his cheeks. I no longer know why he could not be helped in some other way.

Otherwise he was at all times content and happy. He had two good friends, Robert Henriques and Franz Zimpel. With the former he studied chemistry, with the other he went hiking into the countryside, with a few coins for milk and bread in their pockets. Then when Gustav came home from Ballenstedt during vacations, the brothers went quite mad with joy, and the house echoed with their laughter. How often would I find little Otto sitting in a chair as judge, while his three big brothers performed their gymnastics before him, wrestled with one another and tried their strength!

In February 1873 a long-wished-for daughter was born, and now came a series of most beautiful years, which we enjoyed, thank God, in full awareness

Glückes genossen. Gustav kam Ostern aus Ballenstedt zurück, und da ihm die Pension wohl körperlich gutgetan, aber ihn geistig wenig gefördert hatte, wurde ein Hauslehrer für ihn genommen. Herr Borchardt war ein junger, strebsamer Mann, der seine Aufgabe sehr ernst nahm und uns bald ein lieber Hausgenosse wurde. Wir hatten jetzt ein reiches Haus. Die Kleine unsere allgemeine Freude, die Knaben alle begabt, sich gut und fröhlich entwickelnd, gute, liebe, feingebildete Freunde, mit denen wir warm verkehrten, mein Mann befriedigt in seiner Tätigkeit.* Wie gern denke ich an unsern runden Tisch mit glücklichen Gesichtern. Der Appetit war gut und die Laune noch viel besser. Jeder teilte frei sein Erlebtes mit, und die Meinungen und Ansichten wurden fröhlich getauscht. Einen Zwang gab es nicht, und über Menschen wurde nicht gesprochen. Aber geneckt wurde gehörig und gelacht, daß es eine helle Freude war. Zu Verdruß kam es selten, schon durch unsre Gegenwart, und dann waren es ja meist anregende und interessante Gesprächsstoffe, die uns beschäftigten. Wie oft dachte ich, daß mir keine Unterhaltung so lieb sei wie die im eignen Hause.

Im Sommer 1873 wurde unser Haus** gründlich nachgesehen und umgebaut, und ich ging mit meiner Schar auf ein paar Monate nach Haffkrug. Heins aber machte mit seinem Vater und Präsident Albrecht eine Reise nach Wien zur Ausstellung und dann in die Tiroler Alpen. Beide Herren hatten ihre helle Freude an dem Jungen, der für alles Große und Kleinste das größte Interesse hatte. Dabei hatte er immer seinen Homer in der Tasche, und bei jeder Ruhepause vertiefte er sich in ihn.

Auch als reifer Mann behielt er die große Vorliebe für Homer, dessen Verse er neben denen von Dante, wenn er allein war, oft laut zu deklamieren pflegte; dieser Genuß ersetzte ihm gewissermaßen die Musik.

Ostern 1874 kam Heinrich nach Oberprima; so hatte er in zwei Jahren sein Ziel erreicht und galt bald als bester Grieche in der Klasse. Seine Kameraden respektierten ihn, und er war mit allen auf gutem Fuße, so daß ihm das Jahr in der Schule nur erfreulich war. Eines Tages im Herbst fand er auf der Karret† eine arabische Grammatik und fing mit Eifer an, sie zu studieren. Um es ihm zu erleichtern, gab mein Mann ihm den Rat, zu Professor Redslob zu gehen, der ihn auch gerne als Schüler annahm. Es dauerte nicht lange, so kam Professor Redslob zu meinem Mann und bat ihn himmelhoch, er möge Heinrich bestimmen, Orientalist zu werden. Solch ein Talent für diese Sprache sei ihm noch nicht vorgekommen. Dies war kurz vor seinem Abiturium, vor dem ihm also nicht bangte. Im übrigen war sein Abschied von der Schule ein recht betrübter. Gerade in Heinrichs Schuljahr fiel der Wechsel der Direktoren; der sehr gütige und in den letzten Jahren schwache Direktor Classen

* Gustav Ferdinand Hertz (1827–1914), Dr. jur. Zuerst als Rechtsanwalt, seit 1877 als Oberlandesgerichtsrat, seit 1887 als Senator und Chef des Hamburgischen Justizwesens tätig.

** Magdalenenstraße 3.

† Eines Straßenhändlers.

of our happiness. At Easter Gustav returned from Ballenstedt and a private tutor was taken in for him because the boarding school, although good for his health, had not greatly challenged his mind. Herr Borchardt was an active young man who took his task very seriously and soon became a well-liked member of our household. We now had a richly filled house. The little girl was a joy to all of us, the boys were all gifted and developed nicely and happily, we had good, well-educated friends whose company we enjoyed, my husband was content in his professional activities.* How I love to remember the happy faces around our table! Appetites were good and the spirit was even better. Everyone told of his experiences freely, and opinions and views were exchanged happily. There was no constraint and personalities were not discussed. But there was plenty of teasing and laughter, a pure joy. Quarrels seldom arose, partly because of our presence, and also because all were usually occupied by stimulating and interesting topics of conversation. How often I thought to myself that I loved no entertainment as well as that in my own house.

In the summer of 1873 our house** was thoroughly repaired and reshaped, and I went with my band to Haffkrug for a few months. But Heins went traveling with his father and Presiding Judge Albrecht, first to the exposition in Vienna and then into the Tyrolean Alps. Both men found sheer pleasure in the boy, who showed the greatest interest in everything, big or small. He always had his copy of Homer in his pocket and became absorbed in it at every rest stop.

Even as a grown man he retained this passion for Homer whose verses, as well as those of Dante, he used to declaim aloud when he was alone; with him, this pleasure took the place of music to some extent.

At Easter 1874 Heinrich entered the *Oberprima* [the thirteenth grade]; in two years he had thus reached his goal and was soon considered the best in Greek in his class. His classmates respected him and he was good friends with all of them, so that the year at that school gave him nothing but pleasure. One day in autumn he found an Arabic grammar on a barrow† and began to study it with enthusiasm. To make it easier for him, my husband advised him to go to Professor Redslob, who was glad to take him on as a student. It was not long before Professor Redslob came to my husband and implored him to convince Heinrich to become an orientalist. Never before had he met such a talent for oriental languages. That was shortly before his matriculation examinations, which apparently did not worry him. In other respects his parting from that school was rather sad. During Heinrich's year at the school there was a change of principals: the benign but weakening Director Classen

* Gustav Ferdinand Hertz, J.D. (1827-1914). First active as an attorney, after 1877 as appeal court judge, after 1887 as senator and head of the Hamburg judicature.

** At 3, Magdalenenstrasse.

† Of a street vendor.

verließ die Schule, und Direktor Hoche begann sein scharfes Regiment. Sei es nun, daß Heins' Klasse wirklich sehr minderwertig war, sei es, daß Direktor Hoche ein Exempel statuieren wollte, von 23 Schülern fielen bei dem Maturitätsexamen 11 Schüler durch. Die Aufregung war sehr groß, und Heins kam so gedrückt und unglücklich nach Hause, daß wir ihn nur trösten mußten, statt uns mit seinem Erfolge zu freuen.

So war denn die Zeit da, daß der Vogel aus seinem Nest flog und mir es sauer genug wurde, nunmehr die täglichen Freuden an meinem geliebten Jungen entbehren zu müssen. Er aber zog guten Mutes von dannen, und wir ließen ihn ruhig ziehen. Wußten wir doch, welch guter Kern in ihm war und wie kräftig sein Wille. Fortan waren es seine Briefe, die uns beglückten und die er regelmäßig und eingehend schrieb.

„Ich gedenke," *schrieb Heinrich in seinem Lebenslauf vor dem Examen,* „wenn es mir gelingt, die Maturitätsprüfung zu bestehen, nach Frankfurt am Main zu gehen und dort ein Jahr bei einem preußischen Baumeister zu arbeiten, wie es für die spätere Ablegung vom Staatsexamen im Ingenieurfach erforderlich ist; nur in dem Falle, daß ich mich für diesen Beruf nicht geeignet zeigen sollte oder daß meine Neigung zu den Naturwissenschaften noch wachsen sollte, werde ich mich der reinen Wissenschaft widmen. Daß ich dasjenige ergreife, für das ich am tüchtigsten bin, dafür mag Gott sorgen."

left the school and Director Hoche began his strict regime. Whether the students in Heinrich's class were really inferior or whether Director Hoche wanted to make an example of them, 11 of the 23 students in the class failed the matriculation examination. The excitement was great and Heins came home so depressed and unhappy that we had to console him instead of rejoicing in his success.

Now the time had come for our bird to leave the nest and, hard as it would be, for me to forego henceforth the daily joys of having my dear son with me. But he left cheerfully, and calmly we let him go. For we knew what good was in him and how strong was his determination. From then on it was his letters, written regularly and giving full accounts, that made us happy.

"I intend," *wrote Heinrich in his autobiographical essay for the examination,* "if I succeed in passing the matriculation examination, to go to Frankfurt am Main and work for a year under a Prussian architect, as I would be ultimately required to do for the state licensing examination for professional engineers. Only if I were to prove unsuited for this profession or if my interest in the natural sciences were to increase further, would I devote myself to pure science. May God grant that I choose whatever I am best suited for."

Frankfurt am Main
1875-76

Heinrich Hertz an die Eltern

29. März 1875

Ich habe gewartet, bis ich Euch etwas über die Hauptsache, meine hiesige Anstellung, mitteilen könnte; jetzt ist dies insoweit möglich, als ich nach einem eben angekommennen Billett auf morgen zum Baurat Behnke bestellt bin. Es ist mir dies sehr angenehm aus vielen Gründen. Einmal will ich doch nächsten ersten April fertig sein, zweitens ist es ja noch gar nicht sicher, ob ich unter Baurat Behnke arbeiten werde, drittens kommt es mir überhaupt lächerlich vor, daß ich schon acht Tage hier bin und noch nicht weiß, was ich hier anfangen soll. Daß es hier die Fülle zu sehen und zu lernen geben wird, daran zweifle ich nicht. Es wird hier ungeheuer viel gebaut und in allen Arten, Kirchen, Museen, Privathäuser, Straßendurchbrüche und Kai- und Eisenbahnarbeiten, auch Mainbrücken sind wieder zwei in Aussicht, doch weiß ich nicht, ob sie noch in diesem Jahr in Angriff genommen werden.

30. März 1875

Heute morgen war ich bei Baurat Behnke, Onkel Emil* war mit mir gegangen, das Baubureau befindet sich in der Nähe der Paulskirche, etwa 20–25 Minuten von meiner Wohnung. Wir trafen den Herrn B. B., er ist noch ein junger Mann, während ich ihn mir alt vorgestellt hatte, und er war sehr freundlich. Nach Erledigung der allgemeinsten Fragen sagte er, Onkel Emil würde mir wohl schon die Alternative mitgeteilt haben, die ich hätte in bezug auf die Stellung bei Hochbau oder Eisenbahnbau, was ich davon dächte? Ich sagte, ich würde mich darin von seinem Rate leiten lassen, ich glaubte aber, daß die Anfangsgründe durch Zeichnen und Zusehen auf den Werkstätten in jedem Fache zu erlernen wären. Er erwiderte, das sei wohl nicht ganz richtig, aber er fände es gerade für einen Menschen, der besondere Anlage für Mathematik und also mehr für das Ingenieurfach zu haben schiene, gut, wenn er auch

* Senator Emil von Oven (1817–1903), Schwager der Mutter.

Frankfurt am Main

1875-76

Heinrich Hertz to His Parents

29 March 1875

I have been delaying until I could tell you something about the main issue, my position here; now I can do that, as a note just received gives me an appointment with Baurat* Behnke for tomorrow. That pleases me very much for several reasons. First of all, I do want to be done with the course by next April 1; second, it is still not at all certain that I shall work under Baurat Behnke; third, I find it quite ridiculous that I have been here for a week and still do not know where to start. I have no doubt that there is an abundance to see and to learn here. An amazing amount of building of all types is going on here, churches, museums, private houses, road alignment, wharf and railroad projects; and two River Main bridges are once more in prospect, but I do not know whether they will be started this year.

30 March 1875

This morning I saw Baurat Behnke; Uncle Emil** went with me. The Works Department is near St. Paul's Church, about 20-25 minutes from my apartment. We met Herr B.B.—he is still a young man, whereas I had imagined him to be old—and he was very friendly. After disposing of the more general questions, he said that Uncle Emil had probably already informed me of the alternatives open to me regarding overground works or railroad construction; what did I think? I told him that I would be guided by his advice, but that I believed the basic elements of every field could be grasped from drawing and observation at the work sites. He replied that this was not entirely correct; rather he felt that a person who seemed to incline particularly to mathematics, and hence was oriented toward engineering, would do especially well to become

* [*Baurat:* Official in charge of public building works.]
** Senator Emil von Oven (1817–1903), brother-in-law of Hertz's mother.

die mehr künstlerische Seite des Baufaches kennenlerne, und glaube daher, daß ich am besten also im Hochbaubureau einträte. Ich fragte darauf, wenn sich nun Gelegenheit böte, in einem andern Fache etwas zu sehen, ob ich wohl einige Tage dafür Zeit bekommen würde, worauf er antwortete, das verstehe sich von selbst, das Jahr solle ganz zu meinem Nutzen ausgebeutet werden, und er würde gewiß kein Hindernis in den Weg legen. Er überantwortete mich darauf einem Herrn Koch, der mein nächster Vorgesetzter sein wird und der auch recht freundlich zu sein scheint.

3. April 1875

Nun muß ich also erzählen: Am 31. nachmittags ließ ich meinen Koffer von einem Dienstmann hierher tragen und packte aus. Nachher ging ich mit Tante Marie in einen Vortrag des Geographischen Vereins über die Pacific Eisenbahn, der ganz besonders interessant war. Ich aß mit v. Ovens zu Abend und verfügte mich mit etwas klopfendem Herzen in meine neue Wohnung. Ich habe Schlüssel zur Pforte, Haus- und Etagentür, um 10½ ist alles schon dunkel und verschlossen und ich muß mich dann in die Höhe tappen. Jetzt habe ich für diesen Fall Wachskerzen bei mir. Ich schlief die erste Nacht sehr unruhig und wie ich des Morgens meinen Kaffee bekam, erschrak ich mich, Cichorie schien es nicht zu sein. Auch diesem Übelstand ist jetzt abgeholfen.

Ich ging aufs Bureau, wo ich sehr bald Tätigkeit bekam. Ich zeichne einen Durchschnitt durch die Turnhalle der Musterschule, und diese Arbeit ist weder ein direktes Kopieren noch natürlich auch freie Erfindung. Es sind nämlich mehrere Pläne da, aber die Dimensionen noch nicht ganz festgestellt, und so stimmen diese Pläne untereinander nicht, und da mir z.B. gesagt ist, ich solle die Höhe der Turnhalle von 5.60 Meter nehmen, so muß ich die Details aus einer Zeichnung, wo diese Höhe zu 6 Meter angenommen ist, so verändern, daß sie in jene geringere Höhe passen.

4. April 1875

Um 9 Uhr also muß ich aufs Kontor; ich habe zwar die löbliche Absicht, früh aufzustehen und schon vorher etwas alte Sprachen zu treiben, doch weiß ich nicht, ob dieser Wunsch Wirklichkeit werden wird, da man hier, wenigstens bei Ovens, kaum früher zu Bett geht oder aufsteht als in Hamburg. Auf dem Bureau bleibe ich bis 12 Uhr, dann gehe ich zum Mittagessen in den Bürgerverein. Ich habe den Vorteil, daß so schnell serviert wird, daß ich um ¼ vor 1 Uhr mit dem Essen fertig bin. Nun aber kommt das dicke Ende. Der Bürgerverein hat prachtvolle Lesezimmer mit einer Unzahl von Zeitungen, und als mich Onkel Rudolf* zuerst einführte, glaubte ich, ich könne, bis ich wieder aufs Bureau müsse, hier mich unterhalten. Nachdem ich dies einmal getan habe, sehe ich, daß dies doch nicht wohl geht. Ebensowenig könnte ich mich in den prachtvollen Räumen, die für Billard und Schachspiel bestimmt

* Dr. jur. Rudolf Pfefferkorn (1826–1890?), Bruder der Mutter.

also familiar with the more artistic side of the builder's trade; and therefore he believed it would be best for me to enter the Department of Public Works. I then asked whether I could have a few days off to see what was going on in some of the other departments if the opportunity arose; whereupon he answered that this was understood, the year should be used entirely to my advantage, and he would certainly not put any obstacles in my path. Then he handed me over to Herr Koch who is to be my immediate superior, and who also seems to be rather friendly.

3 April 1875

Now I have something to relate: On March 31, in the afternoon, I had my trunk brought here by a porter and unpacked. Afterwards I went with Aunt Marie to a lecture on the Pacific Railroad at the Geographical Society, which was extremely interesting. I had my evening meal with the v. Ovens and then set out for my new living quarters with my heart beating rather fast. I have keys for the gate, the street door, and the apartment door; by 10:30 everything is dark and locked, and I have to feel my way upstairs. Now I carry wax candles for this eventuality. I was restless the first night, and the coffee I got in the morning quite startled me; it did not even seem to be chicory. This nuisance has also been overcome.

I went to the office, where I was soon put to work. I am drawing a cross section of the gymnasium of the model school, and this work is neither direct copying nor yet of course free invention. For there are several existing plans but the dimensions have not yet been set exactly, and so these plans do not agree with each other; and since, for instance, I am told to make the height of the gymnasium 5.60 meters, I have to change the details taken from a sketch in which the height was set at 6 meters to make them fit within the lower height.

4 April 1875

At 9 o'clock I have to be at the office; although I have the laudable intention of rising early and studying the classical languages a little beforehand, I do not know whether this wish will be realized because one hardly goes to bed or gets up any earlier here than in Hamburg, at least at the Ovens'. I stay at the office until 12 o'clock, then I go to the Civic Club for lunch. There I have the advantage of such quick service that I am finished with my meal by 12:45. But now comes the wrong end of the stick. The Civic Club has luxurious reading rooms with innumerable journals, and when Uncle Rudolf* first showed it me I thought I should be able to spend my time there until I had to go back to the office. Having done that once, I see that it was not a good idea. Nor

* Rudolf Pfefferkorn, J.D. (1826–1890?), brother of Hertz's mother.

sind, unterhalten. Die Bibliothek des Bürgervereins besitzt kein Lesezimmer. Was soll ich also tun? Wenn ich nach Hause gehe, verliere ich noch zweimal ½ Stunde. Vielleicht kann ich mir ein Buch mitnehmen und mich nach dem Essen in eines der Lesezimmer damit setzen. Doch ist dies nur eine erbärmliche Aushilfe. Ich weiß eben noch nicht, was ich anfangen soll; die zwei Stunden totzuschlagen ist genug Gelegenheit, aber sie zu benutzen nicht. Von 3–6 bin ich also wieder auf dem Bureau. Von hier werde ich mich nach Hause begeben und arbeiten (welche Ordnung übrigens sehr häufig unterbrochen sein wird), doch ist hier wieder ein dickes Ende: Man muß hier leider Gottes noch zu Abend essen. Ihr seht, meine hiesige Einteilung stimmt für meine Beschäftigung so schlecht wie möglich. Wie ich so den Tag trotz der kurzen Arbeitszeit von 6 Stunden auch nur einigermaßen ausnutzen soll, weiß ich nicht.

7. April 1875

Was meine Kameraden betrifft, so habe ich deren drei auf dem Bureau, alle drei aber älter als ich und schon in wirklicher Anstellung, jedoch ohne Staatsexamen gemacht zu haben; ich glaube, daß ich auf dem Bureau und auf dem Bauplatz sehr gut mit ihnen werde auskommen können, im übrigen aber keinen Umgang mit ihnen haben werde.

10. April 1875

Es geht mir gut soweit, d. h. abgesehen davon, daß ich von Euch so weit entfernt bin und von meinen Freunden. Gestern war der erste Tag, an dem ich die Verwandten nicht besucht habe, und als ich mir des Abends überlegte, was ich getan hätte, fiel mir ein, daß ich den ganzen Tag kein einziges freundliches Wort gesagt oder gehört hätte, sondern als mir der Kaffee gebracht wurde, sagte ich: Guten Morgen! und: Danke! Auf dem Bureau habe ich auch nichts nicht zur Sache Gehöriges gesagt; im Bürgerverein: ich wollte zu Mittag essen, und als ich um 6 Uhr vom Bureau ging, hatte das Sprechen für diesen Tag aufgehört. Daß man dabei etwas Heimweh bekommen kann, begreife ich wohl.

1. Juni 1875

Euer Besuch hat mir wirklich sehr wohl getan und ich fühle mich hier noch einmal so einheimisch wie vorher und viel weniger einsam; woher es kommt, weiß ich nicht genau. Ich habe, nachdem Ihr fort wart, zuerst meine Wohnungsangelegenheiten in Ordnung gebracht. Ich sehne mich schon sehr danach (leider Gottes bin ich verwöhnt), mir nicht mehr meinen Kaffee selbst zu kochen, nicht mehr zwischen Bett und Waschtisch zu frühstücken usw. usw. Ferner habe ich mir ein Herz gefaßt und bin zu Professor Kaupert gegangen, der auch recht freundlich war. Ich modelliere also im Staedelschen Institut, und es gefällt mir auch ganz gut, aber ein Meister darin bin ich bis jetzt nicht, und das gefällt mir nicht gut. Ich kann des Nachmittags hingehen, wann ich will. Dann habe ich zwei von Professor Lucaes* Vorlesungen gehört, in denen er uns verschiedene Präparate zeigte. Es ist ganz interessant, wenn auch die Wissen-

* Anthropolog.

could I spend my time any better in the luxurious rooms devoted to billiards and chess. The library of the Civic Club has no reading room. What to do then? If I went home I would lose half an hour each way. Perhaps I can take a book with me and sit in one of the reading rooms after lunch. But this is only a miserable solution. For I still do not know what to do with myself; there is opportunity enough to kill these two hours, but none to put them to good use. From 3 to 6 I am back at the office. From there I shall go home and work (though this time-table will be frequently interrupted) but here is another sore point: here one is expected, alas, to have supper as well. As you see my schedule here fits my purposes as poorly as possible. How I could make some good use of my day, even with only 6 working hours, I do not know.

7 April 1875

As to my companions, I have three in the office, but all three are older than I and already in actual employment, although without having taken the state examinations; I believe I shall get along very well with them at the office and at the building site, but otherwise I shall not associate with them.

10 April 1875

I am doing very well so far, except that I am so far away from you and my friends. Yesterday was the first day that I did not visit our relatives, and in the evening, when I thought over what I had done, it occurred to me that I had neither spoken nor heard a friendly word all day, other than saying "Good morning!" and "Thank you!" when I was served coffee; nor did I say anything unrelated to the work at the office; and at the Civic Club, "I should like to have lunch;" and when I left the office at 6 o'clock, it was the end of conversation for the day. I can easily see how all that could give one a touch of homesickness.

1 June 1875

Your visit really did me a lot of good, and I feel twice as much at home here than at first and much less lonely; how so, I do not know exactly. After you had left, I first put my living arrangements in order. Already I long (alas! I am spoiled) not to have to keep on making my own coffee, having breakfast between my bed and my washstand, etc., etc. Furthermore, I took heart and went to Professor Kaupert who was quite friendly. Thus I am able to sculpt at the Staedel Institute* and I like it quite well, but I am far from mastering the art, and that I do not like. I can go there in the afternoon whenever I wish. I went to two lectures by Professor Lucae** in which he showed various specimens. It is quite interesting, even though the knowledge I am gathering there is rather fragmentary. Today I took a copy of Euripides from the municipal

* [Famous museum and arts establishment.]

** Anthropologist.

schaft, die ich dort schöpfe, ziemlich bruchstückartig ist. Heute habe ich mir aus der Stadtbibliothek einen Euripides geholt und ein paar hundert Verse gelesen, was zu meiner Freude bis jetzt ohne Stockung ging. Da mein Sofa unbequem ist, lege ich mich, wenn ich es mir bequem machen will, auf die Erde und das Kissen unter den Kopf.

10. Juni 1875

Sonntag war ich wieder in Heidelberg und sogar auch Montag, denn da des Sonntags abends die Züge schon um 5 und 6 Uhr gehen, um welche Zeit die andern einen Ausflug machten, so blieb ich die Nacht noch da. Montag aber war wundervolles Wetter, und da ich sah, daß ich doch das Bureau kaum mehr besuchen konnte, so ließ ich mich von Westphal* bereden, noch bis zum Mittagessen dazubleiben.

Ich habe übrigens in Heidelberg etwas gehört, worüber ich mit Euch sprechen muß. Es ist aber etwas sehr Großes, also erschreckt Euch nicht und hört zu. Westphals Vater hat seinem Sohn die Erlaubnis gegeben, daß derselbe Ende dieses Semesters, also im August, eine Fußtour in die Schweiz mache; allein möchte dieser natürlich nicht gehen, und da nun die andern teils nicht können, teils ihm nicht zusagen, so hat er mich gefragt. Ich habe ihm natürlich geantwortet, daß das sehr unwahrscheinlich sei, daß ich aber doch nach Hause schreiben wolle; und so schreibe ich denn, nicht, wie sehr ich mich in dem Fall freuen würde, oder ob Ihr es erlaubt, sondern nur, ob davon überhaupt die Rede sein kann. Kann aber davon die Rede sein — und ich muß Euch doch gestehen, daß mir das nicht unangenehm sein würde —, so will ich Euch Näheres darüber schreiben und um Erlaubnis bitten.

17. Juni 1875

Zuerst recht, recht sehr vielen Dank für die allgemeine Erlaubnis zu der Reise; ich war mir durchaus nicht gewiß, ob es Euch recht sein würde; ich wußte wohl, daß Ihr mir nicht ohne Grund nein sagen würdet, aber ich dachte, Papa würde es nicht schön finden, wenn ich mich so lange von hier entfernte, selbst wenn ich Erlaubnis erhalte, oder er würde wünschen, daß ich mir das Vergnügen noch aufsparte, oder auch eine solche Reise für zu kostspielig erklären, oder auch einen andern Grund haben. Nun aber danke ich Euch vielmals und es wird Euch nicht leicht sein, die Erlaubnis zurückzunehmen, wenn Ihr wolltet. Ich freue mich sehr, hoffentlich kommt auch kein ἀπροσδόκητον** dazwischen, εὐφήμει † sage ich zu mir selbst. Auch im übrigen geht es mir gut. Nachdem ich zwei Stücke des Euripides gelesen, habe ich mir zur Abwechslung Platons Staat geholt, was allerdings ein ziemlich starker Band ist, aber da mir das Verständnis der Sprache und des Sinnes leicht fällt und die Lektüre mir Vergnügen macht, so werde ich es mit der Zeit wohl durchlesen. Sonst treibe ich Fachstudien und will jetzt versuchen, mich wieder recht in die Mathematik hineinzu-

* Schulkamerad aus Hamburg, der in Heidelberg studierte.

** Unvorhergesehenes.

† Sei still.

library and read a few hundred verses without having to stop, much to my delight. Since my couch is uncomfortable, I lie down on the floor with a cushion under my head when I want to make myself comfortable.

10 June 1875

Sunday I was in Heidelberg again, and Monday as well, because on Sunday evenings the trains run as early as 5 and 6, while my friends were still out hiking; so I stayed for the night. The weather was wonderful on Monday and since I saw that I could anyhow scarcely get to the office in time, I let Westphal* talk me into staying on until lunch.

By the way, in Heidelberg I heard about something that I must discuss with you. It is a very big thing, but do not be alarmed and listen to me. Westphal's father has given his son permission to go on a walking tour in Switzerland at the end of the semester, that is in August; naturally, he does not want to go alone, and since the others either cannot accept his invitation or do not suit him, he has asked me. Of course I replied that it was highly improbable, but that I would write home about it anyway; and so I am writing, not to say how happy it would make me, nor yet to ask your permission, but only to ask whether it could be considered at all. But if it could be considered—and I must confess that would not grieve me—I should write you the particulars and ask your permission.

17 June 1875

First of all, thank you very, very much for generally sanctioning the tour; I absolutely could not tell whether you would agree to it; though I knew very well that you would not say "no" without a reason, I thought that Papa might think it improper for me to absent myself from here for so long even if I got leave, or he would wish that I should save this treat until later, or he would explain that such a tour would be too expensive, or some other reason. But now I thank you ever so much, and it will not be easy for you to withdraw this permission should you want to do so. I am looking forward to it very much, I hope that no ἀπροσδόκητόν** will intervene, εὐφήμει† I say to myself. Everything else is going well, too. After reading two plays by Euripides, I took Plato's *Republic* for a change, a very thick volume to be sure but since I find the language and meaning rather easy to understand and this reading gives me pleasure, I shall probably get through it in time. Otherwise I carry on my professional studies and try to work my way deep into mathematics again.

* School friend from Hamburg, who studied in Heidelberg.

** Unforeseen event.

† Be still.

arbeiten. Was ich übrigens in Gips abgieße, schenke ich großmütig dem Staedelschen Institut; es wäre mir aber lieb, wenn ich noch etwas machte, während ich hier bin, was des Aufhebens wert wäre.

2. Juli 1875

Morgens bin ich auf dem Bureau und besuche die Bauplätze, nachmittags modelliere ich oder arbeite zu Hause, indem ich Griechisch lese oder mathematische Aufgaben löse, oder auch in Lübkes Geschichte der Architektur studiere und mir in der Staedelschen Bibliothek größere Foliowerke, die in diesem Buche oder von Herrn Koch mir empfohlen werden, geben lasse. Auf dem Bureau habe ich jetzt gerade eine größere Arbeit fertig, an der ich drei Wochen gesessen habe, ein Stationsgebäude, an dem ziemlich viel Arbeit war.

8. Juli 1875

Ein Tag vergeht mehr oder weniger wie der andere, von Platons Staat habe ich sechs Bücher gelesen und muß es dabei bewenden lassen, da die Leihzeit abgelaufen ist, doch habe ich die Grundzüge des Ganzen begriffen.

1. August 1875

Die lezte Woche habe ich vergnügt verlebt. Donnerstag war ich zum Mittagessen mit Onkel Rudolf bei Herrn Andree in Sachsenhausen; der Sohn dort zeigte mir seine Werkstatt und sein kleines Laboratorium, da wurde ich etwas neidisch und mußte nach Hause zurückdenken.

*Tagebuch**

Freitag, den 24. September 1875. Ich stand um ½7 Uhr auf, und da ich wußte, daß keine Vermessung sein würde und weder Verpflichtung fühlte noch Lust hatte, aufs Bureau zu gehen, so arbeitete ich bis 7¼; da fühlte ich, daß ich einen Spaziergang machen mußte, und ich beschloß, nach Soden zu gehen. Ich ging über Bockenheim und Rödelheim und Escheborn und machte große Umwege, weil ich nicht fragen mochte und überhaupt die Wege floh.

Sonnabend, den 25. September 1875. Morgens blieb ich wieder zu Hause aus Unlust, aufs Bureau zu gehen; ich arbeitete etwas, ging dann in die Stadt, um Prof. Boettger aufzusuchen, um mich für den physikalischen Verein anzumelden, ich fand ihn aber nicht zu Hause, er war verreist. Dann arbeitete ich immer Mathematik, dann etwas Arabisch, das ich noch nicht aufgegeben habe, sondern heimlich forttreibe gegen meine bessere Einsicht, aber ich tue alles durcheinander, wie ein Verrückter. Vor ein paar Tagen habe ich mir Äschylos au der Stadtbibliothek geholt, und das war keine Dummheit, ich habe den Prometheus gelesen und ganz gut verstanden.

Montag, den 27. September 1875. Morgens ging ich aufs Bureau und zeichnete nach Gips, und wie ich zeichnete, fiel mir auf, wie lächerlich es sei, daß ich nach Frankfurt und auf die Hochbauinspektion gehe, um nach Gips zu zeichnen,

* Original in Kurzschrift.

What I am casting in plaster, I generously give to the Staedel Institute; but it would please me very much if I could make something worth keeping while I am here.

2 July 1875

In the morning I am at the office and I visit the building sites; in the afternoon I sculpt or work at home, reading Greek or solving problems in mathematics, or else studying Lübke's *History of Architecture* and getting larger folio works (recommended in that book or by Herr Koch) from the Staedel library. At the office I have just finished a bigger assignment on which I labored for three weeks, a railway station that involved rather a lot of work.

8 July 1875

One day passes more or less like another, I have read six books of Plato's *Republic* and must let it rest there, because the loan period has run out, but I have grasped the basic ideas of the work.

1 August 1875

The past week I spent happily. Thursday I went to lunch with Uncle Rudolf at the house of Herr Andree in Sachsenhausen; his son showed me his workshop and his small laboratory, whereupon I became somewhat envious and was led to think about home.

*Diary**

Friday, 24 September 1875. I got up at 6:30 and, as I knew there would be no surveying and felt neither an obligation nor any desire to go to the office, I worked until 7:15; then I felt that I had to go for a walk and decided to go to Soden. I walked through Bockenheim and Rödelheim and Escheborn and made large detours, because I did not want to ask the way and generally avoided the roads.

Saturday, 25 September 1875. In the morning I stayed at home again because I did not feel like going to the office; I worked a little and then went into town to see Prof. Boettger to sign up for the Physics Club, but I did not find him at home; he was out of town. Then I worked incessantly on mathematics, then switched to Arabic which I have not yet given up but continue to study secretly, against my better judgment, going from one thing to another like a madman. A few days ago I fetched a copy of Aeschylus from the municipal library, and that was no foolishness; I read Prometheus and understood it quite well.

Monday, 27 September 1875. In the morning I went to the office and sketched from a plaster cast, and as I sketched it occurred to me how ridiculous it was to have come to Frankfurt and to the Building Commission in order to sketch

* Original in shorthand.

und ich sah ein, daß es Torheit sei, länger so zu bleiben, deshalb schrieb ich, als ich nach Hause gekommen war, an Papa, was ich tun solle, nicht ganz ohne Hoffnung, lieber wenn möglich, nach Hause zurückzugehen. Auch täte ich dies nicht aus Heimweh oder Bequemlichkeit. Wenn ich hier eine belehrende oder nützliche Beschäftigung habe, bleibe ich ebenso gerne hier. Hierauf versuchte ich den Agamemnon zu lesen, jedoch nachdem ich den ersten Chorgesang durchgearbeitet hatte, habe ich es als zu schwer ziemlich aufgegeben.

Mittwoch, den 29. September 1875. Morgens zeichnete ich auf dem Bureau. Als ich nach Hause kam, fand ich schon einen Brief von Papa vor, in welchem von Nachhausekommen allerdings gar keine Rede war, und ich diesen Gedanken daher aufgegeben habe. Papa schreibt, ich solle mich bei den Herren Koch und Behnke weiter erkundigen, was ich tun werde. Ich aß bei Tante Bertha* und fuhr um drei Uhr hinaus nach Soden. Wir machten einen Spaziergang über den Dachberg und die Drei Linden. Auf der Rückfahrt dachte ich daran, Stunden zu geben.

Donnerstag, den 30. September 1875. Auf dem Bureau langweilte ich mich sehr, fast kein Mensch kam, und ich wäre fortgegangen, wenn ich nicht, wie Papa mir geschrieben, mit Herrn Koch hätte sprechen wollen. Als er kam, trug ich ihm meine Sache vor; er war gleich sehr freundlich und meinte auch, es wäre wohl das beste, wenn ich zu einem Privatingenieur oder Architekten ginge, als welchen er mir einen Herrn Frank nannte. Er sagte auch, wenn ich wolle, wolle er zuerst mit Herrn Baurat Behnke sprechen, dessen Einwilligung ja erforderlich ist, und ich war dumm genug, darauf einzugehen, statt selber hinzugehen. Nach dem Essen fing ich an zu arbeiten, es wollte aber durchaus nicht gehen, und ich machte daher statt dessen einen Spaziergang.

Freitag, den 1. Oktober 1875. Wie dumm es gestern von mir war, statt selber zum Baurat zu gehen, Herrn Koch gehen zu lassen, kam heute erst recht zum Vorschein. Herr Koch hatte ihn natürlich, wie er sagte, nicht getroffen, er wollte aber heute hingehen, und ich sagte, ich könne ja mitgehen. Als er aber anfragen ließ, war der Baurat nicht gekommen. Wenn er morgen da ist, habe ich also nur zwei Tage verloren. Nach dem Essen las ich in dem Philoktetes von Sophokles. Dann ging ich und modellierte und hörte Vorlesung von Professor Lucae, dessen Zuhörerkreis augenblicklich sehr zusammengeschrumpft ist, nachher trieb ich Arabisch.

Sonntag, den 3. Oktober 1875. Morgens auf dem Bureau fing ich an, die Zeichnungen, die ich eben soweit fertig habe, zu schattieren. Als nachher Herr Koch kam, ging ich wirklich mit ihm zum Herrn Baurat, welcher gleichfalls sehr freundlich und mit meiner Ansicht ganz einverstanden war. Er meinte jedoch, Frank sei nicht der Rechte, und sagte, er würde mich an einen Herrn Lauter empfehlen, zu dem ich Montag einmal hingehen solle, was ich auch tun werde.

* Bertha Pfefferkorn, Schwägerin der Mutter.

plaster casts, and I realized that it would be folly to go on like this; therefore I wrote to Papa when I came home, asking what I should do, not altogether without hoping, rather, to return home if possible. Nor would I do so out of homesickness or self-indulgence. If only I were educationally or usefully occupied here I would just as soon stay. After that I tried to read *Agamemnon*, but when I had worked my way through the first chorus chant I more or less gave it up as too difficult.

Wednesday, 29 September 1875. In the morning I drew at the office. When I came home, I found a letter from papa, in which there was certainly not a word about my coming home, and I have therefore given up that idea. Papa wrote that I ought to press Herr Koch and Herr Behnke for more information about my future assignments. I ate at Aunt Bertha's* and traveled to Soden at 3 o'clock. We went for a walk over the Dachberg and the Drei Linden. On the return journey it occurred to me to give private lessons.

Thursday, 30 September 1875. I was very bored at the office, hardly anyone turned up, and I would have left if I had not wanted to speak to Herr Koch, as Papa had suggested. When he came in, I presented my problem to him; at once he was very friendly and thought that it would probably be best for me to go to an engineer or architect in private practice and suggested Herr Frank to me. He also said that, if I wished, he would first speak to Herr Baurat Behnke, whose consent would be required, and I was stupid enough to agree to that, instead of going to him myself. After lunch I started to work, but I simply could not get on with it , and so I went for a walk instead.

Friday, 1 October 1875. Today it really became clear how stupid I had been yesterday to let Herr Koch go to see the Baurat instead of going myself. Of course Herr Koch had not found him, as he put it, but he wanted to see him today; and I said that I could then go with him. But when he sent to inquire, the Baurat had not come in. If he is in the office tomorow, I shall have lost only two days. After lunch I read in *Philoctetes* by Sophocles. Then I went to do sculpture and later heard a lecture by Professor Lucae, whose audience has dwindled greatly for the present; afterwards I studied Arabic.

Sunday, 3 October 1875. In the morning, at the office, I began to hatch in the drawings that I happened to have ready. Afterwards, when Herr Koch came, I actually went with him to the Baurat, who was likewise very friendly and quite agreed with me. However, he thought that Frank would not be the right person and said that he would recommend me to a Herr Lauter, whom I should go to see on Monday, and that I shall do.

* Bertha Pfefferkorn, sister-in-law of Hertz's mother.

Montag den 4. Oktober 1875. Nachdem ich aufgestanden war, ging ich erst in die Stadt und kaufte etwas Schokolade, die ich Otto schenken wollte, dann an den Bahnhof und empfing Mama, die mit der ganzen Gesellschaft von Soden nach Hause zurückging, und ich begleitete sie auch gleich auf den anderen Bahnhof. Ich wäre sehr gerne mitgegangen. Dann suchte ich den Herrn Lauter auf, dessen Bureau fand ich jedoch nur mit großen Schwierigkeiten. Er selbst war nicht einmal da, sondern nachdem ich 1½ Stunden gewartet hatte, mußte ich unverrichteter Sache wieder abziehen. Ich weiß nicht, ob ich in solchen Sachen besonderes Unglück habe oder ob ich nur unzufriedener bin als andere. Um 4 Uhr ging ich wieder hin, er war da und sagte, daß er mich wohl brauchen könne, ich solle einmal versuchen, ob ich die großen Zeichnungen der neuen Brücke für die Veröffentlichung in einen kleineren Maßstab übertragen könne; ich sagte ihm, was ich auch meine, daß es auf den Versuch ankommt. Morgen will ich hingehen. Den Abend unterhielten wir uns lange*.

Dienstag, den 5. Oktober 1875. Ich ging auf das Bureau des Herrn Lauter und fing an zu zeichnen. Eine sehr mühsame und feine Zeichnung ist es allerdings.

Sonntag, den 10. Oktober 1875. Den Vormittag ging ich in die Stadt, nachher las ich den Prometheus.

Dienstag, den 12. Oktober 1875. Ich vollendete das erste Blatt, welches den Strompfeiler in Querschnittansicht darstellt.

Mittwoch, den 13. Oktober 1875. Da ich in der Zeitung die Anzeige des physikalischen Vereins gelesen hatte, ging ich wieder zu Prof. Boettger, traf ihn aber wieder nicht zu Hause.

Sonntag, den 17. Oktober 1875 ging ich allein am Morgen auf den Altkönig und von da wieder herunter nach Cronberg und Soden und schließlich, da ich den Zug versäumte, noch nach Höchst. Die Aussicht war sehr schön und die Ringwälle ganz interessant, das Wetter war freilich schlecht, doch war ich ganz zufrieden.

Montag, den 18. Oktober 1875. Ich ging, da ich nun endlich meine Karte hatte, auf die Bibliothek; das Buch, das ich haben wollte, Wüllners Physik, war aber gerade nicht zu haben, und so mußte ich mich wiederum ein paar Tage vertrösten. Ich hatte am Sonntag abend in der Zeitung gelesen, daß ein Lehrer gesucht wurde für Privatstunden in der Mathematik, und da schrieb ich auch einen Brief, ob es vielleicht etwas Passendes wäre, doch habe ich keine Antwort bekommen.

Mittwoch, den 20. Oktober 1875. Ehe ich zu Onkel Rudolf ging, fragte ich in der Senckenberg-Bibliothek nach, ob Wüllners Physik jetzt dort sei, und erhielt sie auch. Am Abend fing ich an, darin zu studieren.

*In der Pension, in der Hertz wohnte.

Monday, 4 October 1875. After I got up, I first went into town and bought some chocolate to give to Otto; then I went to the railway station and met Mama who was on her way home from Soden with the whole crew, and I stayed with them while they changed stations. How I would have liked to go with them! Then I looked for Herr Lauter, whose office I found only with great difficulty. He was not even there, and after waiting for 1½ hours, I had to leave with nothing accomplished. I do not know whether I have unusually bad luck in such matters, or whether I am only more discontented than others. At 4 o'clock I went there again; he was in and said I could be quite useful to him, I should first of all try and see whether I could copy the large drawings of the new bridge on a smaller scale for publication; I told him what I really thought, that it would depend on the trying. I shall go there tomorrow. In the evening we talked a long time.*

Tuesday, 5 October 1875. I went to Herr Lauter's office and began to draw. It is certainly a very troublesome and detailed drawing.

Sunday, 10 October 1875. In the morning I went into town, afterwards I read *Prometheus.*

Tuesday, 12 October 1875. I completed the first sheet, which shows the piers in cross-sectional view.

Wednesday, 13 October 1875. Because I saw the announcement of the Physics Club in the newspaper, I again went to Prof. Boettger's house, but again did not find him at home.

Sunday, 17 October 1875. In the morning I went up on the Altkönig alone, and from there to Cronberg and Soden, and finally, because I had missed the train, on to Höchst. The view was very beautiful and the fortifications interesting; the weather certainly was bad, but I felt quite content.

Monday, 18 October 1875. I went to the library, since I have received my card at last, but the book I wanted, Wüllner's *Physics,* was not available; and so I had to console myself again for a few days. On Sunday evening I had read in the paper that a teacher was wanted for private lessons in mathematics, and I wrote a letter to find out whether it was perhaps something suitable, but I have received no reply.

Wednesday, 20 October 1875. Before I went to Uncle Rudolf's house, I inquired at the Senckenberg library whether Wüllner's *Physics* was now in and obtained it. In the evening I began to study it.

* In the boardinghouse where Hertz lived.

Sonntag, den 24. Oktober 1875. Es war schlechtes Wetter, so konnte ich nicht ausgehen. Ich las meistenteils in Wüllners Physik, und da ich von Hydrostatik früher wenig wußte, so war mir dies sehr interessant.

Montag, den 25. Oktober 1875. Abends war ich in der Vorlesung von Prof. Boettger über experimentelle Chemie; er ließ verschiedene Körper in Sauerstoff verbrennen, machte jedoch nichts, was ich noch nicht kannte. Abends im Bureau hatte ich einen kleinen Kampf zu bestehen mit den anderen Herren, die mir abraten wollten, die preußischen Staatsexamina zu machen, indem sie sagten, daß, wenn ich nicht in den Staatsdienst treten will, sie unnütz und schädlich seien, was seine Richtigkeit haben mag, und daß ein preußischer Staatsbaumeister sowohl pekuniär schlecht gestellt sei, als auch mehr als Maschine angesehen sei, die für den preußischen Staat arbeite und es im allgemeinen zu nichts bringe. Das letztere hat mich sehr beschäftigt, aber ich will es nicht glauben. Wenn ich gute Examina mache, was ich hoffe, so denke ich, wird man mich nicht nach Posen setzen oder sitzen lassen; jedenfalls muß ich einstweilen fortarbeiten, wie ich angefangen. Ich habe auch wieder für die Naturwissenschaften große Lust bekommen, durch die Lektüre des Wüllner, aber ich kann mich nicht überreden, das, was ich mir als schönstes Ziel vorgesteckt habe, aufzugeben. Ubrigens habe ich noch keinen preußischen Baumeister, und was die Hauptsache ist, keinen guten gehört, der davon abgeraten hätte, und die mir abrieten, waren meistens sehr unbedeutend.
struktion darstellend fertig.

Dienstag, den 26. Oktober 1875. Ich machte das zweite Blatt, die Eisenkonstruktion darstellend, fertig.

Freitag, den 29. Oktober 1875. Da mir von der sehr feinen Arbeit die Augen weh taten, ging ich den Nachmittag nicht auf das Bureau, sondern las zu Hause Physik.

Sonntag, den 31. Oktober 1875. Abends las ich in Madame de Staëls Werk über Deutschland, was mich sehr interessierte und wobei ich häufig Gelegenheit fand, dem Engländer Hobson verschiedene günstige Urteile vorzulesen. Mit demselben spreche ich überhaupt immer sehr lebhaft, und wir machen viele Vergleiche, ohne uns indessen jemals zu erzürnen.

Montag bis Freitag, den 5. November 1875. Die Tage verflossen sehr einförmig, den meisten Teil derselben bin ich auf dem Bureau, wo ich eine mir angenehme Arbeit habe; sehr angenehm ist mir auch, daß die anderen doch anfangen, mich weniger zu necken, da sie sehen, daß ich meine Arbeit zur Befriedigung mache; die Zeit geht mir sehr schnell hin, und ich bin ganz damit zufrieden, denn mir ist jetzt immer zumute, als sei ich nur in einer notwendigen Vorbereitung für das eigentliche Leben und als müsse es mir angenehm sein, wenn diese recht rasch vorübergeht. Meine Meinung, wie ich mir die Zukunft denke, wechselt übrigens mit jedem Tage. Montag und Donnerstag waren recht schöne Vorträge von Prof. Boettger. Er machte Experimente über das Wasserstoffgas; ganz besonders interessiert hat mich ein noch nicht erklärter

Sunday, 24 October 1875. The weather was so bad I could not go out. I read, mostly Wüllner's *Physics,* and since I had previously known little about hydrostatics, I found it very interesting.

Monday, 25 October 1875. In the evening I went to Prof. Boettger's lecture on experimental chemistry; he let various elements burn in oxygen, yet he did not do anything that was unfamiliar to me. In the evening I had to fight a small battle with the other men in the office who wanted to dissuade me from taking the Prussian state examinations by telling me that they would be useless and harmful if I did not plan to enter the civil service, which may be true, and that a Prussian state-licensed architect not only has poor pecuniary prospects but is also looked upon as a machine working for the Prussian state and generally comes to nothing. The last part bothered me very much, but I will not believe it. If I do well in the examinations, as I hope to do, I don't suppose they would send me to Posen* or let me rot there; in any case, for the present I must work on as I have begun. I have regained a strong inclination for natural science through reading Wüllner, but I cannot convince myself to give up what I have set as the most desirable goal for myself. Furthermore, I have as yet heard no Prussian state-licensed architect, and what is more to the point, no competent one, advise against it, and those who did were mostly quite mediocre.

Tuesday, 26 October 1875. I completed the second sheet, showing the iron structure.

Friday, 29 October 1875. I did not go to the office in the afternoon because my eyes hurt from the very finicky work, but read physics at home.

Sunday, 31 October 1875. In the evening I read Madame de Staël's book on Germany, which interests me very much, and I frequently found occasion to read various favorable judgments aloud to Hobson, the Englishman. I always have very lively conversations with him, and we make many comparisons without ever making each other angry.

Monday to Friday, 5 November 1875. The days passed uniformly; the greater part of each day I am at the office where I have some very pleasant work; I am also very pleased that the others are beginning to tease me less, since they see that I do what is expected of me; time passes very quickly for me, and I am quite content with that, for now I constantly have the feeling that I am only passing through an unavoidable stage of preparation for real life, and that I should be pleased to get it over with very quickly. My outlook, my thoughts of the future, change with every day. Monday and Thursday there were rather fine lectures by Prof. Boettger. He did experiments with hydrogen gas; I was especially interested in an as yet unexplained experiment on the

* [That is, to a remote provincial town (now Poznań, in Poland).]

Versuch über das Tönen einer Glasröhre, in welcher ein Eisendraht zum Glühen gebracht ist. Da ich viel in Wüllners Physik lese, wird mir wieder ganz naturwissenschaftlich zumute, und wenn ich auch meinen alten Wunsch, Naturwissenschaften zu studieren, nicht wieder aufkommen lasse, so möchte ich doch sehr gerne nächstes Jahr zu Hause in Hamburg dienen, um nebenbei Naturwissenschaften zu treiben, mehr als anderswo möglich ist.

Sonnabend, den 6. November 1875. Da ich mit dem, was mir von Wüllners Physik besonders anziehend schien, beinahe fertig war, hollte ich mir in der Senckenbergschen Bibliothek ein Lehrbuch der Physiologie von Vierordt.

Sonntag, den 7. November 1875. Morgens las ich in der Physiologie. Ich aß bei Tante Marie*, deren Geburtstag gewesen war. Es wurde viel Musik gemacht, ich stöberte in Onkel Emils Bücherschrank herum. Abends sprachen wir wieder hier sehr lebhaft, und als ich gerade zu Bett gehen wollte, kam mir ein Gedanke über die Verbesserung des Telegraphen, der vielleicht so schlecht nicht ist; ich konnte die ganze Nacht beinahe nicht darüber schlafen.

Montag, den 8. November 1875. Ich ging vor Tisch zu einem Optiker, um mich nach den Preisen eines Elementes und eines Elektromagneten zu erkundigen; schlechte, sagte er aber, hätte er keine, und die, die er hatte, waren mir zu teuer. Ich ging daher nach Tisch zu Prof. Boettger, um ihn zu fragen, ob ich vielleicht die Apparate des physikalischen Vereins benutzen könnte. Er sagte, ich solle an den Vorstand schreiben, und das tat ich den Abend. Antwort habe ich noch nicht. Vielleicht bekomme ich gar keine oder eine abschlägige, dann will ich warten, bis ich Weihnachten zu Hause bin. Abends war ein sehr interessanter Vortrag von Prof. Boettger. Er sprach über Schwefel und Phosphor. Ein ebenso schöner war

Dienstag, den 9. November 1875. Es kamen Sachen darin vor, die mich im gegenwärtigen Augenblick ganz besonders interessierten. So sagte er, daß Phosphor selber ein Körper sei, mit dem man nichtleitende Gegenstände gut leitend machen könne, und da ich gerade in Gedanken ein Mittel suchte, Papier leitend zu machen, so kam mir das sehr erwünscht.

Mittwoch, den 10. November 1875. Ich erhielt zu meiner Freude eine Antwort von Dr. Wallach, jedoch versprach er darin nur, meine Bitte demnächst dem Vorstand vorlegen zu wollen, welche Zeit für mich natürlich eine Ewigkeit sein wird, da ich nicht weiß, ob er sie nicht vielleicht in der Generalversammlung im nächsten Herbst vorlegen wird. Auf dem Bureau werde ich augenblicklich bei den Zeichnungen für die Brücke zu Hilfe genommen, was mir sehr angenehm ist.** Ich hatte einen neuen Gedanken in bezug auf die Benutzung der Wasserkräfte der Flüsse.

Sunday, 14 November 1875. I read the *Handbook of Physiology;* then I went

* von Oven, Schwester der Mutter.

** Hertz beteiligte sich an den Zeichnungen zu dem Brückenentwurf des Herrn Schmick, der in dem Wettbewerb von Entwürfen für die neue Obermainbrücke den Preis davontrug.

sound produced by a glass tube in which an iron wire is brought to glow. Since I read a great deal in Wüllner's *Physics* I am again turning very much towards natural science, and even though I do not let my old desire for studying the natural sciences rise uppermost again, I should very much like to do my military service in Hamburg next year, so that I can study natural science by the by, which I could do better there than might be possible elsewhere.

Saturday, 6 November 1875. Since I had almost finished with the sections of Wüllner's *Physics* that I found most attractive, I took out a textbook of physiology by Vierordt from the Senckenberg library.

Sunday, 7 November 1875. In the morning I read the physiology book. I lunched at Aunt Marie's,* whose birthday it was. There was much music; and I poked around in Uncle Emil's bookcase. Here, this evening, conversation was again lively, and just as I wanted to go to bed an idea for improving the telegraph occurred to me, one that may not be too bad; I could not sleep almost all night reflecting on it.

Monday, 8 November 1875. Before lunch I went to an optician to find out the price of a battery and an electromagnet; but he said he did not stock the inferior sort and those he had were too expensive for me. Therefore I went to Prof. Boettger after luncheon to ask him whether I might be allowed to use the instruments of the Physical Society. He told me to write to the president, which I did that evening. I have not yet received an answer. Perhaps I shall not get one, or only a refusal; then I shall wait till I am home for Christmas. There was a very interesting lecture by Prof. Boettger this evening. He talked about sulfur and phosphorus. An equally fine lecture was given on

Tuesday, 9 November 1875. There were things in it that interested me especially at present. He said that phosphorus was an element that could be used to turn nonconducting objects into good conductors, which was very welcome information for me, since I had been searching in my mind for a means of making paper conductive.

Wednesday, 10 November 1875. To my pleasure I received an answer from Dr. Wallach, but he only promised to submit my request to the board shortly, which time will of course be like an eternity for me, since I do not know whether he might not wait till the general assembly next autumn. At the office I have been asked to help on the plans for the bridge for the present, which pleases me very much.** I had a new idea relating to the harnessing of the hydraulic power of rivers.

Sonntag, den 14. November 1875. Ich las in dem Handbuch der Physiologie,

* von Oven, sister of Hertz's mother.

** Hertz participated in the plans for Herr Schmick's bridge design, which won the prize in the design competition for the new bridge across the Upper Main river.

dann machte ich einen Spaziergang, auf dem ich zwei kleine Frösche fing, die ich nachher unter dem Mikroskop sezierte.

Freitag, den 26. November 1875. Seit ich zuletzt geschrieben, hat auf dem Bureau alles seinen ruhigen Fortgang genommen, und bin ich jetzt, da die Zeit drängt, mehr bei der Ausarbeitung der Pläne für die obere Mainbrücke als bei meiner besonderen Beschäftigung. Dagegen hat sich meine Tätigkeit zu Hause, nachdem das Lehrbuch der Physiologie ziemlich durchstudiert war, auf ein anderes Thema geworfen, auf Volkswirtschaft. Den ersten Anlaß dazu gab das Lehrbuch der Volkswirtschaft von Roscher, das ich bei Onkel Emil stehen sah. Ich hatte auch früher wohl schon gewünscht, mich über diesen für jeden Menschen interessanten Gegenstand zu unterrichten, und die vielen nationalen Vergleiche, zu denen ich in der letzten Zeit durch das Zusammensein mit Engländern und Franzosen aufgefordert wurde, und das dadurch mehr erwachte Nationalgefühl gaben mir einen besonderen Ansporn. Nachdem ich vergebens versucht, jenes Lehrbuch aus einer Bibliothek zu bekommen, bat ich Onkel Emil darum, es mir zu leihen, was er tat, und ich studierte mit großem Eifer darin, wozu ich um so mehr Zeit hatte, da mich der verehrliche Vorstand des physikalischen Vereins mit einer Antwort hat sitzen lassen und ich mich so mit den Versuchen über die Telegraphie nicht abgeben konnte. Nachdem ich eine Zeitlang studierte, wurde ich freilich wieder zu hitzig. Da ich die Sachen selbst finden wollte, suchte ich mir statistische Tabellen zu verschaffen und bekam durch Zufall die Geschichte der Preise von Turgot*, nach welchen ich einige graphische Darstellungen machte. Als aber der Eifer etwas gekühlt war, begnügte ich mich mit den immerhin ganz interessanten Resultaten, die ich erhalten, und kehrte kürzlich zum wirklichen Studium zurück. Es geht mir immer so. Wenn ich nach Hause komme, werde ich wohl in Papas Bücherschrank etwas Interessantes finden.

Sonnabend, den 11. Dezember 1875. In der Zwischenzeit kam die Sache mit dem physikalischen Verein zum Austrag, bei welchem ich mich vor mir selbst über meine Voreiligkeit schämen mußte. Als ich nämlich am Montag, den 29. November, ein Schreiben erhielt, ging ich auf die Bibliothek des Senckenbergschen Vereins und fand dort Dinglers Journal; ich blätterte darin und fand bald allerlei über Telegraphie, so daß ich überhaupt aufmerksam wurde, ob mein Gedanke nicht schon längst ausgeführt sei. Ich ging also noch nicht gleich, wie ich mir vorgenommen hatte, zu Dr. Mappoldt, sondern beschloß, erst am Dienstag noch einmal auf die Bibliothek zu gehen. Da fand ich denn, daß es Torheit sei, Versuche anzustellen über eine Sache, von der man so wenig weiß, wie ich wußte, und so mußte ich mich noch freuen, daß meinem Arbeiten im Laboratorium Bedenken entgegenstanden, und ich antwortete also, daß ich Verzicht leiste. Ich ging aber von da an fast jeden Tag auf die Bibliothek und fand ein Buch angezeigt: Zetzsche, Entwicklung der automatischen Telegraphie. Ich ließ mir dies kommen, erhielt es gestern und fand, daß der

* Name in der Kurzschrift undeutlich. [Wahrscheinlich: A.-R.-J. Turgot (1727–1871), Verfasser des *Mémoire sur les prêts à intérêt* (1769).]

for a walk and caught two small frogs which I dissected afterwards, under the microscope.

Friday, 26 November 1875. Since my last entry everything has progressed quietly at the office, and since time is pressing, I have been spending more time on the plans for the bridge across the Upper Main than on my own particular assignment. On the other hand, since I have worked my way through the physiology textbook rather thoroughly, my activity at home turned to another subject, political economy. The original impetus came from Roscher's textbook on political economy, which I saw at Uncle Emil's. Even before that I had wanted to inform myself on this subject, which is of such general interest, and the challenge of the many national comparisons that I have been led to make recently as a result of my contacts with Englishmen and Frenchmen, and the greater national consciousness they have awakened in me, have given me a special incentive. After seeking in vain to obtain this textbook from a library, I asked Uncle Emil to lend it to me, which he did, and I studied it with zest, for which I had all the more time since the honorable board of the Physics Club has yet to answer me, and I therefore cannot undertake the experiments on the telegraph. After I had been studying for a while, I naturally grew all hot and bothered again. Since I wanted to find out things for myself, I tried to obtain tables of statistics and by chance got on to the *History of Prices* by Turgot,* from which I made some graphs. As my zeal had cooled somewhat, I contented myself with the nonetheless quite interesting results I had obtained and soon returned to my real studies. It is always like that with me. When I come home I shall certainly find something interesting in Papa's bookcase.

Sunday, 11 December 1875. In the meantime the business with the Physics Club has been brought to conclusion, and I feel ashamed of my own rashness. For after receiving a letter on November 29, I went to the Senckenberg library and found Dingler's Journal there; I leafed through it and soon found all sorts of articles about telegraphy, in fact I came to wonder whether my idea might not have been executed long ago. Therefore I did not go to Dr. Mappoldt right away, as I had intended, but decided first to return to the library on Tuesday. There I realized that it would be folly to set up experiments on something of which I knew as little as I did, and in the end I had to admit it was just as well that there had been some doubts about the propriety of my working in the laboratory, and I therefore withdrew my request. But from then on I went to the library almost every day, and I found a book listed there: Zetzsche, *Development of Automatic Telegraphy*. I ordered it and on receiving it yesterday I discovered that my idea was the fundamental concept of the entire field of automatic telegraphy; of course no part of it was

* Name unclear in shorthand manuscript. [Probably meant: A.-R.-J. Turgot (1727–1781), author of the *Mémoire sur les prêts à intérêt* (Dissertation on loans at interest), 1769].

Grundgedanke der ganzen automatischen Telegraphie eben mein Gedanke sei; freilich war kein einziger so ausgeführt, wie ich es mir vorstellte, und die Art, die der meinigen noch am nächsten kam, die von Chauvassaigne et Lambrigot, war in ihren Erfolgen übergangen. Doch schien mir auch von ihnen nicht der Gedanke ausgesprochen zu sein, daß jedermann zu Hause sein Telegramm auf einen von der Post gelieferten Papierstreifen schreiben kann, was ungeheure Vorteile haben müßte. Im Lesezimmer habe ich, nachdem ich die Zeitschriften schnell durchblättert, besonders gelesen in dem Buch: Die Entwicklung der chemischen Industrie aus den Berichten über die Wiener Weltausstellung. Zu Hause las ich meistens in Tyndall: Die Wärme als Art der Bewegung. Auf dem Bureau bin ich beschäftigt mit der Kopierung der Zeichnungen für das neue Börsengebäude mit autographischer Tinte. Gestern hatte ich einen neuen Einfall, den ich vielleicht Weihnachten zu Hause prüfen werde, nämlich Linsen von großem Umfange dadurch herzustellen, daß man zwischen zwei kreisförmige, möglichst elastische Glassplatten eine Flüssigkeit füllt und dieselbe einem starken Druck unterwirft, wodurch sich die Glasplatten ausbauchen müssen, und der mittlere Teil der Ausbauchung wird wohl den Bedingungen einer Linse mit weiter Brennweite ziemlich genügen, wenigstens um eine große Menge von Strahlen zu sammeln, wenn sie auch kein genaues Bild gibt. Es fragt sich nur, ob das Glas elastisch genug ist, um eine solche Ausbauchung zu vertragen. Freilich würde eine solche Linse im Gebrauch weitere Schwierigkeiten haben.

Mittwoch, den 22. Dezember 1875. Heute abend gehe ich nach Hamburg in die Ferien. Die Zeit seit meinem letzten Schreiben war auf dem Bureau sehr lebhaft mit Arbeit ausgefüllt, da das Börsendach fertig wurde, wobei es starke Rechnereien setzte, und ebenso in den letzten Tagen die neue Obermainbrücke. Zu Hause dagegen wurde so gut wie nichts gearbeitet, weil ich nichts Größeres vor Weihnachten anfangen wollte. Vorfreude auf Weihnachten war das Hauptgefühl. Ich habe mir so viel vorgenommen zu tun, wenn ich zu Hause sein werde, auf der Drehbank und im Laboratorium, daß ich fürchte, es wird wenig davon ausgeführt werden. Gestern und heute hatte ich noch belebte Tage. Ein besonders interessanter Vortrag fand im physikalischen Verein statt, in welchem Prof. Boettger einen neuen Apparat vorlegte, in welchem ein Flügelrad im luftleeren Raum nur durch das Licht in Umdrehung versetzt wird (Radiometer).

In den Weihnachtsferien zu Hause mich hauptsächlich mit der Herstellung des Glasbiegeapparates beschäftigt, erste Versuche mißlungen, nachher keine Zeit gehabt, bis Ostern in Frankfurt privatim hauptsächlich Mathematik getrieben, bis zur Überschwemmung am 20. Februar bei Herrn Koch gearbeitet, alles Unnütze über Bord geworfen, feste Entschlüsse gefaßt, viel Französisch gesprochen und mit dem Engländer und dem Franzosen, die ich immer lieber gewann, politisiert, in den Osterferien der vielen Feste wegen zu Hause nichts Ordentliches in keiner Sache getan, etwas Mathematik, etwas Hohlspiegelei, keine Resultate.

executed as I had imagined, and the system that came closest to mine, that of Chauvassaigne et Lambrigot, was already obsolete. However, it seemed to me that even they did not formulate the idea that everybody could write his telegram at home on a paper strip supplied by the post office, which ought to have tremendous advantages. After leafing quickly through the periodicals in the reading room, I concentrated on *The Development of the Chemical In-Industry from the Reports on the Vienna World Fair.* At home I mostly read Tyndall, *Heat as a Form of Motion.* At the office I am occupied with copying the plans for the new stock exchange building in reproducing ink. Yesterday I had a new idea which I will perhaps test at home, at Christmastime; namely, to construct large-size lenses by introducing a liquid between two (if possible circular) glass plates of great elasticity and subjecting it to pressure, which will cause the glass plates to bulge out, and the central part of the bulge will probably come close to satisfying the conditions of a lens of large focal distance, at least close enough to collect a quantity of rays even if a clear image is not obtained. The question is only whether the glass is sufficiently elastic to withstand such deformation. To be sure, such a lens would lead to further difficulties in use.

Wednesday, 22 December 1875. This evening I am going to Hamburg for the holidays. Since my last entry I have had a very busy time at the office as the stock exchange roof neared completion, which entailed strenuous calculations, as did the new bridge across the Upper Main in the past few days. On the other hand, I did practically no work at home, because I did not want to start anything big before Christmas. Joyful anticipation of Christmas has been my main feeling. I have made so many plans of what to make on the lathe and in the laboratory while I am at home, that I fear very little of it will come to fruition. Yesterday and today were still full of interest. An unusually interesting lecture was held at the Physics Club, in which Prof. Boettger demonstrated a new piece of apparatus, in which a set of rotating vanes in vacuum is set in motion by light alone (radiometer).

During the Christmas holidays I was busy mainly with the construction of the glass bending apparatus; first attempts failed, afterwards I had no time; studied mainly mathematics, privately, in Frankfurt, until Easter; worked with Herr Koch until the great flood of February 20, threw all nonessentials overboard, came to firm decisions, spoke a lot of French, talked politics with the Englishman and the Frenchman whom I like more and more; at home during the Easter vacation I did nothing noteworthy in any field; a little mathematics, a little play with concave mirrors, nothing achieved.

Dresden und Berlin

1876-77

Dresden

Am 21. April 1876 fuhr Heinrich Hertz nach Dresden zum Besuch des Polytechnikums. Das Tagebuch berichtet:

Den 25. April 1876. Morgens um 6 aufgestanden und Differentialrechnung getrieben, um 9 ins Kolleg gegangen, wo Prof. Königsberger Integralrechnung anfing, und zwar mit rasender Schnelligkeit. Doch verstand ich ihn. Dann zu Prof. Zetzsche gegangen, der mich sehr interessieren mußte, weil mir damals sein Buch über automatische Telegraphie in die Hände gefallen war, sein heutiger Vortrag aber war unbedeutend. Dann gegessen und ins Museum gehen wollen, doch geschlossen gefunden, nach Hause gegangen, arbeiten wollen, aber vor Müdigkeit nicht gekonnt, dann Kollegien belegt bei Prof. Burmester* und ins Lesezimmer gegangen und in Schlömilchs Journal 1871 über die schiefe Projektion gelesen; die Unverständlichkeit fast aller Aufsätze für mich entsetzte mich, ebenso die Fülle der aufgelegten Zeitschriften, so daß ich niedergeschlagen wegging.

Den 26. April 1876. Gestern abend hatte ich mir nach langer Überlegung fast schon fest vorgenommen, bei den Cheruskern einzuspringen, um endlich aus meiner Einsamkeit herauszukommen und wieder gute Bekannte zu haben, heute war ich wieder sehr zweifelhaft und mochte den ersten Schritt nicht tun; ich las auf dem Lesezimmer, nach dem Essen entschloß ich mich doch und sprach mit Herrn Schöne, 2. Chargierten, der mir befriedigende Auskunft gab und mich den andern vorstellte, dann ging ich mit mehreren Cheruskern auf den Bergkeller, nachher mit ihnen in ihre Kneipe und sah sie pauken. Sie waren natürlich sehr freundlich mit mir, und meine Vorstellungen schwankten immer, ob ich sie als gute Freunde betrachten sollte oder als Teufel, die eine arme Seele gewinnen wollen. Nach Hause gekommen, hatte ich wieder heftige Reue, doch siegte die Ansicht, einzuspringen. Abends dann, wie ich eingeladen war, in den sogenannten Verbindungsabend gegangen und wirklich eingesprungen.

* Über darstellende Geometrie.

Dresden and Berlin

1876-77

Dresden

On 21 April 1876 Heinrich Hertz went to Dresden to attend the Polytechnic. The diary reports:

25 April 1876. Got up at 6 in the morning and worked on differential calculus; at 9 went to the lecture hall where Prof. Königsberger began to lecture on integral calculus at a frantic pace. Yet I understood him. Then went to hear Prof. Zetzsche, who should interest me very much since I had got my hands on his book on automatic telegraphy previously, but today's lecture was not remarkable. Wanted to go to the museum after lunch, but found it closed. Signed up for Prof. Burmester's course,* and then went to the reading room and read about oblique projection in Schlömilch's Journal for 1871; the incomprehensibility of nearly all the papers shocked me, as did the abundance of available journals, so that I went away depressed,

26 April 1876. Last night, after long deliberation, I determined almost definitely to join the Cherusker student corporation, so as to escape at last my loneliness and go back to having good friends; but today I was once more very uncertain and would not take the first step; I read in the reading room, but after lunch I did make up my mind and spoke to Herr Schöne, the second in charge, who gave me reassuring information and introduced me to the others; I then went to the Bergkeller with several Cheruskers and afterwards went to their club to watch them fence. They were of course very friendly, but my impressions wavered—should I regard them as good friends or as devils wanting to seduce a poor soul? Came home and had grave doubts, but my decision to join won out. In the evening I went as invited to the so-called corporation ceremony and actually joined.

* On descriptive geometry.

Den 29. April 1876. Gar kein Kolleg gehabt, sondern bis 9 Uhr Integralrechnung getrieben, dann ins Lesezimmer gegangen, polytechnische Zeitschriften und Augsburger Allgemeine gelesen, nach dem Essen die Aufgabe für Prof. Fuhrmann* gemacht, wieder im Lesezimmer gewesen und abends offizielle Kneipe. Doch hatte ich genug davon.

Den 30. April 1876. Morgens an Papa geschrieben, er möchte mir die Sache verbieten, damit ich einfacher wieder herauskäme. Um 11 Uhr, wie befohlen war, auf den Frühschoppen gegangen, wo die andern wieder tüchtig tranken. Nach dem Essen nicht wieder hingegangen, sondern gerechnet und, da das Wetter sehr schön war, einen Spaziergang aufs Waldschlößchen gemacht. Zu Hause Ilias VIII gelesen.

Den 3. Mai 1876. Um 11 Uhr wieder mit zum Pauken gegangen, wo ich wieder mit versuchte, vorher auch analytische Mechanik bei Prof. Königsberger gehört, jedoch noch zu hoch für mich befunden. Beim Nachhausekommen fand ich Brief von Papa, der meinen Wunsch gewährte, aber mir riet, dies nicht zu benutzen, was auch mir nach dem Herzen war.

An den Vater

3. Mai 1876

Daß ich Dir so rasch antworte, soll Dir zeigen, wie sehr ich Dir für Deine beiden Briefe danke, für beide, sage ich, denn hättest Du mir nur den falschen geschickt, so hätte ich doch am Ende davon Gebrauch gemacht, und hättest Du ihn mir nicht geschickt, so wäre es mir, glaube ich, auch nicht recht gewesen. Nun aber folge ich mit ganzem Herzen Deinem Rate, denn wirklich stand mir die ganze Komödie sehr bevor, und wenn ich mir die darin liegende Falschheit auch nicht klargemacht hatte, so merkte ich doch, daß nicht alles ganz richtig sei. Was mein Einspringen betrifft, so war es allerdings wohl eine Dummheit, aber es ist ein seltsames Gefühl, wenn man in einer großen Stadt keinen Menschen kennt, niemand hat, den man um Rat fragen kann, und Aussicht hat, einige Wochen in dieser Lage zu bleiben. Nachdem ich mich aber einmal unter sie gemischt hatte und mich auf den Verbindungsabend hatte einladen lassen, war es meine Befangenheit den roten Mützen gegenüber, was die Sache so schnell zum Klappen brachte. Zum Glück ist die Sache aber durchaus nicht so schlimm, wie sie mir Sonntag morgen erschien, und es ist sogar möglich, daß in einigen Wochen ich wirklich mit ganzem Herzen dabei bin. Meine Bitte an Dich war ebenso übereilt wie mein Einspringen, es ist dies eben ein Fehler, den ich verbessern muß.

Tagebuch

Den 4. Mai 1876. Morgens bis 9 Uhr Integralrechnung getrieben, wobei mir auffiel, ob sich denn jedes Integral der bekannten Funktionen wieder in bekannten Funktionen überhaupt muß ausdrücken lassen, und seltsamerweise

* Über Anwendung der Integralrechnung.

29 April 1876. No lectures, but worked on integral calculus until 9, then went to the reading room and read technical journals and the *Augsburger Allgemeine* newspaper, worked the assignment for Prof. Fuhrmann* after lunch and returned to the reading room; formal club meeting in the evening. But had quite enough of that.

30 April 1876. Wrote to Papa this morning to ask him to forbid me this thing, so that I can get out of it more easily. At 11 went to the early drinking party as ordered, where the others again drank heartily. Instead of going back there after lunch, I did some calculations and then went for a walk to the Waldschlösschen, since the weather was fine. Read Iliad VIII at home.

3 May 1876. At 11 o'clock went along to fencing and once more tried to take part; also heard Prof. Königsberger's lecture on analytical mechanics but found it still too difficult. On my return home found a letter from Papa who had granted my request but advised me not to use it, which suited my own feelings.

To His Father

3 May 1876

My answering you so quickly should show you how much I thank you for both your letters; I say both because if you had only sent me the pretending one I would have possibly made use of it, nor would I have been happy (I believe) if you had not granted my wish. But now I can follow your advice with all my heart, because the whole comedy frightened me very much; even though I had not stopped to realize the implicit dishonesty of it, I was aware that all was not quite right. My joining was probably a piece of foolishness, but it is a strange feeling to be in a great city without knowing a soul or having anyone to go to for advice, with the prospect of remaining in that situation for several weeks. But once I had gone in with them and had allowed myself to be invited to the corporation ceremony, it was my shyness before the red caps that made the whole thing work so quickly. Luckily it is by no means as bad as it seemed to me on Sunday morning, and it is even possible that I shall be in it with all my heart in a few weeks. My request to you was just as hasty as my joining; I accept that as a fault I shall have to correct.

Diary

4 May 1876. Worked on integral calculus until 9 in the morning, whereupon it occurred to me that it ought to be generally possible to express every integral of known functions in terms of known functions; strangely enough, Prof.

* On the application of integral calculus.

hielt gerade eine Stunde darauf Prof. Königsberger einen Vortrag und verschaffte uns Klarheit darüber. — Zur Geschichte der Physik übergegangen, deren Einleitung mich sehr interessierte und erfreute.

An die Eltern

16. Mai 1876

Wenn ich Euch erzählen soll, so bemerke ich zuerst, daß ich mich hier jetzt sehr wohl und zu Hause fühle und daß mir die Muße sowohl als die Arbeit angenehm ist, eben weil ich nach Belieben damit abwechseln kann, denn wenn man sozusagen aus Furcht vor Langeweile zur Arbeit gezwungen ist, so schmeckt sie einem gar nicht recht. Daß ich eingesprungen bin, reut mich gar nicht, im Gegenteil, das Pauken fängt an, mir viel Vergnügen zu machen und ist ja auch sehr gesund, und das Kneipen ist auch nicht so fürchterlich. Die Hauptsache ist, man muß sich erst an seine Kameraden gewöhnen und mit ihnen wirklich auf vertraulichem Fuße stehen, dann erst hat die Verbindung überhaupt Sinn, und daher kommt einem die Sache im Anfang so merkwürdig vor.

24. Mai 1876

In die Kollegien gehe ich ziemlich regelmäßig, sie sind aber außer zweien ziemlich langweilig. Die zwei Ausnahmen sind das mathematische Kolleg und die Geschichte der Philosophie, die beide unglaublich interessant sind. Daß die übrigen langweilig sind, hat verschiedene Gründe, die darstellende Geometrie ist für mich nur eine Wiederholung und wird obendrein sehr langstielig vorgetragen; beim physikalischen Kolleg liegt es am Professor, der Professor Bubendey* ziemlich ähnlich vorträgt und auch eigentlich nicht mehr, als ich schon weiß; das Planzeichnen ist eine rein mechanische Übung, man lernt zum Beispiel Sand darstellen, wobei es darauf ankommt, 2–3000 Pünktchen recht gleichmäßig nebeneinanderzustellen, und was die Anwendung der Integralrechnung anlangt, so gibt es jede Woche zwei Aufgaben, die sehr breit durchgesprochen werden, während ich jeden Tag weit mehr rechne. Was vergleichende Psychologie sei, wußte ich anfangs auch nicht und ging auch nicht hin, wurde aber von einem andern hingelockt. Es ist eine vergleichende Darstellung des Seelenlebens von den niederen Tieren aufwärts bis zum Menschen, nicht metaphysisch, sondern naturwissenschaftlich und dabei sehr populär gehalten, etwa in der Art, wie in den populären Vorträgen von Virchow und anderen, die wir zu Hause haben. Der Professor erzählt dabei eine Menge kleiner Geschichten, die er, glaube ich, ebenda gelesen hat, wo ich auch, nämlich gerade in jenen Vorträgen. Seine Vorträge über Geschichte der neuen Philosophie dagegen sind wirklich wissenschaftlich und sein Fach, und daher sehr interessant, und ebenso sind die Vorlesungen von Prof. Königsberger über Integralrechnung, denn er gibt von Zeit zu Zeit Überblicke über das, was noch höher in der Mathematik liegt, und beschränkt sich nicht immer

* In seiner Hamburger Schule.

Königsberger lectured on this very point an hour later and made it clear to us.—Started to read the History of Physics, the introduction to which interested and cheered me very much.

To His Parents

16 May 1876

As I write to you I note first of all that I now feel very comfortable and at home here and that both my leisure and my work suit me, precisely because I can switch from one to the other as I please; to be forced to turn to work so to speak from fear of boredom would leave a bitter taste. I do not at all regret having joined the corporation, on the contrary I am beginning to enjoy the fencing, which is very good for my health; nor is the drinking quite so terrible. The gist of the matter is that one has to get used to one's comrades and be on an intimate footing with them, for only then does the association make sense, and that is why the whole thing seems so strange at first.

24 May 1876

I attend lectures fairly regularly, but except for two they are rather boring. The two exceptions are the mathematics course and the history of philosophy, which are both incredibly interesting. The others are boring for various reasons; descriptive geometry is merely a repetition for me, and on top of that the lectures are very longwinded; in physics it is the fault of the professor, who lectures rather like Professor Bubendey* and actually covers no more than I already know; drafting is a purely mechanical exercise, in which one learns, for instance, to represent sand by putting two to three thousand dots neatly next to each other; and as for application of integral calculus, there are two assignments each week which are discussed at great length, whereas I do far more each day on my own. At first I did not know what comparative psychology was and did not attend the lectures, but another student talked me into going. It is a comparative presentation of psychic life from the lower animals to man, not as metaphysics but as natural science, moreover given in a very popular style, somewhat similar to that of the popular lectures of Virchow and others that we have at home. The professor tells many little anecdotes which I believe he has read in the same place as I have, namely in those very lectures. His course on the history of the new philosophy, on the other hand, is very scholarly and in his own field, and therefore very interesting, as are the lectures of Prof. Königsberger on integral calculus, because occasionally he gives us a glimpse of still higher mathematics and does not limit himself to whatever comes next.

* At his Hamburg school.

gerade auf das Nächste. Mathematik ist jetzt überhaupt meine Hauptarbeit und die mir die größte Freude macht; ich betreibe sie zu Hause, indem ich Tag um Tag abwechsele zwischen Integralrechnung und Geometrie der Lage, die ich zu studieren angefangen habe. Auf dem Lesezimmer suche ich mir aus der Ferne Überblicke sozusagen über die höchste Mathematik zu verschaffen, was einigermaßen schwerhält, denn wenn auch die gemeine Integralrechnung lange nicht das oberste ist, so ist doch der Stoff weiter hinauf nicht so geordnet und zusammengefaßt, sondern zerstreut in Zeitschriften und Broschüren. Man bekommt aber Wunderdinge zu sehen, so daß einem manchmal schwindlig wird.

Tagebuch

Den 25. Mai 1876, Himmelfahrtstag. Ich trieb bis 9 Uhr Integralrechnung, ging dann auf die Kneipe, um jemand zu suchen, mit dem ich einen Spaziergang machen könnte, fand aber niemand; ich fuhr daher fort bis zum Mittagessen, ging in die Gallerie, las im Kant und Oliver Twist zu Ende, der mir aber nicht so gut gefallen wie das, was ich sonst von Dickens gelesen, und ging nochmals auf die Kneipe, aber die andern waren nicht da, so daß ich anfing, mich sehr einsam zu fühlen.

Den 29. Mai 1876. Angefangen, tüchtig Mathematik zu treiben; es verließen mich aber plötzlich die Kräfte, und ich beschloß, die Fortsetzung bis nach Pfingsten zu lassen.

Den 30. Mai 1876. Nachmittags war ich im Lesezimmer und ließ mir Moigné, Calcul différential geben, um Klarheit über das höhere Differential von Funktionen mehrerer Variabeln zu bekommen, wobei ich gestern im Schlömilch steckengeblieben war, nahm sie auch mit nach Hause, aber erst nach mehreren Stunden wurde mir die Ursache der Verwirrung klar.

Den 31. Mai 1876. Mir aus der Leihbibliothek Kants Kritik der reinen Vernunft geholt, darin gelesen und Mathematik getrieben.

Den 10. Juni 1876. Kant gelesen, Über Raum und Zeit.

Den 12. Juni 1876. Vormittags zu Hause scharf Analysis gearbeitet und im Lesezimmer gewesen; nach dem Essen wieder Analysis und Kant gelesen, um 7 Uhr auf die Kneipe gegangen, es war aber kein Konvent, und obgleich ich mich gerne unterhalten hätte, war doch keine Gelegenheit, da alle eifrig Skat spielten.

Den 19. Juni 1876. Etwas Mathematik getrieben, im übrigen einen Vortrag über Darwinismus geschrieben, den ich in der Cheruscia halten will.

Den 21. Juni 1876. Meinen Vortrag gehalten, über welchen nachher heftige Debatten entstanden, dann auch noch über verschiedene politische Sachen uns gestritten.

Den 26. Juni 1876. Tüchtig gezeichnet.

Mathematics is really my main work now and gives me the most pleasure; I work at it at home, alternating daily between integral calculus and analytical geometry, which I have begun to study. In the reading room I try to get a glimpse of the highest mathematics, which is rather difficult to do because even though integral calculus is far from the highest level, the material above is not so well ordered and collected, but scattered in journals and pamphlets. But sometimes marvelous things come in view that make one's head swim.

Diary

25 May 1876, Ascension Day. I worked at integral calculus until 9 o'clock, then went to the club to find someone to go for a walk with me but found no one; therefore continued to work until lunch and then went to the gallery, read some Kant and finished *Oliver Twist,* which I did not like as much as other books by Dickens that I have read; went back to the club again, but the others were not there, so that I began to feel very lonely.

29 May 1876. Began to work hard at mathematics; but suddenly my strength failed me and I decided to leave the rest until after Whitsun.

30 May 1876. In the afternoon I was in the reading room and called for Moigné's *Calcul différential* to gain an understanding of higher-order differentials of functions of several variables, which had stopped me yesterday in Schlömilch; I took the book home, but not until several hours later did the cause of my confusion become clear to me.

31 May 1876. Fetched Kant's *Critique of Pure Reason* from the lending library, dipped into it and worked on mathematics.

10 June 1876. Read Kant on space and time.

12 June 1876. In the morning I worked hard on analysis and went to the reading room; after lunch, analysis again and read Kant. Went to the club at 7 o'clock, but there was no meeting, and even though I should have liked to have talked to somebody, there was no opportunity because they were all busy playing Skat.

19 June 1876. Did some mathematics. Wrote a lecture on Darwinism which I want to give at the Cheruscia.

21 June 1876. Gave my lecture, which afterwards led to vehement debates; then we also disagreed on various political questions.

26 June 1876. Worked hard at the drawing board.

Den 3. Juli 1876. Am Nachmittag das sog. Zylindroid zu zeichnen angefangen und sehr eifrig dabei gewesen.

Den 4. Juli 1876. Den meisten Teil des Tages weitergezeichnet, da die verwickelten Schatten mir viel Mühe machten, schließlich damit fertig geworden. In den letzten Tagen habe ich mich auch wieder an die Geometrie der Lage gemacht.

Ende Juli Reise nach Karlsbad, Leipzig und Fußtour mit den Brüdern in die Sächsische Schweiz, ins Riesengebirge und auf die Schneekoppe (höchster Berggipfel an der schlesisch-böhmischen Grenze). In den Ferien (August–September) in Hamburg, dort in der Gewerbeschule und zu Hause viel gezeichnet, mikroskopiert und Sport getrieben.

Berlin

Militärdienstjahr beim 1. Garde-Eisenbahnregiment

Tagebuch

Den 30. September 1876. Um 11 Uhr fuhr ich zur Bahn mit dem Gefühl, daß dies ein großer Abschnitt in meinem Leben sei.

An die Eltern

6. Oktober 1876

So bleibt allerdings vom Tage kaum Zeit zu essen und ein Glas Bier zu trinken, zum Arbeiten und auch nur zum Lesen wird man ohnehin zu müde; sobald man anfängt, laufen einem vor Müdigkeit die Tränen aus den Augen. Wenn man aber davon absieht, daß man außer dem Dienst nichts tun kann, so ist die Sache gar nicht so unangenehm, das Exerzieren selbst macht meistenteils Spaß, und man hat immer gute Laune, außerdem merkt man, daß Hunger der beste Koch ist, und schlafen tut man prachtvoll. Sobald man allerdings daran denkt, daß man auch gerne etwas anderes tun möchte, als sich abstrampeln, essen, trinken und schlafen, ist einem die Sache natürlich unangenehm, und vielleicht wird sie mir auch auf die Dauer langweilig werden.

13. November 1876

Ein dauernd Gutes wird der Dienst aber haben, die Faulheit wird einem mal gründlich ausgetrieben; man sieht erst, was man alles kann, wenn man muß, und ich merke doch, daß die Selbstüberwindung, die der Kampf mit der natürlichen Trägheit kostet, mir immer leichter wird. Oft denke ich, wenn ich mit solchem Eifer und mit solcher Rücksichtslosigkeit gegen meine Finger, wie ich jetzt Griffe üben muß, früher hätte drauflosdrechseln und -hobeln wollen, so hätte ich weit mehr in derselben Zeit zustande bringen können. Oder wenn ich meiner eigenen besseren Überzeugung immer so schnell und

3 July 1876. In the afternoon began to draw the so-called cylindroid and worked at it with zest.

4 July 1876. I went on drawing for the greater part of the day because the complicated shadows gave me a lot of trouble; finally finished it. In the last few days I have been studying analytical geometry again.

At the end of July, journey to Karlsbad, Leipzig, and walking tour with his brothers in "Saxon Switzerland" [sandstone formations along the Elbe river above Dresden], in the Riesengebirge and up the Schneekoppe [highest mountain on the Silesian-Bohemian border]. During the vacation (August–September) in Hamburg, did a lot of drawing at the Gewerbeschule and at home, and worked with the microscope and engaged in sports.

Berlin

Year of Military Service with the 1st Railway Guards Regiment

Diary

30 September 1876. At 11 o'clock I left to take the train, with the feeling that this was a major epoch in my life.

To His Parents

6 October 1876

There is certainly hardly any time left in the day for eating and drinking a glass of beer, and we are too weary for working or even merely reading anyhow; as soon as I begin, my eyes water from sheer weariness. But apart from the fact that there is no time for anything besides duty, the situation is not all that unpleasant, the drill itself is generally exhilirating, and we are always in good spirit; furthermore it is obvious that hunger is the best cook, and we sleep splendidly. Yet whenever the thought arises that it might be pleasant to do something besides wearing oneself out, eating, drinking, and sleeping, then of course the whole thing grows unpleasant, and perhaps it will bore me in the long run.

13 November 1876

The service will have one lasting good effect, for laziness is driven out of our system; we realize how much one can do when he must, and I note that I find the self-conquest required in the struggle with natural inertia growing steadily easier. I often think that if I had been prepared to work away at the lathe and plane with the same zeal and recklessness about my fingers with which I must now practice rifle drill, I should have accomplished much more in the same time. Or if I had always obeyed my better judgment as quickly

genau Folge geleistet hätte, wie ich jetzt den mir ganz willkürlich scheinenden Befehlen des Offiziers oder Unteroffiziers Folge leisten muß, so hätte ich mir manche Unannehmlichkeit sparen können.

27. November 1876

Im übrigen geht es mir gut, ich bin ganz gesund, und wenn auch das Thermometer der guten Laune nach den letzten Fasten und Arbeitstagen und dem verdorbenen Sonntag ziemlich tief steht, so wird es doch wohl wieder steigen, wenn bessere Tage kommen. Mit meinen Kameraden stehe ich nach wie vor gut. Besondere Erlebnisse sind natürlich nicht zu melden, jeder Tag und jede Stunde ist wie die andere, und jeder Tag der herum ist, wird als gewonnen betrachtet.

23. Februar 1877

Ich danke Euch herzlich für Eure Sendung und für Eure Briefe* und die darin ausgesprochene Liebe, die ich Euch so wenig vergelten kann und die ich so rein als Geschenk hinnehmen muß. Ich bin nun 20 Jahre alt und habe sozusagen ein Drittel meines Lebens hinter mir, und fühle mich doch noch so schwach und unbedeutend und so unfähig, etwas zu tun, daß ich sagen könnte: Ihr habt Eure Liebe und Mühe nicht unnütz an Euren Sohn verschwendet. Und ich zweifle auch sehr, ob ich jemals so werde zu Euch sprechen können, sondern Eure Liebe wird ein übriges tun und zufrieden mit mir sein, wenn ich auch nur ein leidlich tauglicher Mensch werde. Jeder Tag zeigt mir mehr, wie unbrauchbar ich auf dieser Welt noch bin. Ich weiß etwas Griechisch und etwas Mathematik und etwas dies und das und habe jetzt etwas Billard spielen gelernt, aber daß ich, wenn es hieß: Wer kann dies oder das, oder wer kann uns aus dieser oder jener Verlegenheit helfen?, daß ich dann hätte vortreten können, ist mir bisher noch nicht passiert. So erwarte ich denn auch mehr von der Zukunft, als ich mit der Vergangenheit zufrieden bin. Ich glaube, ich habe vor einem Jahr sehr Ähnliches an Euch geschrieben, und wirklich ist der ganze Unterschied zwischen jetzt und damals, daß ich ein Jahr älter geworden bin, sonst bin ich nicht weitergekommen. Ich habe gelernt, daß ich nicht allzu große Ansprüche an das Leben und an mich selbst stellen dürfe, und habe doch an Selbstvertrauen auch wieder zugenommen und an Erfahrung, aber brauchbarer bin ich nicht geworden, und sehe vor mir noch sehr viele Jahre und viele Geburtstage, an denen ich Euch wieder dasselbe schreiben kann, ehe ich hoffen darf, recht kräftig in das Leben einzugreifen. — Im übrigen wollte ich Euch ja von dem Guten berichten. Zunächst ist ein Gutes, daß mir das Zusammensein mit so vielen mir ganz, halb oder gar nicht bekannten Menschen und der Kommiß selbst sogar Spaß macht, insofern das Ganze ein unaufhörlicher Kampf ist, der mit allen Mitteln geführt wird, und es macht mir Freude, einmal, insofern er meine Kräfte anstrengt, und anderseits, da ich sehe, daß ich sozusagen siege, das heißt, daß ich verhältnismäßig ungeschoren hindurchkomme. Und es macht

* Zum Geburtstag.

and exactly as I now have to obey the orders of an officer or noncommissioned officer, which seem quite arbitrary to me, I should have spared myself many worries.

27 November 1876

For the rest I am alright, in good health, and even though the thermometer of my good humor stands rather low after the latest fast and workdays and the ruined Sunday, yet it will surely rise again when the good days return. I remain on good terms with my comrades. Extraordinary adventures are unlikely of course; each day and each hour is like every other, and every day that has passed is regarded as a day conquered.

23 February 1877

I thank you very much for your package and your letters* and the love expressed in them, for which I can repay you so little and which I must take for granted so completely. I am now twenty years old and one third of my life is, so to speak, behind me, yet I still feel so feeble and insignificant and quite incapable of doing anything that would enable me to say: you did not vainly lavish your love and care on your son. And I greatly doubt that I shall ever be able to speak to you in that vein, but your love will be generous enough to accept me as I am even if I prove to be only tolerably able. Day by day I grow more aware of how useless I remain in this world. I know a little Greek and a little mathematics, a little this and a little that, and now I have learned to play a little billiards; but to be able to answer if the question were asked, "Who can do this or that, or who can help us out of this situation?" that I should then be able to step forward, that has not yet happened to me. Thus I have greater expectations of the future than satisfaction with the past. I believe I wrote you in a very similar vein a year ago, and really the entire difference between now and then is that I have become a year older, otherwise I have made no progress. I have learned that I must not make too great demands of life or of myself, and I did gain in self-confidence and experience, but I have not become more useful, and I still see many years before me and many birthdays on which I shall have to write the same before I may hope to exercise my powers with vigor.—For the rest, I want to tell you about better things. To begin with it is a gain that I am positively amused by being with so many people whom I know well, slightly, or not at all, and by the very fact of being in the service, insofar as it is all an endless battle fought without pulling punches; I enjoy it, first because it tests my strength, and then because I see that I am so to speak winning, that is to say that I am coming through

* For his birthday.

mir Freude, zu sehen, wie ich jetzt mit allen, die mir näherkommen, während ich anfangs alle möglichen Neckereien zu dulden hatte, eine geordnete und ich kann beinahe sagen geachtete Stellung habe, wenn auch mit den Schlechten keine freundschaftliche, und daß ich außerdem wieder Freunde gefunden habe, die ich gern habe und auf deren Meinung ich so viel halte, daß ich meine danach korrigiere und daher lerne. Und andererseits macht es mir Freude, zu sehen, daß ich mich zu meinen Vorgesetzten in eine verhältnismäßig gute Stellung gebracht habe, ohne mir etwas von meiner Würde zu vergeben. Dieser Kampf macht mir Spaß und macht, daß ich oft den Kommiß verteidige zum großen Entsetzen der anderen, die sich oft nicht beherrschen können, wo das Sich-Beherrschen das richtige ist.

4. Mai 1877

Schreiben kann ich nicht recht, teils weil ich es wohl bald überhaupt verlernt haben werde, teils weil mir vom Exerzieren, von dem ich eben zurück bin, noch die Hände zittern. Wir exerzieren Gott sei Dank wieder; denn wenn wir uns früher über das Exerzieren ärgerten und uns auf unsere technischen Arbeiten freuten, so wurden uns diese bald so eingetränkt, daß wir wieder auf das Exerzieren hofften. Freilich ist das Exerzieren jetzt besser als früher, wenn es auch ebenso anstrengend ist, denn es geht im Bataillon, zur Vorbereitung auf die Vorstellung vor dem Kaiser*, und da sind die schnauzenden Unteroffiziere und Leutnants eingetreten und werden ihrerseits angeschnauzt, und außerdem ist ein Bataillon schon eine ansehnliche Menschenmenge und gewährt, wenn es gut exerziert, einen sehr schönen Anblick, und so macht einem das Exerzieren auch Spaß. Auf dem Tempelhofer Felde exerzieren außerdem die meisten übrigen Garderegimenter, so daß es während des Rührens auch etwas zu sehen gibt.

Tagebuch

Den 1. Juli 1877. Am Pfingstsonntag machten wir einen Ausflug nach Blankenese; ich war sehr froh, zu Hause zu sein, hatte aber doch in den vier Tagen keine rechte Ruhe. Am Mittwoch war ich wieder im Dienst, aber sei es, daß ich zu Hause durch das Reden über den Kommiß mir selbst eine zu schlimme Vorstellung davon gemacht hatte oder daß durch den Wechsel des Regimentskommandeurs die Behandlung wirklich besser geworden war, mir kam alles leichter und besser vor, und ich wie die andern sind seitdem nicht wieder in einen so beinahe verzweifelten Zustand gekommen wie früher häufig in der Zeit zwischen unserer Einstellung in die Kompagnie und der Vorstellung vor dem Kaiser.

An die Eltern

18. August 1877

Für uns steht jetzt außer der Herbstparade auch das Offiziersexamen stark bevor; dasselbe soll im Laufe des Septembers statthaben, und wir müssen

* Wilhelm I.

relatively unscathed. It makes me happy to see that I am now treated, I can almost say, with respect by all with whom I am in close contact (though I am not on friendly terms with the wicked), whereas at the beginning I had to endure all sort of teasing. And furthermore I have once more made friends whom I like and whose opinion I honor so much that I correct my own by theirs and learn by it. On the other hand I am glad to note that I have attained a relatively good position with my superiors, without giving up any of my dignity. This struggle amuses me, and it often makes me defend the service, to the great horror of the others who often cannot control themselves where self-control is the right thing.

4 May 1877

I cannot write properly, partly because I shall soon have forgotten how to write altogether, partly because my hands are still shaking from the exercises from which I have just returned. Thank God we are back to drilling; for whereas we previously found drilling annoying and looked forward to our technical tasks, we soon got so fed up with them that we longed for the exercises again. Of course the exercises are more bearable than before, even though they are just as strenuous, for we drill in battalions in preparation for review by the Kaiser* and the snarling noncommissioned officers and lieutenants have fallen in and are snarled at in turn, and furthermore a battalion does comprise a considerable number of men, and if the parade goes well it is a beautiful sight, and that makes the drill enjoyable. Besides most of the rest of the guards regiments exercise on the same Tempelhof field, so that there is also something to be seen while we stand at ease.

Diary

1 July 1877. On Whitsunday we went on a trip to Blankenese; I was very glad to be home, but I did not get a real rest during those four days. On Wednesday I was back on duty, and whether it was because in talking about the service at home I had painted too black a picture in my own mind or whether the treatment had really improved with the new regimental commander, everything seemed better and easier to me, and since then neither I nor the others have come quite as close to a state of desperation as we had so often before, during the period between our induction into the company and the review by the Kaiser.

To His Parents

18 August 1877

Besides the autumn parade, we now also have the officers' examination looming over us; the latter is to take place during September, and we must

* Wilhelm I.

uns jetzt sehr mit den einschlagenden Gegenständen beschäftigen. Die letzten acht Arbeiten sind jetzt gemacht, im ganzen haben wir deren 25 angefertigt. Indessen wird die Sache doch immer besser, wir werden immer weniger zum eigentlichen Kompagniedienst herangezogen. Auf der andern Seite lernen wir jetzt doch sehr viel, mehr und sicherer, als wenn wir dieselbe Zeit studierten, da wir so arbeiten, wie man überhaupt vor einem Examen arbeitet, und nebenbei immer noch die praktische Anschauung an unserm kleinen Betrieb haben.

19. September 1877

Von meinem Examen kann ich halbwegs Gutes melden, ich habe nämlich bestanden, soll aber zur Infanterie versetzt werden. Obgleich ich viel lieber beim Regiement bliebe, muß ich doch froh sein, daß ich so durchgekommen bin, denn von 60 Einjährigen, die wir eintraten, sind nur ungefähr 50 zum Examen zugelassen und hiervon nur 20 fürs Regiment und 5 für die Infanterie durchgekommen. Zu meinem Trost habe ich ferner noch folgende Gründe: 1. Es wird mir versichert, daß die Versetzung durchaus ehrenvoll sei und daß wir den bei der Infanterie Durchgekommenen vollständig gleichberechtigt sind, auch daß wir uns das Regiment wählen können. Ist dies der Fall, so kann es mir später unter Umständen sogar angenehm sein. Wir gehen jetzt wieder auf den Übungsplatz, und es wird einem alten Mann noch einmal sauer gemacht, aber es liegt doch jetzt schon das Ganze hinter uns, und wir denken mehr daran, was nach dem 1. Oktober wird, als an die Gegenwart.

Ich denke jetzt doch nach München zu gehen. Von München habe ich nur Gutes gehört, und obgleich ich nach den bisherigen Erfahrungen nicht glaube, dort alles ideal zu finden, so werde ich doch versuchen, mich dort nun endlich einzufügen, und hoffe auch, es wird mir gelingen. Jedenfalls hielte ich es für töricht, hierzubleiben, nur damit man mir nicht sagen kann: Du bist nirgends zufrieden.

now occupy ourselves with the appropriate subjects. The last eight assignments are now done; we have completed 25 of them altogether. In the meantime things are improving steadily, we are called upon less and less for actual company duty. On the other hand we are now learning a good deal, and more certainly than if we were students, for we are working as one necessarily works before any examination and at the same time we still have the practical viewpoint that our small establishment offers.

19 September 1877

I am able to give you a moderately good report on my examination; I passed, but I am to be transferred to the infantry. Although I should much rather remain with the regiment, I must be glad to have got through, for of the 60 aspirants who entered, only about 50 were admitted to the examination and of them only 20 passed for the regiment and 5 for the infantry. I can console myself further on the following grounds: 1. I am assured that the transfer is absolutely honorable and that we shall have complete equality of privileges with those who passed the examination in the infantry to begin with, and that we can even choose our regiment. If that is so, it could even be advantageous for me later, under certain circumstances. To make life sour for the old boys once more, they send us back to the parade ground, but the whole thing is actually behind us now, and we spend more time thinking about what will happen after October 1 than about the present.

I think I shall go to Munich now after all. I have had only good reports about Munich, and although I do not believe, on the basis of my past experiences, that I shall find everything ideal there, I will try to fit in there at last and hope to succeed. In any case I would consider it silly to stay here just so that no one can say to me, "You are not content anywhere."

München
1877-78

Heinrich Hertz an die Eltern

22. Oktober 1877

Hier war mein erster Gang aufs Polytechnikum, um zu hören, ob die Vorlesungen schon angefangen hätten, und ich hörte, daß sie erst nächsten Montag anfingen, ich also noch über acht Tage mir die Zeit vertreiben muß. Ich beschloß daher den ersten Tag mit einem tüchtigen Spaziergang kreuz und quer durch die Stadt, die mir sehr wohl gefiel. Sie erschien mir wie an einem klaren Wintermorgen, die scharfe Luft und die Leere in den breiten Straßen verstärkten den Eindruck. Was öffentliche Gebäude anlagt, so scheint mir München doch weit über Berlin zu stehen; wenn man zum erstenmal hier herumspaziert, so wird man jeden Augenblick überrascht durch einen neuen großartigen Platz, und es scheint mir hier, wenigstens bei dem schönen Wetter, noch der Reiz der Farbe hinzuzukommen, während bei uns alles, selbst was ursprünglich Farbe hatte, grau aussieht. Die übrige Zeit bin ich meistens in Museen herumgelaufen. — Bitte, Mama, willst Du sehen, daß ich die Bücherkiste geschickt bekomme; wenn ich mit Heizung und Licht in Ordnung bin, möchte ich gerne etwas arbeiten, und je eher ich die Kiste bekomme, desto lieber ist es mir, bitte, bitte.

29. Oktober 1877

Mir geht es auch ferner gut, ich habe nur gar zu viel freie Zeit, da auch heute die Kollegien noch nicht anfangen, sondern die frühsten Ende dieser Woche, die meisten erst in der nächsten. Es ist ein Skandal, das heißt nächstes Jahr soll es mir zunutze kommen. Ich habe die Zeit benutzt, um die prachtvollen Sammlungen hier anzusehen, die mir wirklich reicher und schöner aufgestellt scheinen als in Dresden und Berlin oder wo ich sonst war. Teilweise

München

1877-78

Heinrich Hertz to His Parents

22 October 1877

My first errand here was to go to the Polytechnic* to find out whether the courses had already started, and I heard that they are not to begin until next Monday, so that I shall have to make the time pass for another week. The first day I ventured on a walk all over the town, which I found very pleasant. I saw it as on a clear winter morning; the brisk air and the emptiness of the broad streets heightened this impression. As far as public buildings are concerned, Munich seems to me to be far ahead of Berlin; on walking around here for the first time, there is the surprise of a new magnificent square at every turn, and it seems to me, at least in this beautiful weather, that here the colors are an additional attraction, whereas at home even what originally had some color looks gray. The rest of the time I took a round in the museums.—Please, Mama, see to it that my box of books is sent on to me; once I have made arrangements for heating and lighting, I would very much like to work a little, and the sooner I get the box, the better for me, please, please.

29 October 1877

I continue well, only I have too much free time, since the lectures do not begin today, either, but at the end of this week at the earliest, and most of them not until next week. It is a scandal, that is I must take advantage of it next year. I have utilized this time to see the magnificent collections here, which I actually find more full of riches and better mounted than in Dresden or Berlin or any other place I have visited. I have partly started to work; now

* [The terms *Polytechnikum* and *Technische Hochschule* (Higher School of Technology, Institute of Technology, College of Engineering–in short, a degree-granting institution of university rank for the technical professions) are here used interchangeably.]

habe ich schon angefangen zu arbeiten; jetzt, wo ich meine Bücher habe, soll das ernstlich vorgenommen werden. — Die Einrichtungen des Polytechnikums gefallen mir sehr gut, außer daß es endlich einmal anfangen sollte. Ich habe ziemlich viel Kollegien belegt, und das kostet ziemlich viel Geld; auf der Universität habe ich nicht belegt und kann es auch, wenigstens in diesem Semester, nicht; ich habe auch kein Bedürfnis danach einstweilen, da die Naturwissenschaften und Mathematik bei uns teilweise besser vorgetragen werden als dort und die meisten Studenten Physik, Mathematik und Chemie hier hören.

1. November 1877

Ihr wundert Euch vielleicht, daß dieser Brief dem vorigen so schnell folgt; ich dachte auch nicht, so bald wieder zu schreiben, aber es ist diesmal in einer wichtigen Sache, die keinen langen Aufschub verträgt. Es ist nämlich ein beschämendes Geständnis für mich, aber es muß doch heraus, ich möchte noch jetzt im letzten Augenblick umsatteln und Naturwissenschaften studieren. Ich komme in diesem Semester an den Scheideweg, wo ich mich ihnen entweder ganz widmen muß oder definitiv von ihnen Abschied nehmen und jeder überflüssigen Beschäftigung mit ihnen entsagen muß, wenn ich nicht meine eigentlichen Studien darüber liegenlassen und ein mittelmäßiger Ingenieur werden wollte. Da ich dies neulich bei der Bearbeitung meines Studienplans einsah, und so einsah, daß mir darüber kein Zweifel bleiben konnte, da wollte ich zuerst jede überflüssige Beschäftigung mit Mathematik und Naturwissenschaften abschwören; aber da wurde es mir mit einmal klar, daß ich dies doch nicht könnte, daß ich auch bisher eigentllich nur mit diesen mich beschäftigt habe und jetzt auch auf diese nur mich gefreut, alles andere kam mir schal vor, und die Erkenntnis kam so plötzlich, daß ich am liebsten gleich aufgesprungen wäre und Euch geschrieben hätte, aber ich hielt mich noch ein paar Tage hin und überlegte die Sache hin und her, aber ich komme zu keinem andern Resultat. Ich begreife auch nicht, daß ich nicht früher darüber klar geworden, da ich doch auch hierher mit der besten Absicht kam, Mathematik und naturwissenschafliche Gegenstände zu hören, an Situationszeichnen, Baukonstruktion, Baumaterialien usw. aber gar nicht gedacht hatte, die doch meine Hauptbeschäftigung sein sollten. Es ist auch schade, daß ich nicht schon zu Hause den Gedanken gehabt habe, da man dann doch alles hätte besprechen können und vieles besser einrichten als so, aber was hilft das alles, es ist nun einmal nicht anders. Ich habe mir auch das vorgehalten, was ich mir früher öfters gesagt habe, daß ich lieber ein bedeutender Naturforscher als ein bedeutender Ingenieur, aber lieber ein unbedeutender Ingenieur als ein unbedeutender Naturforscher sein möchte; jetzt, wo ich an der Grenze stehe, denke ich aber, daß doch auch wahr ist, was Schiller sagt: „Und setzet ihr nicht das Leben ein, nie wird euch das Leben gewonnen sein", und daß allzuviel Vorsicht Torheit wäre. Ich verhehle mir auch nicht, daß Ingenieur zu werden wohl zunächst ein sichereres Brot wäre, und der Gedanke tut mir leid, daß ich doch auf diesem Wege viel länger Deine Hilfe, lieber Papa, in Anspruch nehmen müßte wie auf dem an-

that my books are here, I shall go at it in earnest.—I am very pleased with the Polytechnic's equipment, if only they would get started. I have enrolled in rather a lot of courses, which is quite expensive; I have not enrolled at the University and cannot do so, at least not this semester; nor do I see any need for it for the moment, since our natural sciences and mathematics lectures are in part better than theirs and most students attend physics, mathematics, and chemistry lectures here.

1 November 1877

You may be surprised that this letter follows so quickly on the previous one; nor did I mean to write again so soon, but this time it is an important matter that will not brook any long delay. It is a shameful confession for me to make, but out it must: I should like to change horses now, at the last moment, and switch to the natural sciences. In this semester I arrive at the crossroads where I must either devote myself to them completely or take leave of them for good and give up all superfluous dallying with them, if I am not to neglect my proper studies and become a mediocre engineer. When I recently came to realize that while arranging my study plan, moreover realized it beyond shadow of doubt, my first thought was to renounce all unnecessary preoccupation with mathematics and natural science; but then I suddenly realized that I could not bring myself to do it, that I had so far really occupied myself only with these subjects and looked forward to them alone—everything else seemed stale to me—and the realization came upon me so suddenly that I liked to have jumped up and written to you at once, but I held back for a few days and turned it over in my mind; yet I can come to no other result. I cannot understand why I did not realize it before now, for even in coming here it was with the best intention of studying mathematics and the natural sciences and with no thought at all about surveying, building construction, builders' materials, etc., which were supposed to be my main subjects. It is also a pity that the idea did not occur to me while I was at home, for then we could have talked it over and made better arrangements than now; but what's the good of that? it cannot be helped now. I also repeated to myself something I had often thought before, that I would rather be an important scientist than an important engineer, but rather an unimportant engineer than an unimportant scientist; yet now, as I stand on the brink, I think that what Schiller said is also true: "And if you don't dare to stake your life, you never can hope to win the strife,"* and that too much caution would be folly. Nor do I conceal from myself that fact that to become an engineer would assure earlier security and I regret that I shall probably have to depend on your help, dear Papa,

* [From a soldiers' song in Schiller's play *Wallenstein's Camp*.]

dern, aller Voraussicht nach, aber alledem steht das eine gegenüber, daß ich fühle, wie ich mich den Naturwissenschaften doch ganz und mit Begeisterung widmen könnte und mir auch mit ihnen genug geschähe, während ich doch jetzt einsehe, daß das, was man die Ingenieurwissenschaften nennt, mir nicht genügt und ich daher immer nach anderer Beschäftigung suche und, wie mir jetzt scheint, dies auch der Grund ist, weshalb ich so fort und fort von einer Schule zur andern ziehe. Ich hoffe, daß ich mich hierin nicht täusche, denn es wäre eine große und verderbliche Selbsttäuschung; aber das weiß ich gewiß, da ich mich bei den Naturwissenschaften nicht zurücksehnen würde nach den Ingenieurwissenschaften, daß ich aber, wenn ich Ingenieur werde, mich immer nach der Naturwissenschaft sehnen werde, und es scheint mir unerträglich, daß sie mir nur dienen soll, um ein Examen zu machen. Wenn ich zurückdenke, so finde ich auch, daß ich zehnmal mehr Aufmunterung hatte, Naturwissenschaft zu studieren als Ingenieur zu werden, und ob schließlich ich als solcher durch meine vielleicht etwas größere mathematische Bildung einen Vorzug vor andern hätte, ist mir auch zweifelhaft; es scheint mir, als ob schließlich doch viel mehr auf praktischen Sinn, Erfahrung und die Kenntnis von Daten und Formeln, die mich, weil zufällig, nicht interessieren, ankommt, wenigstens für die ersten zehn Jahre der Praxis. Dies alles und vieles andere habe ich weidlich überlegt und werde es auch weiter überlegen, bis ich Antwort von Euch erhalte, und alles in allem komme ich zu dem Resultat, daß es wohl manchen praktischen und handgreiflichen Nutzen hätte, Ingenieur zu werden, aber daß damit doch eine Art Selbstverleugnung und Entsagung verbunden wäre, zu der ich mich nicht zwingen sollte, wenn nicht äußere Gründe mich zwingen. Und so bitte ich Dich, lieber Papa, nicht sowohl um Deinen Rat, als um Deine Entscheidung, denn Rat brauche ich nicht mehr, und es ist auch nicht mehr Zeit, lange zu beraten; aber wenn Du mir sagst, ich solle Naturwissenschaften studieren, so werde ich dies als ein großes Geschenk von Dir annehmen, und was dann Fleiß und Liebe zur Sache tun können, das werden sie tun; und ich glaube auch, Du wirst diese Entscheidung geben; denn einmal hast Du mir noch nie einen Stein in den Weg legen wollen, und zweitens schienst Du es selber manchmal lieber zu sehen, wenn ich Naturwissenschaften studierte; wenn Du es aber für mein Bestes hältst, wenn ich den einmal eingeschlagenen Weg verfolge (was ich jetzt nicht mehr glaube), so werde ich auch dies tun, und zwar ganz und voll, denn ich bin das Zweifeln und Zaudern jetzt satt, und wenn ich so fortfahre wie bisher, so bleibe ich ewig auf dem alten Fleck. Jetzt oder gar nicht, noch mehr Zeit will ich nicht verlieren, die verlorene Zeit reut mich schon genug. Und gib bitte Deine Antwort bald, denn Montag, den 5., fangen die meisten Kollegien an, und viel Zeit ist nicht zu verlieren. Ich glaube, ich weiß doch schon, wie sie ausfällt. Fällt sie aus, wie ich wünsche, so ist der praktische Weg einfach folgender: Ich gehe zu den Professoren und bitte sie, mich aus ihren Inskriptionslisten zu streichen (die amtliche Inskription habe ich noch nicht vollzogen, so daß die ziemlich beträchtlichen Kollegiengelder wenigstens nicht verloren sind), lasse mich auf der Universität immatrikulieren und gehe zum Professor der Physik am Polytech-

much longer along this path than on the other; but all that is outweighed by one thing, that I feel that I can devote myself to the natural sciences completely and enthusiastically and that they will bring me fulfillment, whereas I now realize that what are called the engineering sciences is not enough for me and I am therefore constantly looking for additional occupation; and I now see that is also the reason I am always moving from one school to another. I hope I do not deceive myself in that, for it would be a great and woeful self-deception; but I am sure of one thing, in the natural sciences I shall not yearn to be back in engineering science, whereas if I became an engineer, I would always long for science, and I find it unbearable that it should serve merely to enable me to pass an examination. When I reflect I find I have had ten times the encouragement to study natural science than to become an engineer, and it is doubtful whether as an engineer I would in the end have an advantage over others simply because of my possibly somewhat better grounding in mathematics; it seems to me that, at least for the first ten years in the profession, much more depends in the end on a practical sense, experience, and the knowledge of data and formulas which (since they are incidental) do not interest me. I have carefully considered all that and much else, and will continue to think about it until I receive an answer from you, and all in all I have come to the conclusion that while it might be of some practical and tangible use to become an engineer, it would involve a kind of self-denial and renunciation that I should not force upon myself if external reasons do not do so. And so I am asking, dear Papa, not so much for your advice as for your decision, for I need advice no more, nor is there time left for long deliberation; but if you tell me that I am to study natural science, I shall take it as a great gift from you, and then whatever zeal and devotion can do they will; and I do believe that such will be your decision; first because you have never yet placed an obstacle in my path, and also because you sometimes seemed to prefer to see me studying natural science yourself; however, if you consider it best for me to continue along the road on which I have set out (which I no longer believe at present), I shall do that, too, and do it without reservations, for I have had enough of doubt and hesitation, and if I carry on as before, I shall never advance. Now or never; I do not want to lose any more time, and I regret the time already lost. And please give me your answer soon, because most of the courses begin on Monday, the 5th, and there is not much time to squander. I believe I already know what it will be. If it turns out as I wish, then the practical course is simply as follows: I shall see the Polytechnic professors and ask them to remove my name from their rolls (I have not yet completed the official enrollment procedure, so that I shall at least not forfeit the course fees, which are considerable); I shall matriculate at the University and see the physics professor at the University or at the Polytechnic and ask

nikum oder auf der Universität und bitte sie um Rat, wie ich meine Zeit einteile und welchen Gang ich am besten verfolge. Das andere findet sich dann später. Es ist noch eben Zeit. Also warte ich auf baldige Antwort und werde bis dahin mir selbst noch weiter überlegen.

Als Nachschrift: Ich lese den Brief noch einmal durch, und da finde ich, daß er so kalt klingt und die Gründe, die ich anführe, so grundlos sind gegenüber dem klaren Bewußtsein, das ich habe; nur ist mir dies Bewußtsein so plötzlich gekommen und schwankt noch bisweilen, so daß ich ihm freilich nicht ganz traue, aber es wird mir doch immer deutlicher, und es ist auch nicht Zeit zu zögern, und so geht der Brief doch ab. Ehe ich Antwort erhalte, verstreicht ja noch einige Zeit, in der ich mir die Sache wieder und immer wieder überlegen kann.

7. November 1877

Herzlichen Dank für den erhaltenen Brief und für die darin enthaltene Erlaubnis, ich habe sehr sehnlich auf ihn gewartet und sehr schmerzlich empfunden, wie weit wir doch voneinander getrennt sind, ich erhielt ihn erst gestern morgen, also drei Tage, nachdem er geschrieben war. Meine An- und Absichten haben sich inzwischen nicht geändert, sondern ich werde immer froher darüber, daß ich doch endlich entschieden übergetreten bin, und es kommt mir immer wunderbarer vor, daß ich dies nicht schon früher getan habe. Freilich lag mir jetzt in Hamburg der Gedanke ganz fern, aber es ist damit doch eigentümlich gegangen, über den Kommiß habe ich die bei mir doch noch immer schwebende Frage ganz vergessen und war auch nachher zu froh, überhaupt wieder frei studieren zu können, als daß ich an das *was* so sehr gedacht hätte, und es gehörten verschiedene Zufälle dazu, mich darauf zu bringen, daß ich auch hier wieder mehr Mathematik und Naturwissenschaften zu studieren im Begriff stand, als Ingenieur zu werden. Hätten die Vorlesungen gleich angefangen und hätte ich hier nicht meinen Bekannten aus Dresden getroffen, so hätte ich Mechanik und höhere Mathematik belegt; aber so sah ich, daß ich eben doch auch vieles hören müsse, teils des Wissens, teils der Examina halber, wozu ich auch gar keine Lust hatte, und daß dieser Teil mit jedem Semester zunahm, und mich auch in diesem so beschäftigen würde, daß zu anderem keine Zeit blieb. So kam es plötzlich zum Bruch. Aber jetzt wird es mir immer klarer, daß das jetzt Ergriffene das für meine Neigung einzig Richtige ist und daß ich mich früher getäuscht habe; ich möchte zwar ganz gerne Ingenieur werden, aber auch ganz gerne Buchbinder oder Drechsler oder alles Ordentliche werden, es ist aber doch ein Unterschied zwischen gern und gern. Woher es so gekommen ist, ist schließlich auch gleichgültig, ich bin jetzt froh, daß ich so weit bin und danke Papa von ganzem Herzen dafür, daß er mir so schnell und freundlich seine Erlaubnis gegeben. Ich habe mich dann auch gleich immatrikulieren lassen und bin heute zu dem Professor der Physik hier, Dr. von Jolly, gegangen, um mich ihm vorzustellen und um seinen Rat zu bitten. Er war sehr freundlich und sagte, ich hätte noch nicht viel verloren, er empfahl mir ganz besonders die Mathematik und Mechanik, ganz besonders aber wies er mich auf das häusliche Studium; er

for advice on how I should apportion my time and which program would be best for me to pursue. The rest will come later. There is still time. I await an early answer, and until then I shall continue to think about it myself.

Postscript: I have read the letter over again, and find that it sounds so cold, and that the arguments I advance are so weak in comparison with my own clear awareness; only this awareness came upon me so suddenly and now and then still wavers, so that I do not trust it completely, yet it grows steadily more pronounced, and there is in any case no time for delay, and so this letter must go off. Some time will pass before I receive an answer, and I can think it over and over again.

7 November 1877

Heartfelt thanks for your letter and for the permission contained in it; I waited for it with trepidation and was painfully aware of how far apart we are; I received it only yesterday, three days after it was written. My views and intentions have not changed in the meantime; on the contrary I am more and more glad that I have taken the decisive step at last, and I am more and more astonished that I did not do it long ago. It is true this thought was far from my mind when I was in Hamburg lately, but it developed in a peculiar way: during my military service I quite forgot about this still unresolved question, and afterwards I was so happy to be once more free to study at all to think very much about *what* to study, and it took various chance incidents to bring me to the realization that here in Munich I was again about to study mathematics and natural sciences rather than becoming an engineer. If the lectures had begun earlier, and if I had not met my friend from Dresden, I should have signed up for mechanics and advanced mathematics; but as it was I saw that I should have to enroll in so many courses—partly for the sake of the subject and partly for the examinations—for which I had absolutely no inclination, and that this load would increase with each semester and even this semester would occupy me so much that there would be no time for anything else. So it suddenly came to the breaking point. But now I grow ever more convinced that what I have taken upon myself is the only right thing for my inclinations and that I had deceived myself before; to be sure I should gladly become an engineer, but just as gladly become a bookbinder, a turner, or anything respectable, but there is still a difference between gladly and gladly. How it happened is, after all, unimportant; I am pleased to have come to this point, and I thank Papa with all my heart for giving me his permission so quickly and kindly. Accordingly I enrolled right away at the University, and today I went to the physics professor, Dr. von Jolly, to introduce myself and ask his advice. He was very friendly and said that I had not missed very much; he particularly recommended mathematics and mechanics, but he particularly directed me to study at home; he felt that it would be a waste

meinte, es sei Zeitverlust, wenn ich Integralrechnung an der Universität nochmals hören wollte. Wo mir Kollegien über einzelne Teile der höheren Mathematik gut paßten, sollte ich sie mitnehmen. Besonders aber sollte ich Mathematik und Mechanik sozusagen geschichtlich treiben, das heißt, ich sollte mir die alten berühmten Quellen, Lagrange, Laplace und solche Werke verschaffen und darin studieren. Das war natürlich genau, was ich am liebsten mag. Im übrigen sind meine Hauptkollegien Experimentalphysik und Experimentalchemie, außerdem wohl das eine oder das andere mathematische oder philosophische oder naturwissenschaftliche Kolleg. Ich fragte auch, ob ich am Polytechnikum das physikalische Praktikum mitmachen sollte; er meinte, das sei doch nicht das Rechte, und vertröstete mich auf den Sommer, wo auf der Universität auch ein solches stattfinde. Er ist ein sehr freundlicher Mann und hält einen schönen und interessanten Vortrag; früher habe ich nichts von ihm gehört, was an mir liegen mag. Diesen Winter werde ich mich also ganz besonders der Mathematik in der oben angedeuteten Weise widmen.

13. November 1877

Ich freue mich, daß es Euch gut geht und daß Ihr nicht unzufrieden mit mir seid. Mein Fehler liegt auch viel mehr in der Vergangenheit als in der letzten Änderung, denn ich fühle mich jetzt außerordentlich wohl und zufrieden, und das Studium wird mir wohl immer angenehmer werden. Ich will nachher noch etwas darüber schreiben, zuerst aber Dir auf Deine Fragen wegen der Empfehlungen Antwort geben. Wenn sie so freundlich angeboten werden, wie Du schreibst, so wäre es wohl unrecht, sie auszuschlagen, und man verlöre das Recht, nachher wieder darum zu bitten, und da Du, liebe Mama, es so sehr zu wünschen scheinst, so bin ich gewiß mit Dir einverstanden, zumal es ja auch nur mein Bestes sein soll. Bedürfnis habe ich augenblicklich gerade nicht besonders danach, und der Anfang fällt mir gewiß etwas schwer, aber wenn ich glaube, überhaupt über den Anfang hinauszukommen, so ist es mir selber sehr lieb. Wenn Du mir also Empfehlungen schickst, so bin ich Dir und denen, die sie Dir geben, sehr dankbar dafür und werde sie auch so viel wie möglich benutzen.

Mein Studium hier nun besteht einmal aus den Kollegien, deren nicht allzuviel sind, nämlich täglich außer Sonnabend von 10–11 Physik und von 11–12 Chemie und dreimal die Woche ein mathematisches Kolleg von 2–3, und aus dem Selbststudium. Mein mathematisches Kolleg ist über elliptische Funktionen, d.h. also ein bestimmtes Kapitel der höheren und höchsten Mathematik bei einem neuen Privatdozenten,* wo nur drei Zuhörer da sind. Er liest aber sehr gut und klar, und es ist dies das einzige Kolleg, was aus der wirklich höheren Mathematik hier gegeben wird.

25. November 1877

Um auf Papas Brief zu antworten, sage ich zunächst, daß Papa ganz recht hat und daß ich wirklich schwelge in meiner neuen Beschäftigung und in dem

* Alfred Pringsheim (1850–1941).

of time for me to repeat integral calculus at the University. Wherever courses on specific sections of advanced mathematics suited me, I should take them. Above all I should study mathematics and mechanics historically, that is I should get myself the famous old sources such as Lagrange, Laplace, and similar books and study them. That is of course exactly what I like best. For the rest my main courses are experimental physics and experimental chemistry, and perhaps one course or another in mathematics, or philosophy, or natural science. I also asked whether I should participate in the physics laboratory course at the Polytechnic; he thought that would not be advisable and I had better wait until the summer, when a similar course would be given at the University. He is a very friendly man and gives a beautiful and interesting lecture; I had never heard of him before, but that may be my fault. This winter I shall thus devote myself to mathematics in the manner indicated above.

13 November 1877

I am glad that all is well with you and that you are not ill pleased with me. My mistake lies much more in the past than in the last change, for I feel supremely well and content now, and my studies well surely become ever more pleasing. I want to write more about them later, but first I want to answer your questions about introductions. If they are offered in as friendly a manner as you say, it would be doubtless wrong to refuse them and to lose the right to ask for them later, and since you seem to want it so much, dear Mama, I certainly will not refuse what is meant to benefit me. At the moment I have no special need for it, and the beginning will be difficult, but if I can get over the beginning, I might like it very much. If you send me introductions, I shall receive them gratefully from you and from those who give them to you, and I shall use them as much as possible.

My studies here consist of the following courses, which are not excessive, physics from 10 to 11 and chemistry from 11 to 12 daily except Saturday, a mathematics course three times a week from 2 to 3, and my studies at home besides. My course in mathematics is on elliptical functions, i.e., a specific chapter of higher and highest mathematics with a new *Privatdozent*,* and there are only three students in the class. However, he lectures very well and clearly, and that is the only course in really advanced mathematics given here.

25 November 1877

In answer to Papa's letter, I must say first of all that Papa is quite right and I rejoice in my new activities and in the thought that my studies will not

* Alfred Pringsheim (1850–1941).

Gedanken, daß das Studium nun nicht nach ein paar Jahren aufhört, sondern das ganze Leben fortdauern soll. Freilich ist man nie ganz zufrieden, und so brenne ich denn auch vor Ungeduld, ans Ende des bisher Erreichten zu kommen und von da in ein unbekanntes Land weiterzugehen; aber der Weg ist entsetzlich weit und zum großen Teil derart, daß er auch bei der größten Anstrengung viel Zeit braucht und daß dabei das festina lente nur gar zu sehr gilt. Ich suche jetzt also so viel wie irgend möglich in mich aufzunehmen, und es wird wohl noch eine Weile dauern, ehe ich darüber hinauskomme. Der Stoff ist ganz ungeheuer, und ich amüsiere mich darüber, daß ich früher eigentlich immer die Absicht hatte, das, was ich jetzt treibe, gleichfalls, aber nebenbei zu treiben. Dabei kommen, wenn man weitergeht, immer mehr Fragen und immer weniger Antworten zum Vorschein; denn nur das bereits Erklärte bekommt der Laie zu hören. Aber das ist gerade schön, denn gerade das Aufklären macht Freude, die erklärte Natur kommt mir fast weniger schön vor als die unerklärte. Ich betreibe nun gewissermaßen drei oder vier Dinge, nämlich erstens die Naturwissenschaften selbst, indem ich in die Kollegien gehe, zweitens Mathematik, indem ich Lagrange lese und das Kolleg über elliptische Funktionen höre, drittens Mathematik geschichtlich und viertens allgemeine Naturgeschichte, letztere gewissermaßen zur Erholung. Morgens von 8–10 arbeite ich also in dem Lesezimmer im Lagrange (oder auch gelegentlich in einem anderen mathematischen Buche, denn Lagrange ist entsetzlich abstrakt, und immer ist man nicht dazu aufgelegt und kann sich auch nicht dazu zwingen), von 10–1 oder 10–3 ist dann meine Kollegienzeit mit Essen und einigen Wegen, von 2–4 resp. 3–4 treibe ich dann auf dem Lesezimmer Zoologie, Botanik, Mineralogie oder suche mir wenigstens einen Überblick darüber zu verschaffen. Mineralogie ist natürlich später noch ausführlich zu treiben. Dann mache ich gewöhnlich einen 1–2stündigen Spaziergang im Englischen Garten (was Mama angenehm sein wird), gehe dann nach Hause, wo ich bleibe und auch zu Mittag esse. Hier studiere ich die Geschichte der Mathematik besonders aus Montucla (1800) das ein dickes Buch von vier Bänden ist, aber wunderschön geschrieben und fast ohne Anstrengung zu lesen, dabei ausführlich und kritisch, soweit ich es beurteilen kann, ganz vorzüglich*. Ich habe auch zwei neuere Bücher, nämlich alles, was es darüber gibt, aber es sind fast nur Auszüge aus jenem. Bei diesem Studium habe ich den Zweck, die einzelnen Teile der jetzigen Mathematik in ihrem Zusammenhang verstehen zu lernen, denn es gibt, soviel ich weiß, kein Buch, welches einen Überblick über ihren jetzigen Zustand gewährte, sondern alle Teile liegen zerstreut in allen möglichen Journalen, so daß es unmöglich scheint, anders sich darin zurechtzufinden, als wenn man von der Quelle ausgeht. Die ganze neue Mathematik (seit etwa 1830) hat, glaube ich, für den Physiker auch keinen großen Wert, so schön sie an sich sein mag, denn sie scheint mir so abstrakt, wenigstens einzelne Teile, daß sie mit den Dingen nichts mehr gemein hat, z.B. die antieuklidische Geometrie, die von der Annahme ausgeht, die Winkel im Dreieck

* Jean Etienne Montucla (1725–1799).

now come to an end in a few years, but should continue all my life. Naturally, one is never quite content, and so I am burning with impatience to reach the frontier of what is already known and to go on exploring into unknown territory; but the road is terribly long and for the most part of such a nature that, even with the greatest efforts, it demands a lot of time and *festina lente* [make haste slowly] applies all too well. Just now I am trying to absorb as much as possible, and it will surely take a while before I am past this stage. The material is immense and I now think it funny that I actually intended to study all this in addition to my regular program. As one goes on, more and more questions arise and fewer answers; for the layman only hears about what is already understood. But that is the beauty of it, for discovery brings joy, nature explained seems almost less beautiful than the unexplained. I am now working as it were on three or four things: first, natural science itself by attending lectures; second, mathematics by reading Lagrange and attending the course on elliptical functions; third, a historical approach to mathematics; and fourth, general natural science—the last in part for relaxation. Thus in the morning from 8 to 10 I study Lagrange in the reading room (or sometimes another mathematics text, for Lagrange is dreadfully abstract, not always suited to my mood and not to be forced on one); the time from 10 to 1, or 10 to 3, is occupied with my courses, eating, and various errands; from 2 to 4 (or 3 to 4) I am in the reading room, studying zoology, botany, mineralogy, or trying at least to obtain a broad knowledge of these fields. A more serious study of mineralogy is left for later. Then I usually take a stroll for an hour or two in the English Garden (which will please Mama); then I return home to stay and also for luncheon. Here I study the history of mathematics, particularly in Montucla (1800), a thick book in four volumes, beautifully written, almost effortless reading, yet detailed and critical, as far as I can judge, quite extraordinary.* I also have two newer books, all that is available on the subject, but these are almost mere excerpts from the other. My purpose in this study is to gain an understanding of the several parts of modern mathematics in their relationship to each other, for as far as I know there is no book that would give a survey of the present state of affairs; rather, everything is scattered in all sorts of journals, so that it seems impossible to get anywhere except by going back to the source. The entire new mathematics (from about 1830 on) is, I think, of no great value to the physicist, however beautiful it might be intrinsically, for I find it so abstract, at least in parts, that it no longer has anything in common with reality; for instance, the non-Euclidean geometry, which is based on the assumption that the sum of the angles in a triangle need

* Jean Etienne Montucla (1725-1799).

könnten auch mal nicht = 2 R sein, dann die Geometrie, die vom Raum mit vier, fünf und mehr Dimensionen handelt usw. Schon die elliptischen Funktionen sind, glaube ich, für die Anwendung wertlos. Vielleicht irre ich mich aber. Mit meinen neuen Studiengenossen bin ich nur sehr oberflächlich in Berührung gekommen, so daß ich nicht über sie urteilen kann; ich dachte anfangs einmal in den mathematischen Verein zu gehen, aber es macht mir keinen besonderen Eindruck, daß kein Mitglied des Vereins elliptische Funktionen hört, welches das einzige Kolleg aus der höheren Mathematik ist, das hier gelesen wird. Papa bietet mir wieder so freundlich Empfehlungen an, aber ich habe wirklich kein großes Bedürfnis danach und möchte jedenfalls erst mal sehen, wie es mit dieser glückt. Ich will auch noch schreiben, daß mir jetzt hundert Experimente einfallen, die ich gerne machen möchte, und ich freue mich schon jetzt wieder auf das entlegene Nachhausekommen in den großen Ferien, wo sich dann die Drechselbank wieder in rasche Umdrehungen versetzt sehen wird. Rudolf ist vielleicht so gut, gelegentlich ein bißchen Öl auf die Lager zu gießen, daß sie nicht einrostet: So geht es; ehe ich fortging, sollte schon alles verschenkt werden!

3. Dezember 1877

Eine gute Petroleumlampe war mit das erste, das ich mir gekauft habe, denn Gas hat man nirgends in so einzelnen Zimmern und bei Kerzenlicht zu arbeiten, der Gedanke kommt einem heutzutage schon etwas komisch vor. Im übrigen, da Ihr so freundlich nach meinen Wünschen fragt, so ist mein Hauptwunsch Wüllners Experimentalphysik, ein ziemlich dickes Buch, aber leider kann ich mich nicht damit überraschen lassen, denn während es im Buchhandel 42 Mark kostet, haben Studierende gegen Bescheinigung des Professors eine Ermäßigung auf 29 Mark, aber ein schönes Geschenk ist es doch. Weiter weiß ich bis jetzt nichts, aber Du weißt ja, liebe Mama, wie ich darüber denke und wie leid es mir wäre, wenn Du aus übergroßer Liebe Dir den Kopf zerbrichst, womit Du mich überraschen könntest. Ich habe ja alles, was ich brauche, also tue es lieber nicht. Übrigens kommt mir vielleicht noch ein Wunsch, und wenn nicht sehr viele Wünsche kommen, so liegt das ja nur daran, daß ich mit der Erfüllung derselben nicht bis zu Weihnachten zu warten brauche, sondern daß Ihr uns gebt, wann wir auch wünschen. Was Du über den Umgang mit anderen schreibst, ist ganz richtig, und Du mußt nicht denken, daß mir derselbe als notwendiges Übel erscheint, wie Du schreibst, aber jetzt habe ich gar keine Lust dazu und fühle mich sehr wohl allein, es kommt schon wieder eine Zeit, wo mir die Arbeit nicht so zusagt, und dann werde ich wieder den Umgang suchen; jetzt kommt es mir vor, als hätte ich sehr viel nachzuholen, und mir ist wirklich jeder Nachmittag kostbar.

19. Dezember 1877

Ein Tag vergeht wie der andere, aber ich fühle mich sehr wohl und zufrieden dabei; zuweilen vergesse ich sogar den Tag und bin schon an die Universität gegangen an Tagen, wo gar kein Kolleg war, aber das zeigt ja am deutlichsten, daß ich mich wohl fühle, und ist ein rechter Gegensatz gegen die Zeit im

not be always equal to 2 right angles, or the geometry dealing with space of four, five, or more dimensions, etc. Even the elliptical functions are, I think, of no practical value. But perhaps I am mistaken. I have come into only superficial contact with my new fellow students, so that I cannot judge them; at first I considered joining the Mathematics Club, but it did not impress me favorably that not a single member attends the course on elliptical functions, the only course in higher mathematics here. Papa again kindly offers introductions, but I really have no great use for them and would anyway first like to see what luck I shall have with this one. Let me add that ideas for a hundred experiments I should like to undertake now occur to me, and I already look forward with pleasure to the distant homecoming in the long vacation, when the turner's lathe will really turn again. Perhaps Rudolf would be kind enough to squirt a little oil on the bearings, so that they will not grow rusty: That's the way it goes; everything was almost given away before I left!

3 December 1877

A good kerosene lamp was one of the first things I bought, for gas is not to be had in these single rooms, and working by candlelight does seem a bit eccentric in this day and age. Otherwise, since you ask so kindly about my wishes, my main wish is for Wüllner's *Experimental Physics*, a rather thick book, but unfortunately I cannot allow you to surprise me with it, for whereas it costs 42 Marks in bookstores, students get a reduction to 29 Marks with the professor's certification—but it would be a fine present nonetheless. I can't think of anything else right now, but you already know, dear Mama, how I feel about that, and how sorry I should be if in an excess of devotion you were to rack your brains to find something to surprise me with. Please do not do that, for I have all I need. Besides, some wish may yet come to me, and if there are not very many wishes it is only because I need not wait until Christmas for their fulfillment, since you give us our wishes whenever we ask. What you say about contact with other people is quite right, and you must not think that I regard it as a necessary evil (as you say), but right now I have no desire for it at all and feel very comfortable alone; a time will come again when my work will not please me so much, and then I shall once more look for company; right now, I feel I have to do a great deal of catching up and every afternoon is really precious to me.

19 December 1877

One day passes like another, but I feel very comfortable and content with that; sometimes I even forget what day it is, and I have even gone to the University on days when there was no lecture, but that is the clearest sign that I feel happy and a real contrast to the time in August and September when

August und September, wo ich jeden Tag viermal nach dem Kalender sah. Daß Weihnachten schon so nahe ist, ist mir unbegreiflich; mir ist, als sei ich erst in paar Tage hier, und die Zeit geht viel zu schnell für die große Menge dessen, was man lernen sollte.

22. Dezember 1877

Ich fühle mich sehr wohl in meinem Studium und bin ziemlich eifrig dabei; jetzt haben die Ferien begonnen, die natürlich, wie alle Universitätsferien, ziemlich weit ausgedehnt werden. Ich habe mich indessen ziemlich gut mit Büchern versorgt und laufe also keine Gefahr, mich zu langweilen, auch bietet ja die Stadt viel, und ich werde auch die Zeit benutzen, meine Bekannten mehr aufzusuchen, da ich sonst am Ende auf meiner Stube einfröre. Es ist hier nämlich bitter kalt seit einiger Zeit, was den Vorteil hat, neben manchen Nachteilen, daß im Englischen Garten eine ziemlich gute Schlittschuhbahn entsteht, die ich auch benutzen werde.

26. Dezember 1877

Mir ist es zu Weihnachten besser gegangen, als ich gedacht hatte, denn ich war doch etwas trübselig in dem Gedanken, den Abend entweder mit Bekannten, die mir nicht besonders zusagen, oder allein auf meinem Zimmer zuzubringen, aber Frau Förster war so freundlich, mich einzuladen, und so ging ich zu ihnen und hatte doch einen Tannenbaum und fühlte mich behaglich. Hier hat die Empfehlung doch schon gute Früchte getragen, und ich dachte auch daran und war Dir dankbar, liebe Mama, daß Du mich dazu gebracht hast. Ich muß übrigens die Vermutung und den Vorwurf ablehnen, als stände ich auf dem besten Wege, ein sogenannter Bücherwurm zu werden. Die Bücher sind mir durchaus nicht das Höchste, aber wenn man auch vieles nicht aus den Büchern lernen kann, so kann man vieles auch nicht anders als aus den Büchern lernen, und ich benutze die Zeit, wo nichts mich abhält vom Studium und wo ich sozusagen allein bin mit meinen Büchern, um aus ihnen zu lernen; hätte ich Menschen um mich, von denen ich mehr erfahren könnte als aus den Büchern, so würde ich diese in die Ecke werfen. Dann ist auch nicht das Lesen selbst mein Zweck, sondern das, was in den Büchern enthalten ist, und ich muß aus ihnen die Anregung zu eigenem Nachdenken nehmen, die ich anderswo jetzt nicht finde; ich hoffe selbst, daß dies nicht immer so bleiben wird.

13. Januar 1878

Wenn ich die Bücher nenne, in denen ich studiere, so kann es scheinen, als ob ich gar nicht weiterkomme, denn es sind meistens noch die alten. Aber sie sind viel zu dickleibig, als daß man sie so auf einmal durchlesen könnte, und so rücke ich langsam in ihnen weiter, habe mich aber außerdem schon auf dem Lesezimmer oder anderweitig in vielen kleineren und weniger

I looked at the calendar four times a day. It seems incredible to me that Christmas is nearly here; I feel as if I have been here only a few days, and time passes much too quickly for the great amount of material that has to be learned.

22 December 1877

I am very happy with my studies and keep them up with zeal; the vacation has just begun, and like all university vacations is likely to be rather prolonged, yet I have supplied myself with plenty of books and so shall be in no danger of being bored; besides the city has much to offer, and I shall also use the time to see more of my acquaintances, else I might end up frozen in my room. It has been terribly cold here for some time, which has the advantage, apart from several disadvantages, that a rather good skating rink has been set up in the English Garden, of which I shall avail myself.

26 December 1877

I had a better time at Christmas than I had expected, for I was rather depressed at the thought of spending that evening either with acquaintances for whom I had no special liking or alone in my room, but Frau Förster was kind enough to invite me; and so I went to their house and had a Christmas tree and felt comfortable after all. Here the introduction has already borne good fruit, and I thought about that and was grateful to you, dear Mama, for pushing me to it. By the way, I must refute the suspicion and reproach that I am well on the way to becoming a so-called bookworm. Books are by no means the most important thing for me, but although there is much that cannot be learned from books, there is also much that can be learned no other way, and I use the time when nothing keeps me from my studies and I am, so to speak, alone with my books, to learn from them; if I had people about me from whom I could learn more than from the books, I would throw them into a corner. Nor is reading itself my object, but rather what the books tell me; they must provide the stimulus for my own thought, which I do not find anywhere else right now; I myself hope that this will not always remain so.

13 January 1878

If I list the books from which I am studying, it may seem that I make no progress at all, for they remain mostly the same. But they are much too thick to be read through in one go, and so I am slowly making my way through them; moreover I have looked through many smaller and less important books in the reading room and elsewhere. The most important books are Montucla's

wichtigen umgesehen. Die Hauptbücher sind Montuclas Histoire des mathématiques und Lagranges Mécanique analytique, außerdem eine bedeutend leichtere Mechanik von Poisson. Ich meine aber nicht, daß ich die meiste Zeit in diesen lese, sondern sie sind nur gewissermaßen der Faden, an den sich die andern Bücher anreihen. Ich treibe besonders sehr viel Mathematik, teils aus den Werken von Lagrange, teils aus anderen Büchern. So habe ich mich in Anschluß an Lagrange mit Variationsrechnung, in Anschluß an mein Kolleg über elliptische Funktionen mit der Theorie der Funktionen komplexer Variabeln beschäftigen müssen. Ich habe auch, glaube ich, das schon erreicht, daß ich wenigstens von jedem Gebiet der Mathematik eine Ahnung habe, womit es sich beschäftigt, so daß mir kein ganz fremdes unerhörtes Wort mehr aufstößt; das war mir früher immer besonders schrecklich, wenn ich merkte, es gibt Teile der Mathematik, von welchen ich noch nie etwas gehört hatte, so daß ich auch nicht wußte, wieviel solcher Teile es noch gibt. Sehr viel Zeit verliere ich auch durch eigenes Probieren, indem ich für die Aufgaben einfachere Lösungen und für die Sätze einfachere Beweise suche, und wenn ich dann solche finde, so finde ich sie gewöhnlich ein paar Tage darauf auch schon in irgendeinem Buche, so daß ich ruhig hätte weiterlesen können; ich kann mich dessen aber nicht enthalten, und es wird mir auch der Sinn vieler Sätze und ihrer Beweise dadurch bedeutend klarer. Dann brauche ich auch viel Zeit, um über die Sachen selbst nachzudenken, und gerade die Prinzipien der Mechanik, wie schon die Worte: Kraft, Zeit, Raum, Bewegung sagen, können einen hart genug beschäftigen, ebenso in der Mathematik die Bedeutung der imaginären Größen, des unendlich Kleinen und Großen und ähnliches. Wenn ich nur lesen wollte, ohne über alles dies nachzudenken, könnte ich freilich viel mehr lesen, aber einmal ist mir dies nicht möglich, und dann denke ich, muß ich mir selbst auch Studienfreiheit gewähren, da ich ja jetzt so glücklich bin, nicht mehr für ein Examen zu „ochsen".

21. Januar 1878

Meine Arbeiten kommen langsam weiter, und acht Tage sind herum, ehe ich es gemerkt habe; ich will jetzt übrigens doch mit dem, was ich noch vorhabe, sozusagen aufräumen, um an Weiteres zu gehen. Ich denke dann in Laplaces Mécanique céleste zu lesen (das ganze Werk von ungefähr 10 Bänden kann man natürlich nicht durcharbeiten) und mich im übrigen mehr der Physik zu nähern. Ich habe dabei zwar auch noch verschiedene Teile der Mathematik, z.B. ziemlich wichtig Wahrscheinlichkeitsrechnung, und dergleichen vor, was ich mitnehmen muß. Es ist immerhin ein weiter Weg, aber um so vorteilhafter wird es sein, wenn ich ihn erst hinter mir habe, und ich will ihn in diesem Semester hinter mich bekommen, um dann um so mehr Zeit auf das physikalische Praktikum wenden zu können, von dem ich viel hoffe, denn dies viele Lesen ist zwar gut und notwendig, aber man wird doch auch satt davon. Im übrigen habe ich eigentlich gar nichts zu erzählen, denn außer daß ich gearbeitet habe, habe ich sonst nur gegessen und geschlafen und bin spazierengegangen, wie ich zu Mamas Beruhigung sagen muß, bisweilen gehe ich auch ins Theater.

Histoire des mathématiques and Lagrange's *Mécanique analytique*, and besides them a significantly easier mechanics text by Poisson. However, I do not mean to say that I read these books most of the time, but they are as it were the thread on which the other books are strung. I am concentrating on mathematics, partly in the works of Lagrange and partly in other books. Thus I have had to pay attention to the calculus of variations in connection with Lagrange and to the theory of the functions of complex variables in connection with my course on elliptical functions. I believe I have already reached the stage where I have at least an inkling of each area of mathematics and what it contains, so that I no longer get stuck on any completely strange, unheard-of words, I used to find it quite frightening to discover that there were parts of mathematics of which I had never heard so that I did not even know how many such parts there might still be. I sometimes waste time over my attempts, searching for simpler solutions of the problems and simpler proofs of the theorems, and then when I succeed I usually find the same in one book or another a few days later, so that I might as well have read on; but I cannot stop myself from doing it, and the meaning of many theorems and their proofs becomes considerably clearer to me in this way. Then, too, I need much time to ponder over matters myself, and particularly the principles of mechanics (as the very words: force, time, motion indicate) can occupy one sufficiently; likewise, in mathematics, the meaning of imaginary quantities, of the infinitesimally small and infinitely large and similar matters. If I only wanted to read without turning it over in my mind, I could read much more, of course, but first that is impossible for me, and then I think that I must grant myself freedom in my studies since I am now in the happy position of no longer having to "cram" for examinations.

21 January 1878

My work is progressing slowly, and a week has gone by before I knew it; now I must so to speak clear away what I still mean to do, in order to go on to other things. Then I intend to read Laplace's *Mécanique céleste* (of course it would be impossible to work one's way through the entire work of about 10 volumes) and generally come closer to physics. However, I still have to pursue various parts of mathematics as well, e.g., the rather important theory of probability and similar subjects that I have to take. There is still a long way to go, but I shall reap the benefit once I have it behind me and can give that much more time to experimental physics, for which I have great hopes, because although all this reading is good and necessary, one can have too much of it. Otherwise I really have nothing to relate, for aside from working, I have only been eating and sleeping and taking walks, which I must report for Mama's reassurance; now and then I also go to the theater.

27. Januar 1878

Man kommt hier ziemlich gut aus mit dem Geld, denn ich war in diesen beiden Monaten recht oft im Theater und habe mir ziemlich viel Bücher angeschafft, um Weihnachten z.B. für 10 Mark Newtons Opuscula (von 1744) in drei Bänden, die als Prachtbände zu bezeichnen sind, da sie ganz in Leder sind, und die mir (nicht bloß des Einbandes wegen) viele Freude gemacht haben. Newtons beide Hauptwerke sind zwar nicht dabei, aber ein großer Teil seines Briefwechsels mit Leibniz und anderen, über die Erfindung der Differentialrechnung, seine Vorlesungen über Optik, kurzum so viel Interessantes, als man nur wünschen kann. Der entbehrlichste Teil, aber gewissermaßen der merkwürdigste ist der dritte, seine opuscula philologica enthaltend, nämlich Auslegungen der Offenbarung, Beschreibung des Tempels von Jerusalem (mit vielen Plänen), dann auch Chroniken, die manchmal sehr naiv sind, z. B. in folgendem Datum:

„1030 Ceres, mulier Sicula, quaerens filiam, quae rapta fuerat, venit in Atticam et docuit Graecos serere triticum, ob quod beneficium post mortem relata fuit inter deos."

Und in diesem Stil weiter. Man sieht aber aus diesem Band, daß Newton in den alten Schriftstellern und besonders in der Bibel sehr belesen gewesen sein muß. Was das mathematische Kolleg anlangt, so ist jetzt die Schülerzahl auf 5 angeschwollen; ich glaube aber, es werden sich in den nächsten Jahren mehr einfinden, denn der Dozent* scheint in seinem Fache sehr sicher und hat einen angenehmen Vortrag; er kommt freilich meistens spät, so daß aus einer Stunde meist eine halbe wird (wie es sich ja auch für akademischen Gebrauch schickt), dann saust es aber auch, und es ist in der Tat nichts interessanter als ein schnell fortschreitendes mathematisches Kolleg und nichts unausstehlicher als ein langsames, wenn der Professor mit großer Geduld die Tafel von oben bis unten voll Ziffern schreibt, sich dabei verrechnet usw. Der Gegenstand seines Vortrags ist aber auch ganz außerordentlich interessant, wenn auch nicht leicht näher zu beschreiben. Es geht nämlich meistens über unendlich viele, unendlich kleine imaginäre Größen her. Ein Verhältnis zwischen ihm und uns stellt sich nur so weit her, als wir aufstehen und fragen, wenn uns etwas nicht klar ist, oder ihn auf Fehler in der Rechnung aufmerksam machen, daß überhaupt bei der kleinen Schülerzahl ein ungenierterer Ton herrscht, im übrigen nicht. Mit den anderen unterhalte ich mich vor der Vorlesung wohl oder wenn ich sie zufällig treffe, sonst suche ich sie nicht auf, und ich entbehre auch nicht viel dabei. Ich gehe in diese Vorlesung am liebsten, da ich am meisten dabei lerne; in die anderen gehe ich zwar auch gern wegen der Experimente, aber im ganzen bieten sie mir wenig Neues, und der Physikvortrag ist mir etwas gar zu elementar (natürlich, da er ja auch für Mediziner und Juristen berechnet sein soll); ehe der Professor einen Sinus in die Rechnung bringt, setzt er erst die Grundzüge der Trigonometrie auseinander. Ab-

* Alfred Pringsheim.

27 January 1878

Money goes quite far here, for in the last two months I have been to the theater quite often and have acquired a number of books; at Christmas, for example, I bought Newton's *Opuscula* (1744) for 10 Marks, three volumes magnificently bound all in leather, which have given me much pleasure (and not just because of the binding). Newton's two main works are not included, but there is a large part of his correspondence with Leibniz and others, about the invention of differential calculus, his lectures on optics, in short as much interesting material as one could wish for. The most expendable part, but in a way the most extraordinary, is the third, which contains his *opuscula philologica,* interpretations of revelation, description of the temple in Jerusalem (with many maps), then also chronicles, which are sometimes very naive, e.g., the following entry:

*"1030, Ceres, mulier Sicula, quarens filiam, quae rapta fuerat, venit in Atticam et docuit Graecos serere triticum, ob quod beneficium post mortem relata fuit inter deos."**

And so on, in the same style. However, it is obvious from this volume that Newton must have been very well read in the classics and especially in the Bible. As for my mathematics course, the number of students has swelled to 5; but I believe that more will turn up in the years to come, for the *Dozent*** seems to be very well versed in his field and his presentation is very pleasant; of course he is generally late, so that the 'hour' shrinks to half an hour (as customary in academic practice), but then he rushes along, and there is indeed nothing more interesting than a fast-paced mathematics lecture, and nothing more unbearable than a slow one where the professor very patiently fills the blackboard from top to bottom with numbers, blundering in the process, etc. The subject of his lectures is really quite unusually interesting, although not easy to describe in detail. It deals mostly with an infinite number of infinitesimal imaginary quantities. A relationship between him and us is established only to the extent that we stand up to put a question when something is not clear to us or to draw his attention to errors in calculation, so that a note of informality prevails in a small class, but not at all otherwise. I do talk to the others before the lectures or if I happen to meet them, but otherwise I do not seek them out, nor do I lose much by it. I like these lectures best because I learn from them; I also like going to the others, because of the experiments, but on the whole they offer little that is new to me and the physics lectures are really too elementary for me (as might be expected, since they are meant for medical and law students as well); before the professor introduces a sine into the calculation, he first explains the basic principles of

* ["1030, Ceres, a Sicilian woman searching for her daughter, who had been abducted, came to Attica and taught the Greeks how to sow wheat, for which good deed she was removed among the gods after her death."]

** Alfred Pringsheim.

gesehen von den mathematischen Entwicklungen, lerne ich indessen auch hier genug, da es sehr lange her ist, daß ich die Physik im Zusammenhange gehört habe und ich daher vieles vergessen habe. Es ist kein gewaltiger Unterschied zwischen dem, was bei Dr. Lange gelehrt wurde, und dem, was hier vorgetragen wird, wenigstens was die Menge des Stoffes und die Tatsachen anlangt. Ich habe mir gestern auch den ersten Teil von Laplaces Mécanique céleste geholt „du citoyen la Place", wie es in Montuclas Geschichte (1802) heißt, nachdem ich die Mechanik „du citoyen la Grange" zurückgebracht habe.

4. Februar 1878

Ich habe in der letzten Zeit ziemlich viel auf dem Lesezimmer in den ersten Bänden der Leipziger Acta eruditorum von 1682 an geblättert, worin sich außerordentlich viel Interessantes findet, besonders die Arbeiten Leibnizens, so die ersten Aufsätze über Differentialrechnung, welche die Erfindung selbst enthalten. Es macht einem einen besonderen Eindruck, wenn man die sehr unscheinbaren Knospen sieht, aus denen sich die ganze Wissenschaft entfaltete, den unbehilflichen Druck und die sehr unausgebildete Zeichensprache. Auch wenn man bedenkt, daß das, was einem jetzt wie das Stammeln eines Kindes vorkommt, seinerzeit nur den ersten Gelehrten verständlich war. Da die Akten zum größten Teil eine fortlaufende Kritik aller neu erschienenen, bedeutenderen Bücher bilden, so bekommt man zugleich einen anziehenden Einblick in den Stand der damaligen Wissenschaft und Anschauungen. Sehr ergötzlich sind dann wieder die noch mit unterlaufenden scholastischen Bücher, so die Physik eines Jesuiten, in denen er alle Fragen beantwortet, bis auf einzelne, die er dem Scharfsinn des Lesers überläßt, darunter folgende: was ein größeres Wunder sei, eine Mücke von einer Elle Größe oder ein Walfisch von 1000? num detur realiter (!) culex, deren einer Flügel die ganze Erde bedecken kann? Ob es eine solche Kälte gäbe, daß die Wörter zusammenfrieren? Ob Eva die Tochter oder Schwester des Adam genannt werden müßte usw. Dann wieder Bücher, in denen die Wirklichkein der Hexerei nachgewiesen wird, sehr viele theologische Bücher, dazwischen dann aber immer die Spuren der neuen Wissenschaft, und zwar die glänzendsten Entdeckungen. Es tut mir wirklich manchmal leid, daß ich nicht damals gelebt habe, wo es noch so viel Neues gab; es gibt zwar auch jetzt genug Unbekanntes, aber ich glaube nicht, daß noch jetzt leicht etwas gefunden werden kann, was so umgestaltend auf die ganze Anschauungsweise einwirken kann wie in jener Zeit, wo Teleskop und Mikroskop noch neu waren. Indessen mag dies Gefühl auch teilweise ein falsches sein, ganz ohne Recht ist es aber, glaube ich, nicht. Ich weiß nicht, ob Euch diese Erzählungen aus dem, was ich gelesen, interessieren; Mama hörte wohl etwas anderes lieber, aber ich möchte Euch doch gerne etwas schreiben, und ohne dies könnten meine Briefe nur sehr kurz sein; denn augenblicklich ist für mich das, was ich lese, ziemlich identisch mit dem, was ich erlebe.

trigonometry. However, apart from the mathematical derivations, I am learning enough there, too, for it has been a long time since I attended a general physics course, and I have therefore forgotten a great deal. There is no great difference between what was taught at Dr. Lange's school and the content of the lectures here, at least as far as the quantity of material and the facts are concerned. Yesterday I also took out the first volume of Laplace's *Mécanique céleste* "by citizen la Place" as Montucla says in his history, after returning the *Mechanics* "by citizen la Grange."

4 February 1878

Recently I have been frequently in the reading room, leafing through the first volumes of the Leipzig *Acta eruditorum* of 1682, in which there is an extraordinary amount of interesting material, especially papers by Leibniz, for instance the first essays on differential calculus containing the invention itself. It is particularly impressive to see the inconspicuous buds from which all science has unfolded, to see the clumsy print and the undeveloped symbolism. Just think that what now seems like the babbling of a child was once comprehensible only to the foremost scholars. Since the *Acta* comprise in large measure a continuing review of the more important newly published books, they also give an attractive insight into the state of science and philosophy of the day. Then again, the scholastic books that still slip in are very diverting, as for instance a Jesuit's book on physics, in which he answers all questions except for a few that he leaves to the ingenuity of the reader, including the following: what would be a greater miracle—a gnat one yard long, or a whale 1000 yards long? *num detur realiter* (!) *culex* [could there really be a gnat] whose one wing could cover the whole earth? Could there be a cold so great that words would freeze together? Should Eve be called the daughter or the sister of Adam, etc. Then again, books in which the reality of witchcraft is proved, a great many theological books, yet mixed in with all that there are always the footprints of the new science, moreover the most brilliant discoveries. Sometimes I really regret that I did not live in those days, when there was still so much that was new; to be sure enough is yet unknown, but I do not think that it will be possible to discover anything nowadays that would lead us to revise our entire outlook as radically as was possible in the days when the telescope and the microscope were still new. Although this feeling may be to some extent wrong, I do not believe that it is completely unjustified. I do not know whether you are interested in these stories picked out of what I have been reading; Mama would certainly prefer to hear something else, but I do want something to write you, and without these tales my letters would be very short indeed, because at the moment what I read is pretty much my life.

15. Februar 1878

Ich arbeite in derselben Weise weiter, bedenke aber jetzt auch schon das Ende, denn vier Wochen laufen mir herum wie gar nichts. So bin ich kürzlich mit dem Montucla fertig geworden, der 4 dicke Quartbände besitzt, und obgleich ich besonders die ersten beiden Teile mit großem Interesse gelesen habe, die die Geschichte der Mathematik bis zum Anfang des 18. Jahrhunderts enthalten, so fiel mir doch ein Stein vom Herzen, wie ich fertig war. Den letzten Band habe ich eigentlich auch nur durchgesehen, Montucla selbst hat nämlich das Ganze auch nicht fertiggebracht, sondern die beiden letzten Bände sind nach seinen Papieren besonders von Lalande herausgegeben und daher leider nicht so schön klar und geordnet wie die ersten. Für den Rest des Semesters gedenke ich mich besonders noch mit Laplace, Mécanique céleste zu beschäftigen, außer kleineren Büchern. Dieselbe ist trotz des schwierigen Gegenstandes durchaus nicht besonders schwer zu verstehen, wegen der großen Deutlichkeit, deren sich Laplace befleißigt; es ist aber freilich ganz anders, als ich es mir vordem vorgestellt habe. Es sind nämlich von vorn bis hinten nichts als Rechnungen, und für den Uneingeweihten ist ein Rechenbuch, in welchem sich recht viele Integral- und Differentialzeichen finden, geradeso schön wie dies erhabene Werk. Ich selbst verstehe zwar genug von der höheren Mathematik, um zu sehen, wie geschickt und geistreich Laplaces Methoden sind, und um die Richtigkeit der Formeln einzusehen, dagegen zu wenig von der praktischen Astronomie, um ihren Zweck und Anwendung zu wissen; ich habe aber bisher nur den ersten Band, in welchem die allgemeinen Gesetze für die Bewegung der himmlischen Körper gegeben werden, und habe mir einen der folgenden bestellt, in welchem Laplace die numerischen Anwendungen gibt, vielleicht wird mir daraus vieles klarer werden.

24. Februar 1878

Eure Briefe und die der Geschwister haben mir herzliche Freude gemacht, ebenso die schöne Torte, desgleichen endlich die Bewilligung, nach Hause zu kommen. Ich freue mich jetzt schon sehr darauf, und wenn Mama mir gar schreibt, ich habe ihr damit eine wahre Freude gemacht, so ist mir das natürlich doppelt angenehm, aber ich muß sagen, Ihr macht es mir auf diese Weise zu leicht, Euch eine Freude zu machen. Im übrigen geht es mir sehr gut, man muß sich wohlfühlen bei dem herrlichen Frühlingswetter, das jetzt hier eingetreten ist. Ich gehe jetzt nicht mehr weiter in meinen Studien, sondern fange an, das, was ich gehört und selbst gearbeitet habe, zu repetieren; das Semester läuft ungeheuer rasch herunter; Anfang März sind hier ohnehin noch ein paar Tage Ferien. Die Professoren fangen an, sich mit ihren Vorträgen zu sputen, um zu Ende zu kommen, der Professor der Chemie nimmt 3–4 Metalle in einer Vorlesung durch, die Bänke werden auch allgemach leerer, schon des schönen Wetters halber, kurz, das Ganze macht (schon jetzt!) den Eindruck des zum Untergang eilenden Orion. Auf dies schöne Bild komme ich, weil ich zufällig neulich bei einem Bekannten ein Exemplar von der schönen

15 February 1878

I keep on working in the same way, but beginning to look forward to the end as well, because a month goes by like nothing. I recently finished with Montucla, four thick quarto volumes, and even though I concerned myself mainly with the first two parts, containing the history of mathematics to the beginning of the 18th century, it was a load off my mind when I had finished. I really only skimmed the last volume, for Montucla himself did not get the whole thing done either; the last two volumes were published from his papers, particularly by Lalande, and are thus not as beautifully clear and orderly as the first two. For the rest of the semester I intend to occupy myself mainly with Laplace's *Mécanique céleste* besides some shorter books. Despite the difficult subject, this work is by no means particularly hard to understand because of Laplace's devotion to great clarity of expression; certainly it is quite different from what I had expected. For it contains nothing but calculations from beginning to end, and for the uninitiated a textbook with plenty of integrals and differentials would be just as beautiful as this exalted work. As for myself, I know enough about higher mathematics to appreciate the wit and ingenuity of Laplace's methods and to perceive the correctness of his formulae, but on the other hand I know too little of practical astronomy to grasp their purpose and application; but so far I only have the first volume, which states the general laws of motion of the heavenly bodies, and I have ordered one of the subsequent ones in which Laplace gives the numerical applications; perhaps that will then make many things clearer to me.

24 February 1878

Your letters and those from my brothers have given me much pleasure, as did the beautiful cake, and to crown it the permission to come home. I am already greatly looking forward to that, and as Mama even writes that this made her truly happy, I am doubly pleased, but I must say that you thus make it too easy for me to make you happy. Otherwise, all is well with me—what can one do but feel well in this wonderful spring weather that has surprised us here. I do not advance any farther in my studies now, but begin to review the lectures and my own work; the semester is running out terribly fast; at the beginning of March there will be a few more days of vacation here, anyway. The professors are starting to rush through their lectures to get to the end, the chemistry professor covers 3–4 metals in one lecture, the benches are gradually emptying, if only because of the fine weather, in short the whole thing (even now!) gives the impression of Orion on his rapid downward course. This lovely illustration occurred to me because recently, at a friend's house, I happened to see a copy of Lange's "beautiful" translation of Horace, which was

Langeschen Horazübersetzung gesehen habe, die Lessing kritisiert hat, die sonst aber wohl recht selten geworden ist. Ich bin übrigens schließlich ganz befriedigt mit dem Semester und glaube in Mathematik und Mechanik so viel profitiert zu haben, daß ich als Physiker damit anständig auskommen könnte, was mich natürlich nicht hindern wird, weiterzugehen, als absolut notwendig ist, und immer wieder von neuem einzusetzen. Was meine Mündigkeit betrifft, so ist sie ja für mich dank Eurer Güte kein größerer Übergang als der von einem Jahre zum anderen in der Silvesternacht, der in seiner Plötzlichkeit nur in der Einbildung besteht, während die Ereignisse ganz allmählich ineinander übergehen.

24. Februar 1878

An den elfjährigen Bruder Otto

Indem ich zunächst für Deinen lieben Brief der mir große Freude gemacht und aus welchem ich mit Vergnügen die Tatsache, daß Du auch aus schwierigen und verwickelten Sätzen in die man so leicht, besonders wenn man Jurist, der viele Reden zu halten hat, ist, was Du ja auch mal werden könntest (oder willst Du etwas anderes werden und was? Vielleicht Konditor oder Schornsteinfeger? bitte schreibe es mir doch mal), hineinkommt, herauskommst, gesehen, danke, (Ah!) indem sage ich, ich Dir für Deinen Brief, in dem mich besonders der Absatz, in dem Du mir die Mitteilung, daß Du auch im Turnen, in dem doch gewiß mancher, der in vielem anderen, z.B. Geschichte, Geographie, Französisch, Englisch der Erste ist, durchaus nicht der Erste ist, dennoch der Erste bist, machst, erfreut danke, (Ah!) in dem sage ich, ich Dir für diesen Brief danke, will ich, wollte ich, nun habe ich leider vergessen was ich wollte, in dem ich Dir für diesen Brief, in welchem Du einen so schönen Satz, daß ich trotz dem ich alle Anstrengungen einen schöneren zu machen, machte, gemacht hast, danke: Also schreibe ich Dir nur, daß ich mich sehr freue, Dich wiederzusehen.

8. Mai 1878

Das Praktikum fing Montag an. Die Teilnehmer wurden in zwei Teile geteilt, in solche, die noch gar nicht gearbeitet haben, zu denen ich mich denn auch pflichtschuldigst zählte, diese arbeiten Montags und Dienstags, die andern an anderen Tagen. Voriges Mal hatte ich an einer Wage zu arbeiten, spezifische Gewichte zu bestimmen usw. und werde mit derartigen Arbeiten natürlich eine Zeitlang zu tun haben. Man muß die Sachen ja einmal zuerst durchmachen, sehr schwierig sind sie gerade nicht. — Die Beobachtungen, die ich zu Hause gemacht, habe ich zum Teil schon berechnet und sehe, daß ich sie jedenfalls nicht umsonst gemacht habe, denn es ist sicher, daß die Einwirkung, die ich suchte, umgekehrt wie das Quadrat der Entfernungen abnimmt, sie hängt allerdings noch von anderm ab, vielleicht kann ich aus meinen Beobachtungen noch Weiteres ablesen.

criticized by Lessing but which has otherwise almost disappeared. By the way, in the end I am quite satisfied with the semester and believe that I have made enough progress in mathematics and mechanics to manage decently as a physicist, which will of course not prevent me from going further than is absolutely necessary, and from making many new beginnings. As for my coming of age, thanks to your kindness that is no greater change for me than the transition from one year to the next on New Year's Eve, the suddenness of which exists only in the imagination, whereas events blend into each other gradually.

24 February 1878

To His Eleven-year-old Brother Otto

In this letter, almost in a single sentence, Hertz teases his schoolboy brother with a mocking exaggeration of his mixed German-Latin style in letterwriting. The verbs of the many clauses are bunched together at the ends of the complicated phrases. An attempt to translate the slight content of the letter must fail and would only ruin the joke.

8 May 1878

The laboratory courses started on Monday. The participants were divided into two groups; those who had never done it before, among whom I dutifully counted myself, work on Mondays and Tuesdays; the rest on other days. Last time I had to handle a balance, determine specific weights, etc., and of course I shall continue like that for a while. Everyone must do these things for the first time at one time or another; they are certainly not very difficult.—I have already made the calculations on part of the observations I made at home, and I see that I did not labor in vain at any rate, for it is certain that the effect I was seeking varies inversely with the square of the distance; however, it depends on other things as well, perhaps I can learn even more from my observations.

22. Mai 1878

Ich arbeite sehr viel praktisch, nämlich zweimal in der Universität je drei Stunden* und zweimal im Polytechnikum je vier Stunden**; die Arbeiten sind meist ziemlich einfach, aber doch, wenn man sie mit Sorgfalt macht, recht anstrengend, auch findet man sich nicht sofort in jeden Apparat hinein, und da man das als Fachmann doch soll, so ist es gut, die häufigsten Arbeiten einmal der Reihe nach durchzumachen. Ich tue dies ja nun auch gründlich. übrigens muß ich sagen, daß die Arbeit, die ich zuletzt zu Hause gemacht habe, schon eine ziemliche Genauigkeit hatte; wenn man auch viel genauere machen kann, so sind doch die gewöhnlich im Gebrauch befindlichen Apparate durchaus nicht zuverlässiger, freilich hat man die Sache viel bequemer, wenn man alles mit den gehörigen Stativen ausgerüstet vorfindet. Auf diese Arbeiten geht ziemlich viel meiner Zeit, denn da ich schon morgens um 7 Uhr anfange und ich um 6, wenn ich von derselben komme, besonders in den Augen gewöhnlich recht müde bin, so kann ich nicht mehr viel beginnen, und es geht fast der ganze Nachmittag drauf.

4. Juni 1878

Im ganzen habe ich dies Semester leichtere Arbeit als im vorigen, da ich mich mehr mit physikalischen Dingen beschäftige als im vorigen, und auch wo ich in mathematischen arbeite, sind sie leichter zu verstehen als die Werke von Lagrange und Laplace, oder werden mir doch leichter, da ich in jenen studiert habe. Prof. Bezold hat mir geraten, mich nicht zu früh zur Physik zu wenden, sondern in der Mathematik recht weit zu gehen; ich habe natürlich auch nicht von der Mathematik schon Abschied genommen, möchte aber doch erst einen gewissen Überblick über die Experimentalphysik bekommen, und zwar einen besseren, als man erhält, wenn man das Kolleg über Experimentalphysik hört.

An den Vater

16. Juni 1878

Ich bin schon seit vorgestern wieder hier in München, war also im ganzen nur fünf Tage in Karlsbad. Es war recht hübsch dort, und das Wetter begünstigte uns sehr, Du hast wahrscheinlich von Mama gehört, was wir angefangen. Man muß sich allerdings erst an die dortige Lebensweise gewöhnen, die nur aus Spazierengehen in sehr langsamem Tempo bestände, wenn nicht alle Augenblicke eine ziemlich lange Mahlzeit dasselbe unterbräche.

An die Eltern

25. Juni 1878

Ich habe in den letzten Tagen einen Ausflug ins Gebirge gemacht, zusammen mit einem Herrn Waag, einem Neffen von Prof. Jolly, welchen ich bei diesem

* Bei Prof. Jolly.
** Bei Prof. Beetz.

22 May 1878

I am working a great deal in the laboratory, three hours twice a week at the University* and twice four hours at the Polytechnic**; the assignments are mostly fairly simple, yet quite trying if they are done carefully, nor is one immediately familiar with every type of apparatus and since, as a specialist, one should be, it is well to go through the most common procedures one by one. I am doing that thoroughly now. By the way, I must say that the work that I did at home recently was fairly precise; even though much more precise apparatus can be made, the equipment generally in use is no more reliable; of course things are easier to handle when the appropriate supports for everything are provided. Much of my time is given to these assignments, since I start at 7 o'clock in the morning, and when I return from work at 6, I am quite tired, especially my eyes, so that I cannot do very much more, and almost the whole afternoon is spent.

4 June 1878

On the whole my work is easier this semester than in the previous one since I occupy myself more with physics than previously, and even where my work touches on mathematics, it is an easier thing than the works of Lagrange and Laplace, or else it seems easier to me because I have studied those works. Professor Bezold has advised me not to turn to physics too early, rather to go quite far in mathematics; of course I have not yet said goodbye to mathematics, yet I should first like to get a general impression of experimental physics, and a better one than is given in the courses on experimental physics.

To His Father

16 June 1878

I have been back here in Munich since the day before yesterday, having spent altogether only five days in Karlsbad. It was very lovely there and the weather was very favorable; you have probably heard about our activities from Mama. One must of course first become accustomed to the way of life there, which would consist solely of taking walks at a very slow pace, if they were not interrupted at every other moment by a rather long meal.

To His Parents

25 June 1878

In the past few days I have been on a trip into the mountains with Herr Waag, a nephew of Prof. Jolly with whom I became acquainted at that house

* With Prof. Jolly.
** With Prof. Beetz.

kennengelernt hatte und der hier Jurisprudenz studiert. Ich traf ihn in der vorigen Woche bei einem Spaziergang im Englischen Garten; wir kamen ins Gespräch, und er forderte mich auf, ob wir zusammen eine Tour ins Gebirge machen wollten, worauf ich sehr gerne einging, und da gestern hier Feiertag war, so gingen wir Sonnabend mittag weg und blieben Sonntag und Montag unterwegs. Bei dem Worte Feiertag muß ich noch erwähnen, daß hier leider beständig Feiertag ist, so daß man manche Dozenten nur alle 14 Tage zu sehen bekommt und von einem ordentlichen Kolleg eigentlich keine Rede sein kann.

22. Juli 1878

Das Semester ist wieder schneller abgelaufen, als ich gedacht habe; am nächsten Freitag habe ich schon mein letztes Kolleg, und ich werde dann so bald als möglich abreisen. Ich habe mich jetzt auch sicher entschlossen, von hier fortzugehen, worin mich besonders eine längere Unterredung mit Prof. Beetz am Polytechnikum bestätigt hat. Ich hatte mich mit dem Assistenten dort verschiedentlich unterhalten, und dieser hatte mit Prof. Beetz darüber gesprochen, worauf dieser so freundlich war, mich zu sich rufen zu lassen und mir genaue Auskunft über die verschiedenen Universitäten zu geben. Daß ich überhaupt fortginge, hielt er für durchaus richtig, und ein Laboratorium, meinte er, würde ich überall finden und Gelegenheit, darin zu arbeiten. Er erbot sich auch, wenn ich bestimmt wüßte, wohin ich ginge, mir Empfehlungen an den einen oder anderen Physiker mitzugeben, mit denen er zum großen Teil bekannt ist. Leider weiß ich nun noch nicht, wohin ich gehe, und will mir das auch offenhalten, aber jedenfalls wohl nach Leipzig oder Berlin; Bonn, wo Clausius ist, wäre das dritte, was in Frage käme, doch werde ich dahin wohl nicht gehen.

Fort gehe ich also jedenfalls, habe auch schon meine Exmatrikel bestellt und habe hier also nur noch verschiedene Abschiedsbesuche zu machen. Es fragt sich, was wird dann aus mir? Also zunächst mache ich eine etwa 8tägige Tour, bleibe dann etwa zwei Tage bei Gustav, und dann? Paßt es überhaupt, wenn ich nach Hause komme? Wenn es geht, möchte ich natürlich bald hin, denn ich habe wieder verschiedene Versuche, die ich machen möchte, und Prof. Neumayer* hat vielleicht auch etwas für mich. Außerdem habe ich durchaus kein Bedüfnis nach Ausruhe und möchte nicht länger als 14 Tage aus der Arbeit sein, so daß ich in der Tat gerne nach Hause möchte. Wenn es nicht gut ginge, so warte ich auf Order.

Fußtour durchs Allgäu an den Bodensee. Von da zum Besuch des Bruders nach Freiburg und nach Hamburg.

* Direktor der Deutschen Seewarte in Hamburg.

and who is studying law here. Last week I met him on a walk in the English Garden; we started talking and he asked me whether we could take a trip into the mountains together, to which I agreed gladly, and since yesterday was a holiday here, we left at noon on Saturday and stayed away Sunday and Monday. About the word 'holiday' I must mention that unfortunately holidays are a frequent occurrence here, so that some lecturers heave into view only once a fortnight and that can hardly be called a regular course.

22 July 1878

The semester has again passed more quickly than I expected; next Friday is my last day of classes, and then I shall get away as early as possible. I have now definitely decided to leave here, a decision in which I was particularly strengthened by a long conference with Prof. Beetz at the Polytechnic. I had talked on several occasions with the assistant there, and he had spoken to Prof. Beetz about me, whereupon the latter was kind enough to call me in to see him so that he could give me full imformation about the various universities. He called my decision to leave absolutely right and thought that I would find a laboratory and a chance to work in it anywhere. He also offered to give me introductions to various physicists, most of whom he knows well, once I knew for certain where I was going. Unfortunately I do not yet know where I shall go, and I want to keep an open mind about that, but in any case, probably to Leipzig or Berlin; Bonn, where Clausius is, would be a third possibility to think about, yet I shall probably not go there.

In any case, I am leaving here and have already requested my withdrawal from the university, and thus only have various goodbye calls to pay. The question is, what shall I do then? First I am going on a week's tour and then I shall stay about two days with Gustav, and then? Would it be alright if I came home? If it is possible, I would like to come soon, because there are once again various experiments that I would like to try, and perhaps Prof. Neumayer* will also have something for me. I feel absolutely no need to rest and would not like to be away from my work for more than a fortnight, in short I would like to come home. If it is not convenient, let me know.

Walking excursion through the Allgäu to Lake Constance. From there travel to Freiburg to visit his brother, and then to Hamburg.

* Director of the German Naval Observatory in Hamburg.

Hamburg, den 21. August 1878

Mein bisheriges Schweigen hat Euch hoffentlich beredter als jeder Brief mitgeteilt, daß hier alles durchaus in Ordnung geblieben, wenigstens habe ich darauf etwas gerechnet. Ich war fast immer zu Hause und drechselte. Heute bin ich mit einem Hauptapparat, der Tangentenbussole, fertig geworden. Da dieselbe zum Hauptteile in einem sehr beweglich aufgehängten kleinen Magnet besteht, so hatte ich heute nachmittag beim Probieren Gelegenheit, einige Versuche über die Fernwirkungen eines Magneten zu machen, und dieselben überraschen, um nicht zu sagen entzücken einen immer wieder von neuem, so oft man sie auch gesehen hat. Ich legte zum Beispiel Ernst Albrechts Magneten in ein ganz entferntes Bett; so oft ich seine Lage änderte, ging die Skala im Fernrohr auf einen anderen Strich, obgleich der kleine Magnet auch im Wasser hängt und außerdem ganz von Glas und Holz eingeschlossen war, aber sie wirkten, als ob nichts dazwischen wäre. Ihr seht, ich komme schon auf diese Geschichten, das ist das Zeichen, daß ich nichts anderes mehr zu erzählen habe.

Hamburg, 21 August 1878

I hope my silence has told you more eloquently than any letter could that everything is quite alright here, at least I had counted somewhat on that. I have been mostly at home and working at the lathe. Today I finished making a most important instrument, a tangent compass. Since the main part of it consists of a very flexibly suspended, small magnet, I had a chance, while testing it, to make several experiments on the long-range effects of a magnet and these are always a fresh surprise, not to say delight, no matter how often one may have seen them. For example, I suspended Ernst Albrecht's magnet at quite a distance; whenever I changed its position the indicator in the telescope moved to another mark on the scale, although the small magnet is suspended in water and completely enclosed in glass and wood as well, but the effect was as if there were nothing in between. You see by my coming to these stories that I have nothing else to relate.

Berlin

1878-80

Heinrich Hertz an die Eltern

31. October 1878

Mein Kolleg hat seit Montag begonnen, nämlich das bei Kirchhoff, ein anderes fängt erst am nächsten Mittwoch an. Außerdem habe ich jetzt doch das Praktikum belegt; eine der Preisaufgaben für dies Jahr fällt nämlich mehr oder weniger in mein Fach, und ich werde versuchen, sie zu bearbeiten. Es war dies anfangs nicht meine Absicht, weil ein Kolleg über Mineralogie, welches ich hören wollte, damit kollidierte, ich habe mich dann aber entschlossen, dieses auf das nächste Semester zu lassen. Ich habe schon mit Prof. Helmholtz darüber gesprochen, er war so freundlich, mir über die Literatur einige Auskunft zu geben; ich denke, ich werde dann auch im Laboratorium das Nötige darüber erhalten. Dieses selbst habe ich mir noch nicht angesehen. Die meiste Zeit habe ich einstweilen in den Lesezimmern zugebracht, die, wie ich schon neulich schrieb, den ganzen Tag geöffnet sind und in denen viele wissenschaftliche Zeitschriften, die in Hamburg nicht zu haben waren, auf den Börtern herumstehen, so daß man sie sich nur herauszunehmen braucht. Besonders jetzt, wo ich noch nicht recht wohnlich eingerichtet bin und meine Bücher nicht habe, kommt mir das natürlich sehr zustatten. Das riesige Leben hier gefällt mir sehr gut, etwas zuviel wird es einem an der Universität, die Professoren lesen in viel zu kleinen Hörsälen (vermutlich weil sie keine größeren haben), so daß, einstweilen wenigstens, alles bis zum letzten Platz besetzt ist und noch viele stehen; um 10 muß man sich in der Vorhalle der Universität durchdrängen wie vor einem Bahnhofsschalter um Pfingsten.

Berlin
1878-80

Heinrich Hertz to His Parents

31 October 1878

My course, that is the one given by Kirchhoff, began on Monday; another one will not start until next Wednesday. In addition I have signed up for the laboratory after all; for one of this year's prize problems more or less falls into my field, and I shall try to tackle it. That was not my intention at the beginning, because a course on mineralogy that I wanted to take conflicted with it, but then I decided to leave that for the next semester. I have already talked about it with Prof. Helmholtz; he has kindly given me some information about the literature; I think that I shall also find what I need in the laboratory. So far I have not seen to that. In the meantime I have been spending most of my time in the reading rooms which, as I mentioned recently, are open all day and in which many scientific periodicals that were unobtainable in Hamburg stand on the shelves, there for the taking. That is particularly welcome, since I am not yet properly settled into my quarters and am without my own books. I like the great bustle here very much, but it gets rather overwhelming at the University, where the professors lecture in halls that are much too small (very likely because they have no larger ones) so that sometimes at least every seat is taken and many students stand; at 10 one must force one's way through the entrance hall at the University as if it were a railway ticket counter at Whitsun.

6. November 1878

Es gefällt mir hier sehr, und ich glaube, es wird mir noch immer mehr gefallen. Seit gestern bin ich im Laboratorium beschäftigt. Die Preisaufgabe lautet dem Sinne nach: Wenn sich die Elektrizität in den Körpern mit träger Masse bewegte, so würde sich das in der Größe der Extracurrents (der Ströme, welche beim Öffnen und Schließen eines Stromes nebenbei entstehen) unter gewissen Umständen zeigen. Es sollen solche Versuche über die Größe der Extracurrents angestellt werden, aus welchen ein Schluß auf die bewegte träge Masse gezogen werden kann. Der Termin ist bis zum 4. Mai, gegeben ist sie allerdings schon am 3. August, es tut mir leid, daß ich nicht früher darum wußte. Ich muß auch noch bemerken, daß ich einstweilen nur *versuche*, sie zu bearbeiten, dies aber möglicherweise nicht in befriedigender Weise mir gelingt, so daß ich über die Arbeit als Preisarbeit nicht gerne gesprochen haben möchte; ich hätte darüber gar nicht geschrieben, wenn es nicht zur Erklärung nötig gewesen wäre. Es ist mir sehr angenehm, überhaupt mich an einer derartigen Arbeit versuchen zu können. Gestern also meldete ich mich bei Prof. Helmholtz, daß ich mir die Sache soweit überlegt habe und gerne anfangen möchte. Er ging dann mit mir zum Assistenten und war so freundlich, sich noch 20 Minuten lang mit mir darüber zu unterhalten, wie ich es am besten anfinge und was ich für Instrumente brauche. Gestern und heute habe ich dann angefangen, meine Sachen aufzubauen. Ich habe für mich ganz allein ein kleines Stübchen, so groß wie das Morgenzimmer,* nur 1½–2mal so hoch; ich kann infolgedessen gehen und kommen, wann ich Lust habe. Daran könnt Ihr schon sehen, daß ziemlich viel Platz vorhanden ist. Aber auch alles übrige ist wunderschön eingerichtet, man hat Werkzeuge, Gas, Wasserleitung, Gebläsetisch im Zimmer. Besonders vorteilhaft ist es aber, daß nur sehr wenige dort zu arbeiten scheinen, ich habe nur 4–5 gesehen, und wenn ich annehme, daß das ganze Gebäude ebenso bevölkert ist, so werden es kaum 10–15 sein. Dadurch ist man weniger geniert und kann alles freier benutzen. Assistenten habe ich bis jetzt zwei kennengelernt, sehr nette (junge) Leute. Hoffentlich werden die Resultate, die ich erhalte, dem Gebäude entspechend sein, bequemer kann es mir jetzt nicht leicht gemacht werden. Einstweilen bin ich natürlich mit vorbereitenden Arbeiten beschäftigt, aber es macht mir das größte Vergnügen schon jetzt, diese vielen Hilfsmittel zu benutzen. Mein Galvanometer, das zu Hause auf der Drehbank den sichersten Platz hatte, steht auf einem eisernen Konsol, das in die Wand eingelassen ist (Helmholtz sagte: Leider haben Sie keinen massiven steinernen Pfeiler); wenn es trotzdem erschüttert, wenn ein Blockwagen durch die Dorotheenstraße fährt, so ist das nun wohl nicht mehr zu ändern. Das Fernrohr ist durch Schrauben in allen Richtungen verstellbar, es ist das gewissermaßen bequemer, als wenn man es auf Bücher legt. Eine Batterie kann ich mir in beliebiger Stärke in einem besonderen Zimmer aufbauen (im besondern Zimmer, damit die Säuredämpfe nicht lästig werden), der Draht geht durch die Wand. Wie gesagt, hoffentlich

* Scherzhaft gemeint, das Morgenzimmer war groß.

6 November 1878

I like it very much here, and I believe that I shall like it even more in the future. Since yesterday I have been busy in the laboratory. The prize problem is essentially as follows: if electricity moves with inertia in bodies, then this effect must under certain circumstances manifest itself in the magnitude of the extra currents (currents that are produced incidentally when a current starts or stops). Experiments on the magnitude of the extra currents have to be made from which a conclusion could be drawn as to the inertia of the electricity in motion. The competition ends on May 4; however, it was set as early as August 3; I am sorry that I did not know about it earlier. I must also mention that, for the time being, I am only *tentatively* working on it, and since I may fail I want no talk of my work being for a prize problem; indeed I would not have mentioned it at all, if it were not necessary by way of explanation. I am glad of the opportunity to try my skill on an assignment of this sort. So I reported to Prof. Helmholtz yesterday that I had thought over the matter up to a point and would like to begin. He went with me to see the demonstrator and was kind enough to spend another 20 minutes in discussion as to how best to begin and what instruments I should need. Yesterday and today I began to set up my equipment. I have a little room all to myself, as large as our morning room,* but 1½–2 times as high; so I can come and go as I please. You can thus perceive that there is elbow room enough and to spare. But everything else is also capitally arranged; there are tools, gas, running water, a glassblowing bench at hand. A special advantage is that only very few people seem to work there, I have only seen 4 or 5, and, assuming that the rest of the building is similarly populated, there can be hardly 10-15 in it. Therefore there is little bother and everything can be used freely. By now I have met two of the assistants, very nice (young) people. It is to be hoped that the results I obtain will come up to the environment; things could not be more convenient for me than they are right now. Meanwhile I am busy with preparatory work, but even now I take the greatest pleasure in utilizing so many resources. My galvanometer, for which the safest place at home was on the lathe, now stands on an iron bracket let into the wall (Helmholtz said, "I regret you have no massive stone pillar"); if it nevertheless jitters whenever a dray truck passes by on the Dorotheenstrasse, that is just too bad. The telescope can be adjusted in all directions by screws, which is somewhat more convenient that propping it up on books. I can build a battery of any strength for myself in a special room (to prevent the acid fumes from causing trouble); the wire goes through the wall. As I said, I can only hope the results will satisfy me, but this pleasure

* Meant as a joke; the morning room was large.

bin ich mit den Resultaten zufrieden, diese Freude wird wohl bald in Gewohnheit übergehen und dann vorbei sein. Mit meinen Vorlesungen bin ich gleichfalls sehr zufrieden. Was Kirchhoff vorträgt, ist mir allerdings einstweilen bekannt, und es scheint mir, als ob es mir noch auf lange bekannt sein wird; aber er trägt es so vor, daß es wirklich ein Genuß ist, ihn zu hören, und gerade dadurch, daß ich die Resultate und die üblichen Ableitungsweisen schon kenne, habe ich vielleicht mehr Genuß davon. Heute hat auch Professor Borchardt sein Kolleg über analytische Dynamik angefangen. Es scheint das sehr interessant und schwierig zu werden, infolge davon wird aber auch viel dort zu lernen sein. Ich höre also jetzt jeden Morgen ein interessantes Kolleg, gehe dann ins Laboratorium, wo ich mit einer kurzen Pause bis 4 bleibe, nachher werde ich dann zu Hause oder auf dem Lesezimmer arbeiten; bisher hatte ich noch immer damit zu tun, das Material über die Extracurrents herbeizusuchen. (Es gibt auch eine Arbeit, von der ich allerdings bisher nur einen Auszug gesehen habe, worin ein Mann nachweist, daß ein solcher Strom gar nicht existiere; hoffentlich hat der Mann sehr unrecht.)

Neulich abend war ich mit Genzmer* zusammen, er war wohl und munter, er hat furchtbar viel zu arbeiten, teilweise sehr unerfreuliche Sachen. Bei Viel-Arbeiten fällt mir ein, daß ich heute, als ich mir bei Prof. Borchardt testieren ließ, die Gelegenheit wahrnahm, den andern in ihre respektiven Hefte hineinzusehn und wirklich erschrak über ihren Fleiß und ihre Zähigkeit. Die meisten hatten 2 Stunden Weierstraß, elliptische Funktionen, 2 Stunden Kummer, Zahlentheorie usw. hintereinander fortbelegt, als ob es gar nichts wäre, so daß ich mich mit meinen zwei Kollegien ordentlich schämte. Als ich dann an meinen Platz ging, sah ich noch meinem Nachbar in die Karten, er hatte auch jeden Tag von 8-12 und auch nachmittags die schwersten Zweige der Mathematik hintereinander fortbelegt. Als dann Prof. Borchardt seinen Vortrag eröffnete mit den Worten: „Man hat die Mathematik mehr witzig als wahr die Wissenschaft von dem genannt, was sich von selbst versteht", legte plötzlich neben mir eine Feder los, und wie ich mich unsehe, sehe ich, daß er alles wörtlich stenographiert und schon beim zweiten Satz ist. So fuhr er zu meinem Entsetzen die ganzen zwei Stunden fort. Er sah ganz gesund aus. Wenn nun dieser Eifer vielleicht auch ein ganz klein wenig übertrieben ist, so ist doch sicher, daß hier riesig gearbeitet wird, und auch, daß dies mehr oder weniger ansteckt und daß ich mir schon Skrupel mache, ob ich nicht doch etwas mehr hätte hören sollen. Jedenfalls gefällt mir dieser Geist, wenn er nicht übertrieben ist, sehr gut; es ist so angenehm, wenn man sich nicht zu entschuldigen braucht, daß man etwas zu arbeiten hat.

7. November 1878

Meine Arbeit rückt langsam, aber hoffentlich sicher weiter. Ich habe zunächst die Erfahrung gemacht, daß ein Konsol in der Dorotheenstraße viel beweglicher ist als ein einfacher Tisch in der Magdalenenstraße**; auf meine

* Diente mit Hertz im gleichen Regiment, später Professor an der Technischen Hochschule in Dresden.

** Im Elternhaus.

will soon turn into habit and will then be no more. My lectures are likewise a source of satisfaction to me. The material being covered in Kirchhoff's lectures at present is familiar to me, and it seems to me that it will continue to be familiar for a long time; but he presents it in such a way that it is a delight to listen to him, and perhaps I derive more pleasure from it precisely because I already know the results and the usual methods of derivation. Professor Borchardt also began his course on analytical dynamics today. It promises to be very interesting and difficult, but as a result there will also be much to be learned from it. Thus I now attend an interesting lecture every morning; then I go to the laboratory, where I stay until 4, with a short break; afterwards I work at home or in the reading room; till now I have been kept busy gathering material on extra currents. (There is also a paper—so far I have only seen an abstract of it—in which someone shows that such a current is altogether nonexistent; I hope that man is very wrong.)

I met Genzmer* one evening recently; he was well and cheerful; he has an awful load of work, partly of a very unattractive sort. Speaking of working hard reminds me that today, when I went to sign up with Prof. Borchardt, I took the opportunity of looking into the several registration books of the other students and I was really shocked by their zeal and stamina. Most of them had signed up for 2 hours Weierstrass, elliptical functions, 2 hours Kummer, number theory, etc., one thing after the other, as if it were nothing, so that I was properly ashamed of myself with my two courses. Then when I took my seat, I could see my neighbor's hand and he too had signed up for the most difficult branches of mathematics every day from 8-12 and in the afternoon as well. When Prof. Borchardt opened his lecture with the words, "Mathematics has been called, more in jest than in truth, the science of what is self-evident," a pen started writing rapidly near me, and as I turn around I see that he takes down every word in shorthand and is already on the second sentence. To my horror, he went on like this the whole two hours. He looked quite healthy. Even though this zeal is, perhaps, just a little exaggerated, it is true that people work tremendously hard here; and that it is more or less contagious and that I already have some qualms about whether I should not have taken more courses. Anyway this spirit pleases me very much, when it is not exaggerated; it is a comfort that there is no need to apologize when one has some work to do.

17 November 1878

My work is moving ahead slowly but surely, I hope. To begin with I discovered that a bracket on Dorotheenstrasse is much less stable than an ordinary table on Magdalenenstrasse**; at my request, I was given a different

* Served in the same regiment as Hertz, later professor at the Technische Hochschule in Dresden.

** In his parents' house.

Bitte bin ich dann in ein anderes Zimmer gekommen, wo ich einen gemauerten Steinpfeiler habe. Ich bin da allerdings mit einem anderen Herrn zusammen, den ich aber noch nicht kennengelernt habe, da er verreist ist; ist es ein netter Mensch, so ist es mir ganz recht, nicht allein zu sein, das Zimmer ist sehr groß. Die übrigen Herren habe ich nur oberflächlich kennengelernt. Helmholtz kommt jeden Tag einige Minuten, sieht sich die Sache an und ist sehr liebenswürdig. Die Arbeit, die ich mache, ist nicht gerade sonderlich dankbar, da das mutmaßliche Resultat ein negatives ist, d.h. gewisse Erscheinungen werden nicht eintreten, was im ganzen weniger Vergnügen als das Eintreten bereitet, indessen liegt das in der Natur der Sache.

24. November 1878

Ich bin in der Tat jetzt sehr zufrieden und wünsche es mir nicht besser, als ich es habe. Ein großer Teil meines Tages ist der Arbeit im Laboratorium gewidmet, und leider sind die Tage so kurz, daß, wenn ein großer Teil abgeht, fast nichts mehr übrigbleibt. Ein großer Teil dieses großen Teils geht natürlich wieder auf sehr unnuütze, wenigstens sehr wenig lehrreiche Arbeiten, als Korkschnitzen, Drähte zufeilen usw., und die Beobachtungen an sich sind natürlich auch nicht sehr angenehm. Es kann deshalb auch etwas zweifelhaft sein, ob es ganz richtig ist, soviel Zeit an diese Dinge zu wenden, solange meine Kenntnisse noch so lückenhaft sind, wie sie es sind. Aber trotzdem möchte ich diese Beschäftigung nicht missen; ich kann nicht sagen, eine wieviel höhere Befriedigung es mir gewährt, so aus der Natur selbst für mich und andere Belehrung zu holen, als immer nur von Andern und für mich ganz allein zu lernen. Solange ich nur aus Büchern arbeite, verläßt mich das Gefühl nicht, daß ich ein gänzlich überflüssiges Glied der Gesellschaft sei. Es ist auch etwas sonderbar, daß ich jetzt mit einem ziemlich speziellen Gegenstande der Elektrizitätslehre beschäftigt bin, während ich vor einem guten halben Jahr davon kaum mehr wußte, als was ich seit Dr. Langes Zeiten noch nicht wieder vergessen hatte. Hoffentlich wird das meiner Arbeit nicht schaden. Augenblicklich sind ihre Aspekte gut, die Schwierigkeiten, welche mir Helmholtz im Anfang als die hauptsächlichsten nannte, habe ich schon hinter mir, und wenn alles gut geht, bin ich in vierzehn Tagen schon mit einer notdürftigen Lösung fertig und werde Zeit haben, dieselbe hübsch weiter auszuarbeiten. Nun trifft es sich aber so, daß ich Euch um Hilfe bitten muß, nämlich daß Ihr mir die gleich näher zu bezeichnenden von meinen Apparaten schickt; es tut mir leid, mir doch etwas nachschicken lassen zu müssen, aber ich konnte in der Tat nicht glauben, daß ich diese hier gebrauchen würde. Ich brauche aber notwendig noch eine Tangentenbussole mit Fernrohr, und erstens glaube ich nicht, daß ich noch eine bekäme (eine habe ich nämlich schon, und es hat Schwierigkeiten gehabt, noch ein Fernrohr dazu zu bekommen), und zweitens könnte mir gerade zu dem Zweck, wo ich sie brauche, kaum eine andere bessere Dienste tun als meine eigene.

2. Dezember 1878

Mit meiner Arbeit geht es immer so weiter, leider nicht ganz direkt zum Ziel, sondern bald rechts, bald links ab. In der Tat, während ich vor acht Tagen

room, where I have a stone pillar in the wall. It is true I have to share the room with another man whom I have not met yet, as he is traveling; if he turns out to be a nice person, I shall be quite glad of his company; the room is very large. I have become only slightly acquainted with the other men. Helmholtz comes in every day for a few minutes, looks at what is going on, and is very friendly. The work that I am doing is not particularly gratifying, since the probable result is a negative one, i.e., certain phenomena will not occur, which on the whole gives less satisfaction than when something does occur, but that lies in the nature of the thing.

24 November 1878

I am indeed very content now and wish for nothing better than what I have. A large part of my day is devoted to working in the laboratory, and unfortunately the days are so short that when a greater part is gone, almost nothing is left. Most of this greater part is again naturally spent on very unproductive—or at least not very instructive—work, such as cutting corks, filing wires, etc.; nor are the observations themselves very pleasant work. There may thus be some doubt as to whether it is quite right to spend so much time on these things as long as there are so many gaps in my knowledge. Nevertheless I should not like to forego these pursuits; I cannot tell you how much more satisfaction it gives me to gain knowledge for myself and for others directly from nature, rather than to be merely learning from others and for myself alone. As long as I work only from books I cannot rid myself of my feeling that I am a wholly useless member of society. It is also rather strange that I am now occupied with quite specialized subjects in the study of electricity, whereas a good six months ago I hardly knew more about it than what I had managed not to forget from Dr. Lange's time. I hope this will not harm my work. At the moment, it looks promising; the difficulties Helmholtz listed as principal ones at the beginning are already behind me, and if all goes well, I shall have finished a preliminary solution in two weeks and I shall then have time to work it up properly. But now it so happens that I must ask for your help, namely that you send me the instruments detailed below; I am sorry that I must ask for them after all, but I really could not have anticipated that I would need them here. However, I urgently want a second tangent compass with telescope; to begin with I doubt I could get another one here (I already have one, and there were difficulties about getting a telescope for it), and second, for the purpose for which I need it, none could serve better than my own.

2 December 1878

My work continues steadily, unfortunately not quite directly towards the goal, but deviating sometimes to the right and sometimes to the left. Indeed,

glaubte, mit der Hauptsache bald fertig zu sein, bin ich jetzt fast wieder zum Anfang zurückgeworfen; wenn eine Schwierigkeit besiegt ist, tritt gleich eine größere dafür ein. Geduld gehört zum Handwerk.

10. Dezember 1878

Hier hatten wir vorige Woche großen Trubel beim Einzug des Kaisers, Ihr werdet wohl davon gehört haben. Ich dachte mir auch so manchmal, daß Papa mich überraschen werde und herkommen, aber das ist ja nun nicht passiert. Ich hatte mich mit mehreren Bekannten der Spalierbildung angeschlossen, was auch als sehr klug sich erwies. Es nahm fast die ganze Studentenschaft daran teil. Um 9 Uhr versammelten wir uns und zogen dann durch die sehr schön geschmückten Linden ans Brandenburger Tor, wo wir uns auf der einen Seite aufstellten, gegenüber die Kunst- und Bauakademiker. Wir mußten dann natürlich einige Stunden stehen. Dabei vertrieben sich einige die Zeit mit Kalauern; so wurde vorgeschlagen, nicht „Heil dir, Kaiser!", sondern „Eil dir, Kaiser!" zu rufen, denn natürlich war immer einige Furcht vorhanden, daß die Sache nicht gut ablaufen könnte. Um ½1 kam dann der Kaiser in offenem Wagen mit der Kaiserin, beide sahen sehr gut aus, hinter ihm der Kronprinz mit Familie, dann noch eine Reihe von Wagen. Auch Moltke kam und wurde von dem lautesten Jubel begrüßt. Es gehörte in der Tat sehr viel Mut dazu, in offenem Wagen durch die dichte und teilweise sehr fragwürdig aussehende Menge zu fahren, die paar Schutzleute und der wie wahnsinnig hin und her galoppierende Madai konnten für nichts stehen. Militär war so gut wie gar nicht aufgeboten. Nachdem der Kaiser vorüber war, wollte die Studentenschaft noch vors Palais ziehen, aber wir kamen nur zur Bauakademie, dann wurden die Fahnen und Chargierten durch einen hindurchziehenden Kriegerverein abgeschnitten, und der Rest verlor sich dann in der Menge. Der Kaiser erschien noch ein paarmal am Fenster. Die Illumination abends war sehr schön und sehr allgemein, wir sahen sie uns gehörig an und blieben dann abends noch längere Zeit zusammen. Was übrigens die Illumination anlangt, so haben mir die Hamburger, die ich erlebt, weit besser gefallen, wenigstens einen weit größeren Eindruck gemacht, und ich mußte sehr an mich halten, daß ich dies nicht einigen vor Entzücken überströmenden Berlinern mitteilte. Das was am Donnerstag, am Dienstag vorher hatte ein Bekannter von mir seinen juristischen Doktor cum laude gemacht und war sehr vergnügt darüber, in der Tat war in den letzten vier Jahren keiner über das rite hinausgekommen, vor dem hiesigen Doktor hat alles einen heiligen Respekt, und er scheint allerdings etwas anderes als der anderswo zu sein. Infolge davon war dann auch am Dienstag eine kleine Lustbarkeit, so daß die vorige Woche eine Ausnahmewoche war.

12. Januar 1879

Ich muß diesmal mich besonders wohl zu Hause gefühlt haben, denn ich hatte etwas starkes Heimweh, als ich hier wieder allein saß. Ich ging am Montag morgen natürlich ins Laboratorium und war noch nicht zehn Minuten

whereas I thought I should be finished with the main part a week ago, I have now been thrown back almost to the beginning again; as one diffculty is overcome, a bigger one immediately takes its place. Patience is part of the trade.

10 December 1878

Last week there was great commotion here because of the solemn entry of the Kaiser, as you have probably heard. At times I thought to myself that Papa might surprise me and come here, but that did not happen after all. With several friends I joined in forming the cordons, which turned out to be very smart. Almost the whole student body took part. We assembled at 9 o'clock and then marched through the beautifully decorated Linden to the Brandenburg Gate, where we took up a position on one side, opposite the art and architecture students. Then, of course, we had to stand for several hours. To pass the time some made up bad puns; thus it was suggested that we shout "Hurry O Kaiser!" instead of "Hurrah Kaiser!" for there was naturally some fear of incidents. Then at 12:30 the Kaiser came in an open coach with the Kaiserin; they both looked very well; behind him came the Crown Prince and his family, and then a line of coaches. Moltke also passed and was greeted with the loudest cheers. Indeed it took great courage to pass through the dense and partly rather doubtful looking crowd in an open coach, the few policemen guards and Madai* who galloped frantically back and forth would have been helpless. Almost none of the military was in evidence. After the Kaiser had passed, the students wanted to march to the palace, but we had barely reached the School of Architecture when the flag bearers and student deputies were cut off by a veterans' club marching through, and the rest were then lost in the crowd. The Kaiser reappeared at the window several times. The fireworks in the evening were very beautiful and very general; we watched them properly and remained together long into the evening. By the way, as far as the fireworks are concerned, those that I saw in Hamburg pleased me much better, at least they made a much greater impression on me, and I really had to restrain myself from telling that to some Berliners who were overflowing with enthusiasm. That was on Thursday; on the previous Tuesday one of my friends obtained his doctorate in law *cum laude* and was very delighted about it, indeed in the past four years none has passed with a higher grade than *rite;* everyone is in holy fear of the local doctor's degree, and it does seem to mean something quite different from those obtained elsewhere. Because of that there was also a little celebration on Tuesday, so that the last week was an exceptional one.

12 January 1879

It must have been especially pleasant for me at home this time, for I felt badly homesick on again finding myself alone here. Of course I went to the laboratory on Monday, and before I had been there ten minutes, Professor

* [Police chief.]

da, als Professor Helmholtz auch schon kam, der auch seitdem keinen Tag ausgesetzt hat. Die ersten Tage wollte die Arbeit natürlich nicht fort, die Apparate hatten sich an die Ruhe gewöhnt und hatten keine Lust zu arbeiten, ich hatte auch keine übermäßige; jetzt aber ist alles wieder in Gang, und ich bin beträchtlich gefördert. Der kleine Apparat, den ich gemacht habe, tut mir sehr gute Dienste, bessere selbst, als ich erwartet hatte, so daß ich in den letzten drei Tagen alle Messungen noch einmal und genauer als vorher durchmachen konnte. Infolge davon hatte ich aber sehr viel zu tun, besonders auch mit der langweiligen Berechnung der Beobachtungen, und das mag denn auch mir zur Entschuldigung dienen, wenn mein Schreiben etwas lange ausgestanden ist. Im übrigen habe ich nicht viel oder gar nichts erlebt, es spielt hier im Schauspielhaus eine französische Gesellschaft, und ich bin zweimal hingegangen, das war wohl die einzige Abwechslung. Sonst immer nur Zahlen und Zahlen.

21. Januar 1879

Es ist sehr freundlich von Dir, liebe Mama, daß Du so vielen Anteil an meiner Arbeit nimmst, sie ist in der Tat in der letzten Woche sehr rüstig weiter gediehen, und ich glaube jetzt, daß ich jedenfalls werde eine Arbeit einreichen können. Sehr große Freude hatte ich, als zuerst die Theorie und die Beobachtung zusammenstimmten, um so mehr, als dies besser und unerwarteter geschah, wie ich vermutet hatte. Ich erhielt zunächst nämlich aus meinen Rechnungen einen Wert, der viel größer war als der beobachtete, da bemerkte ich zufällig, daß er fast doppelt so groß war, und als ich nach langem Suchen in den Rechnungen eine vergessene 2 ans Licht brachte, stimmte alles so gut, als ich nur irgend erwarten konnte. Jetzt habe ich mich an genauere Beobachtungen gemacht, die allerdings, wie es meistens geht, mir das erste Mal fehlgeschlagen sind, ich hoffe sie aber doch noch rechtzeitig in Ordnung zu bringen. Der Apparat, den ich zu Hause gemacht habe, arbeitet in der Tat sehr gut, so daß ich nach der Seite einen besseren nicht brauchte, ja daß mir ein in der ersten Fabrik aus Gold und Elfenbein gearbeiteter nicht mehr nützen würd. (Ich schreibe das, um Mama womöglich noch einen vergnügten Tag zu machen, erfahre ich, daß mir dies gelungen, so werde ich es nochmals wiederholen.)

31. Januar 1879

Mit meiner Arbeit bin ich jetzt eigentlich ganz fertig, viel schneller als ich gedacht hatte. Das kommt besonders daher, daß ich auch aus den genaueren Versuchen ein zwar sehr gut stimmendes, aber negatives Resultat erhalten habe, d. h. soweit ich die Genauigkeit treiben kann, zeigt sich die bisherige Theorie vollkommen bestätigt. Ich hätte natürlich lieber etwas Positives gefördert, da dies nun aber in der Natur nicht vorgesehen scheint, so muß ich mich so begnügen. Mit der bisherigen Theorie aber stimmen die Versuche so gut, wie ich es nur wünschen kann, und da ich nicht glaube, mit den mir

Helmholtz came in too and since then has not missed a day. The first few days the work did not go well, naturally; the instruments had become used to idleness and had no desire to work; nor had I, particularly; now everything is going fine again and I have made considerable progress. The small instrument that I constructed serves me very well, even better than I had expected, so that in the past three days I have been able to repeat all the measurements, moreover with greater precision than before. Consequently I had a great deal of work, especially with the tiresome calculations on the measurements, and that may serve as an excuse for falling behind with my correspondence for rather a long time. Otherwise I have done little or nothing has happened to me; a French company is playing at the theater, and I have been there twice; that was my only diversion. For the rest, nothing but numbers and numbers.

21 January 1879

It is very kind of you, dear Mama, to take so much interest in my work; it really has prospered healthily during the past week, and I believe now I shall have something to enter in the competition, anyway. It gave me great pleasure when the theory and the observations first agreed, all the more since it happened more completely and more suddenly than I had expected. For my first calculations yielded a value much larger than the observed one, when I happened to notice that it was almost twice too large; and when a forgotten 2 was brought to light after a long search through the calculations, everything fell into place as well as I could have dared to expect. Now I have set myself to making more precise observations; however, as mostly happens, they went awry the first time, but I still hope to put that in order in good time. The instrument I made at home works very well indeed, so that I have no need of a better one of this type; even one made of gold and ivory in the best workshop would not serve me better. (I write this to try to give Mama another happy day; if I hear that I have succeeded, I shall try it again.)

31 January 1879

Now I am actually finished with my work, much more quickly than I had expected. That is particularly so because even my more precise experiments have yielded a completely consistent but negative result, i.e., within the limits of my precision, the present theory is completely verified. Of course I would have preferred to produce something positive, but since there was apparently no provision for that in nature, I must content myself with what I got. However, the experiments are in as close agreement with present theory as I could wish; and since I do not believe that I could push matters any further with the means

jetzt zu Gebote stehenden Mitteln weitergehen zu können, so habe ich die Arbeit aufgegeben und hoffe, daß auch die Kommission befriedigt sein wird, nach meiner Ansicht würden weitere Versuche doch nur zu demselben Resultat führen. Die Ausarbeitung werde ich in den nächsten Tagen beginnen, diese Woche habe ich mir die Arbeit etwas aus dem Kopfe geschlagen. Im Laboratorium bin ich mit einer ganz ähnlichen Arbeit beschäftigt auf Helmholtz' Rat, zu der meine Apparate gerade passen, aber da ich sie im nächsten Semester doch nicht fortsetzen will, so habe ich keinen rechten Eifer dazu, gehe nicht viel hin und es wird daher auch nicht viel danach kommen. Hätte ich ein positives Resultat gehabt, würde ich natürlich noch mehr Arbeit davon gehabt haben. Jetzt will ich die gewonnene Zeit benützen, um die gehörten Kollegien auszuarbeiten und auch gelegentlich durch die Kollegien der andern Professoren zu laufen, wozu ich bisher gar nicht gekommen bin. Neulich war ich in Treitschkes Vorlesung über den Sozialismus, es war noch immer eine ganz erschreckende Menge von Zuhörern dort, darunter auch viele Offiziere und andere nicht direkt zur Universität gehörige. Er sprach auch sehr interessant, und ich werde wohl den Rest des Semesters noch hingehen.

9. Februar 1879

Die Arbeit, die ich jetzt im Laboratorium vorhabe, fängt an, mich sehr zu interessieren, sie steht in naher Beziehung zu der vorigen, aber auch besonders zu den magnetischen Geschichten, die ich im Herbst zu Hause vorhatte. Auch Kirchhoff ist in seiner Vorlesung jetzt zum Magnetismus gekommen, und ein großer Teil dessen, was er vorträgt, stimmt mit dem überein, was ich mir im Herbst zu Hause selbst entwickelt habe. Es ist nun zwar sehr unangenehm, hören zu müssen, daß das alles schon sehr alte Geschichten sind, aber die Vorlesung wird einem dadurch bedeutend interessanter. Hoffentlich wird mein Wissen bald so weit sein, daß ich weiß, was schon getan ist, und mir nicht die Mühe mache, dasselbe nochmals zu suchen. Ich sehe übrigens zu meinem Trost, daß wenigstens auf dem speziellen Gebiet, auf welchem ich mich bisher versucht habe, das Neue mir allmählich seltener wird. Eine langweilige Arbeit habe ich noch vor mir, die Ausarbeitung der Arbeit. Dies ist um so unangenehmer, als mir dieselbe, je mehr ich sie betrachte, um so unbedeutender vorkommt, wie das ja allerdings immer mit den fertigen Sachen geht. Aber jetzt, wo ich sie von hinten betrachte, kommt es mir vor, als bestehe sie aus ein paar Experimenten und Rechnungen, die an einem Tage zu machen wären. Hoffentlich kommt sie den Richtern nicht so vor. Ich sage mir auch zum Troste, daß mir die Frage ziemlich beantwortet scheint, und daß ich wohl mehr, aber nicht bessere Experimente dazu machen könnte.

15. Februar 1879

Diese Woche bin ich eigentlich gar nicht mehr ins Laboratorium gegangen, sondern habe zu Hause Verschiedenes gearbeitet, was ich vor der Hand hatte. An die Ausarbeitung der Arbeit habe ich mich jetzt auch gemacht, obgleich

now at my disposal, I have stopped my activities and must hope that the commission will also be satisfied; in my opinion further experiments would only lead to the same results. I shall begin writing up the paper within a few days; this week I have put it out of my mind for a while. On Helmholtz's advice I am occupied with a related project in the laboratory, for which my instruments happen to be suitable, but since I do not want to go on with it next semester, I have no real enthusiasm for it and do not go there very much, so that not very much will come of it. If I had obtained a positive result, I should have of course had even more work in consequence. Now I want to use the time I gained to write up the courses I have taken and also to look in on the courses of the other professors occasionally, for which I had no time till now. Recently I went to Treitschke's lecture on socialism; there was still an enormous audience, many officers and others not directly connected with the university among them. He spoke indeed very interestingly, and I shall probably attend for the rest of the semester.

9 February 1879

The work in which I am now engaged in the laboratory is beginning to interest me very much; it is closely related to my previous work, but even more to the project on magnetism on which I worked at home in the autumn. Kirchhoff has also reached magnetism in his lectures, and a large part of what he says corroborates what I had worked out for myself at home last autumn. To be sure it is grating to hear that all that is an old story by now, but the lectures do become significantly more interesting as a result. I hope that my knowledge will soon reach the point where I shall know what has already been experimenting up to now I come across something quite new to me more over again. To my consolation I see that in the special field in which I have been experimenting till now I come across something quite new to me more and more rarely. I still have some tedious labor before me—the writing up of my paper. That is all the more unpleasant because the more I look at it, the less significant the work appears to me, but that is the way it always goes with finished things. Yet as I now look it over in retrospect, it seems to consist of a few experiments and calculations that could be done in one day. I hope it will not appear that way to the judges. In consolation I tell myself that the question seems to have been answered and that I could make more but not better experiments to prove it.

15 February 1879

This week I hardly went to the laboratory at all, but worked at home on various things that I had at hand. I have also set myself to writing up my paper, though very unwillingly; yet it would be very pleasant for me if I had

sehr ohne Lust, aber es wäre doch sehr angenehm, wenn ich sie fix und fertig hätte, ehe ich eingezogen würde.* Es ist übrigens nicht mehr viel daran zu tun. Auch einige Spaziergänge habe ich mit Bekannten gemacht, wir hatten einige Tage prachtvolles Frühlingswetter hier. Das waren meine Tage, abends war ich dann beim Abendessen mit meinen Bekannten zusammen, die leider häufig Skat spielen. Ich habe der Sache schon so viel Interesse abgewonnen, daß ich einem mit Nutzen in die Karten sehen kann, wozu ich denn auch beständig aufgemuntert werde, damit ich etwas lerne. Bisweilen knobeln wir auch um unser Bier. Neulich war mal dabei ein heftiger Disput über den Nutzen der Wahrscheinlichkeitsrechnung, und die Juristen waren natürlich von ihrer gänzlichen Unbrauchbarkeit überzeugt. Da sagte ich ihnen voraus, sie würden viermal um den Tisch werfen, ehe 70 Augen gefallen seien, und auch, auf wen das 70ste fallen würde, die Probe wurde sogleich gemacht, und einmal stimmte sie exakt, einmal fehlte ein Auge, so daß ich bedeutend in ihrer Achtung stieg und jetzt immer um Rat gefragt werde.

Freiburg, den 9. April 1879

Wir** haben jetzt in der militärischen Karriere wieder einen Sprung vorwärts gemacht, indem wir am Montag vor acht Tagen zu Vizefeldwebeln befördert wurden und die Offizierssäbel bekamen, nach Gustavs poetischer Auffassung sind wir dadurch wiederum zu Vorgesetzten über Tausende geworden. Am Dienstag darauf war dann die Vorstellung unserer Kompagnien, und seitdem ist der Dienst bedeutend leichter geworden. Wir tun fast nur noch Offiziersdienste. Vom nächsten Sonntag an sollen wir, glaube ich, offiziell keinen andern Dienst mehr tun. Für mich ist das ein besonders schnelles Avancement, da wir in Berlin bis zuletzt doch kaum Gefreitenrang hatten. Dabei macht man denn eben seine Sache so gut wie man kann, und die Vorgesetzten sind hier von einer Milde in der Beurteilung menschlicher Schwächen, die mich in Erstaunen setzt. Neulich hatten wir auch eine kleine Gefechtsübung vor dem Oberst, wo wir gleichfalls unsere Züge zu führen hatten. Mir fehlt leider vor allen Dingen ein ordentliches Kommando, einen kurzen lauten Ton kann ich aus meiner Kehle nicht herausbekommen. Die Hauptannehmlichkeit der neuen Stellung ist die, daß einen die Kleinigkeiten nicht mehr quälen, als da sind ungeputzte Knöpfe, einige Minuten Verspätung usw. Auch die Beschränkung des Dienstes ist mir natürlich sehr angenehm, ich habe wieder Zeit gefunden, an meine Arbeit zu gehen.

Berlin, den 5. Mai 1879

Wenn Papa schreibt, es sei gerade kein Vergnügen, so viel Geld für seine Söhne auszugeben, dies Übel aber einmal gegeben, fänd er die Kosten meines Aufenthaltes nicht groß, so muß ich erwidern, daß es auch gerade kein Vergnügen ist, so viel Geld immerwährend annehmen zu müssen, dies Übel

* Zu einer militärischen Übung.
** Heinrich Hertz und sein Bruder Gustav.

it ready and completed before I am called up.* There is not very much more to do to it, after all. I also took a number of walks with friends; we had some days of marvelous spring weather here. So much for my days; in the evenings I had supper with my friends; unfortunately they often play Skat. I have developed enough interest in the thing to be able to look at someone's hand to advantage, which I am constantly being encouraged to do, so that I may learn something. Sometimes we also throw dice for our beer. A heated dispute arose on one recent occasion about the practical value of the theory of probability, and the law students were of course convinced of its complete uselessness. Then I predicted that it would take four rounds to throw 70 points and also who would throw the 70th; the test was made right away, and once it worked out exactly, once short by one point, so that I rose considerably in their estimation and am now always asked for advice.

Freiburg, 9 April 1879

We** have again advanced a step in our military careers, for Monday, a week ago, we were promoted to warrant officers and were given officers' sabres; according to Gustav's poetic interpretation, we have once more become the superiors of thousands. The presentation of our companies took place on the following Tuesday, and since then our duties have become significantly lighter. We do officers' duty almost exclusively. Beginning next Sunday I believe we are no longer officially supposed to do any other duty. That is a particularly rapid advance for me, because until very recently in Berlin we barely had the rank of lance-corporal. We do our duties as well as we can, and those in charge here show a leniency in the face of human weakness that amazes me. Recently we had a small combat exercise before the colonel, in which we also had to lead our platoons. My main shortcoming is a proper voice of command; I cannot get a sharp, loud tone out of my throat. The main benefit of the new situation is that we are no longer tormented about little things, such as unpolished buttons, being a few minutes late, etc. I also find the reduction in duties very pleasant, of course, for I have found time to get to my work again.

Berlin, 5 May 1879

When Papa writes that spending so much money on his sons is scarcely a pleasure, but given this evil, he does not find my living expenses high, I must reply that having to accept so much money continually is likewise scarcely a pleasure, but given this evil, it is at least a blessing and a comfort to have

* For a military exercise.
** Heinrich Hertz and his brother Gustav.

aber einmal gegeben, ist es wenigstens ein Glück und ein Trost, einen Vater zu haben, der die Ausgaben immer noch wenig findet. Mir fällt es recht schwer aufs Herz, wenn ich vergleiche, das, was ich ausgebe und was zu entbehren mir auch sehr sauer würde, und das, was ich nun denkbaren Falls verdienen könnte. Es ist eine recht häßliche Beigabe des Studiums, daß man die Arbeit, die man tut, zu seinem Vergnügen tut, oder wenn man es höher auffassen will, für die Menschheit, aber niemand weiß einem Dank dafür. Doch wie gesagt, dies Übel mit Zubehör einmal gegeben, ist es ein Glück, einen Vater zu haben, der anstatt böse zu sein, oder doch zu scheinen, alles billigt und alles wenig findet.

Meine Erlebnisse, seit ich Euch zuletzt geschrieben, sind sehr mannigfaltiger Art und die Zeit ist mir sehr schnell vergangen. Die letzten Diensttage waren noch sehr lustig, am Sonntag war im Kasino noch eine kleine Kneiperei, und eine ebensolche war auch an den Tagen vorher, wenn ich mich recht erinnere. Als ich den bunten Rock auszog, tat es mir ordentlich leid, ich hatte mich zuletzt so wohl darin gefühlt. Die Eitelkeit, oder man kann auch sagen das Ehrgefühl, spielt einem doch da sehr mit, und es ist ein, mit Respekt zu melden, verfluchter Unterschied, ob man sich fühlt als φίλοιἥρωες Δαναῶν θεράποντες Ἄρηος* oder ob man immer nur ἡ πλῆθος** ist, die gestoßen wird und getreten. Das beste an der Sache ist, daß das Schreckgespenst, das bisher immer die noch kommenden Einziehungen für mich waren, verschwunden ist. Und dann ist es überhaupt nicht angenehm, einer Sache feindlich gegenüber zu stehen, die man doch mitmachen muß, und besonders im Ernstfalle ist es gewissermaßen schrecklich, wider Willen ins Feuer gehen zu müssen. Aus diesen Gründen und allen anderen ist es besser so, und ich freue mich sehr, daß die Sache so abgelaufen ist, und daß ich mich einigermaßen mit dem Kommiß ausgesöhnt habe. Dafür sind die Dienstleistungen auch gut, daß man sich von Zeit zu Zeit wieder ausreckt und sich überzeugt, daß man noch gesund ist von oben bis unten, denn ein sehr angenehmes Gefühl ist es, wenn man so jeden Muskel spürt im Körper. Am Dienstag morgen ging ich von Freiburg fort, ich ging noch nach Straßburg hinüber, um die Stadt zu sehen und Henriques zu besuchen, am Abend fuhr ich weiter und war am Mittwoch abend in Berlin. Im ganzen war ich doch froh von Freiburg weg zu gehen, und obgleich ich hundertmal auf die Frage, ob ich nicht alles dort sehr schön fände und ob ich nicht auch ein oder zwei Semester dort studieren möchte, mit ja geantwortet habe, brächten mich doch nicht 12 Pferde dazu. Ich habe mir ziemlich viel überlegt, was eigentlich der Unterschied im Leben dort und hier ist, aber derselbe ist viel schwieriger zu finden, als es zuerst scheint. Denn daß man hier alle möglichen Vergnügen hat, die es dort nicht gibt, kommt für mich nicht in Betracht, da ich mich um Vergnügen fast gar nicht bekümmert habe. Es kommt einem aber vor, sobald man wieder hier ist, als sei man von einem Teiche ans Meer gekommen. — Hier war ich Donnerstag und Freitag Tag und Nacht mit der Ar-

* Liebe Helden der Griechen, Diener des Mars.
** Masse.

a father who still finds the expenses small. If I compare what I spend, and what I would find diffcult to give up, with what I could conceivably earn, I feel a stone weighing on my heart. It is an ugly adjunct of studying that the work one does is done for one's own satisfaction—or, if you like to conceive of it on a higher plane, for mankind—but no one appreciates it. But, as I said before, given this evil and its concomitants, it is a blessing to have a father who, instead of being or seeming to be angry, approves of everything and finds it all reasonable.

I have had several most varied experiences since I last wrote to you, and the time has passed very quickly for me. The last days of military service were very merry; there was a little drinking party at the casino on Sunday and something similar on the previous days, if I remember rightly. I was truly sorry when I took off my uniform; towards the end I had felt so comfortable in it. Vanity, or it could be called self-respect, does play a very large part, and, with all due respect, it makes a damnable difference whether one feels like the φίλοιἥρωες Δαναῶν θεράποντες Ἄρηος* or only part of the ἡ πλῆθος** who are pushed about and trodden upon. The best part of the whole thing is that the threatening bugbear (which is how I perceived future periods of military service until now) has disappeared. And then it is altogether disagreeable to feel hostile towards something that must be done; especially if things should come to the worst it would be terrible to be forced to face fire unwillingly. For this reason and for all the others, it is better as it is, and I am very pleased that it ended well and that I have become somewhat reconciled to the military. Military duties are also good for making people test themselves from time to time and convince themselves that they are heathly from head to toe, for it is a singularly pleasant sensation to be conscious of every muscle in one's body. On Tuesday morning I left Freiburg and went over to Strassburg to see the city and to visit Henriques; in the evening I continued my journey and on Wednesday evening I arrived in Berlin. On the whole I was glad to get away from Freiburg, and although I answered "yes" a hundred times to the question of whether I found everything fine there and whether I would like to study there for a semester or two, twelve horses could not drag me there. I reflected at some length over what the difference might be between life there and here, but the answer is much harder to find than it seems at first. That all sorts of entertainments are offered here that are not available there is of no importance to me, since my concern with entertainment is almost nonexistent. Yet returning here gives you the impression of coming from a pond to the sea.—Here I have been busy with my paper, day and night, Thursday and Friday, until it lay

* Beloved heroes of the Greeks, servants of Mars.
** Masses.

beit beschäftigt, bis sie am Sonnabend morgen wohlversiegelt vor mir lag, wo dann auch sofort eingereicht wurde, da es schon der letzte Tag war. Ich ging dann sogleich zu Helmholtz und bat, wieder arbeiten zu dürfen, ich habe eine andere Methode mir ausgedacht, auf dasselbe Thema loszuarbeiten, die noch einen letzten Zweifel entfernen kann. Es ist allerdings wieder zehn gegen eins zu wetten, daß sie nur das negative Resultat der vorigen bestätigt, indessen glaube ich, daß die Versuche an sich schon Interesse haben. Helmholtz sagte mir, er halte es für einen guten Stoff, das ist etwas. Heute war ich wieder in meinem geliebten Laboratorium mit feinster Mechanikerarbeit beschäftigt. Meine Bekannten sind sonderbarerweise fast lauter Mitglieder der Hochschule für Musik, man kann nur sagen, les extrêmes usw. Hoffentlich profitiere ich etwas dabei.

22. Mai 1878

Ich bin wieder in die gewöhnliche Semesterarbeit hineingekommen, bringe täglich ein paar Stunden im Laboratorium zu, die übrigen bei der Arbeit zu Hause. Kollegien höre ich nicht viel, eigentlich nur bei Helmholtz mathematische Akustik, ich habe auch bei Kirchoff die Mechanik belegt, da er aber genau nach seinem Buche vorträgt und ich den Stoff zum großen Teil schon kenne, so gehe ich einstweilen nicht hin; wenn er später an gewisse schwierigere Kapitel kommt, werde ich wohl zuhören. Die Arbeit, die ich im Laboratorium angegriffen habe, geht einstweilen sehr schlecht weiter, man stößt immer auf Schwierigkeiten, die man sich vorher nicht gedacht hat. Leider verliert man dann oft auch die Arbeit vorangegangener Tage, und so ist es mir in der letzten Zeit gegangen, aber da es immer so geht, darf man sich nicht beklagen, und ich hoffe, ich werde den Wagen aus dem Dreck, in den er sich gefahren, wieder herausbringen können.

4. August 1879

Heute kann ich nun schon von der gestern stattgehabten Feier erzählen. Es hat mir immer leid getan, daß sie nicht zwei Tage früher* fiel, weil ich hoffen durfte, Papa mit dem Erfolge eine Freude zu machen, aber es ließ sich nun nicht ändern. Für mich war der Erfolg ein günstiger, ich habe nicht nur den Preis erhalten, sondern das Urteil der Fakultät war so lobend abgefaßt, daß mir das den Wert des Preises fast auf das Doppelte erhöht. Die meisten anderen Arbeiten, auch die gekrönten, wurden als Schülerarbeiten behandelt, von lobenswertem Streben usw. gesprochen, bei mir war das nicht der Fall, sondern der einzige Passus, der nicht uneingeschränktes Lob war, war der, ich hätte meine Arbeit vielleicht mehr mit der und der früheren Arbeit theoretisch verbinden sollen, indes scheine es allerdings, daß die kurze Zeit durch das, was ich geleistet, vollständig in Anspruch genommen gewesen sei. Das konnte ich nun um so eher hinnehmen, als ich gerade die Ausarbeitung

* Der Geburtstag des Vaters war am 2. August.

before me, securely sealed, on Saturday morning, whereupon it was submitted immediately, since the last day had arrived. Then I went to Helmholtz straight away and asked for permission to resume my work because I had thought of a different method of starting in on the same subject that could remove the last doubt. Although the odds are again ten to one that the negative results of the previous method will merely be verified, I believe the experiments will be of of interest in themselves. Helmholtz told me that he considered it to be a good subject; that is something. Today I was busy again with the most delicate mechanical work in my beloved laboratory. Strangely enough, my friends are almost all members of the Academy of Music; one can only say, *les extrêmes** etc. I hope I shall gain something from that.

22 May 1879

I have again become used to the regular work of the semester, spending a couple of hours a day in the laboratory, the rest on work at home. I do not attend many courses, actually only Helmholtz's mathematical acoustics; I also signed up for Kirchhoff's mechanics, but since the lectures follow his book exactly and since I am already familiar with the material to a large extent, I do not attend, for the time being; later, when he reaches certain difficult chapters, I shall certainly go to hear him. The work that I have started at the laboratory is going very badly at the moment; unforeseen difficulties keep coming up. Unfortunately, the work of the preceding days then often also goes for naught, and that is what has been happening to me in the past few days; but since it is always like that, it makes no sense to complain and I hope I shall be able to extricate the cart from the mud in which it got stuck.

4 August 1879

Today I can tell you about the celebration that took place yesterday. I am sorry that it did not happen two days earlier,* because I had hoped to give Papa joy with my success, but there was no chance. The result was a success for me: not only did I win the prize, but also the judgment of the faculty was expressed in terms of such commendation that I feel twice as proud of it. Most of the other entries, even the winning ones, were treated as students' exercises, described as praiseworthy efforts, etc.; but not mine; rather, the only passage that was not one of unrestricted praise stated that perhaps I should have related my work better theoretically to such and such a piece of work done previously, but that the short time available seemed indeed to have been taken up completely with what I had accomplished. I was able to appreciate that all the more precisely because I had to finish the composition under very difficult circumstances. In any case the evaluation I received was 5 times better than

* [*Les extrêmes se touchent* (extremes meet).]
** His father's birthday was on August 2.

unter sehr erschwerenden Umständen hatte ausführen müssen. Jedenfalls habe ich ein 5mal besseres Urteil bekommen, als mir die Arbeit im besten Falle wert schien und ein 10mal besseres, als ich erwartet hatte. Die Urteile werden gedruckt und Ihr werdet sie dann zu lesen bekommen. Es war noch eine Arbeit auf die Aufgabe hin eingelaufen, diese hatte aber kein Glück, sondern sie fand ein so niederschmetterndes Urteil, daß es allgemeine Heiterkeit hervorrief. Der Verfasser muß von sehr großer Unschuld gewesen sein, als er sie einschickte. Ich war mit Dr. Katz und Levy hingegangen, ohne etwas verraten zu haben und fest entschlossen, mir nichts merken zu lassen wenn der Erfolg ungünstig wäre. Um so angenehmer war dann das Gefühl, als der Rektor an meine Arbeit kam und ich unerkannt erst das Lob anhören konnte und schon wußte, daß es mit der Öffnung meines Kuverts endigen würde. Übrigens weiß ich sehr wohl, daß dieser Erfolg, wenn auch ein relativ großer, absolut genommen ein sehr, sehr kleiner ist, ein so kleiner, daß ich mich meiner Freude darüber fast etwas schäme. Sehr leid tut mir an der ganzen Sache, wie schon gesagt, daß sie nicht schon ein paar Tage früher spielte, und ich so hätte Papa eine Freude zu seinem Geburtstag machen können, was schon so lange nicht mehr dagewesen ist. Sonst habe ich nichts Besonderes zu berichten. Vor der Verkündigung der Preise spannte mich der Rektor (Zeller) durch eine 1½–2stündige Rede nicht übel auf die Folter, nach der Feier hatte ich zuerst die Gratulation meiner Bekannten entgegenzunehmen, dann aßen wir zu Mittag und suchten dann eine kleine Landpartie zu machen, die aber nicht sehr glückte, wegen der übergroßen Hitze und der Überfüllung aller Orte durch Berliner Spießbürger.

11. August 1879

Mir geht es gut, es war allerdings nicht klug von mir, so lange hier zu bleiben, da es hier sehr ungemütlich war, die Hitze, die Luft und der Staub waren sehr unangenehm, außerdem hat man noch vor meinem Haus die Straße aufgerissen, um Gasröhren zu legen, und so waren der Schmutz und die Geräusche um das Doppelte vermehrt und ich hatte den ganzen Tag den Lärm des Pflasterns und Grabens um die Ohren. Langweilig ist es natürlich auch gehörig, denn alles ist fort, kurzum, es war sehr dumm, daß ich mich nicht auch schon lange aus dem Staub gemacht habe. Jetzt aber reise ich morgen oder übermorgen. Von Hamburg aus denke ich dann noch eine kleine Tour von einigen Tagen zu machen.

Die Arbeit* werde ich wohl an die Annalen der Physik einschicken, aber nicht ohne sie einigermaßen umgearbeitet und einige Zusätze gemacht zu haben, wenn ich sie nicht doch vielleicht im nächsten Jahr als Doktorarbeit verwende. Als ich nämlich in der Woche im Laboratorium auf Prof. Helmholtz wartete, um mich bei ihm zu bedanken, war er ausnehmend freundlich, gratulierte mir vielmals und schlug mir eine neue Arbeit vor, die mich aber zwei bis drei

* Versuche zur Feststellung einer oberen Grenze für die kinetische Energie der elektrischen Strömung. Hertz, Gesammelte Werke, I. Band, 1.

the work merited at best in my own opinion, and 10 times better than I had expected. The evaluations will be printed and you will be able to read them. Another paper was entered on the same subject, but it had no luck and received such a devastating judgment that it was greeted with general merriment. The author must have been possessed of great innocence when he sent it in. I went there with Dr. Katz and Levy, without telling anything to anyone and fully determined to let nothing show if the result were unfavorable. I felt all the more pleased when the Rector came to my paper and I could listen to the praise before I was identified, yet knowing that it would end with the opening of my envelope. By the way, I know full well that this success, though a relatively big one, is a very, very small one on an absolute scale, so small that I am almost a little ashamed of my joy over it. In this whole matter, I am only sorry that it did not come off a few days earlier, as I said before, so that I could have given Papa the pleasure of it for his birthday, something that has not happened for ever such a long time. Otherwise I have nothing unusual to report. Before the announcement of the prizes, the Rector (Zeller) tortured me quite adequately with a 1½- to 2-hour speech; after the celebration, I first had to accept the congratulations of my friends, then we ate lunch, and then we tried to go for an excursion into the country, which did not succeed very well because of the excessive heat and the overcrowding of all places by the Berlin philistines.

11 August 1879

I am very well; however, it was not wise for me to stay here so long because the weather has been very unpleasant; the heat, the air, and the dust were very disagreeable; and now they have torn up the street to lay down gas pipes in front of the house, so that the dirt and the noise were doubled and I had the sound of paving and digging about my ears all day. It is also very boring here, because everybody is gone; in short, it was very silly of me not to have disappeared long ago. But now I am leaving tomorrow or the day after. From Hamburg I am thinking of taking a short trip for a few days.

I shall probably send my paper* to *Annalen der Physik* but not without revising it to some extent and making some additions; or I might use it for my doctoral thesis next year, after all. You see, when I had waited for Prof. Helmholtz in his laboratory last week to thank him, he was exceptionally friendly and congratulated me repeatedly and suggested a new project to me, one that would however occupy me completely for two or three years, and

* Experiments to Determine an Upper Limit to the Kinetic Energy of an Electric Current. Hertz, Coll. Works, vol. I, 1.

Jahre vollständig in Anspruch nehmen würde, und an die ich mich nicht machen würde, wenn nicht Helmholtz' Aufforderung dazu und die Art, wie er mich aufforderte, ganz besonders ehrenvoll wäre und mir in jeder Richtung seinen Beistand und sein Interesse verspräche. Da ich dann nun nicht wohl Zeit hätte, noch eine besondere Doktorarbeit vorzunehmen, so könnte ich die fertige Arbeit dazu benutzen.

Hamburg, 19. August 1879

Ich dachte noch auf einige Tage wegzugehen. Anfangs wollte ich von Berlin aus nach Rügen, dann von hier aus nach Helgoland, aber ich habe niemand gefunden, der mitgeht, und so werde ich nur dann weggehen, wenn es mir hier zu langweilig werden sollte, wonach es noch nicht den Anschein hat. Der Unterschied von Berlin hierher war ein gewaltiger und mir ungeheuer angenehm, so daß ich froh genug war, hier zu sein und mich einstweilen durchaus nicht weitersehnte. Ich habe sehr viel zu arbeiten, wozu mir hier die Ruhe außerordentlich erwünscht ist, Platz habe ich ja auch genug; vormittags nehme ich gewöhnlich Papas Veranda und den Garten in Beschlag, nachmittags den Balkon, lauter Orte, an denen sich herrlich arbeiten läßt. Leider haben in letzterer Zeit es doch einige unvermeidliche Töpfer und Dachdecker für nötig gehalten, die Demolierung des Hauses in Angriff zu nehmen, so daß das Hämmern und der Spektakel nie ganz aufhört.

Berlin, den 4. November 1879

Es sind jetzt schon wieder 14 Tage, daß wir Euch verlassen haben, und so fängt man denn schon an, sich in die Sache zu finden und die Verwöhnung etwas abzulegen. Ich arbeite jetzt wieder im Laboratorium, übrigens nicht an der Preisarbeit der Akademie. Als ich zuerst zu Helmholtz ging, gab ich ihm meine Arbeit und bat ihn sie sich anzusehen, was er auch versprach; wie ich nach einigen Tagen wiederkam, sagte er, er sei noch nicht dazugekommen, und da er sie mir bis jetzt weder zurückgegeben, noch sonst daran erinnert hat, so wird er sie wohl einfach ad acta gelegt haben. Die Mühe des Abschreibens hätte ich mir also sparen können. Im übrigen war er sehr freundlich und gab mir die Versuche an, die er für ausführbar gehalten habe. Aber da diese Versuche mir zu große Mittel zu erfordern schienen und da ich über einfachere Versuche, die ich für möglich hielt, nicht mit ihm reden konnte, so sagte ich, ich möchte mich, einstweilen wenigstens, nicht auf die Sache einlassen und lieber andere Versuche vornehmen. Ich hätte gerne gehabt, daß er meine Arbeit sich angesehen hätte wegen der Rechnungen, die ich nebenbei ausgeführt habe, und die den meisten Platz einnehmen. Was den nächsten Zweck der Arbeit angeht, als einer Vorarbeit auf Versuche, die ich jetzt nicht ausführe, so ist es mir sehr lieb, daß es so gekommen ist; denn ich fürchtete mich ordentlich davor, daß Helmholtz die Versuche billigen und mich so zur Ausführung derselben zwingen würde. Der Gedanke an eine dreijährige *geheime* Arbeit war mir ein Greuel. Lassen sich die Versuche leicht

that I would not undertake if it were not for the particular honor of Helmholtz's invitation and the way he offered it, and by which he promised me his continued support and interest. Since I then would not have time to undertake a separate doctoral thesis, I could use the completed paper instead.

Hamburg, 19 August 1879

I was thinking about going away for a few days. Originally I intended to go from Berlin to Rügen, then from here [Hamburg] to Helgoland, but I could not find anyone to go with me; and so I shall only go away if I get tired of staying on, but there are no signs of that yet. The change from Berlin to here was tremendous and awfully pleasant for me, so that I was happy enough here and had no wish to go farther for the time being. I have a great deal of work to do, for which the quiet here is particularly welcome, and I have all the room I want, too; in the morning I usually take possession of Papa's veranda and the garden, and of the balcony in the afternoon, all places that are excellent for working. Unfortunately, in the past few days some unavoidable builders and roofers have found it necessary to take the demolition of the house upon themselves, so that the hammering and the row never cease.

Berlin, 4 November 1879

Two weeks have passed now since we left you, and I am beginning to find my way back and forget about being pampered. I am working in the laboratory again now, but not on the prize problem of the academy. When I first went to see Helmholtz, I showed him my paper and asked him to look it over, which he promised to do; but when I came back a few days later, he said that he had not got around to it yet. Since he has not returned it to me, nor otherwise referred to it, he simply must have put it aside. So I could have spared myself the labor of copying it. Otherwise he was very kind and pointed out which experiments he thought practicable. However, since these experiments required too much equipment, and since I had no chance to talk with him about simpler experiments that I had in mind, I said that I should at least like to think the matter over first and would rather undertake something else. I could have wished that he had taken a closer look at my paper, if only because of the calculations that I had carried out in addition and that take up most of the space. As far as the immediate purpose of this work is concerned, as preparation for experiments which I have postponed, I am very glad of the way it all turned out; for I was properly afraid that Helmholtz would approve the experiments and would thus force me to go on with them. The thought of working in *secret* for three years was a nightmare. If these experiments

ausführen, so erfordern sie ohnehin nicht drei Jahre, und es ist immer noch Zeit, an sie zu gehen.

7. November 1879

Ich habe das Laboratorium zwar belegt und habe dort anfangs auch gearbeitet, ich habe aber kein großes Interesse an der Arbeit dort, und da mir jetzt zu Haus eine mehr theoretische Arbeit in die Hände gekommen ist, die mich sehr beschäftigt und mir viele Freude macht, so gehe ich diese Zeit nicht hin. Die Arbeit*, die ich jetzt vorhabe, knüpft sich an das, was ich zu Hause getan habe, wenn ich nicht noch die (eventuell mir sehr bittere) Erfahrung mache, daß das betreffende Problem schon anderweitig gelöst ist, so wird sie meine Doktorarbeit werden.

13. Dezember 1879

Ich denke, wir kommen morgen über 8 Tage zu Euch, so daß wir Dir, liebe Mama, beim Aufputzen des Tannenbaums helfen könnten und auch sehr gerne würden, wenn es einen solchen gäbe, aber das ist doch gewiß noch sehr zweifelhaft! Von mir habe ich wenig zu melden, ich habe diese Zeit an der Arbeit, die ich angefangen, fast ohne mich umzusehen weitergearbeitet, und immer mit Erfolg und Freudigkeit, wie ich sie mir nicht besser wünsche. Ich sage das zu meiner Entschuldigung, denn sicherlich ist sie auch daran schuld, daß ich Euch so wenig geschrieben habe. Zu Mamas Beruhigung füge ich hinzu, daß ich jeden Tag nach dem Essen eine Stunde in den Tiergarten spazieren gegangen, und bei der großen Kälte und der Einsamkeit auch gelaufen bin, so daß auch für mein körperliches Wohl gesorgt war.

17. Januar 1880

Meine Geschichte hier ist bisher ganz nach Wunsch abgelaufen und viel schneller, als man hätte denken sollen. Wie ich hier ankam, setzte ich mich gleich an meine Arbeit und hatte dieselbe denn auch am Ende der Woche fertig vor mir liegen, allerdings habe ich mich gut darangehalten, da sie natürlich wieder viel umfangreicher geworden ist, als ich vermutet hatte. Ich setzte dann gleich das Gesuch an das Ministerium auf. Am 11. gab ich mein Gesuch** ein, am 15. trug ich die ganze Sache zum Dekan und schon den 16. bekam ich vom Ministerium die Nachricht, meine Papiere und das Gesuch seien an die Fakultät mit der Ermächtigung abgegangen, meinem Wunsche zu entsprechen.

6. Februar 1880

Ihr werdet wohl schon die Karte von gestern abend erhalten und daraus ersehen haben, daß ich die Examensnot glücklich überstanden. Ich mache mich daher daran, nachdem ich so lange geschwiegen, Euch das Nähere aus

* Über die Induktion in rotierenden Kugeln. Ges. Werke, I. Band, 2.
** Um Erlaubnis, schon nach vier Semestern die Doktorprüfung ablegen zu dürfen.

can be performed easily, then they will not require three years, and there will still be time to turn to them.

27 November 1879

Although I signed up for the laboratory and started to work there, I had no great interest in what I was doing; and since I had come across a rather theoretical subject while I was at home, which keeps me very busy and gives me great pleasure, I am keeping away for a while. The problem* that engages me now derives from what I did at home, and unless I discover (which might be very disagreeable) that this particular problem has already been solved in some other way, it will become my doctoral thesis.

13 December 1879

I think we shall be with you a week from tomorrow, dear Mama, so that we could help you trim the Christmas tree, which we would be glad to do, provided there will be one, which is surely far from certain! About myself, I have little to report: during this period I have continued working on the project that I started, with scarcely time to look about me, and always with success and joy; I could not wish for better. I use it for an excuse, for surely that is the reason I have written you so little. For Mama's comfort I will add that I take an hour's walk in the zoo after lunch every day, and because of the great cold and solitude I even took to running, thus taking care of my bodily well-being as well.

17 January 1880

I have progressed here entirely as I wished and much faster than was to be expected. When I arrived here, I immediately sat down to my paper, and at the end of the week it was to hand; however, I really had to work hard, for of course as always it turned out to be much more extensive than expected. I immediately drafted the petition to the ministry. On the 11th I submitted the petition,** on the 15th I took the whole thing to the dean, and on the 16th I already had word from the ministry that my papers and my petition had been forwarded to the faculty with the authorization to grant my request.

6 February 1880

By now you will have surely received yesterday's postcard and will have learned from it that my examination troubles are happily over. Now after my long silence I shall tell you my story in detail. Before I start I must say that

* On Induction in Rotating Spheres. Coll. Works, vol. I, 2.
** For permission to take the doctoral examination after only four semesters.

der verflossenen Zeit zu erzählen. Vorher muß ich jedoch noch sagen, daß ich außerordentlich froh bin, dies überstanden zu haben und daß ich hoffe, Ihr seid es mit mir; der Gedanke, daß auch Ihr Freude daran habt, erhöht meine eigene gar sehr, oder macht vielmehr den wesentlichsten Bestandteil daran aus. Aber auch das Gefühl, die Lächerlichkeit eines Durchfalls vermieden zu haben und der Gedanke, in meinen Arbeiten nun ganz ohne äußeren Druck dem eigenen Antrieb folgen zu können, gewährt mir eine große und ruhige Freude. Des Näheren sind also die Ergebnisse der letzten Zeit diese: Als ich Euch zuletzt schrieb, hatte ich mich tüchtig an das Repetieren gemacht, aber meine Kräfte hielten bei dieser Arbeit nicht lange aus, und da ich hörte, daß die Arbeiten gewöhnlich vier Wochen, oft aber auch bis zu drei Monaten bei den Referenten lägen, so strengte ich mich nicht sonderlich an, sondern ging viel spazieren, ins Theater, und suchte mir die Zeit, die mir entsetzlich lang wurde, so gut ich konnte zu vertreiben. Am Sonntag war ich gerade so weit, daß ich mich daran machte, wieder etwas Selbständiges zu arbeiten, als mich am Abend wie ein Blitz aus heiterem Himmel eine Karte des Dekans traf, er freue sich, mir mitteilen zu können, daß meine Arbeit angenommen sei, ich hätte nun meine Examinatoren aufzusuchen und dieselben zu bitten, am 5. die Prüfung abzunehmen. Ich fühlte mich noch in jeder Richtung unvorbereitet und mein erstes Gefühl war, zum Dekan zu gehen und um jeden Preis etwas Aufschub zu erlangen, aber Dr. Katz und meine anderen Freunde hielten mich davon ab und besonders der Gedanke, daß doch dann wenigstens vier Wochen vorübergehen müßten, ehe wieder eine freie Fakultätssitzung wäre, war mir so unangenehm, daß ich es lieber darauf ankommen ließ. Ich habe dann allerdings in den letzten Tagen kräftig repetiert, immer Physik, Mathematik und Philosophie nacheinander, teilweise mußte ich mir noch Kollegienhefte zusammen leihen. Ich machte dann meine Besuche in Frack und Zylinder, zuerst bei Kirchhoff. Hier wurde ich nun allerdings wesentlich beruhigt durch die große Liebenswürdigkeit, mit der er mich aufnahm. Ich bat ihn natürlich zunächst um gütige Nachsicht, da meinte er, die würde *ich* wohl nicht nötig haben, er habe schon zwei *sehr* gute Arbeiten von mir gelesen, die müßten mir viel Mühe gemacht haben, beide, schon ihr Äußeres mache ja großen Eindruck, es sei ja sehr dankenswert, daß ich durch die Zeichnungen die Übersicht erleichtert hätte usw. Zum Abschied wünschte er mir viel Glück, man könne es ja immer gebrauchen, auch wenn man nicht davon abhänge. Ich sollte dies wohl aus Bescheidenheit nicht erzählen, aber ich denke, es macht Euch Freude. Jedenfalls aber begreift Ihr, welch ein Stein mir nach diesem Besuch vom Herzen fiel, da ich nach der Schnelligkeit, mit der die Sache gegangen (14 Tage), nicht geglaubt hätte, daß Kirchhoff meine Arbeit gelesen, und da er als etwas pedantischer Examinator verschrieen ist. Ich vergaß denn auch in meiner Überraschung beim Weggehen meinen Paletot anzuziehen, bis ich mir etwas leicht vorkam und mich nur in Frack und weißen Handschuhen auf der Haustreppe fand. Dann fuhr ich zu Zeller, dem ich beizubringen suchte, wie es um mich in der Philosophie stände; er schien aber sehr resigniert und als ob er das gar nicht anders kennte, und als ich sagte, ich hätte mich besonders mit Platon beschäf-

I am extraordinarily glad to have it behind me and that I hope you are glad with me; the thought of your pleasure increases my own very much, or rather makes up its most essential part. Indeed, the consciousness of having avoided the ridicule of a failure and the thought of now being able to follow my own inward trend in my work without any external pressure afford me a great and tranquil pleasure. Here is what the events of this period amount to: When I last wrote you, I had started vigorous preparations, but I could not stand it for long; and since I heard that the papers were commonly kept by the referees for a month, and frequently up to three months, I did not exert myself particularly, but went for many walks and to the theater, and tried to make the time pass as well as I could; it seemed awfully long to me. On Sunday evening, just as I was ready to begin some work of my own again, a card from the dean arrived, like a thunderbolt from the blue, advising me that he was pleased to inform me that my paper had been accepted and that it was now my duty to go to see my examiners and ask them to hold the examination on the 5th. I still felt unprepared in all respects, and my first reaction was to go to the dean and obtain a postponement at any cost, but Dr. Katz and my other friends dissuaded me; in particular, the idea of letting at least four weeks go by before the next suitable meeting of the faculty was so disagreeable to me that I preferred to run the risk. During the remaining days I worked my way through the textbooks vigorously, always physics, mathematics, and philosophy, one after the other; for some parts I even borrowed lecture notes. Then I paid my visits in tailcoat and top hat, first to Kirchhoff. Here I was indeed much comforted by the great kindness with which he received me. Of course I first begged his kind indulgence, but he thought that *I* would surely have no need of it, for he had already read two *very* good papers of mine, they must have given me much trouble, both of them, they were rather impressive even in their external appearance, it was most laudable the way I facilitated understanding by including drawings, etc. As we parted he wished me good luck, it was always of some help, even when one did not depend on it. Modesty should forbid me to tell you this, but I thought it would give you joy. Anyway you will understand what relief I felt after that visit, for what with the rapid course of events (two weeks) it seemed improbable that Kirchhoff should have read my paper, moreover he has the reputation of being a rather pedantic examiner. In my excitement on leaving I forgot to put on my overcoat and on feeling a little cool I found myself at the entrance to the building in my tailcoat and white gloves. Then I went to Zeller, whom I tried to enlighten as to my rapports to philosophy. However, he seemed quite resigned to the situation, as if it had ever been thus; and when I told him that I had studied Plato in particular he said, Then you must have acquainted yourself

tigt, meinte er, dann werden Sie sich auch mit den Umgebungen Platons vertraut gemacht haben? und wie ich bejahte: Nun, für ein so kurzes Examen werden wir da ja Stoff genug haben. Also schien mir auch dieses nicht gefährlich. Prof. Kummer sagte ich sofort, daß ich mich mit Zahlentheorie nicht beschäftigt hätte, worauf er meinte, das sei auch nicht zu verlangen, und dann hielt er mir eine kleine Vorlesung über die wichtigsten Kapitel der Sache. Bei Helmholtz war ich nur einen Augenblick, er erschreckte mich etwas, indem er mich mit den Worten empfing: Nun, Herr Hertz, sind Sie so weit, daß wir am Donnerstag die Prüfung vornehmen können? was zu bejahen mir etwas unheimlich war. Nach diesen Besuchen war dann aber die Angst und damit die Lust zum Repetieren wieder zu Ende, und es kostete mich viel Überwindung, immer wieder die Repetierbücher der drei Wissenschaften durchzublättern. Etwas Unbehaglichkeit überkam mich aber doch, wie ich gestern zur Universität ging und im Senatsaal alle Lichter brennen sah. Das Examen dauerte von 6–8. Wie es erst angefangen hatte, sah ich sofort, daß ich nicht durchfallen sollte. Ich glaube, ich hätte antworten können was ich wollte, wenn ich nur nicht gerade die krassesten Unwissenheiten gezeigt hätte. Die Fragen gingen allerdings bisweilen etwas tiefer, aber sobald ich anfing unsicher zu werden, beeilten sich die Examinatoren, durch kinderleichte Fragen mich zu ermutigen und auf ein anderes Gebiet überzugehen. In der Philosophie hätte ich glänzen können, wenn Prof. Zeller nicht gar zu leicht gefragt hätte. Als meine Examinatoren fertig waren, fragte der Dekan, ob sonst einer der Herren mich zu examinieren wünsche (es war schließlich die ganze Fakultät da, da von 8 Uhr an Sitzung derselben war), und da keiner es wünschte, mußte ich einen Augenblick forttreten, dann wurde ich wieder hereingerufen und der Dekan teilte mir das Resultat mit, mit welchem ich allen Grund habe zufrieden zu sein, nun gar, wenn ich die geringe Zeit bedenke, die mich das Ganze gekostet hat, denn die Doktoren von hiesiger Universität mit meinem Prädikat* sind gezählt, und besonders bei Helmholtz und Kirchhoff soll es noch nicht vielen widerfahren sein. Ich ging dann zu Dr. Katz hinüber, der (sehr kühn) einen kleinen Kuchen usw. aufgestellt hatte, und dann nach Haus, um Euch zu schreiben. Da ich fand, daß Gustav (sehr kühn) eine Karte schon ausgefüllt hatte, ergänzte ich die nur und ging dann mit meinen Freunden etwas Wein trinken, worauf ich mich in sehr angenehmem Bewußtsein zu Bette legte.

10. Februar 1880

Eure freundlichen Briefe habe ich jetzt sämtlich erhalten, und ich danke Euch sehr vielmals für dieselben. Bei Euren ersten Briefen konnte ich allerdings das Gefühl nicht ganz unterdrücken, daß es etwas hart für den Sohn ist, wenn seine Eltern gar zu gut von ihm denken, denn während ich glaubte, Euch auch einiger Unruhe überhoben zu haben, sah ich, daß davon keine Rede war, denn Mama schreibt mir der Hauptsache nach: Siehst Du, ich habe es Dir gleich gesagt, und Papa: Es ist doch selbstverständlich der erste Grad. Das tut mir insofern, und nur sofern, etwas leid, als es mir die Armut des Sohnes den Eltern gegenüber vor Augen rückte, der doch nichts als derartige

* Magna cum laude.

with his circle as well? And when I answered in the affirmative, Well, he said, for such a short examination, we shall surely have enough material. Thus here too I saw no danger. With Prof. Kummer I told him at once that I had not studied the theory of numbers, to which he replied that was not to be expected, and then he gave me a short lecture on the most important chapters of the subject. I spent only a moment with Helmholtz; he frightened me a little by receiving me with the words, Now then, Herr Hertz, are you ready so that we can proceed with the examination on Thursday? which to answer in the affirmative gave me a slightly eerie feeling. However, after these visits, the anxiety and with it the inclination to go over the same ground again were at an end and I had to force myself to leaf through the textbooks of the three sciences over and over again. However, I did feel some uneasiness when on arriving at the University yesterday I saw all the lights burning in the senate chamber. The examination lasted from 6 to 8. As soon as it started, I saw that I should not fail. I think I could have answered at random as long as I did not show the most blatant ignorance. However, sometimes the questions did go somewhat deeper; but as soon as I began to show some uncertainty the examiners hurried to encourage me by the easiest questions and by changing the subject. I could have shone in philosophy if Prof. Zeller's questions had not been quite so easy. When my examiners had finished, the dean asked whether one of the other gentlemen wished to examine me (the whole faculty had assembled in the meantime, because a meeting was to begin at 8 o'clock) and, since no one wished to do so, I had to absent myself for a moment; when I had been called back the dean informed me of the result, of which I have every reason to be glad, particularly when I consider the short time the whole affair cost me; doctorates in my class* from this university are very few in number, especially Helmholtz and Kirchhoff are said not to have awarded many. I then went over to Dr. Katz who (very daringly) had set out a little cake, etc., and then I went home, to write to you. Here I discovered that Gustav (very daringly) had already filled out a card, I merely completed it, and then went out with my friends to drink some wine, and so to bed in a very pleasant state of mind.

10 February 1880

I have now received all your friendly letters and thank you very much for them. However, with your first letters, I could not quite repress the feeling that it is a little hard on a son if his parents think too well of him, for whereas I believed that I had relieved you of some anxiety, too, I saw that there was no question of that; for Mama writes in effect, You see, I always told you so; and Papa, The highest class, obviously. I mildly regret it to an extent, and only to the extent, that it made me conscious of the poverty of a son vis-à-vis his parents when he has nothing to offer but such external successes, all

* *Magna cum laude.*

äußere Erfolge seinen Eltern zu bieten hat, um so mehr, als ich in den nächsten Jahren nicht einmal dergleichen Äußerlichkeiten werde aufzuweisen haben. An sich sehe ich freilich überhaupt keinen Grund, auf ein bestandenes Examen stolz zu sein oder sich darüber zu freuen, da man doch durch dasselbe nicht um ein Haar klüger oder besser wird, und mit der Furcht des bösen Ausganges fällt daher auch die Freude über den guten fort. Ihr seid mir doch nicht böse, daß ich so verzogen bin? Ich fürchte fast, daß es mein ganzes Leben so gehen wird und daß ich niemals Eure Erwartungen werde erreichen können. Doch denke ich, lassen wir jetzt das Examen bestanden sein und auf sich beruhen. Im übrigen geht es mir sehr gut, ich habe bisher noch an der Arbeit zu tun gehabt, da für den Druck noch manches umgeändert werden mußte. Dann habe ich sehr große Spaziergänge gemacht und habe versucht mich etwas auszuruhen, ich habe aber eingesehen, daß ich dies gar nicht nötig habe und bin deshalb wieder auf die Suche nach einer neuen Arbeit gegangen, hoffentlich habe ich bald wieder einen Stoff gefunden, der so dankbar ist wie der vorige.

20. Februar 1880

Ich habe jetzt wieder angefangen im Laboratorium zu arbeiten, und zwar bin ich dort von morgens 9 bis abends 9, da ich gar keine Lust augenblicklich habe, irgendwie theoretisch zu arbeiten. Es ist sehr angenehm, daß ich in dieser Weise abwechseln kann. Sonst ist nichts Bemerkenswertes in dieser Woche vorgefallen, ich warte auf den Druck meiner Arbeit und habe soeben während des Schreibens den ersten Bogen zur Korrektur geschickt bekommen. Es sehen mich nun meine Sätze sehr ehrwürdig an, und was bisher so leicht und bequem zu ändern war, das steht plötzlich unabänderlich vor mir, so daß mich etwas die Verantwortlichkeit für die vollständige Richtigkeit des Geschriebenen zu drücken anfängt.

23. Februar 1880

Zuerst recht herzlichen Dank für Eure freundlichen Briefe, sodann aber den allerbesten Dank für all die Güte und Liebe, die Ihr mir durch Gustav erwiesen habt. Wie Gustav mich hat überraschen wollen, werdet Ihr wissen, ich kann nun auch schreiben, daß es ihm in allen Punkten vollständig gelungen ist, und daß er mir dadurch einen Geburtstag bereitet hat, so vergnügt, wie ich ihn seit Jahren mich nicht erinnere gefeiert zu haben. Durch die Geschicklichkeit, mit der er alles heimlich gewußt hat in Ordnung zu bringen, und die Aufmerksamkeit, mit der er für alle Kleinigkeiten gesorgt hat, hat er sich nach dem einstimmigen Urteil meiner Freunde mit Ruhm bedeckt und mich selbst geradezu gerührt, denn ich habe zwar an seiner Freundschaft nie gezweifelt, aber ich hatte doch nicht diese Geschicklichkeit in der Betätigung derselben bei ihm vorausgesetzt, die ich entschieden nicht entfernt besitze. Am Sonnabend war ich bei von Hansemanns,* es war eine nach unsern Begriffen recht große Tanzgesellschaft von etwa 100 Personen, der Generalpostdirektor Stephan** und einige andere Personen derselben Stellung waren da, auch

* Frau Ottilie von Hansemann war eine Cousine von Hertz' Vater.

** Heinrich von Stephan (1831–1897), Begründer des Weltpostvereins.

the more since I shall not be in a position to offer anything even approaching it during the coming several years. Going deeper I see no particular reason for being proud of passing an examination or for being happy about it, since it does not make a person one iota wiser or better, so that the fear of a bad outcome takes away the pleasure of a good one. You are not angry with me for being so spoilt, are you? I am almost afraid that it will be like this throughout my life, and that I shall never be able to live up to your expectations. But I say, let us now regard the examination as passed and done with. Otherwise, all is well with me; I have been busy with my paper until now, because several changes remained to be made for publication. Then I took some very long walks and tried to give myself some rest, but I realized that I did not need it at all, and therefore I am searching for a new project; I hope I shall soon find some material that will be as rewarding as the last.

20 February 1880

Now I have once more started work in the laboratory and I stay there from 9 in the morning until 9 in the evening, because at the moment I have absolutely no appetite for theoretical work. It is most welcome that I can alternate in this manner. Otherwise nothing remarkable has happened this week; I am waiting for the printing of my paper and the first galley arrived while I am writing to you. Now my own sentences stare me in the face with a new dignity and what was previously so simple and easy to change now stands unalterably before me, so that the responsibility for the complete accuracy of what I have written begins to weigh upon me.

23 February 1880

First, thank you very much for your kind letters, but then thank you most of all for the goodness and love you have shown me through Gustav. As you know, Gustav wanted to surprise me, and I can now tell you that he succeeded completely on all points, and that he prepared such an enjoyable birthday for me that I do not remember celebrating so merrily for years. By the skill with which he organized it all in secret, and by the attention he paid to all the details, he covered himself with glory in the unanimous opinion of my friends and really moved me; for although I have never doubted his friendship, yet I had not expected him to show this skill in demonstrating it, which certainly I do not remotely possess! On Saturday I was at the von Hansemanns* where there was what was by our lights quite a large dancing party, about 100 guests; Generalpostdirektor Stephan** and several other people of that caliber were

* Frau Ottilie von Hansemann was a cousin of Hertz's father.
** Heinrich von Stephan (1831–1897), founder of the Universal Postal Union.

Prof. Kirchhoff, der sogleich freundlich auf mich zukam, er freue sich, mich auch in anderer Umgebung begrüßen zu können und mir während des Abends noch häufiger seine Liebenswürdigkeit zeigte.

29. Mai 1880

Ich arbeite im Laboratorium, wo ich mir eine bestimmte Aufgabe gestellt habe, deren Beantwortung nicht ohne Interesse wäre, die jedoch etwas mühselige oder langweilige Beobachtungen erfordert, nachmittags arbeite ich gewöhnlich zu Hause oder in der Bibliothek, d. h. ich suche eigentlich mehr eine Arbeit, bisher habe ich noch nicht wieder etwas Rechtes gefunden. Hoffentlich wird das bald besser.

7. Juni 1880

Was die Pläne für den Sommer anlangt, so freue ich mich auf denselben, denn welcher Plan auch durchdringt, es sind ja nur die allerschönsten. Ich freue mich sehr, überhaupt mal wieder zu reisen, was ich seit zwei Jahren nicht getan habe, und besonders darauf, mit Euch, einem oder beiden, zusammen zu reisen. Auf meine Zeit bitte ich Dich keine Rücksicht zu nehmen, am liebsten ist mir allerdings die Zeit etwa von Anfang August ab; aber da ich die Arbeit, die ich jetzt im Laboratorium vorhabe, doch in diesem Semester nicht zum Abschluß bringen kann, so würde mir auch ein früherer Termin angenehm sein.

22. Juni 1880

Ich gehe vormittags ins Laboratorium, nachmittags bin ich die letzten Tage nicht hingegangen, da es dort sehr heiß, draußen aber sehr schön war, ich habe mich deshalb mit Büchern auf die Pferdebahn gesetzt, bin nach Charlottenburg gefahren und habe dort im Park einige Stunden lesend zugebracht. Es ist dort wunderschön, die Stadt hört man nur ganz in der Ferne lärmen, die Luft ist vom Duft der Linden und Orangen erfüllt, und die Zahl der Besucher ist beschränkt genug, um einen ungestört zu lassen. Ich habe mir ein physikalisches Buch und Platons πολιτεῖα* mitgenommen, die Lektüre des letzteren macht mir viele Freude, ich kann sie auch noch ganz flott weglesen.

1. Juli 1880

Daß ich meine Arbeit wieder für längere Zeit im Stich lassen muß, ist zwar schlimm, aber offen gesagt mir augenblicklich nicht unangenehm, ich habe viel zu kochen und zu sieden, Schwefel, Siegellack, Pech, Benzin und dergleichen, was bei der Hitze ein schlechtes Vergnügen ist. Übrigens fängt die Arbeit allmählich an, Knochen und Haut zu bekommen, ich hatte eine Zeitlang die

* Der Staat.

there, as well as Prof. Kirchhoff, who came over to me right away, saying that he was pleased to meet me in another setting, and frequently showed me further kindness during the evening.

29 May 1880

I am working in the laboratory where I have set myself a certain problem whose solution would be of some interest, but which demands rather troublesome or tedious observations; in the afternoons I usually work at home or at the library, i.e., I am actually looking for some work; so far I have not found anything worthwhile. I hope matters will improve soon.

7 June 1880

As far as plans for the summer are concerned, I am looking forward to it regardless of which plan prevails, since they are all of the finest. I love the idea of traveling again, since I have not done that for two years, and particularly of traveling with one or both of you. Please do not concern yourself about my time; however, I would prefer to start out at the beginning of August; but since I cannot complete the work now in progress at the laboratory in this semester, an earlier date would also be quite agreeable to me.

22 June 1880

In the mornings I go to the laboratory, in the afternoons I have not been there for the past few days; because it was very hot there but very beautiful outside, I rode with my books in the horse tram to Charlottenburg and spent several hours there, reading in the park. It is quite wonderful there, the noises of the city are only faintly audible, the air is full of the scent of linden and orange trees, and the number of visitors is small enough to leave one undisturbed. I took a physics book and Plato's πολιτεῖα* with me; reading the latter gives me great pleasure. I can still read it off quite fast.

1 July 1880

It is bad but, speaking frankly, not unpleasant for me that for the moment I must abandon my work for a time. I have to boil and simmer many substances, sulfur, sealing wax, pitch, benzine, and the like, which is quite a trial in this heat. For the rest my work is gradually beginning to take on form and

* *The Republic.*

Furcht, sie wieder aufgeben zu müssen, da ich ganz verwirrte und schwer vereinbare Resultate bekam.

8. Juli 1880

Ich habe nun auch einen Wunsch, den ich ausführen werde, wenn Du, lieber Papa, nicht Dein Veto einlegst. Ich möchte gern das Ende des Semesters hier nicht abwarten, sondern vorher fortgehen, und vor unserer gemeinschaftlichen Reise einige Wochen an der See, etwa, wenn dies Mama recht ist, bei Mama in Föhr zubringen. Der Grund ist der, daß der Aufenthalt hier sehr ungemütlich wird, ich bin leider etwas von Unlust und Überdruß an der Arbeit, wenigstens zu meiner ganz speziellen Arbeit, befallen, die mich beunruhigen würde, wenn es nicht voriges Jahr und vor zwei Jahren um diese Jahreszeit genau ebenso gewesen wäre und dann im Herbst doch wieder alles gut in Gang gekommen wäre. Ich fühle mich auch leicht etwas schläfrig, zerstreut im Gespräch usw., so daß es wohl mehr körperlich als geistig ist (soweit sich dies trennen läßt), und ich möchte deshalb lieber weichen als dagegen angehen. Im vorigen Jahr blieb ich der Kollegien wegen und des Preises, den ich erwartete, in diesem Jahr habe ich keinen solchen Grund; um des Laboratoriums willen zu bleiben hätte keinen rechten Sinn, da ich jetzt zu allem weit mehr Zeit brauche als zu anderer Gelegenheit, und mich alles die dreifache Anstrengung kostet. Ich hoffe, Ihr haltet mich nicht für einen Simulanten, noch beunruhigt Ihr Euch, ich bin ebenso überzeugt, daß mein Unbehagen hier keine Einbildung oder bloße Trägheit ist, wie davon, daß ich meine vollständige Frische wiederhaben werde, wenn ich acht Tage etwas freiere Bilder vor mir haben werde, als mein Zimmer, in dem ich wie in einem Gefängnis auf und ab gehe, und die kahlen Mauern des Laboratoriums. Ich möchte auch an die See trotz unserer Reise, lieber Papa, und vor derselben, weil ich fürchtete, daß wenn ich direkt aus dem Gerassel und Geklingel hier in das gleiche Gelärm Londons kommen würde, mir der beste Genuß auf die Hälfte herabgesetzt werden würde. Ich habe nur die Furcht, daß Du, lieber Papa, dies so gerechte Gefühl hast, daß es unrecht ist, wenn Du zu Hause bist, und Deine Söhne, als welche nichts zu tun haben, ihren Vergnügungen nachgehen. Gustav scheint es leichter zu nehmen, er war eben im Zimmer, und als ich sagte, ich dächte nach, wie ich die Sache passend motivierte, meinte er: Schreibe nur, daß Du kommst, es wird schon Freude sein im Staate Dänemark. Ich bin schon zufrieden, wenn ich keinen Tadel finde. Die Kosten, glaube ich, werden nicht zu bedeutend sein, sie gehen natürlich aus dem, was Du mir bewilligt hast, lieber Papa. Im Falle Du Deine Einwilligung gibst, würde ich bald nach dem 15. Berlin verlassen, eine baldige Antwort würde mir ein großer Gefallen sein.

Wyk, 31. July 1880

Lieber Papa! Zuerst sende ich Dir zu den übrigen auch meine Glückwünsche zu Deinem Geburtstag. Es ist schade, daß derselbe gerade in eine Zeit fällt, wo wir fast niemals alle beisammen sind; besonders schade, wenn

substance; for a time I was afraid that I should have to give it up, because the results were quite perplexing and contradictory.

8 July 1880

I have a wish now, which I shall satisfy if you, dear Papa, do not veto it. I should prefer not to wait here for the end of the semester, but to leave sooner and to spend a few weeks at the seaside before our trip together, perhaps with Mama in Föhr,* if that is alright with her. The reason is that staying on here is becoming very disagreeable; I regret to say I am suffering from weariness and distaste for work in general and my specialized work in particular, which would disconcert me if I had not the experience of last year and two years ago, when I felt the same at this season but got everything going again in the autumn. I also become easily drowsy and absentminded in conversation, etc.; it is probably more physical than mental (if one can separate the two) and therefore I would rather give in than fight against it. Last year I stayed on because of my courses and because of the prize I was expecting; this year I have no such reason. It really makes no sense to stay on for the sake of the laboratory, because it takes me much longer at present to accomplish anything than at any other time and costs me three times the effort. I hope that you will not take me for a malingerer nor worry about me, for I am just as convinced that my feelings of malaise are not due to imagination or mere inertia, as I am that I shall regain my health completely if only I can enjoy a broader horizon for a week than my room affords, where I pace back and forth as in a prison, or the bare walls of the laboratory. I also prefer to go to the seaside, despite our trip, dear Papa, and before it, because I fear that if I go directly from the clatter and clanging here to the same noise in London, I should only half enjoy it. I am only afraid that you, dear Papa, might justly feel that it is not right to let your disengaged sons pursue their pleasures while you stay at home. Gustav seems less concerned. He has just been to my rooms, and when I told him that I was trying to think up the proper motives, he said, Just write that you are coming, and there will be joy in the state of Denmark. I shall be content if I am not blamed. I believe the expenses will not be considerable, and of course they will be met from the allowance you grant me, dear Papa. In case you consent, I would leave Berlin soon after the 15th; a prompt reply would be most welcome.

Wyk, 31 July 1880

Dear Papa! First of all, I want to join the others in sending you my best wishes for your birthday. It is a pity that it happens to come in a season when we are almost never together; the more so when it falls out as it does this

* [North Sea island.]

die Sache, wie diesmal, so liegt, daß Du ganz allein bist und wir unser Vorhandensein und unser Mitfeiern nur durch unsere Briefe verraten können, deren Studium Dir schwerlich einen gemeinsam vergnügt verlebten Tag ersetzen wird. Indessen, da es nicht anders ist, mußt Du mit den schriftlich ausgesprochenen Wünschen vorliebnehmen, daß das neue Jahr für Dich und uns alle ein glückliches und zufriedenes sein möge und daß es uns, insbesonders Deinen Söhnen vergönnt sein möge, zu Deiner Zufriedenheit etwas beizutragen. Dazu müssen wir ja leider sehr um Nachsicht und um Herabspannung Deiner Wünsche bitten, für mich besonders ist ja das kommende Jahr ein solches, in welchem äußere Zeichen des Fortschrittes oder auch nur Beweise der Anstrengung zu letzterem nicht zu erwarten stehen.

Die äußeren Zeichen des Fortschritts ließen weniger lange auf sich warten, als Hertz dachte. Schon Anfang August erreichte ihn ein Brief von Helmholtz, in welchem er Hertz eine freiwerdende Assistentenstelle an seinem Institut anbot. Hertz nahm die Stelle hocherfreut an.*

* Siehe Nachtrag, S. 346.

year, when you are all by yourself and we can show signs of our existence and celebrate with you only through our letters, whose perusal can scarcely take the place of a day spent happily together. Meanwhile, accepting all that, you will have to put up with our wishes in pen and ink that the new year may be a happy and contented one for you and all of us, and that it may be granted to us, especially to your sons, to contribute somehow to your satisfaction. To bring that about we must ask that you show us indulgence and scale down your expectations because, particularly as concerns me, the coming year is one in which external signs of progress, or even proof of striving in that direction, are not to be expected.

The external signs of progress were not as long in coming as Hertz had thought. As early as the beginning of August he received a letter from Helmholtz offering Hertz an assistantship about to become available in his institute. Hertz was overjoyed to take the position.*

* See Appendix, p. 347.

Berlin

1880-83

Heinrich Hertz an die Eltern

30. September 1880

Ich bin gestern hier ganz gut angekommen und ins Hotel du Nord gegangen. Mein erstes war, daß ich ins Laboratorium ging und mich beim Portier erkundigte; ich erfuhr, daß Helmholtz den Abend vorher angekommen sei, und daß der Assistent, welcher abging, Dr. Giese, schon ausgezogen sei, daß ich also einziehen könnte. Heute morgen ging ich zu Helmholtz, der mich sehr freundlich empfing und mir mitteilte, er habe die Bestätigung seitens des Ministers hier vorgefunden und mir schon geschrieben, ich sei also offiziell eingesetzt. Eins habe sich aber geändert, Dr. Kayser*, der bisherige Vorlesungsassistent, habe ihn gebeten, diese Stelle auch fernerhin behalten zu dürfen, und er habe ihm dies nicht gut abschlagen können, da er, Helmholtz, ja auch nur Nutzen davon habe, wenn sein Assistent den Vorlesungskursus schon einmal durchgemacht habe. Ich würde also den einen Teil der Übungsarbeiten zu leiten haben. Dieser Zusammenbruch eines Teils meiner Hoffnungen tat mir natürlich sehr leid, indessen konnte ich nichts dagegen sagen, auch hatte ich mir, seit ich erfuhr, daß nicht Dr. Kayser abgehe, schon gedacht, daß die Sache diesen Verlauf würde genommen haben.

5. Oktober 1880

Was zunächst meine Stellung anlangt, so habe ich gewiß einen sehr schlechten Tausch gemacht, wenigstens in Hinsicht auf die Zeit, die ich beschäftigt bin. Was die Bibliothek anlangt, so habe ich statt derselben jetzt einen Teil der Sammlungen zu verwalten, indessen ist das gewiß gleichgültig,

* Später Professor der Physik in Bonn.

Berlin
1880-83

Heinrich Hertz to His Parents

30 September 1880

I arrived here yesterday in good order and went to the Hotel du Nord. My first move was to go to the laboratory and ask the porter for information; I learned that Helmholtz had arrived the previous evening, and that the assistant who was leaving, Dr. Giese, had already moved out, so that I could move in. This morning I went to see Helmholtz, who received me very kindly and informed me that the confirmation from the minister had arrived and that he had already written to me that I was now officially appointed. But there was one hitch: Dr. Kayser,* the present demonstrator, had asked him to be allowed to continue in that position, and could not very well be turned down, since he, Helmholtz, would only benefit from having an assistant who had already gone through the lecture course once. As for me, I would be supervising one part of the practical courses. I am naturally very sorry about this collapse of a part of my hopes, but I could not very well remonstrate; moreover, once I had learned that it was not Dr. Kayser who was leaving, I suspected that things might turn out this way.

5 October 1880

Concerning my position, I have certainly made a very bad exchange, at least as far as the time I have to attend is concerned. Instead of being in charge of the library, I am now responsible for part of the equipment; but it does not matter, I shall easily come to an arrangement with the other assistants

* Later professor of physics at Bonn.

darüber werde ich mich sehr leicht mit den anderen Assistenten verständigen. Was indessen die Zeit anlangt, so bin ich jeden Tag von 10–3 beschäftigt, und zwar mit Unterricht, der gewiß recht müde macht, und wenn ich dann gegessen habe, ist der beste Teil des Tages hin.

9. Oktober 1880

Mir geht es sehr gut; was meine Zimmer* anlangt, so sind sie durchaus nicht so ungemütlich, wie ich sie in meinem ersten Brief wohl muß geschildert haben, sondern sie gefallen mir, obwohl sie jetzt noch kahl sind, immer besser. Außerordentlich angenehm ist mir die ruhige Lage, man hört an sich den Lärm der Stadt nur in der Ferne, und wenn abends die dichten eisernen Jalousien heruntergelassen sind, hört man nicht viel außer dem Summen des Gases. Ich werde wohl im Winter abends nicht ausgehen, sondern allein oder mit Gustav etwas auf meinem Zimmer essen und werde so wohl Zeit genug auch für eigene Arbeiten haben. Daß ich bei meiner Tätigkeit sehr viel lerne, ist ganz gewiß, dies würde mir aber ein schlechter Trost sein, wenn sie meine Zeit ganz in Anspruch nähme. Im Laboratorium habe ich noch nicht wieder gearbeitet, es ist dort noch ziemlich wüst, da in den meisten Zimmern Handwerker gewesen sind und nun erst gescheuert wird, außerdem habe ich mir noch kein Zimmer ausgesucht und will nichts anfangen, ehe Dr. Hagen zurückgekehrt ist und ich von diesem das Nähere erfahren habe, wieviel Zeit ich beansprucht sein werde, in welchen Zimmern usw. Dienstag abend war ich zum Tee bei Helmholtz. Dr. Kayser und ich waren allein mit ihm, seiner Frau, einem Sohn, Rudolfs Bekannten, und einer Tochter. Wir unterhielten uns recht gut und ziemlich über alle Dinge, obgleich es, glaube ich, weder für sie noch für uns sehr amüsant war, und obgleich das Gespräch immer Gefahr lief, ins Wissenschaftliche umzuschlagen, was mir bei solcher Gelegenheit immer etwas peinlich ist. Seine Frau war sehr liebenswürdig, im allgemeinen und gegen uns. Die Wohnung ist äußerst prächtig eingerichtet, die Zimmer sind außerordentlich groß. Helmholtz selbst war sehr liebenswürdig, aber ich glaube, er ist kein guter Unterhalter, er spricht so langsam und abgemessen, daß es mir wenigstens unmöglich ist, ihm aufmerksam zuzuhören, außer wenn es sich um Dinge handelt, bei denen wirklich jedes Wort erwogen sein will. Dann aber hört wieder die Unterhaltung auf, da ich dann meine Meinung nicht gegen seine stellen mag. Dies sage ich zur Erklärung der obigen Behauptung, daß die Unterhaltung nicht besonders amüsant war.

14. Oktober 1880

Vorgestern habe ich die Bilder und gestern abend die zweite Kiste mit den Decken usw. erhalten, und ich sage Euch und vor allem Dir, liebe Mama, meinen allerbesten Dank für beides. Du hast mir einen ganz außerordentlichen Gefallen damit getan, mein Wohnzimmer ist jetzt schon ganz wunderhübsch ausgerüstet, und ich bin imstande, seine Größe und Annehmlichkeit gehörig

* Die Dienstwohnung im Physikalischen Institut.

about it. However, as far as time is concerned, I am kept busy teaching from 10 to 3 every day, which is certainly quite tiring; and then, by the time I have had a meal, the best part of the day is gone.

9 October 1880

All is well with me; as for my rooms,* they are by no means as uncomfortable as I must have pictured them in my first letter; although they are still bare, they please me more and more. I find the quiet location extraordinarily agreeable; the noises of the city can be heard only distantly, and in the evening, when the iron shutters are let down, little is heard save the humming of the gas burner. I shall probably not go out in the evenings during winter, but eat something in my room by myself or with Gustav, and thus I shall have time for my own work as well. There is no doubt my duties teach me a lot, but it would be a poor consolation if they were to take up all my time. I have not yet started any laboratory work; the place is still rather in a mess because workmen have been in most of the rooms, which are only now being scrubbed; besides I have not yet chosen my own room and do not want to start anything until Dr. Hagen gets back and I find out the particulars from him: the hours I am expected to attend, in which rooms, etc. Tuesday evening I was at Helmholtz's for tea. Dr. Kayser and I were alone with him, his wife, a son (Rudolf's acquaintance), and a daughter. The conversation was interesting and ranged over all sorts of things, although I believe it was not very entertaining for them or for us, and although it was constantly in danger of turning to scientific topics, which is always a little embarrassing for me on such occasions. His wife was very gracious, in general and towards us. The apartment is magnificently furnished; the rooms are exceptionally large. Helmholtz himself was very amiable, but I believe he is no great conversationalist; he speaks so slowly and measuredly that it is impossible, at least for me, to listen to him attentively, unless the subject demands that each word be weighed. But then the conversation comes to a halt again, because I do not care to put forth my opinion against his. I am telling you all that to explain the above remark that the conversation was not particularly entertaining.

14 October 1880

The day before yesterday I received the pictures, and yesterday the second crate containing the bedding, etc., and I want to thank you very much for both of them, especially you, dear Mama. You have done me quite an exceptional favor; my living room is now very handsomely furnished, and I am able to enjoy its size and comforts properly. The fact that my eyes meet well-known

* The official flat in the Physics Institute.

zu genießen. Daß meine Augen überall auf altbekannte Dinge fallen, erhöht natürlich die Heimlichkeit, ich fürchte nur, es ist etwas Verwöhnung, sich so früh in ein geräumiges und behagliches Wohnen einzuleben. Sonst, liebe Eltern, geht es mir sehr gut; ich fange an, mich einzuleben und in diesen Räumen mich als Herr zu fühlen, während ich anfangs fast ängstlich, daß mich einer erwischen könnte, durch die Säle und Sammlungen ging. Gestern habe ich Helmholtz um ein Arbeitszimmer gebeten; ich habe das des früheren Assistenten bekommen, nicht sehr nach meinem Wunsch, da es ein relativ kleines, ziemlich ungemütliches und durch einen großen Schwefelsäureunfall sehr verschmutztes Zimmer ist und im zweiten Stock liegt, also den Erschütterungen mehr als die Parterrezimmer ausgesetzt ist; indessen wünscht Helmholtz, daß in jedem Stock ein Assistent sei, und unter den Zimmern, welche danach zur Wahl blieben, ist es das beste. Die Erschütterungen fallen abends fort, zu welcher Zeit zu arbeiten ich ja durch die Umstände gezwungen bin. Der Umstand, daß es bisher der frühere Assistent innehatte, wurde Veranlassung, daß ich diesen aufsuchte und mich mit ihm aussprach, es ist darum keine Feindschaft. Am Sonntag war der Dr. Hagen zurückgekommen, was mir sehr erwünscht war, da ich von ihm alles Nähere zu erfahren hatte, ich machte ihm denn auch sogleich meinen Besuch. Er empfing mich sehr warm. Ich habe seit Sonntag dann fast jeden Tag einige Stunden mit Dr. Hagen konferiert und finde ihn sehr liebenswürdig, was ich freilich auch vorher wußte. Ich habe dann, seit ich mich näher über meine Aufgabe unterrichtet, mich sehr mit derselben zu beschäftigen angefangen und werde wohl bis zum Anfang des Semesters anderes nicht vornehmen, als mich zu präpariern und die Übungsaufgaben mehr oder weniger durchzumachen, denn einige der Experimente, die ich lehren soll, habe ich selbst nie ausgeführt, und schließlich sind die Leute, die üben, keine Kinder mehr, und wenn (ich vor drei Jahren) zu (mir jetzt) als Übender zum Assistenten käme, müßte (ich jetzt) mich in acht nehmen, mich nicht vor (mir vor drei Jahren) zu blamieren. Das Scheuern im Laboratorium ist ziemlich zu Ende, und ich habe mich daher heute darangemacht zwei der Lehrsäle nach meinem Behagen einzurichten, d. h. Ordnung zu schaffen, und habe natürlich als neuer Besen gut gekehrt, d. h. eine Menge alten Gerümpels, halber Apparate usw. an die Luft gesetzt, nach dem oft auch zu Hause verteidigten Prinzip. Der plötzliche Reichtum an Glas- und anderen Apparaten macht mich noch bisweilen stutzig, ob ich auch das Recht habe, zum Wegwerfen zu verdammen oder zum Dableiben zu begnadigen; aber nach der anderen Reden zu urteilen, läßt Helmholtz seinen Assistenten nicht nur in diesen Kleinigkeiten völlig freie Hand, sondern entschließt sich auch zur Änderung und Anschaffung größerer und kostspieliger Apparate sehr schnell, sobald ihm nur bestimmt formulierte und einigermaßen begründete Vorschläge hierzu gemacht werden.

24. Oktober 1880

Was mich anlangt, so fühle ich mich äußerst in meinem Fahrwasser, in der Tat habe ich bisher nur neue Annehmlichkeiten kennen gelernt. Heute stehe

things everywhere naturally increases the feeling of being at home here; I only fear that getting used to such spacious and comfortable living so early amounts to being spoiled. For the rest, dear parents, I am doing very well; I am getting used to the life here and to being master of these rooms by rights, whereas at first I slinked through the halls and storerooms almost afraid that someone might catch me. Yesterday I asked Helmholtz for a workroom; I was assigned to the former assistant's room, not exactly what I would have wished, because it is relatively small, rather uncomfortable, and very dirty as a result of a bad accident with sulfuric acid, and is located on the second floor, so that it is more subject to vibrations than the ground-floor rooms; however, Helmholtz wants an assistant on every floor, and of the available rooms this is the best. The vibrations cease in the evening, the very time circumstances force me to work anyway. The fact that it previously belonged to the former assistant caused me to search him out and talk it over with him; there is no enmity over this. Dr. Hagen came back on Sunday, which was very welcome, because I had to learn all the details from him, and therefore I called on him right away. He received me very warmly. Since Sunday I have been conferring with Dr. Hagen for several hours almost every day and find him very likable; of course I knew that before. Once I knew more about my assignment, I started to study my duties, and I shall probably not undertake anything else until the beginning of the semester except to prepare myself and more or less go through the laboratory exercises, because I have never performed some of the experiments I am supposed to teach; after all, the people doing the exercises are no longer children, and if my former self of three years ago were to come to my present self as a student goes to an assistant, my present self would have to take care not to make a fool of myself before my former self of three years ago. The cleaning of the laboratory is almost finished, and today I set myself to arranging two of the classrooms to my satisfaction, i.e., to create order; being a new broom, I swept well, i.e., I threw out a lot of old junk, broken apparatus, in accordance with the principle often practiced at home. The sudden wealth of glass and other apparatus still makes me hesitate whether I have the right to condemn things to be thrown away or to redeem them to stay; judging from what the others say, Helmholtz not only gives his assistants a completely free hand in these minor matters, but is also quick to decide on alterations and acquisitions of bigger and more expensive equipment, provided properly formulated and fairly reasonable proposals are presented to him.

24 October 1880

As for me, I feel that I am completely in my element, indeed so far I have come only across further delights. However, today I am on the eve of battle,

ich nun allerdings am Vorabend eines Schlachttages, denn morgen fangen die Übungen an!

Heute habe ich bei Helmholtz zu Mittag gegessen mit Dr. Hagen, sonst in der Familie und mich ganz gut unterhalten. Es war meistens die Rede von persönlichen Bekannten, aber es waren doch fast immer solche, für welche auch ich und jeder Fremde sich interessierte; Gelehrte und auch Künstler und viele Leute, von denen man sonst in den Zeitungen liest, so indirekt aus der Nähe kennenzulernen, ist nicht allein belehrend und ermahnend, sondern hat noch einen ganz besonderen, ich möchte sagen historischen Reiz, der nicht allein auf dem Schmeicheln der persönlichen Eitelkeit beruht. Ähnlich geht es mir im Laboratorium, wenn dasselbe auch ganz neu und die Sammlung ziemlich neu ist, so finden sich doch schon genug historische Spuren, und man braucht nur sehr wenig ideales Gefühl, um in diesem und jenem Apparat, mit welchem diese und jene berühmte Untersuchung ausgeführt worden ist, mehr als in einem anderen zu sehen und sich gern als Verwalter desselben zu fühlen. Allerdings sind es fast nur Kleinigkeiten, die einem in der Art bis jetzt begegnen, aber doch genug, um das Kennenlernen der Sammlung zu einem großen Genuß zu machen. Auch in anderer Richtung habe ich eine große Annehmlichkeit, der Umgang mit andern kommt mir von selbst, ohne daß ich ihn aufzusuchen brauche, erstens habe ich an Dr. Hagen einen sehr angenehmen Kollegen, der, wie es scheint, nicht nur liebenswürdig, sondern auch tüchtig ist, mit dem ich mich gern über wissenschaftliche Dinge und eigene Arbeiten unterhalte und mit dem ich hoffentlich recht viel gemeinsame Sache machen werde; dann bringt schon das Geschäftliche mich mit genug Leuten in Verbindung, die in der einen oder anderen Richtung interessant oder nützlich sind. Freitag abend war Physikalische Gesellschaft, wo Helmholtz eine sehr große neue elektrische Maschine demonstrierte; auch Du Bois-Reymond und die meisten Berliner Physiker waren da, die Sitzung war zum erstenmal im Institut, und auch hier war mir das Gefühl, zu Hause zu sein, sehr lebhaft. Man merkt eben doch noch mehr und an mehr Dingen, als man denkt, daß man sich im Zentrum der eigenen Wissenschaft befindet, und ob es Torheit ist oder Verstand, dies Bewußtsein ist ein sehr wohltuendes.

15. November 1880

Ich habe jetzt, wie gesagt, sehr viel zu tun, zunächst zwar nur während der Zeit von 10–3, während dieser aber bin ich auch vollständig besetzt oder, um einen anderen Ausdruck zu gebrauchen, ziemlich geplagt. Ich habe jetzt fünf Praktikanten, von denen sind zwei ziemlich selbständig, die andern aber geben mir so viel zu tun, daß es eine größere Anzahl auch nicht mehr könnte. Sage ich ihnen die einfachsten Dinge, so sind sie gleich wieder da mit: ich kann nicht und es geht nicht, und ich muß ihnen häufig die Arbeiten mehr vormachen, als daß sie sie machen, dann wieder bekommen sie die sonderbarsten Resultate, bis ich die Sache mitmache, und dann geht sie, und sie wissen nicht woher; das schlimmste ist, daß sie sich in den kleinen Rechnungen

for the exercise classes begin tomorrow! Today Dr. Hagen and I had lunch with Helmholtz and his family, and I quite enjoyed it. The talk was mostly about personalities, but such as would be of interest to me or any stranger; to become thus indirectly yet closely acquainted with scholars, artists, and many other people of whom one reads in the papers is not only instructive and standard setting, but also has a special, one might say historical, attraction which is not based merely on the satisfaction of one's personal vanity. Similarly, in the laboratory, even though it is completely new and the collection is rather new, there are enough traces of history, and it takes only a little sentiment to see more in this or that apparatus, with which this or that famous experiment was carried out, than in any other and to feel pleased to be in charge of it. However, until now I have encountered only trivia in this way but they have sufficed to make getting acquainted with the collection a great pleasure. I am also very fortunate in another regard—my relations with others are established without any effort on my part; first of all, I have a very congenial colleague in Dr. Hagen, who is apparently not only kind but also competent and with whom I often speak of scientific matters and my own papers; I hope to make common cause with him in many things; moreover, I come into business contact with enough people who are interesting or helpful in one direction or another. On Friday evening there was a Physical Society meeting, at which Helmholtz demonstrated a very large, new electric machine; Du Bois-Reymond and most of the Berlin physicists were there as well; it was the first time the meeting was held in the Institute, so the feeling of belonging was very vivid. I grow increasingly aware, and in more ways than expected, that I am at the center of my own field; and whether it be folly or wisdom, it is a very pleasant feeling.

15 November 1880

As I mentioned, I have a great deal to do at present, although so far only from 10 to 3, but during these hours I am in bondage or, to use another expression, rather harassed. I now have five laboratory students, two of them more or less independent, but the others keep me so busy that a greater number could not give me more trouble. I make the simplest demands on them, but they are back again immediately, with "I cannot manage," and "It will not work," and I often have to do the better part of their tasks for them; then again they get the strangest results until I join in, and then it works and they do not know why; the worst of it is that they always make mistakes in the minor calculations and when I draw it to their attention they insist they have

immer verrechnen, und wenn ich ihnen dies versichere, behaupten sie, zehnmal nachgerechnet zu haben, so daß mir schließlich nichts übrigbleibt, als ihnen nachzurechnen, wo sich dann zwar der Fehler findet, aber ich auch einen gewissen Ärger über meine verlorene Zeit und Mühe nicht unterdrücken kann. Indessen ist das ja allerdings Geschäft, und ich sollte darüber nicht klagen, da ich ja nicht gleichzeitig meine Stelle haben und nichts dafür leisten kann. Auch habe ich nachher ja noch immer so viel Zeit, daß der Mangel dieser kein Grund für die Unterlassung eigener Arbeiten wäre.

27. November 1880

Die Zeit fliegt mir jetzt fort, wie sie noch nie geflogen ist, und acht und vierzehn Tage sind herum, ehe man recht zum Bewußtsein kommt. Ich glaube, mein letzter Brief war gerade etwas in verdrießlicher Laune geschrieben, diese war aber durchaus nur vorübergehend. Es ist wahr, meine Tagesarbeit ist ganz anstrengend, und bisweilen kann man einen aufsteigenden Verdruß nicht ganz zurückhalten, wenn man sich gelegentlich mehr als Sklave denn als Lehrer fühlt, aber im allgemeinen nimmt das Unangenehme ab, erstens weil ich die Arbeiten selber besser kennenlerne und nicht alle Kunstgriffe selber mitlernen muß, zweitens weil im ganzen das Gefühl der Autorität den Praktikanten gegenüber und die Sicherheit des Richtigmachens Helmholtz gegenüber zunimmt, so daß ich Arbeiten den Leuten entsprechend verteile und den Ungeschickten oder Trägen ganz einfache Aufgaben gebe und sie zwinge, diese allein zu machen, dagegen den andern solche, die etwas aus der herkömmlichen Schnur heraustreten und mich selber auch interessieren, was, wie mir scheint, auch Helmholtz nicht unlieb ist. Im ganzen ist die Sache aber doch so, daß ich um drei Uhr einen Strich unter diese ganze Tätigkeit machen kann und mich meinen eigenen Gedanken zuwenden. Leider bleibt aber eine sehr beträchtliche Ermüdung, die mir besonders anfangs sehr empfindlich war, und dann auch die Schwierigkeit, plötzlich gewissen Gedanken „hört auf" und andern „fangt an" zu sagen. Hierauf bezog sich wohl der Ausdruck, Mangel an Zeit wäre kein Grund zur Unterlassung eigener Arbeiten, den Papa aus meinem vorigen Briefe zitiert. Indessen ist das nicht so schlimm, ich arbeite ganz fleißig, nur fällt es mir noch schwerer als früher, mich an eine bestimmte Arbeit zu halten, sondern ich habe mehrere im Kopfe, und da ich zu allen die Mittel habe, so denke ich bald an diese und stelle mir dann wieder zu jener die Apparate auf, kurzum, mein Kopf und meine Zeit können nicht alle Versuche machen, die ich mit den Apparaten, die zu meiner Verfügung sind, zu machen wüßte, und eben im Vergleich mit den Mitteln kommt es mir vor, als ob ich gar nichts leiste und gar nicht vorwärts käme. Und dann möchte ich auch manche theoretische Untersuchungen machen und doch auch die Apparate nicht unbenutzt lassen, so daß ich sehr viel leisten könnte, wenn mein Verstand die Güte haben wollte, zehnmal schneller als früher zu arbeiten, aber da er das leider nicht tut, so sind mir auch die Apparate nicht so unmäßig viel nütze.

gone over them a dozen times, so that nothing will do but to recalculate it for them; whereupon the error is found, but I cannot repress a certain amount of annoyance over my lost time and trouble. However, all that is after all part of the job and I should not complain about it, since I could not hold my position without doing something in return. Moreover, enough time is left to me so that I could not blame lack of time for neglecting my own work.

27 November 1880

Time flies for me now as it has never flown before, and a week or two go by before you know it. I believe my last letter happened to be written in a rather peevish mood, but that was only a passing cloud. It is true that my daily duties are quite demanding, and sometimes I cannot suppress a rise of anger when I feel more of a slave than teacher, but in general what is disagreeable is on the wane, first because I grow more familiar with the set exercises myself and no longer have to acquire the requisite skills along with the students, and second because my feeling of authority over the students and of confidence in my accomplishments vis-à-vis Helmholtz increases; now I distribute the assignments appropriately among the students, giving the clumsier or slower ones quite simple tasks and forcing them to do them alone, whereas the others get somewhat more original assignments that interest me as well, which I think is not unacceptable to Helmholtz. However that may be, I can put paid to all that at three o'clock and turn towards my own thoughts. Unfortunately a rather considerable weariness remains, which was worst at the beginning, as well as the difficulty of suddenly saying, "Stop!" to certain thoughts and "Start!" to others. The phrase that Papa quoted from my letter, "I could not blame lack of time for neglecting my own work," must refer to that. However, it is not too bad, I keep on working, only I find it even harder than before to stick to one particular subject; I have several in mind, and since the tools for all of them are available here, I think now about one and now collect the apparatus for the next—in short, my head and my time do not allow me to do all the experiments that could be done with the apparatus at my disposal; and it is precisely in relation to the available means that I feel as if I were accomplishing nothing and made no progress at all. And in addition I should like to turn to theoretical research and yet not leave the apparatus idle; then I could achieve a great deal if only my brains would have the kindness to work ten times faster than before. Unfortunately they refuse to and then the apparatus is not such a great asset after all.

7. Dezember 1880

In meine Arbeit lebe ich mich mehr und mehr ein, sie strengt mich auch immer weniger an. Die Annehmlichkeiten und Vorteile meiner Stellung höre ich nicht auf zu bemerken, ich habe doch viel Gelegenheit, neue Menschen kennenzulernen, die mehr oder weniger interessant sind, aber von denen man doch etwas lernen kann und die eine schon mehr bevorzugte Stellung in der Wissenschaft und Gesellschaft einnehmen. Und die besondere Annehmlichkeit ist, daß mir diese alle freundlich entgegenkommen und ich mich mehr oder weniger als Gleicher mit ihnen unterhalten kann. Ich lerne gerade in der letzten Zeit ganz besonders viel in allen möglichen Richtungen, und das macht mir doch große Freude; in der letzten Zeit meiner Studentenschaft hatte ich das Gefühl, daß das Lernen so etwas ins Stocken kam, jetzt komme ich mir vor wie ein Pferd, das seine alte Weide abgefressen hat und nun auf eine neue, fettere geführt ist. Und es ist eine so viel angenehmere Art des Lernens, wenn man sich mündlich von den Leuten, die man in jeder Sache für die bestunterrichteten hält, Bescheid holt, als wenn man beständig die leidigen Bücher zu wälzen hat. Auch das Unterrichten ist ja eine vortreffliche Art des Lernens; der Zwang, die Trägheit, die doch jeden hält, zu überwinden, ist äußerst heilsam, und beim genauen Durchdenken auch der ganz gewöhnlichen Dinge findet man dann doch immer etwas, was des Aufhebens wert ist. Mit meinen eigenen Arbeiten geht es jetzt auch besser; ich habe mir vorgenommen, streng eine nach der anderen vorzunehmen, habe daher erst eine, bei der nur noch die Äußerlichkeiten, vor denen ich mich am meisten scheue, fehlten, fertig gemacht und, um sie gleich zu benutzen, in der Physikalischen Gesellschaft am Freitag abend vorgetragen. Ob ich sie drucken lasse, weiß ich noch nicht, jedenfalls kann sie einstweilen noch liegen, da mir nicht viel daran läge, wenn mir ein anderer mit der Bearbeitung des gleichen Stoffes zuvorkäme. Jetzt habe ich eine andere vor, die im Fall glücklichen Gelingens mir wahrscheinlich Freude machen wird. Übrigens sind alle diese Arbeiten theoretische; es ist mir fast unmöglich, eine experimentelle Untersuchung zu machen, wenn mir eine andere Sache im Kopfe liegt, und so habe ich mich dahin resigniert, das schöne Laboratorium einstweilen als Luxus zu betrachten. Neulich bei meinem Vortrag kam Helmholtz leider zu spät, da er ein Examen abzunehmen hatte; er erkundigte sich am folgenden Tage bei mir danach und ließ sich die Hauptsachen sagen. Es schien mir, als ob er ihn gerne gehört hätte und als ob es ihm angenehm war, daß ich vorgetragen hätte; er ist jetzt Präsident und scheint den Stoffmangel besonders zu fürchten, und gerade neulich kam daher mein Vortrag gelegen. In der Gesellschaft habe ich kein Wort über den Vortrag gehört; ich forderte nicht zur Diskussion auf, und es erfolgte auch keine; das ist an sich recht gut, weil dieselben gewöhnlich ins Abgeschmackte übergehen (weshalb ich auch absichtlich nicht aufforderte), indessen wäre sie mir als Zeichen des Interesses ganz angenehm gewesen.

7 December 1880

I am adjusting more and more to my work, and it tires me less and less. I never stop noticing the amenities and advantages of my position; I have so many opportunities to meet new people who are interesting in various degrees but from whom one can always learn something, and who already occupy a more privileged position in science and in society. And the best part is that they all meet me in a cordial way and we can talk more or less as equals. Just now I have been gathering knowledge in all possible directions, which I do enjoy greatly; towards the end of my student days I felt that learning had somehow come to a halt, but now I feel like a horse that has used up its old pasture and has been led into a new and fatter one. And how much more pleasant to get instruction verbally from persons who are thought of as the best informed in each field instead of forever thumbing through those tiresome books. Besides, teaching is also an excellent way of learning; being compelled to overcome the inertia that holds everyone down is extremely salubrious and in the process of carefully thinking over quite ordinary things, one always finds something that is worth keeping in mind. My own doings too are improving; I have decided to take them up in strict order. Thus I have first finished one paper that only lacked the final touches, which I dreaded most, and in order to put it to some use right away, I read it to the Physical Society Friday night. I am not yet sure whether I shall publish it; in any case it can wait, since I would not mind much if someone else were to anticipate me in developing the matter. Now I have taken up another subject, which should give me much pleasure if I am lucky with it. By the way, all these papers are theoretical ones; I find it almost impossible to do experimental research when I have something else in mind, and I have resigned myself to regarding the beautiful laboratory as a luxury for the moment. Helmholtz was unfortunately late for my recent lecture, because he had to hold an examination; he asked me questions about it the next day and made me tell him the main points. It seemed to me that he should have liked to have been in the audience and that he was pleased that I had given the lecture; he is president now and seems to fear a dearth of material, so that my lecture came at an opportune time just then. I did not hear a word about the paper at the society meeting; I did not ask for a discussion, and none resulted; that in itself is actually welcome, because they usually end in absurdity (which is why I did not call for any); but on the other hand I should have welcomed it as a sign of interest.

25. Januar 1881

Die Arbeit, die ich zu Hause hatte, habe ich seit 8 bis 10 Tagen fertig, und ich bin seitdem teils mit den Vorbereitungen zu der neuen, teils damit bebeschäftigt, die Weihnachtsgeschenke und die geschickten Sachen in meinem Zimmer aufzustellen. Ich habe mir zunächst die Minerva geholt, die mir sehr viele Freude macht, habe die Kaulbachschen Bilder einrahmen lassen und daneben aufgehängt, dann die Dreschselbank aufgestellt. Ich habe dann einige Tage tüchtig getischlert, um mir ein Werkzeugbrett, einen Untersatz unter die Minerva und einige andere Kleinigkeiten zu machen, und jetzt habe ich auch eine sehr hübsch eingerichtete Werkstatt. Ob ich sie nun auch fleißig benutzen werde, muß noch dahinstehen, die Werkzeuge sind einstweilen alle stumpf und mangelhaft, aber wenn ich sie brauche, habe ich sie doch. Die besondere Annehmlichkeit habe ich noch, daß ich alles, was mir fehlt, in der Werkstatt unseres Mechanikers hier haben kann, ebenso Rat und Hilfe, da er ein sehr geschickter Mann ist mit dem einzigen Fehler, daß er zu allem ewige Zeit braucht. Am Freitag trug ich in der Physikalischen Gesellschaft meine Arbeit* vor, leider waren weder Kirchhoff noch Helmholtz da, so daß ich lieber gar nicht vorgetragen hätte; da aber auf die Frage des Vorsitzenden (Du Bois-Reymond), ob einer etwas vorzutragen habe, sich niemand zum Wort meldete und ich meinen Vortrag fertig hatte, so fühlte ich mich doch verpflichtet. Ich hatte auch die Genugtuung, daß Helmholtz, der nachher kam, mich fragte, worüber ich vorgetragen, er habe es nicht gewußt, er hätte auch doch nicht früher kommen können wegen eines Diners, so daß ich sah, er wäre gerne dagewesen. Auch von einigen jüngeren Kollegen, die mehr Konkurrenten sind und schwerer zu befriedigen als die Lehrer, bekam ich diesmal allerhand mir Angenehmes zu hören; schon daß man überhaupt bisweilen etwas vorzutragen hat, scheint zu bestechen. Ich war auch selber mit der Art meines Vortrags diesmal zufriedener als das erstemal; ich konnte es zwar noch nicht dazu bringen, meine Zuhörer anzusehen, sondern kehrte mich immer gegen die Tafel, aber ich sprach doch etwas langsamer, als mir natürlich ist, und versprach mich dadurch weniger. Neulich erkundigte sich Helmholtz bei mir nach den Resultaten der Arbeit, die ich im vorigen Sommer vorhatte, frug, ob ich etwas darüber bekanntgemacht hätte, und ließ sich dann die Versuche von mir erzählen. Über dieselbe Arbeit habe ich auch mit anderen Herren gesprochen, die sich auch dafür interessierten und meinten, ich sollte doch jedenfalls etwas darüber veröffentlichen. Nun habe ich leider nicht gleich alles aufgeschrieben, und die Erinnerung täuscht, ich müßte also die Versuche alle nochmal machen, und dazu habe ich jetzt keine Lust. Aber es ist doch angenehm, wenn eine Arbeit, die mir selbst nicht der Mühe des Weiterführens wert schien, nun bei anderen Interesse findet, und ich bin auch leider so eitel, daß mir das persönliche Auskunftgeben noch besonders Spaß macht.

* Über die Berührung fester elastischer Körper. Ges. Werke, I. Band, 5.

25 January 1881

The paper that I took home was finished 8 or 10 days ago, and since then I have been busy partly with preparations for a new one and partly with putting the Christmas presents, and the things that were sent to me, around my room. First I placed the Minerva [plaster head of the helmeted Goddess], which gives me great pleasure; I had the Kaulbach pictures framed and hung them next to her; then I set up the turner's lathe. For a few days I worked hard at carpentry and made myself a tool board, a stand for the Minerva, and a few other little things, and now I have a very nicely equipped work room. Whether I shall use it frequently remains to be seen; the tools are still blunt and in poor condition, but if I need them they are there. I have the privilege of getting what I lack from the workshop of our mechanic, including advice and help, since he is a very able man; his only fault is that he takes an endlessly long time over everything. On Friday I read my paper* to the Physical Society; unfortunately neither Kirchhoff nor Helmholtz were there, so that I should have preferred not to speak at all; but since no one had responded to the chairman's (Du Bois-Reymond's) question as to whether anyone had something ready, I felt obliged to proceed. I then had the satisfaction of having Helmholtz (who came afterwards) ask me what the subject had been; he said he had not known about it, but even so he could not have come earlier because of a dinner engagement, so that I saw that he wished he had been there. I also had all sort of favorable comments from several younger colleagues, who are rather more like competitors and harder to please than the teachers; even to have something on which to lecture seems to make a favorable impression. This time I was myself better pleased with the way I spoke than the first time; I still could not bring myself to look right at the audience and kept turning round towards the blackboard, but I did speak a little slower than is my wont and therefore made fewer mistakes. Recently Helmholtz inquired about the results of the work I did last summer; he asked whether I had published anything about it and made me tell him about the experiments. I have also discussed this project with some of my other colleagues who were also interested and who thought that I should by all means publish something on it. Unfortunately I did not write everything down right away, and memory is deceptive, so that I would have to do all the experiments over again, and I have no desire to do that now. But it is pleasant when a project that I did not think worth continuing now interests others, and unfortunately I am vain enough to derive a special pleasure from giving information in person.

* On the Contact of Elastic Solids. Coll. Works, vol. I, 5.

8. Februar 1881

Seit Montag vor acht Tagen ist Dr. Kayser krank, und ich habe seine Funktionen hinzunehmen müssen (von meinen eigenen habe ich allerdings nur noch sehr wenig Arbeit), also besonders habe ich in den Vorlesungen zu assistieren. Nachdem ich es probiert, bin ich eigentlich recht froh, daß dies nicht mein Teil geworden ist, und hoffe, daß die Arbeitsteilung so bleibt, wie sie war. Denn ich habe sehr viel Arbeit davon, besonders allerdings, weil ich die Versuche selbst alle zum erstenmal mache und die Apparate alle nicht in gutem Stande sind, aber doch so viel Arbeit, daß ich die eigenen Arbeiten bis zum Ende des Semesters vermutlich werde beiseite lassen müssen.

8. März 1881

Ich habe nur die eine Klage, daß mir die Zeit vergeht, ich weiß nicht wie schnell. Es ist nun schon ein Semester herum, daß ich hier bin, und vier Semester machen zwei Jahre, die zusammengefaßt mir als eine sehr lange Zeit erscheinen, und ich habe in eigener Tätigkeit so gut wie nichts getan. Betrachte ich das Semester allerdings als ein Lernsemester, so kann ich sehr zufrieden sein, denn ich habe *sehr* viel gelernt, besonders dadurch, daß ich nicht auf das Lernen aus Büchern angewiesen war, sondern mich in jedem Zweifel gleich persönlich an solche wandte, die den betreffenden Gegenstand bearbeiten, so daß ich besser, leichter und sicherer zugleich lernte. Ich habe mich mit den meisten selbständig arbeitenden Herren auf guten Fuß gestellt, so daß sie mir ihre Arbeiten zeigen, was sie zum Teil nicht jedem tun, sich mit mir über dieselben unterhalten und mich gelegentlich um Rat fragen. Ich mag dies sehr gerne, da ich mich einmal für den Gegenstand interessiere, zweitens viel dabei lerne und drittens meine Kräfte mit den ihrigen vergleiche. Auch an Kenntnis der Apparate habe ich sehr gewonnen, und manche haben erst dann Wert, wenn man sie einmal in der Hand gehabt hat und mit ihnen umzugehen weiß. So erschienen mir früher die Gasmaschine, die elektrodynamische Maschine, die elektrische Lampe usw. als äußerst umständliche und schwer benutzbare Dinge; seit ich sie für die Vorlesungen notgedrungen ein paarmal habe benutzen müssen, habe ich gesehen, daß es nicht so schlimm ist, und wenn ihre Benutzung mir jetzt vorteilhaft erscheinen wird, werden sie in meiner Hand sein. Aber schließlich ist doch alles Lernen und alle Kenntnis nur Mittel zum Zweck, und in bezug auf diesen Punkt bin ich nicht so zufrieden, wie ich sein möchte.

17. März 1881

Vorgestern war ich zum Frühstück bei Helmholtz; ich bin eigentlich jedesmal lieber dort, weil ich mich weniger geniert und freier fühle.* Sonst bin ich ziemlich fleißig oder will es wenigstens sein; es ist jetzt aber so

* Nach seinen Briefen war Hertz häufig dort im Hause, nahm auch sonst viel an Tanzereien und Festlichkeiten in der Berliner Gesellschaft teil, anscheinend immer unwillig.

8 February 1881

Dr. Kayser has been ill since Monday week and I have had to take over his duties in addition to my own (which to be sure give me very little trouble at present); in particular, I have to assist at the lectures. After trying it, I am actually quite glad that this did not become a regular part of my duties and I hope that the division of labor will remain as before. For it gives me a lot to do, mainly because I am new to the experiments and the apparatus is not in uniformly good condition, but still so much work that I shall presumably have to put my own projects aside until the end of the semester.

8 March 1881

I have but one complaint, that time passes so quickly, I know not how. One semester has already gone by since I came here, and four semesters make two years, which, taken together, seem a very long time, yet I have done next to nothing in my own field. However, when I look at the semester as a period of study I can take great satisfaction, for I have learned a *great* deal, especially since I was not dependent on book learning, but when in any doubt could turn directly and in person to those who are working on that particular subject, so that I learned better, more easily, and more reliably and promptly. I have put myself on a good footing with most of the colleagues (who are mostly working independently), so that they show me their work—something that some of them would not do for just anyone—discuss it with me, and occasionally ask me for advice. I like that very much, first because I am interested in the subject, second because I learn much by it, and third because I can measure my strength against theirs. I have also gained greater familiarity with the instruments, some of which reveal their worth only after one has handled them and knows how to deal with them. Thus previously the gas motor, the electric dynamo, the electric light, etc., seemed to me to be extremely awkward and difficult in use; now that I have perforce had to use them a few times for the lectures, I have seen that it is not so bad, and whenever their use will seem advantageous in the future, they will be at hand. But after all learning and all knowledge are only means to an end, and on that point I am not as happy as I should like to be.

17 March 1881

The day before yesterday I had breakfast at Helmholtz's; I actually like being there better each time I go because I feel less self-conscious and better at ease.* Otherwise I am fairly industrious, or at least try to be; but we are

* According to his letters, Hertz was often in that house and also participated in many dances and festivities in Berlin society, apparently always unwillingly.

wunderschönes Frühlingswetter, daß ich es nicht immer zu Hause aushalte, sondern täglich einige Stunden spazierengehe, dabei dann auch über allerlei nachdenke. Ich will jetzt doch die kleineren Arbeiten, die ich so ziemlich fertig habe, mit einigen Zusätzen versehen, zum Druck zu bringen suchen; ich möchte sie zwar noch lieber behalten, weil mir immer noch allerlei Dazugehöriges einfällt, aber ich möchte doch auch gewisse andere Aufgaben, die ich mir gestellt, vornehmen, und so liegt mir zuviel im Kopf, ich muß die alten Sachen entweder ganz in die Schublade werfen oder sie veröffentlichen. Bei der letzten Arbeit* glaube ich sogar, daß sie etwas Nutzen haben kann (ich werde überhaupt immer milder in den Ansprüchen an andere und an meine Arbeiten). Neulich kam nach der Physikalischen Gesellschaft ein Professor an der Gewerbeakademie zu mir und fragte, ob ich sie nicht bald veröffentlichte, sie habe ihn nämlich sehr interessiert, ich solle doch auch die Resultate in einer technischen Zeitschrift mitteilen usw. Es war die Arbeit, die ich Weihnachten vorhatte. Morgen will ich wieder eine Kleinigkeit vortragen.

4. Mai 1881

In bezug auf die Arbeit, die ich nach Leipzig geschickt habe, bin ich noch ebenso ohne Antwort wie in bezug auf die Militärgeschichte;** die andere Arbeit* hatte ich an den hiesigen Prof. Kronecker für unsere erste mathematische Zeitschrift geschickt, und da ich auch in bezug hierauf keine Antwort erhalten hatte, ging ich zu ihm hin. Er empfing mich sehr freundlich, der Verzug sei dadurch entstanden, daß sie die Arbeit erst zu Prof. Kirchhoff zur Begutachtung geschickt hätten, derselbe habe sich auch sehr dafür interessiert, und sie würden sie also gerne aufnehmen, aber Prof. Kirchhoff habe an der Form noch manches auszusetzen gehabt, und da der Druck doch noch einige Monate warten müsse, so wolle er mir die Arbeit einstweilen zurückgeben, daß ich immer noch daran bessern könne, eine Verzögerung solle dadurch nicht entstehen. Er zeigte mir dann in der Arbeit, daß Kirchhoff sie vollständig durchkorrigiert habe, und drei bis vier Seiten hat er in anderer Form nochmals an den Rand geschrieben. Ich war zuerst verwundert und fühlte mich sogar geschmeichelt, daß Kirchhoff sie so genau durchgearbeitet habe, aber abgesehen von einem Vorzeichenschnitzer, den ich allerdings übersehen, schienen seine Anmerkungen nur dasselbe zu sagen und keineswegs besser, als was in der Arbeit stand. Teilweise sind die Dinge auch in einer Kirchhoff besonders eigenen Manier ausgedrückt, die mir durchaus nicht gefällt und die ich mir sehr ungern oktroyieren lasse. Ich ging deshalb zu ihm, um mit ihm die Sache zu besprechen; er war auch sehr freundlich und lobte die Arbeit sehr, aber da er offenbar der Meinung war, sehr wesentliche Fehler gefunden und verbessert zu haben und zu glauben schien, ich sei gewissermaßen zufällig zu den richtigen Resultaten gekommen (er sprach immer von seinen Rechnungen und von meinen als von etwas Verschiedenem, während beides ganz dasselbe ist),

* Über die Berührung fester elastischer Körper. Ges. Werke, I. Band, 5.
** Die Stellung zur Offizierswahl.

having such beautiful spring weather at present that I cannot always bear to stay at home but go out daily to walk for several hours and allow my thoughts to wander, too. I do want to make a few additions to my shorter papers, which are almost ready, and to try to have them printed now, though I would prefer to keep them a little longer, since all sorts of related things continue to occur to me, but on the other hand I do want to develop some new ideas of mine and thus I have too much on my mind; I must either throw the old things into a drawer for good or publish them. I even believe that my most recent paper* may be of some use (in general I am becoming less demanding in the expectations I have about the papers of others and of my own). Recently a teacher at the industrial academy came to see me after the Physical Society meeting and asked whether it would be soon available, he was very much interested in it, I should also communicate the results to a technical journal, etc. It was the paper I had worked on at Christmastime. Tomorrow I want to present another little thing.

4 May 1881

I am still awaiting word about the paper that I sent to Leipzig; nor have I heard about the military service business.** I had sent the other paper* to Prof. Kronecker for our first mathematical journal, and since I had received no answer about that either, I went to see him. He received me very kindly; he said the delay arose because the paper had been sent to Prof. Kirchhoff for review; the latter was very interested in it, and they would be glad to take it, but Prof. Kirchhoff had some criticisms of the form of the paper, and since it would be several months before it was set up in print, he would like to let me have the paper back for now, so that I could improve it in the meantime; no further delay should result from it. He then showed me how Kirchoff had thoroughly annotated the paper and had rewritten three or four pages in another form in the margins. At first I was surprised and even flattered that Kirchhoff had gone over it so thoroughly, but apart from a wrong sign that I had indeed overlooked, his comments seemed only to say the same thing (and by no means better) that was in the paper. In part the points were expressed in a manner peculiar to Kirchhoff which I do not like at all, and which I should be very unwilling to have imposed on me. I therefore went to see him to discuss the matter with him; he was also very friendly and praised the work greatly, but since he was apparently of the opinion that he had found and corrected very essential errors and seemed to believe that I had reached the right results so to speak by accident (he continually spoke about his calculations and mine as though they were different, whereas they are quite the same), my initial

* On the Contact of Elastic Solids. Coll. Works, vol. I, 5.

** His proposed appointment as commissioned officer in the army reserve.

so ging mein anfängliches Vergnügen in ziemlichen Ärger über und in die größte Unlust, an der Arbeit das geringste zu ändern. Indessen werde ich mir wohl so helfen, daß ich einfach seinen Ausdruck für meinen setze; so habe ich nicht viel Mühe, und er muß zufrieden sein, obwohl ich nicht glaube, daß dadurch das Ganze besser wird. Übrigens hat die Arbeit schon eine Anwendung gefunden, und da sie sehr hübsch zeigt, wie die verschiedensten Dinge zusammenhängen, will ich sie schreiben. Bei einer Triangulation, die zur Europäischen Gradmessung gehört, wurde die Basis mit Normalmaßstäben von Stahl abgemessen und da die Berührung zweier solcher Maßstäbe mit den ganzen Endflächen sehr unsicher ist, wurde immer zwischen zwei solcher Stäbe eine kleine geschliffene Glaskugel mit leichtem Druck eingelegt. Ein Herr von der Normaleichungskommission, der meinen Vortrag gehört hatte und der diese Kugel und Maßstäbe jetzt mit allem Raffinement zu messen hat, bat mich nun, ich möchte ihm doch berechnen, wieviel sich die Kugel wohl zusammenpressen kann, um so eine Grenze für die Unsicherheit der Messung zu haben. Ich habe das getan und gefunden, daß diese Zusammenpressung zwar sehr klein ist, aber doch vermutlich größer, als den Messenden lieb sein kann, so daß man vielleicht ein andermal die Maßstäbe durch ein bestimmtes Gewicht aneinander schiebt und dann die Zusammenpressung geradezu in Rechnung bringt.

30. Juni 1881

Meine Arbeit habe ich wieder vorgenommen und schon wieder eingeliefert, leider höre ich, daß sie erst um Weihnachten herauskommen kann. Unterdessen bin ich die letzte Zeit ganz fleißig und habe guten Erfolg. Übrigens hatte ich beim Durchsehen der Arbeit gefunden, daß Prof. Kirchhoff den Hauptfehler, den er mir vorwarf, und der bei mir nur eine Undeutlichkeit war, in Wirklichkeit selber macht und habe ihm dies auch gezeigt.

24. Juli 1881

Von Besonderem zu melden ist nur, daß ich jetzt glücklich Offizier geworden bin. Die Sache ist also ihren regulären Gang gegangen, nur daß mir der günstige Ausgang der Wahl, sei es aus Versehen, sei es, weil es hier so Sitte ist, nicht angezeigt worden ist, und daß ich erst nach längerem Zwischenraum, dann aber gleich die definitive Beförderung erfahren habe. Nun ich denke die Pflichten, die das mit sich bringt, redlich zu erfüllen, und eben weil ich diese Absicht habe, hätte es mir leid getan, wenn man mich nicht hätte haben wollen, was ich, da ich gar nichts hörte, zu vermuten anfing.

31. Juli 1881

Vor einem Jahr schrieb ich Dir, daß ich leider so bald kein äußeres Zeichen meines Fortschrittes würde aufweisen können, was dann ja in erfreulicher Weise umgestoßen wurde; heute kann ich Dir mit mehr Gewißheit dasselbe

pleasure turned into some annoyance and the greatest reluctance to make the slightest change in the paper. However I shall try to deal with it by substituting his formulation for mine; that will not give me much trouble and he must declare himself satisfied, although I do not believe that the paper will be any better for it. Incidentally, it has already found application, and since that shows very nicely how various things are interrelated, I will describe it. In a triangulation which is part of the European graduation measurement, the base is measured with standard steel rods, and since complete contact between the end surfaces of two such rods is very uncertain, a small, polished glass ball is inserted between them under slight pressure. A man from the standards commission, who had heard my presentation and who is at present charged with measuring these balls and rods with the greatest precision, asked me if I would calculate for him by how much such a ball might be compressed, in order to have a limit for the uncertainty of the measurement. I did that and found that the compression was to be sure very small, but it was still presumably greater than those in charge might like, so that henceforth it might be preferable to press the measuring rods together by means of a known weight and include the compression in the calculations explicitly.

30 June 1881

I returned to my paper and have already sent it back; I am sorry to hear that it will not be out before Christmas. In the meantime I am quite active and with success. Moreover, in looking over my paper, I found that Prof. Kirchhoff himself had made the main error with which he had reproached me (what I had written was merely not quite clear) and I have demonstrated it to him.

24 July 1881

The only news is that I am now an officer. The matter apparently took its normal course, only I was not advised of the positive outcome of the election [by his fellow officers in the regiment], be it through oversight or because it is the local custom, so that I got the promotion only after a longish wait, but then right away to the regular rank. I mean to fulfill the duties that this entails honorably, and it is precisely because that is my intent that I would have been sorry if they had rejected me, as I had begun to suspect when I had heard nothing.

31 July 1881

A year ago I wrote to you that unfortunately I would not be able to produce any external evidence of my progress very soon, which was then most happily proved wrong. Today I may write the same thing with greater certainty, but

schreiben, aber ich tue es nicht mit der gedrückten Stimmung von damals, denn da ich mich selber zufrieden fühle, so hoffe ich, bist Du es auch mit mir und gibst mir auf einige weitere Jahre Kredit. Wieviel ich Euch verdanke, und daß ich Euch so viel verdanke, wie nur wenige Kinder ihren Eltern verdanken, das empfinde ich mehr, als es vielleicht leider aus meinem Betragen hervorgeht und vielleicht mehr mit dem Verstand als dem Herzen, welches nun einmal ein Kinderherz ist und als solches immer die Wohltaten als etwas Selbstverständliches entgegengenommen hat, aber mein Verstand sieht, was es bedeutet, solche Eltern zu haben, wie ich sie habe.

Es war eine langweilige Zeit für mich, die letzten Wochen, da ich gar zu gerne, mehr aus Verzogenheit als aus etwas anderm, hier fort gewesen wäre, jetzt hat mich aber das Schwungrad glücklich über den toten Punkt gebracht, und ich bin wieder gerne bei der Arbeit. Ich arbeite etwas unordentlich hin und her, aber gerade das gewährt mir Freude, daß ich arbeiten kann, ohne auf das Ende zu sehen und ohne schnell etwas fertig haben zu wollen; ich bin überzeugt, daß das was ich angefangen habe, und ich habe auch Sachen, die mir Freude machen, noch einmal zum Abschluß kommt. Im übrigen habe ich nicht viel zu tun, es kommen hier immer Leute aus England und Amerika, denen ich das Institut zeige, und mit denen ich mich auch unterhalte, so daß ich an manchen Tagen mehr Englisch als Deutsch spreche. Es macht auch Freude zu sehen, wie die Wissenschaft über das Wasser reicht, denn viele kennt man schon vorher, oder sie kennen andere, die man von Namen kennt, man hat schnell Gelegenheit, Interessantes zu lernen.

26. August 1881

Ich komme also am 4. zu Euch, wenn es Euch recht ist. Ich möchte dann, immer Eure Zustimmung vorausgesetzt, ein paar Tage bei Euch bleiben, dann nach Helgoland gehen und sehen, wie lange es mir dort gefällt, was nicht sehr lange sein wird, dann wieder zu Euch kommen und im ganzen nicht viel mehr als vier Wochen von Berlin fort sein. Ich habe keine Lust zum Reisen für dies Jahr. Hingegen eine Zeitlang auszuspannen ist doch gut. Hier geht es mir gut. Ich habe sehr viel Sachen im Kopf, viel mehr als ich bewältigen kann, aber dies ist der Zustand, der mir der angenehmste ist.

15. Oktober 1881

Ich habe diese Zeit sehr ruhig und eingezogen gelebt und noch den Rest der Ferien und der Ruhe genossen, die ja nun bald zu Ende sind. Freilich über ihre Kürze möchte selbst ich mich nicht beklagen, wenn ich zurückdenke von der Zeit, da das vorige Semester aufhörte bis jetzt, so kommt es mir vor, als läge eine Ewigkeit dazwischen. Indessen wünschte ich doch, die Ferien dauerten noch fort, denn ich habe jetzt gerade wieder einigermaßen zur Befriedigung gearbeitet, und wieder gesehen, wie sich manche Fragen, wenigstens für mich, nur lösen lassen, wenn ich vom frühen Morgen bis

I do not do so in last year's depressed mood, for since I myself feel contented, I hope that you are also satisfied with me and will grant me credit for a few more years. How much I owe you and that I owe you more than most children owe their parents, I feel more deeply than I am afraid is evident from my behavior, and I feel it perhaps more with my mind than with my heart, which is after all the heart of a child and as such has always accepted favors as a matter of course, but my mind realizes what it means to have such parents as I have.

The past weeks have been a boring time for me, because I should have ever so much preferred to be far from here, more out of being spoiled than out of anything else, but now the flywheel has brought me safely past the dead point and I feel like my work again. I am working somewhat erratically here and there, but that is precisely the fun of it, that I can work without worrying about the outcome, without wanting to have something finished quickly; I am convinced that what I have started (and there are things that give me pleasure) will one day be brought to completion. Otherwise I have not many duties; there are always visitors from England and America and I show them the laboratories and talk with them, so that on some days I speak more English than German. It is a joy to see how science bridges the occean, for we are already familiar with many of them, or they know others whose names are familiar, and there are frequent opportunities to learn something of interest.

26. August 1881

So I shall come to you on the 4th, if that is alright. Assuming you agree, I should like to stay with you for a few days, then go to Helgoland and see how long I shall like it there, which will not be too long; then stop with you once more and still not be away from Berlin much more than four weeks. I do not look forward to traveling this year. On the other hand, it is good to relax for a while. I am alright here. I have many things on my mind, more than I can handle, but that is the state of things I like the best.

15 October 1881

I have lived very quiet and secluded for a time and have enjoyed what remains of the vacation. The rest granted me will be over soon enough. Indeed not even I pretend to complain that it was short; for when I think back to the end of the last semester, it seems to me as if the intervening time stretched to eternity. Despite all that I do wish the vacation would continue, because I have been once more working somewhat to my satisfaction just now, and have again understood that some questions can only be answered, at least by me, if I think about them from morning to night and so on for several days

zum Abend über einen Punkt nachdenke und so mehrere Tage hintereinander weg, und dann wieder gedacht, wie wenig dabei herauskommen kann, wenn man nur hier und da einige Stunden, in denen man womöglich schon ermüdet ist, verwenden kann. Hoffentlich werde ich bei der Arbeit, die ich jetzt vorhabe, mit der eigentlichen Gedankenarbeit noch vor dem Semester fertig. Man kann freilich nicht das ganze Institut und die hübsche Wohnung für sich allein verlangen. Ich habe, als ich hierherkam, zunächst die paar Seiten zu der schon eingereichten Arbeit fertig geschrieben und sie hingebracht, leider dabei erfahren, daß die Arbeit einer größeren einzuschiebenden Jubiläumsschrift halber nun auch noch nicht Weihnachten herauskommt, sondern erst Januar oder Februar, also mehr oder weniger ein Jahr nachdem ich sie eingereicht. Hätte ich das gewußt, hätte ich sie natürlich in eine andere Zeitschrift getan. Dann habe ich die kleine elektrische Arbeit, die ich vor den Ferien gemacht, ausgeschrieben, werde sie jetzt Helmholtz, wenn er zurückkommt, vorlegen und dann an Wiedemann schicken. Dann habe ich mich der Referate für die Fortschritte der Physik, die ich übernommen und die mir noch schwer bevorstanden, glücklich fast vollständig erledigt und also reinen Tisch gemacht, was ich freilich vor den Ferien hätte tun sollen. Die Arbeit über die Härte der Körper, an der ich im Sommer schon gearbeitet, habe ich einstweilen liegen lassen, da ich sie doch nicht einreichen würde, ehe die Arbeit in Borchardts Journal, mit der sie korrespondiert, heraus ist. Dagegen habe ich mich ganz auf die Arbeit über Verdunstung geworfen, zu der ich gleichfalls schon im Frühjahr die Vorarbeiten gemacht habe und von der ich mir einstweilen noch etwas verspreche.

2. November 1881

Bei mir hat jetzt seit einer Woche das Semester begonnen und kommt mich wieder recht ungewohnt und hart an, da es meine Zeit doch wieder einstweilen vollständig in Anspruch nimmt und ich nicht gerade behaupten kann, daß ich in dem häufig wiederholten Auseinandersetzen der einfachsten Dinge eine innerliche Befriedigung finde. Meinen Vortrag in der Physikalischen Gesellschaft habe ich gehalten und dann die Arbeit unmittelbar an Prof. Wiedemann geschickt, sehr höflich um Aufnahme bittend. Ich erhielt die mir erfreuliche Antwort: „Besten Dank für die freundliche Zusendung, — — ich werde Ihre Abhandlung ohne Verzug in die Annalen bringen — —". Was mir Spaß daran machte, war, daß die Antwort so schnell kam, daß Prof. Wiedeman die Arbeit unmöglich konnte gelesen haben. Übrigens ist es ein sehr unbedeutendes Dingelchen mit negativem Resultat; hätte sie freilich ein positives Resultat ergeben, so hätte sie mir schon einigen Ruf verschaffen können. Die Arbeit, an der ich jetzt bin (resp. die auszuführen ich augenblicklich verhindert bin), wird mir Freude machen, wenn sie die Hoffnungen, die ich auf sie setze, erfüllt. Wenn ich nur nicht abends immer so müde wäre!

in a row; and then I reminded myself of how poor the results must be if one can utilize only a few hours here and there, when he is perhaps already tired. As to the project I have under way at present, I hope to be finished with the mental part of the work before the semester begins. I am aware that I cannot expect to have all the laboratories and the nice apartment to myself alone. When I got here, I first finished writing the few pages for the previously submitted paper and handed it in; unfortunately I learned on that occasion that now the paper will not appear even at Christmas, because of a *Jubiläumsschrift* with higher priority, but not until January or February, more or less a year after I submitted it. If I had known that I should have of course sent it to another journal. Then I made a fair copy of the small electrical project I had done before the vacation, and I shall now show it to Helmholtz when he returns, and send it to Wiedemann* afterwards. And then I am fortunately rid of nearly the whole of the reports for *Fortschritte der Physik,* which I had taken on and which had weighed heavily upon me; and thus I have cleared my desk, which I am afraid I should have done before the vacation. For the time being I have set aside the paper on the hardness of solids on which I started working last summer, because I could not in any case submit it before the appearance of the paper in Borchardt's journal, to which it is related. Instead, I have thrown myself completely into the project on evaporation for which I did the preliminary work last spring, and which still seems promising to me.

2 November 1881

The semester started for me a week ago and I find it difficult and hard to adjust to, since it is at present taking up all my time and I really cannot pretend that I find any profound satisfaction in the frequent repetition of explanations of the simplest things. I gave my lecture in the Physical Society and then immediately sent the paper to Prof. Wiedemann with a very polite request for acceptance. I received the gratifying reply, "Thank you very much for your contribution, . . . I shall put your treatise into the *Annalen* without delay. . . ." What amused me was that the answer came so quickly that Prof. Wiedemann could not have possibly read the paper. Besides, it is a very unimportant little thing and the result is negative; of course, if it had been positive, it would have given me quite a reputation. The work that I have in hand at present (or rather that I am at the moment prevented from completing) will give me pleasure if it fulfills the hopes I have for it. If only I were not always so tired in the evening!

* [Editor of the *Annalen.*]

19. Januar 1882

Morgen ist wieder Physikalische Gesellschaft, ich denke ein kleines Hygrometer* vorzuzeigen, welches ich vor Weihnachten konstruiert und jetzt auf seine Brauchbarkeit untersucht habe. Sonst ist „Besonderes" nicht vorgefallen.

2. Februar 1882

Also zum nächsten Mittwoch sind wir bei von Hansemanns** zu Ball, vorigen Dienstag bei Herrn Hansemann*** war auch Aufführung und Ball, es war so ziemlich die Gesellschaft, die auch bei Helmholtz und von Hansemanns zu treffen ist, etwas physikalisch-mathematisch: Helmholtz, Siemens, Weierstraß usw. Ich amüsierte mich auch so viel wie üblich. Die Bühne war, wie mehrfach bemerkt wurde, die erste in Deutschland, die mit elektrischen Glühlampen beleuchtet war; sie leuchten so ähnlich den Gaslampen, daß ich erst in der Mitte des Stückes davon erfuhr.

Dann wollt Ihr von meinem Hygrometer wissen, und ob es Beifall gehabt habe; in der Physikalischen Gesellschaft hat es keinen Beifall gehabt, denn es war schon sehr spät und überhaupt ist es schon viel, wenn man nach einem Vortrag nicht heruntergerissen wird, aber die Herren, denen ich es privatim gezeigt habe, haben es alle recht hübsch gefunden und mit ihrer Anerkennung nicht zurückgehalten. Es ist übrigens so einfach, daß es fast gar nichts ist. Warum es für manche Zwecke Vorzüge vor allen bekannten Hygrometern hat, könnte ich Euch auseinandersetzen, es würde aber etwas lang sein, da ich erst alle bekannten Hygrometer müßte beschreiben (das allerneuste hat übrigens vor einigen Tagen Herr Dr. Hagen konstruiert). Für meteorologische Zwecke würde die beschriebene Form nicht geeignet sein, man kann es da aber noch einfacher machen, indem man ein gewogene Menge Chlorcalcium dem Einfluß der Luft (vor Regen natürlich geschützt in einem Glasgefäß) aussetzt; aus dem Gewicht der entstehenden Lösung läßt sich dann immer die mittlere relative Feuchtigkeit erkennen. Ob das Hygrometer geeignet sein würde, Euch die Feuchtigkeit der Zimmer zu zeigen? Gewiß, nur müßte ihm etwas elegantere und weniger zerbrechliche Form gegeben werden. Übrigens spielte ich einmal Weihnachten darauf an, ob Ihr wohl könntet ein Hygrometer brauchen, da ich aber zu bemerken glaubte, daß dies nicht der Fall sei, so schwieg ich davon. Übrigens hier eine kleine Berechnung zu Papas Befeuchtigungsversuchen des Morgenzimmers: Im großen und ganzen enthält die Atmosphäre halb soviel Wasserdampf als nötig ist, sie zu sättigen, oder 50% ist die mittlere relative Feuchtigkeit. Nehmen wir also an, daß die Menschen für dies Verhältnis eingerichtet oder daß dies das gesunde Verhältnis sei. Dann müssen in einem Kubikmeter gesunder Luft gewisse Wassermengen sein,

* Über ein neues Hygrometer. Ges. Werke, I. Band, 7.
** Bankier.
*** Physiker.

19 January 1882

Tomorrow there is another Physical Society meeting; I am thinking of demonstrating a small hygrometer that I constructed before Christmas and have now tested for its usefulness. Otherwise nothing "special" has happened.

2 February 1882

Next Wednesday we are to be at the von Hansemanns** for a ball; last Tuesday there was also a show and a ball at Herr Hansemann's;*** about the same sort of people one meets at Helmholtz's and the von Hansemanns, physicists and mathematicians: Helmholtz, Siemens, Weierstrass, etc. I enjoyed myself about as much as usual. The stage was (as was repeatedly noted) the first in Germany to be lit by electric incandescent lamps. Their light is so similar to that of gas lamps that I did not find out about them until the middle of the play.

You want to know about my hygrometer and whether it was well received; in the Physical Society it did not receive acclaim, because it was already quite late, and in general it is accomplishment enough if one is not torn to pieces after a lecture; but the colleagues to whom I showed it privately found it very neat and did not stint their praise. By the way, it is so simple that it is almost nothing. I could enlarge on its advantages for some purposes over all known hygrometers, but it would take long because I would first have to describe all known hygrometers (by the way, the newest one was constructed by Dr. Hagen a few days ago). The present form would not be suitable for meteorological purposes, but there one could simplify it still further: a weighed amount of calcium chloride could be exposed to the atmosphere (protected from rain by a glass container, of course); and then the weight of the solution yields the average humidity. Would the hygrometer be suitable for measuring the humidity in your room? Certainly, only a somewhat more elegant and less breakable form would have to be developed. By the way, at Christmas I hinted that you might wish for a hygrometer, but since I thought I noticed that this was not the case, I said nothing more. Here I offer a little calculation to show Papa how to keep the air in the morning room moist: on an average the atmosphere contains altogether half as much water vapor as is required to saturate it, or the average relative humidity is 50%. Let us then assume that mankind is adapted to this condition, or that this is a healthy proportion. Then a cubic meter of healthy air must contain definite quantities of water, different

* On a New Hygrometer. Coll. Works, vol. I, 7.
** Banker.
*** Physicist.

die verschieden sind für verschiedene Temperaturen, und zwar 2,45 gr. bei 0°C., 4,70 gr. bei 10°C., 8,70 gr. bei 20°C., denn diese Mengen würden in der Luft die 50% relativer Feuchtigkeit geben. Nun wollen wir annehmen, es sei draußen 0° und im Zimmer (geheizt) 20° C. oder 16°R. Dann wird auch im Zimmer (da die Luft schließlich doch von außen kommt) in einem Kubikmeter Luft nur 2,45 gr. Wasser sein, es müßten aber, um das richtige Verhältnis herzustellen, 8,70 gr. sein, die Luft ist also relativ sehr trocken, und es fehlen 6,25 gr. Wasser für das Kubikmeter. Da das Zimmer etwa 7 m breit, 7 m lang, 4 m hoch ist, so enthält es 7·7·4 Kubikmeter, und es fehlen also im Zimmer 7·7·4·6¼ oder 1225 gr. oder nahe 1¼ L. Wasser. Würde das Zimmer also hermetisch verschlossen, so müßten 1¼ L. Wasser versprüht werden, um das richtige Verhältnis zu haben, 2½ L. könnten versprüht werden, mehr aber nicht, das übrige würde als Wasser auf die Erde fallen. Nun ist das Zimmer nicht hermetisch verschlossen, nehmen wir an, es wechsle in n Stunden vollständig seine gesamte Luft, dann müssen in je n Stunden 1¼ L. verdunstet oder versprüht werden. Ich glaube, daß man annehmen kann, daß in 2–3 Stunden durch Türöffnen, durch die Fensterspalten usw. die Luft vollständig gewechselt ist, es muß also per Stunde 5/8 bis 5/12 L. Wasser oder ein tüchtiges Wasserglas voll verdunstet werden, lieber etwas mehr als weniger (wegen Mamas Charakter, welche immer die Türen zum Schlafzimmer, Balkonzimmer aufmacht), und nicht gerade vorm Ofen, wo die Luft abzieht. Ungefähr dasselbe gilt, sobald überhaupt geheizt wird und die Temperatur draußen unter 10°C. ist. Wenn man ein Hygrometer aufstellte und vergliche die Feuchtigkeit ohne Verdunsten mit der mit Verdunsten, so könnte man daraus die Zeit finden, innerhalb welcher sich die Luft des Zimmers vollständig erneuert. Dies ist eine etwas lange Vorlesung geworden, und der Brief wird mich in bedeutende Unkosten stürzen, indessen, was tut der Mensch nicht alles, um seine lieben Eltern und Geschwister vor dem gänzlichen Eintrocknen zu bewahren?

23. Februar 1882

Es ist recht traurig, daß man so schnell älter wird, und so wenig in der kurzen Zeit fertig bringt, aber in Hinsicht auf seine Unabänderlichkeit muß man sich in dies Geschick schon fügen. In Rücksicht auf das, was es fertig gebracht hat, bin ich mit dem verflossenen Jahr nicht allzu zufrieden und hoffe Besseres von der Zukunft, indessen habe ich mich in demselben doch im allgemeinen zufrieden und glücklich gefühlt, und das ist bei den ὀϊ ξυροῖσι βροτείσι* ja schon sehr viel. Von der Arbeit, bei der ich jetzt bin, hoffe ich noch sehr, daß sie sich hübsch gestalten werde und mir die viele Zeit, die ich schon an sie verwandt und die ein großer Teil des verflossenen Jahres ist, lohnen werde, da sie sich auf einem scheinbar naheliegenden und dennoch gänzlich unerforschten Gebiet bewegt und im günstigen Falle in der Tat zu wichtigen Aufschlüssen führen kann, aber einstweilen kann ich mir weder über die Theorie völlig klar

* Elenden Sterblichen.

amounts for different temperatures, namely 2.45 g at 0°C, 4.70 g at 10°C, 8.70 at 20°C, for these quantities would give the air a relative humidity of 50%. Now let us assume that the temperature is 0°C out of doors and 20°C or 16°R in the (heated) room. Then there will be only 2.45 g of water in a cubic meter of air in the room (since the air comes ultimately from outside), but the right proportion requires 8.70 g; thus the air is relatively very dry and each cubic meter of air lacks 6.25 g of water. Since the room is about 7 m long, 7 m wide, and 4 m high, it contains 7 × 7 × 4 cubic meters and the additional amount of water required in the room is thus 7 × 7 × 7 × 6¼ or 1225 g or nearly 1¼ liters. If the room were hermetically sealed, then 1¼ liters of water would have to be sprinkled about to obtain the right proportion; 2½ liters of water could be sprinkled, but not more, the rest would precipitate as water. Now the room is not hermetically sealed; let us assume that all the air in it is completely changed in *n* hours, then in every *n* hours 1¼ liters of water would have to be sprinkled about or evaporated into it. I think it can be assumed that the air is changed completely in 2-3 hours through the opening of doors, through window cracks, etc.; then 5/8 to 5/12 liter of water or a large glassfull would have to be evaporated every hour, better more than less (because of Mama's preference for keeping the doors to the bedroom and the balcony room open), and not just in front of the stove, where the air is drawn off. About the same holds true whenever heating has started and the temeprature outside is under 10°C. If a hygrometer were set up and the humidity with and without evaporation were compared, then the time required for the air in the room to be completely renewed could be ascertained. This has grown to a rather long lecture, and the postage will ruin me; but what would a man not do to protect his dear parents and siblings from complete dessication?

23 February 1882

It is very sad that one grows older so quickly and accomplishes so little in the short time, but considering its inevitability, one has to accept fate. Looking back on what was accomplished, I am not very well pleased with the past year and I can only hope for something better from the future; however, in general I was quite content and happy during this year, and that is already more than ὀϊ ξυϱοῖσι βϱοτεῖσι* can expect. I hope that the work I am now doing will take shape nicely and will yet prove worth the great amount of time I have spent on it, which is to say a large part of the past year, since it deals with an apparently obvious and yet completely unexplored subject and could indeed lead to important discoveries if I am lucky; but in the meantime I can neither arrive at a lucid theory nor do my experiments have the precision that

* Miserable mortals.

werden, noch haben meine Versuche die Genauigkeit, die ich bei der Mühe, die ich mir gegeben, erhofft hatte. Nun muß ich mich eilen noch die Versuche, bei denen ich jetzt bin, vor den Ferien zu Ende zu bringen, dann kommt wieder eine Unterbrechung von einigen Wochen und dann das neue Semester, in dessen Anfang ich auch nicht sehr viel Zeit habe. So kann ich mich zwar nicht wundern, wenn es so langsam geht, aber angenehm ist es mir nicht.

Meine Einberufungsorder habe ich schon seit 8 Tagen erhalten. Ich gehe auch recht gern, denn wenn es mich auch in der Arbeit stört, so fühle ich doch, daß mir ein gründliches und gewissermaßen gewaltsames Ausspannen sehr gut sein wird.

10. März 1882

Was meine jetzige Arbeit anlangt, so bin ich nichts weniger als zu einem befriedigenden Resultate gekommen, im Gegenteil, eines Tages zeigten mir neue Versuche, daß ich einen großen Teil meiner Mühe oder die ganze auf unfruchtbaren Boden verwendet hatte, daß Fehlerquellen vorhanden waren, die wohl kaum einer in der Größe vermuten konnte, und daß das schöne, positive Resultat, welches ich zu haben glaubte, sich in ein völlig negatives verwandelte. Zuerst war ich auch ganz zerschlagen, aber ich habe mich jetzt getröstet und habe mehr Mut als vorher, nur um die schöne Zeit, die nicht wieder zu haben ist, tut es mir leid.

Freiburg, den 31. März 1882

Von mir kann ich wenig erzählen, es ist ein rechtes Bummelleben, der Dienst* sehr leicht, nicht allzuviel, die übrige Zeit teils Sitzen in verschiedenen Kneipen oder im Kasino mit nicht allzu abwechslungsvoller Unterhaltung, teils Spazierengehen, das Ganze einer Badereise mit beschränkter Freiheit zum Verwechseln ähnlich. Ich kann nicht sagen, daß mir diese Art des Dienstes, die weder mit Verantwortlichkeit noch mit Anstrengung verbunden ist, und doch einem die freie Zeit in lauter kleine Stücke zerreißt, sehr zusagt, klagen kann man über dieselbe jedenfalls nicht.

Freiburg, den 16. April 1882

Wenn Du schreibst, mein voriger Brief habe so unlustig geklungen, so kann ich dies doch auch nur auf das Schreiben selbst beziehen, denn sonst ist es mir alle diese Zeit gut gegangen und ich habe nicht über das Geringste zu klagen gehabt, und habe auch nicht geklagt, so weit ich mich erinnere. Wenn Du freilich von mir begeisterte Schilderungen erwartest, so mußt Du mich entschuldigen, solche kannst Du von mir nur sehr schwer erhalten. Ich bewege mich täglich 4–5 Stunden in schönster Gegend in frischer Luft beim Exerzieren, was mir, wenn es stramm hergeht, eine ganz angenehme Beschäftigung

* Militärdienstübung.

I had hoped for, with all the trouble I took. Now I have to hurry to complete the experiments before the vacation, for then follows an interruption of several weeks and then the new semester, at the beginning of which I shall not have a great deal of time. Thus I cannot wonder that progress is so slow, but it irks me.

I received my call-up orders a week ago. I shall go willingly, for even though it does interrupt my work, I feel that a thorough and somewhat violent break will be very good for me.

10 March 1882

As far as my present work is concerned, I have come nowhere near a satisfactory result; on the contrary, some new experiments showed me, one day, that I have spent a large part or most of my efforts on barren ground, that there are sources of error of a magnitude that could hardly have been expected, and that the beautiful, positive result I had thought safe in my hands was changed into a completely negative one. At first I felt completely beaten, but now I have somewhat comsoled myself and have more courage than before; I am only sorry about the beautiful time that is lost for good.

Freiburg, 31 March 1882

About myself there is not much to tell; it is an idle life in the service,** very easy, not much to do, the rest of the time is spent sitting in various taverns or in an officers' club without particularly varied entertainment, going out for walks; the whole business is like a cure at a spa with limited freedom. I cannot say that this type of military duty, which entails neither responsibility nor physical effort and yet tears one's free time into shreds, appeals to me very much; in any case there are no grounds for complaint.

Freiburg, 16 April 1882

When you write that my last letter sounded so cheerless I take it to refer only to the writing itself, for otherwise all has been well with me all along; I had no reason for the smallest complaint and, as far as I can remember, I did not complain. Of course, if you are expecting enthusiastic reports from me, I must beg to be excused, for you could get them from me only with great difficulty. I take part in the daily exercises for 4–5 hours in the fresh air, in a most beautiful countryside, a very pleasant occupation for me when they

* Service exercises of the military reserve.

ist, ich lese 1–2 Stunden im Museum allerlei Zeitschriften, die übrige Zeit mache ich Spaziergänge oder sitze in der Kneipe oder im Kasino, alles inmitten einer ungezwungenen und heitern Unterhaltung über alte, aber ewig neue Stoffe; wessen Natur dahin geht, weshalb sollte ein solcher nicht eine begeisterte Schilderung dieses sorgenlosen Lebens machen? Ich kann demselben nun einmal nicht mehr als ein „sehr nett" abgewinnen. Ich sehe Kameraden, die neben mir sitzen, die dasselbe hören wie ich, dasselbe sehen wie ich, allerdings etwas mehr mitreden als ich, und die bei alledem eine wirkliche positive Freude empfinden, mir ist das Ganze mehr ein Schauspiel, das ich mit ansehe, in dem ich aber nicht mitspiele, so daß ich überhaupt nicht sagen kann, es geht mir gut, es geht mir schlecht in demselben. Danach, liebe Mama, mußt Du ein für allemal die Lust oder Unlust in meinen Briefen beurteilen, es gehört sehr viel dazu, daß ich mich zufrieden erkläre, denn ich habe das etwas abergläubische Gefühl, als teile das Schicksal keinem auch nur ein Haarbreit mehr zu als das, womit er sich zufrieden erklärt. Außerdem sind die Idealvorstellungen, die sich in mir gebildet haben, furchtbar starr und unbiegsam, wenn nun die Welt an allen Ecken nicht mit ihnen stimmt, so kann ich wohl schweigen, um nicht den Prediger in der Wüste zu spielen, aber es ist mir unmöglich, dieselben im geringsten nach der wirklichen Welt abzuändern, noch auch den Widerspruch nicht zu empfinden; solange ich nun allein bin, tritt natürlich ein solcher Widerspruch nicht auf, um so mehr, wenn ich dann plötzlich in größere Gesellschaft komme. Wenn dies nicht gut ist, liebe Mama, so tut es mir leid, aber für meine Natur bist Du mehr verantwortlich als ich.

Berlin, den 1. Mai 1882

In Freiburg habe ich mich im Ganzen recht gut amüsiert, nach dem das ich von Rudolf höre, müssen meine Briefe nach Haus wohl etwas zu trübselig ausgefallen sein, ich werde freilich immer traurig sobald ich die Feder in die Hand nehme. Auch will ich nicht leugnen, daß fast jeder Tag einige tote Stunden hatte, nämlich solche, wo kein Dienst war, in denen ich keine Lust hatte zu arbeiten, noch auch in eine der drei in Betracht kommenden Kneipen zu gehen, etwa, weil ich gerade daher kam. Es ist übrigens schlimm, daß ich jetzt von Freiburg erzähle, wo ich in Berlin bin.

Freitag war Physikalische Gesellschaft, in der ich von mehreren Herren, denen ich vor der Reise meine Arbeiten geschickt hatte, noch Dank einheimste. Prof. Förster, der Direktor der hiesigen Sternwarte und Normal-Eichungskommission, hatte mir schon nach Freiburg gedankt und seinen Wunsch ausgesprochen, mich persönlich kennen zu lernen, so werde ich mich ihm nächstens vorstellen. Ich will jetzt die Arbeit in etwas anderer Redaktion noch in einer technischen Zeitschrift erscheinen lassen, es tut mir nur leid, daß sie noch keine Nachfolgerin hat, denn die Arbeit, die mich das ganze letzte Jahr beschäftigt hat, werde ich zwar, wie ich hoffe, in den nächsten Wochen zu einem abgerundeten Abschluß führen, aber sie wird nichts dem, was ich gehofft

go smartly; for 1–2 hours I read all sorts of journals in the museum, the rest of the time I go for walks, or sit in the tavern or the officers' club in the midst of an easy and lively conversation on subjects that are old, yet eternally new. If a person's natural inclinations lie that way, why should he not give an enthusiastic report of this carefree life? I cannot bring myself to say more than "quite nice." I see fellow officers sitting next to me who hear the same thing as I do and who see the same thing as I do, talk a good deal more than I do, and who derive a positive joy from all this; for me it is more like a spectacle that I am watching, but in which I do not take part as an actor, so that I cannot tell whether the outcome is good for me or not. Dear Mama, you should always judge the good or bad spirit of my letters accordingly; it takes a great deal for me to declare myself content, for I have the somewhat superstitious feeling that fate does not allow anyone a hairsbreadth more than that with which he declares himself content. Furthermore, the lofty ideals I have formed for myself are terribly fixed and inflexible; and if the world does not fit them in ever so many points, I can manage to keep silent and avoid preaching sermons in the wilderness, but it is impossible for me to change them in order to conform them to reality or to suppress the consciousness of the conflict; as long as I am alone this conflict naturally does not arise, but it does so much the more when I am suddenly thrust into a larger company. If that is wrong, dear Mama, then I am sorry for it, but you are more responsible for my nature than I am myself.

Berlin, 1 May 1882

On the whole, I enjoyed myself quite well in Freiburg; according to Rudolf, my letters home must have sounded rather wretched; indeed I always become wretched when I take pen in hand. And I will not deny that every day had some dead hours, when there were no duties and I did not feel like working, nor like going to one of the three possible taverns, perhaps because I had just left one. But it is wrong to write about Freiburg now that I am in Berlin.

There was a meeting of the Physical Society on Friday, where I reaped thanks from several of the gentlemen to whom I had sent my paper before my absence. Prof. Förster, the director of the local observatory and of the Standards Commission, had already sent his acknowledgments to me at Freiburg and had expressed the wish to meet me personally, and so I shall introduce myself to him soon. Now I want to publish the paper in somewhat different form in a technical journal as well; I am only sorry that it has no sequel yet, for although I have every hope of finishing, in the next few weeks, with the project that occupied me all last year, it will not be anywhere near

hatte, ähnliches. Vorgestern mittag war ich bei Helmholtz zu Tisch, ganz allein in der Familie, was mir jedenfalls die angenehmste Art der Geselligkeit ist.

9. Mai 1882

Ich habe jetzt neben dem Frühaufstehen noch eine Neuerung eingeführt, die mir einstweilen großes Vergnügen macht, obgleich sie anscheinend sehr unbedeutend ist, nämlich ein Stehpult. Ich hatte in Freiburg ein solches und fand es sehr bequem, und als ich nun nach sechswöchiger Schreib- und Sitzpause zurückkehrte, konnte ich das Sitzen beim Schreiben geradezu nicht aushalten. Dem Frühaufstehen möchte ich gerne ein großes Lob singen, wenn ich das nicht noch für etwas frühzeitig erachtete, meine Zeiteinteilung ist jetzt diese: Ich arbeite jeden Morgen von ½7 bis ½11 ganz ungestört für mich, dann bis ½4 im Laboratorium und auch — gestört — für mich, dann gehe ich zum Essen und mache einen weiteren Spaziergang bis etwa 7 oder ½8, dann lese ich oder arbeite noch etwas und gehe um ½11 ungefähr zu Bett. Ich habe so jeden Tag eine ganz regelmäßige Arbeitszeit, in der ich frische Kräfte habe. Die vergangene Woche ist es mir gut gegangen. Ich habe meinen Besuch bei Prof. Förster gemacht, wir sprachen über die Arbeit*, er sagte, sie hätte wirklich viel Interesse für ihn gehabt in bezug auf die Bestimmung der Längen der Normalmaße, auf die Anwendung auf die Schneiden der feinsten Wagen und der Reversionspendel (durch welche die Stärke der Schwerkraft an verschiedenen Punkten gemessen wird). Auch über ander Dinge sprachen wir, besonders über die Polarexpeditionen und ihren Zweck, über Erdmagnetismus und Erdströme. Apropos, habt Ihr vielleicht gehört, daß mein Vorgänger hier, Dr. Giese, die eine Station in Grönland übernommen hat? Ich muß sagen, als Führer wäre ich, glaube ich, auch ganz gern mitgegangen.

Ihr seht, ich bin etwas schreibseliger geworden, seit ich wieder hier bin, das ist die Gewohnheit, denn ich habe jetzt sehr viel geschrieben, da ich die bewußte Arbeit* noch einmal umgeschrieben habe. Nun bin ich wieder in der Angst, ob sie auch angenommen, oder besser, ob sie auch ungeändert angenommen wird und ob ich nicht wieder hier und da ändern soll, was ich kaum über mich gewänne. Ich habe auch ein Kapitel hinzugefügt über die Härte der Körper und hoffe darüber am Freitag in der Physikalischen Gesellschaft vorzutragen. Dies hat mir wieder Spaß gemacht. Die Härte ist nämlich eine Eigenschaft der Körper, von deren Wesen die Wissenschaft ungefähr eine ebenso klare, i.e. völlig undeutliche Vorstellung hat wie jedermann. Mir war es durch die Arbeit völlig klar geworden, worin sie eigentlich besteht, ich dachte aber, sie sei doch eigentlich eine zu unwichtige Eigenschaft, als daß es sich verlohnte, etwas Besonderes darüber zu schreiben, und in die rein mathematische Zeitschrift paßte eine solche Anwendung, die ziemlich viel Worte nötig machte, auch nicht recht. Ich dachte aber, an dieser Stelle könnte ich

* Über die Berührung fester elastischer Körper und über die Härte. Ges. Werke, I. Band, 6.

what I had hoped it would be. The day before yesterday I was at Helmholtz's for luncheon, just the family and myself, which is the most pleasant sort of company for me, anyway.

9 May 1882

In addition to early rising, I have introduced another innovation, which I like very well at present, though it seems to be of very small importance, namely a stand-up desk. I had one in Freiburg and found it very convenient, and when I returned after a six-week break from writing and sitting, I could not bear writing in a sitting position. I should like to sing the praises of rising early but I feel it is a little too soon for that. My time is divided as follows: Every morning from 6:30 to 10:30 I work undisturbed for myself, then until 3:30 in the laboratory also—disturbed—for myself; then I go out for a meal and take a longish walk until about 7 or 7:30, then I read or work a little more and go to bed about 7:30. Thus I have regular working hours while I am still fresh every day. During the past week, things went well for me. I paid my visit to Prof. Förster, we discussed my paper,* he said that it was really of great interest to him in relation to the determination of the lengths of the standard measures and in the application to the fulcrums of the most sensitive balances and the reversible pendulum (with which the force of gravity at various points is measured). We talked about other things, too, especially about polar expeditions and their purpose, and about earth magnetism and earth currents. By the way, have you perhaps heard that my predecessor here, Dr. Giese, has taken over one of the stations in Greenland? I must say I would not have minded going along, in a leading part.

You see that since I have been back I have been readier to write; that is the power of habit, for I had to do a great deal of writing: for I have once more rewritten the paper* mentioned previously. My present worry is: will it be accepted, or better still, will it be accepted without further changes, and without my being asked to make further alterations here and there, which I could scarcely bring myself to do? I have also added a chapter on the hardness of solids and hope to read a paper about it to the Physical Society on Friday. That was rather fun. Hardness is a property of solids of which science has about as clear (i.e., as vague) a conception as the man in the street. What it really means became fully clear to me from my work, but I thought it too unimportant a property to merit writing about; nor was such a subject, which would require a rather lengthy treatment, quite suitable for a purely mathematical journal. However, I thought that something might be perhaps

* On the Contact of Rigid Elastic Solids and on Hardness. Coll. Works, vol. I, 6.

jetzt vielleicht etwas darüber anführen, und ging deshalb in die Bibliothek der Gewerbeakademie, um mich umzusehen, was es wohl über die Härte gebe. Da fand ich, daß es sogar ein Buch darüber gibt, 1867 von einem Franzosen geschrieben, mit einer vollständigen Übersicht über die früheren Versuche, die Härte scharf zu definieren und in rationeller Weise zu messen und viele eigene Versuche des Herrn zu dem gleichen Zweck, vermischt mit Versicherungen über die Wichtigkeit des Gegenstandes, alles aber in summa ein beträchtliches Quantum Arbeitskraft nach meiner Meinung und teilweise nach eigenem Geständnis verlorene Mühe, weil das richtige Verständnis fehlte und die Messenden nicht wußten, was sie maßen. Da dachte ich, daß ich nun mit ruhigem Gewissen meine Arbeit könnte einige Druckseiten länger machen, und ich hatte nun natürlich beim Schreiben viel mehr Vergnügen, als ich sonst gehabt hätte.

13. Juni 1882

Im übrigen war sehr gewöhnliche Zeit, ich mache die Arbeit über die Verdunstung zur Veröffentlichung fertig, soviel davon noch übrig ist; diese Arbeit ist mir so unbequem, daß ich fast froh bin, sie nicht in ihrem ganzen ursprünglichen Umfange ausarbeiten zu müssen. Am vorigen Freitag war Physikalische Gesellschalt, und ich hielt den Vortrag*, welchen ich eigentlich schon vor Pfingsten hatte halten wollen.

29. Juni 1882

Ich beschäftige mich den Tag über bis zum Abend mit den Lichterscheinungen in verdünnten Gasen, den sogenannten Geißlerschen Röhren, nur mußt Du dabei nicht gerade an die gewöhnlich als Schaustücke gezeigten denken. Ich habe Lust, einmal auf einem etwas mehr experimentellen Gebiet zu arbeiten und die exakten Messungen beiseite zu lassen; außerdem ist das besagte Gebiet sehr dunkel und unerforscht, und seine Erforschung ist wahrscheinlich von großem theoretischen Interesse. So möchte ich mir auf demselben Stoff für eine neue Arbeit suchen, einstweilen aber tummle ich mich ohne feste Methode auf demselben herum, indem ich das Bekannte kennenlerne, die Versuche wiederhole und die Versuche, welche mir gerade einfallen, anstelle; dies gewährt großes Vergnügen, da die Erscheinungen meist wunderschön und außerordentlich mannigfaltig sind. Auf das Glasblasen aber kommt viel dabei an; ich bin viel zu ungeduldig, als daß ich heute eine Röhre beim Glasbläser bestellen könnte, die ich in einigen Tagen erst hätte; so beschränke ich mich lieber auf das, was meine geringe Kunst leisten kann.

10. Juli 1882

Ich habe diese Zeit mich mit Geißlerschen Röhren oder eigentlich überhaupt mit Entladungen in verdünnten Gasen beschäftigt und sehr schöne

* Über die Spannung des gesättigten Quecksilberdampfes. Ges. Werke, I. Band, 9.

said about it in a technical journal; and so I went to look round the library of the industrial academy to see what was known about hardness. I found that there is a whole book about it, written in 1867 by a Frenchman, with a full account of earlier attempts to define hardness clearly and to measure it in a rational manner, and of many of the author's own experiments with the same object, interspersed with assurances as to the importance of the subject; altogether a considerable amount of labor, largely wasted in my view (and to some extent in his own), since a proper understanding was lacking and the measurers did not know what they were measuring. So now I thought that I could with a clear conscience make my paper a few printed pages longer, and of course writing them gave me more satisfaction that it would have done otherwise.

13 June 1882

Nothing out of the ordinary; I am preparing the paper on evaporation for publication, as much as still remains to be done; I find this work so wearisome that I am almost glad that I need not keep it to its original great length. Last Friday there was a meeting of the Physical Society, and I read the paper* that I had actually wanted to read before Whitsun.

29 June 1882

I keep busy from morning to night with luminous phenomena in rarefied gases, the so-called Geissler tubes, only you must not take them for the kind that are usually exhibited publicly. I feel like changing for once to a broader experimental field, leaving exact measurements aside; moreover, the aforesaid field is very obscure and unexplored, and its exploration is probably of great theoretical interest. So I am looking into it for material for a new project but so far I only keep rushing about without any fixed plan, familiarizing myself with what is already known, repeating the experiments, and setting up other experiments as they occur to me; this is great fun, for the phenomena are mostly very beautiful and infinitely varied. Much depends here on the glass blowing; I am much too impatient to order a tube from the glassblower today and only get it several days later; so I prefer to limit myself to what my own small skill can produce.

10 July 1882

All this time I kept busy with Geissler tubes, or generally with discharges in rarefied gases, and I have seen most beautiful and interesting new things;

* On the Pressure of Saturated Mercury Vapor. Coll. Works, vol. I, 9.

und interessante neue Dinge gesehen, hoffentlich komme ich vor Beginn der Ferien in diesen Dingen tüchtig weiter. Ich habe jetzt auch viel mit der gewöhnlichen Luftpumpe gearbeitet, das ist auch eine ganz gehörige Anstrengung auf die Dauer, ich habe gelegentlich aus rein körperlicher Ermüdung die Versuche abbrechen müssen. Es ist auch im übrigen kein Vergnügen, im völlig verdunkelten Zimmer zu sitzen, während die Sonne auf die Läden brennt und eine recht hohe Temperatur erzeugt und im Zimmer allerlei Drähte herumlaufen, die bei unvorsichtiger Berührung recht empfindliche elektrische Schläge versetzen. Indessen geht es nun nicht anders vorwärts. Zum Trost steht denn auch in der Mitte die leuchtende Glasglocke, in der die Gase unter dem Einfluß der Entladungen sich wie verrückt gebärden und die sonderbarsten, mannigfaltigsten und buntfarbigsten Erscheinungen veranstalten. Es sieht jetzt wirklich bei mir recht sehr wie in einer Hexenküche aus.

31. Juli 1882

Mit den Geißlerschen Röhren habe ich mich in der letzten Zeit nicht mehr soviel beschäftigt, sondern ich habe die Vorversuche gemacht, um mir eine Batterie von 1000 Elementen zusammenzustellen.

Ferienreise in die Schweiz, nach Oberitalien und Tirol.

6. September 1882

Jetzt bin ich wieder hier, gut ausgeruht, ganz ungestört und habe mich daher zunächst auf die Herstellung der Batterie geworfen; ich arbeite denn auch ganz wie ein Fabrikarbeiter, da ich jeden Handgriff tausendmal zu wiederholen habe, so daß ich stundenlang nichts tue, als ein Loch neben dem andern bohren, einen Blechstreifen nach dem andern biegen, dann wieder stundenlang einen nach dem andern lackieren usw. 250 Elemente habe ich schon fertiggestellt, die andern 750 werden nun auf einmal gemacht; in 8 Tagen, denke ich, wird alles fertig sein. Es fällt mir sehr schwer, mich davon zu trennen, darum habe ich Euch noch nicht früher geschrieben. Auf einige Zeit mag ich die eintönige mechanische Arbeit ganz gern.

20. September 1882

Die Batterie war in der Hauptsache Mitte voriger Woche fertig, seit vorigem Sonnabend hat sie angefangen, Feuer zu spucken und elektrische Rohre zu erleuchten, heute habe ich damit den ersten Versuch gemacht, den ich ohne sie nicht hätte machen können und für welchen (außer für sehr viele andere) sie gebaut war; so betrachte ich sie denn jetzt als fertig und dem Verkehr übergeben und werde mich bemühen, nun wieder als gewöhnlicher Mensch auch an das viele übrige zu denken, was es außer der Batterie in der Welt gibt. Die Erscheinungen, die sie erzeugt, sind ihrer Art nach dieselben, wie die welche die Entladungen des Induktionsapparates erzeugen, aber sie sind

I hope I shall make real progress before the beginning of the vacation. I have been working a lot with the ordinary air pump, a real exertion over the long run; I occasionally had to interrupt the experiments out of sheer physical exhaustion. Besides, it is no fun to sit in a completely darkened room, with the sun streaming down on the shutters and making the room hot, and with all sorts of wires strung about that can give quite appreciable electrical shocks when touched carelessly. However, there can be no progress any other way. In the middle of all, to my consolation, stands the luminous belljar in which the gases perform the maddest antics under the influence of discharges and produce the strangest, most varied, and most colorful phenomena. My place now really looks very much like a witch's kitchen.

31 July 1882

I have not occupied myself as much with the Geissler tubes lately, but have been trying to set up a battery of 1000 cells for my use.

Vacation tour to Switzerland and to northern Italy and the Tyrol.

6 September 1882

Now that I am here again, well rested and quite undisturbed, I have thrown myself, first of all, into fitting up the battery; I am laboring just like a factory worker, for I have to repeat every action a thousand times, so that for hours at a time I do nothing but bore one hole after another, bend one metal strip after another, spend hours varnishing them one by one, etc. I have already finished 250 cells and the other 750 will now be done in one run; in a week, I think, everything will be ready. It is very hard for me to tear myself away, which is why I have not written to you sooner. I rather like doing monotonous, mechanical work, for a while.

20 September 1882

The main part of the battery was ready last week; since last Saturday it has begun to spit fire and light up electric tubes; today I did the first experiment that I could not have done without it and for which (as well as for a great many others) it was built; thus I now regard it as finished and in routine operation, and I shall try to think again like a normal person about the many other things there are in this world, aside from the battery. The effects that it produces are similar in kind to those produced by the discharge of the induction apparatus, but they are at the same time more intensive and

viel intensiver und ruhiger, das Verhältnis läßt sich mit dem Licht einer Petroleumlampe zum Licht eines Talglichtes vergleichen. Der Hauptnutzen den sie bietet hat allerdings nichts mit dem mehr oder weniger großen Glanze der Erscheinigung zu tun.

7. Oktober 1882

Ich habe einstweilen mit der Batterie zur Zufriedenheit gearbeitet* und schon vor 8 Tagen die erste Frage, welche ich mir gestellt hatte, wie ich glaube erledigt (eine erledigte Frage, wenn sie wirklich erledigt ist, ist sehr viel!), aber diese erste Station wurde schon nur mit genauer Not erreicht, denn die Batterie meldete sich krank, und ihre Krankheit erwies sich sogar als sehr gefährlich, anfangs glaubte ich als unheilbar, aber es wurde ein Mittel gefunden, ich mußte sie allerdings teilweise auseinandernehmen und benutzte diese Gelegenheit, um eine Reihe Verbesserungen anzubringen, dies kostete allerdings wieder einige Tage Arbeit, aber jetzt ist sie wieder dienstfähig, und ich finde sie sogar bedeutend stärker und brauchbarer als vorher, hoffentlich ist das von Dauer, wenigstens so lange, bis die zweite Frage, an welche ich mich jetzt gemacht habe, beantwortet ist. Dauern die Ferien dann noch so würde ich mir sehr gerne ein paar Tage Ausspannen gönnen und zu Euch hinüberrutschen, ich denke, das wird so werden, denn ich muß mich vor Beginn des Semesters noch einmal gewaltsam aus der Arbeit reißen, sonst werde ich höchst unglücklich sein, wenn dasselbe anfängt. Übrigens war ich und Dr. Hagen während einiger Tage unserer Stellung hier enthoben, da Helmholtz versäumt hatte, unsere Anstellung verlängern zu lassen, so wurde uns am 1. Oktober kein Gehalt ausgezahlt und nur per nefas haben wir unsere Wohnungen behalten.

25. November 1882

Es sind mir wieder einige sehr interessante Probleme eingefallen, die sich werden behandeln lassen, übrigens eigentlich zur Unzeit, denn ich bin ganz beschäftigt mit meiner Batterie und habe viel mehr dankbare Arbeit vor, als ich irgend ausführen kann, aber es ist unter allen Umständen ganz gut, wenn ich das, was ich bisher mit derselben getan, erst einmal zu einem abgerundeten Abschluß bringe, ob ich dann auf die neue (rein theoretische) Arbeit eingehe oder nicht.

2. Dezember 1882

Auf das Wiedersehen freue ich mich sehr. Das Semester geht seinen Lauf, es strengt mich nicht sehr an, vermutlich weil ich mich nicht sehr anstrenge, fürchte ich, aber es langweilt mich einigermaßen. Wieviel Geduld ist nicht auch in bezug auf die eigene Arbeit nötig! In einem Tag kann man sich mehr Versuche und Arbeiten ausdenken, als man in einem Jahr machen kann; ehe

* Versuche über die Glimmentladung. Ges. Werke, I. Band, 13.

regular; the relationship may be compared with that of the light of an oil lamp to the light of a tallow candle. The main advantage that it offers, however, has nothing to do with greater or lesser brightness of the phenomena.

7 October 1882

For the time being I have been working with the battery to my satisfaction,* and fully a week ago, I solved, I believe, the first problem that I had set myself (a problem solved, it if really is solved, is a great deal!), but even this first stage was reached only with great difficulty because the battery went on sick call and its sickness proved to be very dangerous—at first I thought incurable—but a remedy was found; to be sure I first had to take it partially to pieces, and I am using this opportunity to make a number of improvements, which has however cost me several days' work again, but now it is once more serviceable, and I even find it stronger and of greater utility than before; I hope that it will last, at least until the second question is answered on which I have now started to work. If the vacation lasts until then, I should very much like to allow myself a break of a few days and slip over to you; I think it necessary, because I simply have to force myself away from my work before the semester begins, else I shall be extremely unhappy when it starts. By the way, Dr. Hagen and I were relieved of our position here for a while because Helmholtz had neglected to apply for an extension of our appointment; thus we got no salary on October 1 and kept our apartments only *per nefas* [unlawfully].

25 November 1882

Several very interesting problems that invite treatment have again occurred to me; actually at the wrong time, because I am completely taken up with my battery and have a great deal of more profitable work in mind than I can possibly carry out; but it will be in any case best to bring what I have done so far to a full conclusion, regardless of whether I then go on to the new (purely theoretical) work or not.

2 December 1882

I look forward to seeing you very much. The semester is taking its course; it is not great exertion for me, presumably because I do not exert myself very much, I fear; but it bores me to some extent. And then how much patience is necessary for one's own work! One can conceive of more experiments in a day than one can perform in a year; before half of what was planned has

* Experiments on the Cathode Discharge. Coll. Works, vol. I, 13.

man die Hälfte dessen ausgeführt hat, was man sich vorgenommen, ist die Kraft schon erlahmt und das Interesse schon zu andern Gegenständen übergegangen. So kommt bei mir wohl eine Kleinigkeit nach der andern heraus, aber nichts Großes und Ganzes. Es wäre rein zum Verzweifeln, wenn man nicht sähe, daß es andern nicht besser ginge und teilweise schlechter, indem manche nicht einmal Kleinigkeiten zustande bringen. Also Geduld und wieder Geduld. Lebt wohl, liebe Eltern, nehmt die vorigen Sätze nicht für das Resultat wochenlangen Philosophierens, sondern für dasjenige eines halbstündigen Schmollens in der Sofaecke.

9. Dezember 1882

Weihnachten werde ich mir wohl etwas Arbeit mit nach Hamburg nehmen können; ich habe jetzt wieder einen, wie mir scheint, sehr schönen theoretischen Stoff vor, der mir vielleicht noch Freude macht, vielleicht auch nicht, die Theorie der Fluten und der Meeresströmungen, auch der Passatwinde und vieler anderer schönen Dinge*, über die ich neue Ideen zu haben glaube, indessen bin ich noch keineswegs sicher, weder daß dieselben neu, noch daß sie richtig sind. Jedenfalls beschäftigen sie mich außerordentlich, die letzten Tage bin ich immer schon um 5 damit aufgewacht, habe Licht angezündet und bin dann nachdenkend bis 8 Uhr liegengeblieben; das sind die behaglichsten Stunden, die man sich denken kann. Von meiner Krankheit zu reden, wird mir nachgerade langweilig.** Ich fühle mich eigentlich so gut wie jemals seit meiner Reise, aber auch so schlecht, nämlich sehr erträglich für den Augenblick, aber doch immer alle paar Tage daran erinnert werdend, daß nicht alles in Ordnung ist. Es scheint Geduld erforderlich, die sich durch viele Monate erstreckt. Ich fange an, mich wenigstens von den Ärzten zu erholen, indem ich mir ein klein wenig freiere Bewegung im Essen gestatte, und das bekommt mir sehr gut; sobald ich in Gesellschaft oder bei der Arbeit bin, habe ich nie die mindeste Beschwerde; sobald ich aber zu vorschriftsmäßiger Zeit in vorschriftsmäßiger Weise mein vorschriftsmäßiges Ei esse, bin ich ganz durchbohrt von Schmerzen.

20. Januar 1883

Ich untersuche wieder an Geißlerschen Röhren. Ich kann jetzt nicht mehr klagen, ich habe sehr viel Zeit für die Arbeit, da die Herren Studenten nicht mehr so regelmäßig kommen wie im Anfang und schon weit selbständiger geworden sind. Vorm Schlafen habe ich jetzt immer in Taines Origines gelesen, dies Buch hat mich sehr interessiert, ich bin fast fertig und werde es Dir, lieber Papa, dann zurücksenden; wenn Du mir dafür den zweiten Band senden willst, werde ich Dir sehr danken. Ich habe mir auch auf die Anregung hin etwas

* Über die kontinuierlichen Ströme, welche die fluterregende Wirkung der Gestirne im Meere veranlassen muß. Ges. Werke, I. Band, 10.

** Er hatte sich in den Herbstferien eine Magenstörung zugezogen, die ihn bis gegen Ende des Jahres beträchtlich quälte.

been done, the effort has already slackened and interest has already sifted to other subjects. Thus I produce one little thing after another, but nothing large and complete. It would simply drive one to despair, if one did not see that others fare no better and some worse, for some do not bring even small things to a conclusion. Patience, and again patience. Farewell, dear parents, do not take the foregoing sentences as the result of weeks of philosophizing, but only that of half an hour's sulking in the sofa corner.

9 December 1882

I expect I shall be able to take some work with me to Hamburg at Christmas; I am once more involved in what seems to me a very beautiful theoretical subject, the theory ot tides and ocean currents, and of trade winds and many other fascinating things,* which will give me pleasure (perhaps, or perhaps not) and about which I believe I have some new ideas; however, I am not yet certain that they are new or that they are correct. In any case, they keep me exceedingly busy; over the past few days they woke me as early as 5 o'clock; I lit my lamp, and stayed in bed until 8 o'clock, thinking about it; these are the most comfortable hours that can be imagined. It bores me to talk about my illness by now.** Actually I feel about as well as ever since my trip, but also about as ill, for the moment quite fair, and yet every few days I am reminded that not everything is in order. Patience extending over many months seems to be required. I am beginning to recuperate, at least from my doctors, by allowing myself a little more freedom of choice in food, which does me much good; when I am in company or at work, I have not the least trouble; but as soon as I eat my prescribed egg in the prescribed manner, at the prescribed time, the pains shoot right through me.

20 January 1883

I am again investigating the Geissler tubes. Now I can no longer complain, I have plenty of time for my work because the students do not attend as regularly as at the beginning and have become much more self-reliant. I have been reading Taine's *Origines* every night before going to sleep. I find this book most interesting; I have almost finished it, and will send it back to you, dear Papa; if you will then send me the second volume I shall be most grateful. It has made me borrow something of Diderot's from the library, but

* On the Continuous Currents which the Tidal Action of the Heavenly Bodies Must Produce in the Ocean. Coll. Works, vol. I, 10.

** During the autumn recess he contracted a stomach ailment that bothered him considerably until the end of the year.

von Diderot aus der Bibliothek geholt, aber wie es geht, ich kann nicht sagen, daß ich so viele Vorzüge in der Lektüre entdecken konnte, wie ich nach den Lobsprüchen Taines erwartet hätte; ich habe mir auch Montesquieus L'Esprit des lois geholt, doch habe ich hier bisher nur hineingeguckt.

28. Januar 1883

Ich kann nicht sagen, daß mich meine Assistentenarbeit augenblicklich sehr in Anspruch nimmt. Am Mittwoch hatten wir einen Besuch des Kultusministers im Institut, ich glaube er war nicht sehr erbaut über die geringe Zahl der Arbeitenden, die er zu sehen bekam, denn da er sehr früh kam, war fast noch niemand da. Bei Du Bois-Reymond war man schlauer gewesen und hatte zur bestimmten Stunde alle zur Parade bestellt. Er spielte sich sehr als Mineraloge auf, beim Besehen einiger Mineralien, die sich bei uns herumtreiben, meinte er zu Helmholtz, „ich weiß nicht, ob Sie Mineraloge sind", und als dieser verneinte, setzte er ihm die Krystallform des Zirkons auseinander, freute sich über einige besonders gelungene Krystalle und meinte, „dafür haben Sie dann allerdings kein Verständnis!" So jagte ein Scherz den anderen.

11. Februar 1883

Daß Helmholtz geadelt worden ist, habt Ihr wohl in der Zeitung gelesen. Eine große Revolution hat es hier nicht hervorgerufen.

Vor acht Tagen in der Physikalischen Gesellschaft habe ich wieder einen kleinen Vortrag* gehalten; er betraf eine Erscheinung, die ich im Sommer beobachtete und von der ich Papa in Beatenberg erzählte. Ich komme mir etwas als Schwätzer vor, der immer redet, aber es ist schließlich besser, ich rede, als daß alles schweigt und die Gesellschaft sozusagen hungrig wieder auseinandergeht. Auch wendet man sich schon immer an mich, wenn nichts vorliegt, und so war es auch neulich, ich hatte gar nicht die Absicht, etwas vorzutragen. Es ging dann aber ganz gut, der Vortrag rief gleich einen zweiten hervor, und da der Stoff leicht war, kam auch eine halbwegs unterhaltende Diskussion zuwege. Ich muß jetzt darangehen, die Versuche**, die ich im Herbst mit der Batterie gemacht habe und die, wie ich hoffe, Interesse haben, niederzuschreiben; unterdessen gehe ich langsam daran, die Batterie neu aufzubauen, denn sie ist in den Monaten, in denen ich sie nicht benutzt habe, ganz zerfressen worden. Ich bin zweifelhaft, ob ich mir diese große Arbeit, die wieder einige Wochen kostet, machen soll oder mir einen anderen Stoff suchen, aber einstweilen habe ich angefangen zu arbeiten, da ich während des Zweifelns meine Zeit so am besten verwende, und ich hoffe, die Batterie ist fertig, ehe der Zweifel entschieden ist.

17. Februar 1883

Ich tue jetzt eigentlich wenig, sondern habe mehr eine Periode, wo ich mehr zum Zulernen Lust habe, das ist ja auch leider immer sehr nötig. Eine Arbeit,

* Über eine die elektrische Entladung begleitende Erscheinung. Ges. Werke, I. Band, 12.

** Versuche über Glimmentladung. Ges. Werke, I. Band, 13. Siehe auch Nachtrag, S. 348, Brief von Helmholtz 29. Juli 1883.

so far I cannot say that I have found as much merit in it as I had expected from Taine's praises; I have also taken out Montesquieu's *L'Esprit des lois,* but so far I have only glanced at it.

28 January 1883

I cannot say that my work as assistant is very demanding at the moment. On Wednesday we had a visit by the minister of education at the Institute; I do not suppose he found the small number of research workers that he was able to see very edifying, for since he came very early, hardly anyone had as yet come in. At Du Bois-Reymond's they were more cunning and everyone was ordered to be on parade at a certain time. He made much of himself as a mineralogist, and on seeing some of the minerals that we have sitting around, he said to Helmholtz, "I do not know whether you are a mineralogist," and when the latter answered in the negative he explained the crystal structure of a zircon to him, took pleasure in some particularly fine crystals, and added "But, of course, you have no appreciation for that!" Thus one jest chased another.

11 February 1883

You have probably read in the newspaper that Helmholtz has been ennobled. It did not cause a great stir here.

A week ago I gave another short lecture* at the Physical Society meeting; it concerned a phemomenon I observed last summer and about which I told Papa in Beatenberg. I feel that I am becoming a sort of chatterer, always the one that talks, but it seems better, after all, that I do the speaking than that all remain silent and the society disperse hungry, so to speak. Moreover, they are already used to turning to me when nothing else offers, and that is what happened this time as well; I had no intention of giving a lecture. But then it went quite well; my lecture right away stimulated another, and since the subject was an easy one, a halfway decent discussion followed. I must now set down in writing the experiments** I made with the battery in the autumn, which I hope will be found interesting; meanwhile I am slowly beginning to rebuild the battery, for it has become quite corroded during the months that I did not use it. I am not sure whether I should involve myself in this big job, which would again cost me several weeks, or whether I should look for another subject; but in the meantime, I have begun to work, since that is the best way to use my time while I am in doubt, and I hope that the battery will be finished before the doubt is resolved.

17 February 1883

I am actually doing little now; rather this is, for me, a period when I feel more like adding to my knowledge, something that is unfortunately always

* On a Phenomenon which Accompanies the Electric Discharge. Coll. Works, vol. I, 12.

** Experiments on the Cathode Discharge. Coll. Works, vol. I, 13. See also Appendix, p. 349, letter from Helmholtz, 29 July 1883.

auf die ich mich eventuell im Sommer habilitieren könnte, habe ich fertig, die Batterie kann ich mich doch nicht entschließen, wieder allein zusammenzubringen, sondern werde versuchen, sie mir während der Ferien gegen Geld in Gang bringen zu lassen; so ist es jetzt eigentlich auch ganz passend, daß ich mehr rezeptiv arbeite. Überhaupt steht mir das Habilitieren entsetzlich bevor, so wie das Hineindrängen ins Gewühl an einem überfüllten Schalter, aber ich sehe nicht, wie man sonst ein Billett bekommen kann.

24. Februar 1883

Mit den Arbeiten geht es ganz gut. Seit ich Euch zuletzt schrieb bis heute hat mich ausschließlich ein Problem beschäftigt, das ich nicht aus dem Kopf bringen kann, nämlich das Gleichgewicht einer schwimmenden Eisplatte*, auf welcher ein Mensch steht. Die Eisplatte wird sich natürlich etwas durchbiegen; aber welche Form nimmt sie an, wieviel genau beträgt die Senkung usw.? Man kommt da zu ganz paradoxen Resultaten, nämlich erstens, daß der Mensch zwar unter sich eine Vertiefung erzeugt, in einem gewissen Abstand aber eine kreisförmige Erhöhung des Eises, auf welche dann wieder eine Vertiefung folgt und so fort. Die Erhöhungen und Vertiefungen nehmen zwar so schnell ab, daß man sie nie wird wahrnehmen können, aber für das geistige Auge sind unzählig viele zu erkennen. Noch viel paradoxer ist dies, daß man unter gewissen Bedingungen eine Scheibe, die schwerer ist als Wasser, die also untersinkt, wenn man sie aufs Wasser legt, dadurch zum Schwimmen bringen kann, daß man noch ein Gewicht auf sie setzt; sobald man dann das Gewicht abhebt, sinkt sie unter. Die Auflösung ist die, daß mit dem Gewicht die Scheibe eine Bootform annimmt und nun das Gewicht und sich selber trägt; nimmt man nun das Gewicht allmählich fort, so wird die Scheibe flacher und flacher, schließlich kommt ein Augenblick, wo das Boot zu flach geworden ist, und sie versinkt mit dem Rest des Gewichts. Dies ist das Ergebnis der Theorie, und so erläutere ich es mir, aber einstweilen sind Rechenfehler nicht ausgeschlossen. Es geht mir sonderbar mit einer solchen Sache; seit acht Tagen kämpfe ich, sie mir aus dem Kopf zu bringen, da sie doch eigentlich sehr gleichgültig ist und ich anderes zu tun habe, zum Beispiel die event. Habilitationsarbeit aufzuschreiben, die ich nur im Kopf fertig habe, aber keinen Strich auf dem Papier . . . aber es ist nicht möglich, rein abzuschließen, immer bleibt irgendein Widerspruch oder eine Unwahrscheinlichkeit, und solange das ist, ist es mir fast unmöglich, den Geist davon fortzubringen. Und die Formeln für die richtige Lösung, welche ich habe, sind so verwickelt, daß es immerhin viel Zeit und Mühe erfordert, ihre Bedeutung sich klarzumachen. Aber wenn ich auch ein Buch nehme oder sonst was tue, so kommen beständig die Gedanken darauf zurück: Sollte es nicht so gehen? Ist dies nicht doch ein Widerspruch? Das ist eine wahre Plage, wenn einem an dem Resultat gar nicht soviel liegt. Heute abend ist bei von Hansemanns großes Fest, ich

* Über das Gleichgewicht schwimmender elastischer Platten. Ges. Werke, I. Band, 16.

very necessary. I have finished a paper that I could perhaps use for my *Habilitation* [postdoctoral qualification for induction to a university post] this summer; I cannot bring myself to restore the battery to a working condition on my own but shall try to have it done for me during the vacation, for payment; thus it is actually quite fitting that I should work more 'receptively.' I find the prospect of qualifying altogether awful, like pushing oneself into the turmoil before an overcrowded ticket window, but I do not see any other way of getting a ticket.

24 February 1883

My work is going quite well. Between the time I last wrote to you and today I have been occupied exclusively with a problem that I cannot get out of my mind, namely the equilibrium of a floating sheet of ice* on which a man is standing. The sheet of ice will be bent a little, of course; but what shape will it take, exactly how big will the depression be, etc.? One arrives at quite paradoxical results, namely, first that the man causes a depression to be formed under him, but around it, at a certain distance, a circular elevation of ice is formed, which is followed by another depression, and so on. The elevations and depressions decrease so rapidly that they could never be perceived, but the mind's eye can discern an infinite number. It is an even greater paradox that under certain conditions a disk which is heavier than water, that is, which would sink if placed on water, can be made to float by the placing of a weight on it; as soon as the weight is removed, the disk sinks. The explanation is that the disk with the weight on it assumes the shape of a boat and thus supports both the weight and itself; then, if the weight is gradually removed, the disk becomes progressively flatter and finally a point is reached when the boat becomes too shallow and sinks with what is left of the weight. This is the theoretical result and that is how I explain it to myself, but meanwhile errors in calculation are not out of the question. It is strange how such a thing affects me; I have been struggling to have done with it for a week because it is really very unimportant and I have other things to do, for example, writing the putative *Habilitation* paper, which is finished only in my mind, but not a line on paper . . . but it is impossible to finish it properly; some contradiction or improbability always remains, and as long as anything of that sort is left I can scarcely take my mind off it. And the formulae that I have for the right solution are so complex that it takes a lot of time and trouble to make out their significance clearly. But even if I take up a book or do anything else, my thoughts continually hark back to: should it go like that? Isn't that still a contradiction? A perfect plague when the result is of no great importance. This evening there is a big party at the von Hansemanns; I have no great urge

* On the Equilibrium of Floating Elastic Plates. Coll. Works, vol. I, 16.

habe keine große Lust und bin auch nicht in der Stimmung, immer die schwimmenden Platten vor den Augen, aber es ist wohl ganz gut, etwas herausgerissen zu werden. Nun hoffe ich, Ihr werdet Euch auch fleißig an die Betrachtung geben und mich die Resultate derselben wissen lassen.

1. März 1883

Lieber Papa! Ich schreibe Dir etwas vor der Wiederkunft des üblichen Termins, um Dich um Deinen Rat zu bitten in folgender Angelegenheit. Du weißt, wie unangenehm es mir war, mich hier, wo so schon so viele Privatdozenten sind, habilitieren zu müssen, und wie groß mein Wunsch nach einer Veränderung überhaupt war. Nun kam vorgestern morgen nach seiner Vorlesung Geheimrat Kirchhoff zu mir und sagte, es würde gewünscht, daß sich in Kiel ein Privatdozent für mathematische Physik habilitiere, demselben würde aus dem Stipendienfonds für Privatdozenten eine Remuneration von 500 Talern bewilligt werden, er und Prof. Weierstraß und besonders dieser seien seitens des Ministeriums befragt worden, ob sich wohl eine geeignete Persönlichkeit fände, und sie hätten an mich gedacht. Ich solle mich übrigens wegen des Näheren an Prof. Weierstraß (vielleicht unsern ersten Mathematiker) wenden. Im ersten Augenblick war mir der Gedanke äußerst angenehm, und ich sprach dies auch unverhohlen aus. Nachmittags ging ich zu Prof. Weierstraß und erfuhr hier, daß die Sache etwas komplizierter sei. Nämlich die Fakultät in Kiel hat nicht den Wunsch nach einem Privatdozenten ausgesprochen, sondern nach einer außerordentlichen Professur für mathematische Physik, diesen Wunsch kann das Ministerium augenblicklich wegen mangelnder Fonds nicht bewilligen, es würde aber gern sehen, wenn sich dort ein Privatdozent habilitierte, es würde diesem das genannte Stipendium zuwenden und ihm die Anwartschaft auf besagte Professur stillschweigend übertragen, welche Professur etwa in zwei Jahren realisierbar werden könne. „Übrigens," sagte Prof. W., „Professoren sind oft komische Leute . . . kann sein, daß die Fakultät nach Ablehnung der Professur sich gegen einen Privatdozenten mit Hand und Fuß wehrt." Ich könnte mir hierfür einen sehr plausibeln Grund denken, wenn die Fakultät nämlich die Professur wünscht schon im Hinblick auf einen bestimmten Privatdozenten. Prof. Weierstraß versprach mir übrigens, mit dem betreffenden Dezernenten nochmals zu reden und mir in betreff des Stipendiums und der Anwartschaft — in betreff deren ich Schriftliches natürlich nicht erhalten könne — doch solche private Zusage zu verschaffen, auf welche ich mich verlassen könnte. Gestern sprach ich nun mit Helmholtz davon; er sagte, er wisse auch darum, habe auch an mich gedacht, aber er wisse nicht, ob es für mich vorteilhaft sein würde (das Gegenteil sagte er übrigens auch nicht), der Ordinarius für Physik in Kiel, Prof. Karsten, stehe in einer gewissen Opposition zur Berliner Fakultät, so daß mir Empfehlungen von hier nichts nützen würden, es schienen in Kiel auch sehr kleine Verhältnisse zu sein, und ich würde von Apparaten wahrscheinlich ganz abgeschnitten sein. Übrigens meinte er auch, als Privatdozent würde ich dort nützlicher

to go and am not in the mood for it with the floating disks continually before my eyes, but it is all for the best to be forced to tear oneself away. I end in the hope that you will devote yourselves to the problem and will let me know the results.

1 March 1883

Dear Papa, I am writing to you a little before the usual time in order to ask your advice on the following matter. You know how uncomfortable I felt about having to qualify for the *Habilitation* here, where there are already so many *Privatdozenten,* and how much I wished for a change in general. Geheimrat Kirchhoff came to see me the day before yesterday after his lecture and told me that a *Privatdozent* for mathematical physics was wanted at Kiel. He would be granted a remuneration of 500 Talers from the stipend fund for *Privatdozenten;* he, and particularly Prof. Weierstrass, had been asked by the ministry whether a suitable person could be found, and they had thought of me. For further details I am to consult with Prof. Weierstrass (perhaps our foremost mathematician). At first glance the thought was most appealing to me, which I expressed openly. In the afternoon I went to see Prof. Weierstrass and learned that the matter was somewhat more complicated. For the faculty at Kiel had not expressed a wish for a *Privatdozent,* but for an associate professorship in mathematical physics; the ministry cannot grant this request at the moment because of insufficient funds, but would like to see a *Privatdozent* established there; it would allocate the abovementioned stipend to him and would quietly take it for granted that he would succeed to the professorship in question, which could become available in about two years. "By the way," said Prof. W., "professors are often strange people . . . it is possible that after being turned down for the professorship, the faculty might fight a *Privatdozent* appointment tooth and nail." I could think of a very plausible reason for it, namely if the faculty wanted the professorship for a particular *Privatdozent.* Prof. Weierstrass moreover promised to speak once more with the ministry official concerned and to get me at least a private agreement (one on which I could really rely) as to stipend and the candidacy, with regard to which I could of course not expect written assurances. Then, yesterday, I spoke to Helmholtz about it; he said that he knew about it, too, and had also thought of me; however, he could not say whether it would be advantageous for me (nor did he say the opposite); he said the professor who had the chair of physics at Kiel, Prof. Karsten, stood somewhat in opposition to the faculty at Berlin, so that a recommendation from here would not be much use to me; moreover the circumstances at Kiel seemed to be very modest and I should be probably completely cut off from laboratory facilities. Otherwise he, too, thought that I could be of more use there as *Privatdozent* and promised to recommend me

sein und versprach mir, mich an andere Professoren zu empfehlen. Er bewegte sich nach seiner Gewohnheit in sehr reservierten Grenzen und war, ich möchte sagen, sichtbar bemüht, keinen Einfluß auf meine Entscheidung zu üben, während ich doch gerade solchen Einfluß wünschte. Alle rieten mir, persönlich im Beginn der Ferien nach Kiel zu gehen und mich dort umzusehen, denn alles, was das Ministerium tue, könne nur auf Antrag der dortigen Fakultät geschehen, so sei also deren Wohlwollen für mich die Hauptsache. Nun steht für mich dies fest: Erhalte ich nicht vom Ministerium die vertrauliche Versicherung, daß es mit dem Stipendium und der Anwartschaft seine Richtigkeit habe, und sehe ich nicht gleichzeitig, daß mein Kommen dem Wunsche der Fakultät entspricht und daß dieselbe darin bis zu einem gewissen Grade einen Ersatz für die abgeschlagene Professur sieht, so gehe ich nicht nach Kiel. Es sind mir aber Skrupel aufgestiegen, ob, wenn dies auch alles seine Richtigkeit hat, es dann nicht doch noch töricht wäre, auf den Wechsel einzugehen. Ich würde gewinnen: Zeit und die Anwartschaft auf eine außerordentliche Professur in zwei Jahren oder etwas länger. Ich würde verlieren: die Verfügung über Arbeitsraum, Apparate, Bücher, die ich hier unbeschränkt besitze. Aber es sind noch andere Dinge, die ich schwer empfinde, wenn ich daran denke, von hier fortzugehen. Ich werde aus einer großen Welt, an die ich gewöhnt bin, mich hineinzufügen haben in eine vermutlich sehr kleine. Um nicht weitläufig zu werden, gehe ich nicht weiter darauf ein, Du wirst dies alles einsehen.

Die weiteren Verhandlungen führten Heinrich Hertz zu dem Entschluß, sich in Kiel zu habilitieren.

to other professors. As is his way, he spoke very circumspectly within very restricted boundaries and so to speak visibly endeavored not to exert any influence on my decision, whereas what I wanted was precisely his guidance. Everyone advised me to go to Kiel in person at the beginning of the vacation, and to look around for myself; for whatever the ministry might do would only be done in response to a petition from the faculty there; thus their good will would be the most important thing for me. This much is certain: if I do not receive confidential assurance about the stipend and the candidacy, and if at the same time I do not see that my appointment is in accordance with the wishes of the faculty, and that they regard it to some extent as a substitute for the denied professorship, I shall not go to Kiel. However, some scruples have arisen as to whether it would not be foolish to agree to the move in any case, even if all this were true. I would gain: time and the prospect of an associate professorship in two years or a little more. I would lose: command of working space, instruments, books, which I have here without restrictions. But there are also other things that concern me when I think about leaving here. Coming from the big world to which I am accustomed, I would have to fit myself into a presumably very small one. I shall not go into it farther for fear of being too longwinded; you will understand all that.

Further negotiations brought Hertz to the decision to submit his Habilitation *at Kiel.*

Kiel

1883-85

Heinrich Hertz an die Eltern

2. Mai 1883

Im ganzen habe ich nur Grund, zufrieden zu sein mit allem, was mit mir geschehen ist, und Aussicht, daß ich noch viel mehr Grund es zu sein haben werde, wenn ich hier erst Wurzel geschlagen haben werde. Die paar Tage im Hotel waren natürlich für mich sehr ungemütlich; noch etwas zu arbeiten, wie ich mir vorgenommen, war mir unmöglich, so schlug ich die Zeit mit Spazierengehen tot. Das Kolloquium stand mir doch auch bevor, ich hatte keine eigentliche Furcht, aber wenn man hundertmal weiß, daß ein Gewehr nicht geladen ist, es ist einem doch ärgerlich, wenn jemand damit nach einem zielt. Ich machte meine Besuche der Reihe nach ab, fast alle waren freundlich, einige äußerst freundlich, Professor Karsten allerdings ließ sich wegen zu großer Erkältung entschuldigen, so daß ich dachte: so so! aber nachher im Kolloquium ließ er es durchaus nicht an Liebenswürdigkeit fehlen. Das letztere verlief nun so: Da Papa mir gesagt hatte, der Vortrag würde über eine Stunde dauern, ich selbst auch noch bei einer Probe ¾ Stunde herausbekam und andererseits der Dekan mir gesagt hatte, ich solle es doch allerhöchstens ¾ Stunde machen, so kürzte ich noch im letzten Augenblick alles Entbehrliche weg. Aber dies war das wenigst schlimme; da ich keine Uhr vor mit hatte, so schwebte ich während des Lesens beständig in Angst, es möchte zu lange dauern und kam deshalb immer mehr ins Hasten, so daß mir schließlich nach Beendigung der offiziellen Sitzung alle sagten, ich müsse aber viel, viel langsamer vortragen, was ich nun allerdings auch wußte. Von dem Kolloquium nachher ist nicht viel zu sagen, an demselben beteiligten sich Prof. Karsten, Pochhammer, Weyer (Mathematiker und Astronom) und Prof. Krüger (Astronom). Mit den beiden ersten war es ein einigermaßen förmliches Gerede ohne Inhalt, mit den beiden letzten war es eine Art Disputation, da sie Zweifel an einigen Behauptungen meines Vortrags äußerten. Dann mußte ich einen

Kiel

1883-85

Heinrich Hertz to His Parents

2 May 1883

On the whole I have every reason to be gratified by all that has happened to me and the prospect of having still more reason to be so once I have struck roots here. The few days in the hotel were naturally very uncomfortable; it proved impossible to continue with my work as I had planned and I killed the time by taking walks. The thought of the colloquium [informal examination] also weighed on me; I was not really scared, yet even when one has been told a hundred times that a gun is not loaded, it is still annoying to see it aimed at one. I paid my calls, one after another, nearly everybody was friendly, some extremely so; however, Professor Karsten asked to be excused because of a bad cold, which made me think, so that's the way it is; but afterwards at the colloquium he was graciousness itself. This is what happened: since Papa estimated that my lecture would take an hour and on rehearsal I had found it to take ¾ hour, and since the dean on his part told me I should make it ¾ hour at the outside, I dispensed with all I could at the last moment. But that was the least of my troubles; since I had no clock in front of me, I was in constant dread of taking too long while I was reading and therefore read more and more hastily, with the result that they all told me at the end of the official session that I shall have to read much, much slower, which of course I already knew. There is not much to say about the colloquium that followed, in which Professors Karsten, Pochhammer, Weyer (mathematician and astronomer) and Krüger (astronomer) took part. With the first two the discussion was something of a formal fulmination without much content; with the last two there was a sort of argument, as they expressed doubts about some statements in my presentation. I was asked to leave the room for a moment and was then

Augenblick abtreten, wurde wieder eingerufen, worauf mir alle anwesenden Professoren sehr freundlich gratulierten. Am folgenden Morgen konnte ich dann meine Vorlesungen anschlagen; es fragt sich, ob sich jemand meldet.

9. Mai 1883

Sonnabend 5 Uhr hatte ich meine Antrittsvorlesung und war ganz befriedigt, ich hatte meine Niederschrift von 57 auf 32 Seiten gekürzt, ich sprach nach meinem Gefühl unheimlich langsam in 40 Minuten, hörte aber nachher, das Tempo sei ganz richtig gewesen; ich trug dann auch ziemlich frei vor und benutzte das Papier nur als Souffleur, so daß ich, während ich sprach, ins Publikum sah. Ich hatte 8 oder 9 Professoren und 40–50 Studenten als Zuhörer, weit mehr, als ich am Sonnabend nachmittag bei sehr schönem Wetter gehofft hatte. Gestern habe ich eine meiner Vorlesungen, ein Repetitorium mit 8 Zuhörern, und heute meine andere über mechanische Wärmetheorie mit 7 angefangen.

27. Mai 1883

Ich war die letzte Zeit ganz außerordentlich zufrieden in meiner neuen Lage. Das Kollegienlesen wird doch auch leichter; auch da scheint der Satz zu gelten, daß aller Anfang schwer sei. Besonders angenehm ist mir der Umstand, daß ich nicht mehr wie die ersten Male schon 1–2 Stunden vor dem Kolleg zu anderen Gedanken unfähig bin, da hierdurch natürlich die Zeit, welche ein solches kostet, sehr vermehrt wird. Auch fange ich an, zufriedener mit der Art meines Vortrags zu sein, wenigstens in dem Kolleg über mechanische Wärmetheorie; in dem Repetitorium ist nicht viel zu wollen, dies ist der schlechteste Stoff, in dem man nur Leben und Kunst verderben kann. Zu dem erstern haben sich nun 5 angemeldet, zu dem letztern 7, dies ist indes nur die theoretische Stärke der Zuhörerschaft, die praktische beträgt 4 ständige in der ersten, 4–5 fluktuierende in der letzteren. Wenn die Zuhörer bleiben, werde ich das erste Kolleg mit Vergnügen lesen, ich lerne dabei und hoffe, daß die Zuhörer auch lernen. Ich habe dabei doch unendlich viel mehr Zeit und Ruhe zu eigener Arbeit, als ich in Berlin hatte, und dies empfinde ich als ganz außerordentlich wohltätig, besonders die Ruhe; in Berlin war ich doch nur selten wirklich zum Nachdenken aufgelegt, hier bin ich es den größten Teil des Tages, wenigstens bisher. Äußerlich verfließt die Zeit so gleichmäßig, wie ich es mir nur irgend wünsche. Ich bin täglich von 1–½3 mit meiner Tischgesellschaft zusammen, wo wir uns ganz gut unterhalten, ich halte meine Kollegien, gehe abends 1–2 Stunden spazieren (mit tödlicher Sicherheit immer denselben Weg) und bin die übrige Zeit zu Hause bei der Arbeit.

10. Juni 1883

Das Seebaden hat jetzt angefangen, es scheint mir sehr gut zu bekommen, und ich werde es daher tüchtig ausnutzen. Ich habe sehr häufig nachmittags kleinere Ausflüge unternommen, es gibt hier wirklich sehr hübsche. Gestern

called back, whereupon all the professors present congratulated me in a very friendly manner. The next morning I was allowed to post the times of my lectures; the question is, will anyone attend?

9 May 1883

On Saturday afternoon, at 5, I gave my inaugural lecture and was quite pleased with it; I had shortened my notes from 57 to 32 pages and myself felt that I spoke incredibly slow for 40 minutes, but heard afterwards that the tempo had been quite right; I lectured rather freely and used the notes only to prompt me, looking at the audience as I spoke. I had 8 or 9 professors and 40-50 students listening to me, far more than I had hoped for on a beautiful Saturday afternoon. Yesterday I started one of my lecture courses, a *Repetitorium* [review course] with 8 students, and today my other one on the mechanical theory of heat with 7.

27 May 1883

I have been very happy in regard to my new situation lately. I find lecturing progressively easier; it remains true that all beginnings are difficult. I am particularly pleased to note that I am no longer incapable of thinking of anything else for 1–2 hours before a lecture, as I was at first, as that had naturally increased the time expended on a lecture. Also, the way I lecture pleases me better now, at least in the course on the mechanical theory of heat; not much can be done with the *Repetitorium*—that is the worst material which can only spoil one's life and art. Five have signed up for the former and 7 for the latter; this is merely the theoretical size of the audience, the actual number is about 4 attending regularly for the former and 4–5 on and off in the latter. If they continue to attend, I shall enjoy giving the former course; I am learning by it and hope that my listeners are learning, too. With all that, I still have a great deal more peace and time for my own work than I had in Berlin, which I find extremely beneficial, especially the peace; for in Berlin I was seldom really in the mood for reflection, and here I am so most of the day, at least until now. Externally the time is passing as smoothly as I could wish. Every day I meet my table companions from 1 to 2:30 and the conversation is quite enjoyable; I give my lectures, I go for a walk for 1–2 hours in the evening (always the same route, with a deadly sameness), and the rest of the time I am at my work at home.

10 June 1883

The sea-bathing season has begun; it agrees very well with me, and I shall therefore take full advantage of it. I have been taking frequent short walking tours in the afternoons; there are really some very lovely opportunities here.

habe ich eine geologische Exkursion mitgemacht, viel ist es hier ja nicht mit der Geologie, aber immer mehr, als man so denkt, gestern wurden z.B. doch eine große Menge Versteinerungen gefunden und sehr viel anderes Interessante, was man erst sieht, wenn man darauf aufmerksam gemacht ist. Trotzdem ich viel Zeit also auf Spazierengehen verwende, kann ich über meine Arbeit doch nicht gerade klagen, man hat hier viel mehr Zeit wie in Berlin, weil so viel allemögliche kleine Abhaltungen und Zerstreuungen fortfallen.

7. Juli 1883

Die Hitze muß sehr groß bei Euch gewesen sein, denn selbst hier war nur auf dem Wasser selbst Schutz, und also auch nur am Abend zu finden. Das Arbeiten mußte mit Ausnahme der laufenden Kollegien gänzlich pausieren (oder tat es wenigstens), die Kollegien blieben mit Mühe in Betrieb, zweimaliges ausgedehntes Baden bildete den Hauptinhalt des Tages. Jetzt ist zum Glück seit zwei oder drei Tagen die übermäßige Hitze gebrochen. Mir geht es fortdauernd gut. Daß das Stipendium glücklich eingetroffen ist, habe ich auf meiner Karte gemeldet. Die Kollegien hatten in den letzten Wochen zu meiner nicht geringen Betrübnis zu leiden, so daß einigemal die Präsenzstärke auf zwei sank, da sie unmittelbar mit dem Fallen des Thermometers wieder auf vier gestiegen ist, habe ich mich über meine eigene Schuld daran etwas beruhigt.

Jetzt fange ich an, über die Collegien des nächsten Semesters nachzudenken, ich möchte nämlich gern dieselben vorher ausgearbeitet haben, um dann freie Zeit zu haben — es ist nun immer das Schlimme, ich möchte sie gerne ausgearbeitet haben, sie ausarbeiten, weit weniger, es geht vielen so.

Um diese Zeit erhielt Hertz Helmholtz' Antwort auf die Übersendung der Habilitationsschrift (S. 348).

Lockstedter Lager, den 24. August 1883

Von hier* ist wenig zu melden. Das Lagerleben hat sich nun schon eine Reihe von Tagen so hingezogen, und wenn man in den ersten Tage stöhnte, so hat man sich allmählich an die Eintönigkeit gewöhnt und kann sich denken, daß man dieselbe noch weitere acht Tage, ja selbst Wochen und Jahre ertragen könnte. Freilich ist es doch ein angenehmes Gefühl zu wissen, daß über die Grenze der Barackenstraßen und die umgebende Heide hinaus eine etwas mannigfaltigere Welt liegt und daß man derselben in kurzer Frist zurückgegeben wird. Von diesem Gesichtspunkte macht es mir ordentlich Freude, Mond und Sonne über dem öden Dach der gegenüberliegenden Baracke mit trostloser Regelmäßigkeit aufgehen zu sehen, indem ich mich lebhaft in die Lage eines Gefangenen hineindenke, der in kurzem seine Freilassung erwartet.

* Militärdienstübung.

Yesterday I joined a geological excursion; there is not much to be done here in geology, yet more than one would think; yesterday, for instance, a great many fossils were found and many other interesting things, which one notices only when one's attention is drawn to them. Even though I spend much time walking, I cannot exactly complain about my work; one has so much more time here than in Berlin, because so many diverse small distractions are not offered here.

7 July 1883

You must have found the heat very oppressive, for even here one could escape it only on the water, and then only in the evening. Except for the courses in progress, work had to stop altogether (or at least it did); the courses were kept going with difficulty and two extended periods of swimming constituted the main events of the day. Luckily the excessive heat broke two or three days ago. All continues to go well with me. The stipend has arrived safely, as I reported on my postcard. To my considerable sorrow, the courses suffered during the last weeks; several times the attendance shrank to two but since it rose to four again immediately when the temperature fell, I was somewhat reassured about my own fault in the matter.

I am now beginning to think about the courses for next semester; I should like to have them worked out ahead of time, so as to be free later—but, alas, although I should very much like to have them worked out, I like working them out much less, as happens to many people.

At this time Hertz received Helmholtz's answer to the submission of the Habilitation *thesis (p. 349).*

Lockstedter Lager [military camp], 24 August 1883

There is little to report from here.* Several days of camp life have already passed by and even though there were groans at the beginning, we have gradually become used to the monotony and can imagine that it would be bearable for another week, or even weeks and years. Of course, it is always comforting to know that a more variegated life exists beyond the bounds of the barracks streets and the surrounding heath, and that we are to be returned to it in a short time. From this point of view I can enjoy watching the moon and the sun rise over the desolate roof of the barracks across the way with dreary regularity, by vividly imagining that I am a prisoner who is waiting to be released soon.

* Military service exercise.

Kiel, den 17. September 1883

Einstweilen wird es mir nun schwer fallen, mich wieder in meine Zivilstellung hineinzufinden, denn abgesehen von den zu großen Anstrengungen*, dem Schlafen in Stroh oder in fürchterlichen Bauernbetten ist mir das Vagabundenleben ganz lieb geworden, dagegen die Theorie der Elektrizität liegt mir so fern, so fern, daß ich fast in die offiziersmäßige Frage einstimmen möchte: Was hat der ganze Unsinn eigentlich für einen Zweck? Die Notwendigkeit, meine Vorlesung vorzubereiten, wird mich wohl wieder zur Sache zurückführen. Meiner Gesundheit ist das Manöver ausgezeichnet bekommen, ich habe mich seit einem Jahre nicht so wohl gefühlt wie jetzt, und jetzt fühle ich mich vollkommen wohl.

27. Oktober 1883

Mir geht es gut, das Semester steht vor der Türe, am Dienstag werde ich hoffentlich anfangen zu lesen. Die letzte Zeit habe ich nun fast nur den Mechaniker gespielt, indem ich mir angeschafft habe, was mir von den nötigsten Werkzeugen fehlte, und einen Teil der tausend Kleinigkeiten, die man immer beisammen haben muß. Ich habe mir dann einige Kleinigkeiten für die Vorlesung gemacht und auch für meine eigenen Versuche ein Elektrometer, welches sich hoffentlich als brauchbar erweisen wird. Einstweilen habe ich es noch nicht probieren können, denn es muß mit Elektrizität geladen werden, und dafür muß ich mir nun wieder einen kleinen Elektrophor herstellen, der dürftig, aber hoffentlich hinreichend Elektrizität hergibt. Es fehlt eben zunächst an allen Ecken und Enden, und hier in Kiel ist auch alles nicht so leicht zu haben, für ein Stückchen passenden Platindraht oder eine Glasröhre kann man sich Gott weiß wie lange ablaufen. Dann alles über der jämmerlichen kleinen Spirituslampe machen zu müssen, kurzum — — —.

3. November 1883

Die Kollegien scheinen sich bisher sehr gut anzulassen, in dem Privatkolleg waren das erstemal 9 und das zweitemal 11 und in dem Publikum fand ich zu meinem Erstaunen den Hörsaal des physiologischen Instituts bis auf den letzten Platz voll, so daß wohl an 50 Zuhörer anwesend gewesen sein müssen. Da wir im ganzen ungefähr nur 300 Studenten hier haben, ist das ganz erfreulich. Es fragt sich allerdings noch, wie es zu Ende des Semesters aussehen wird. Einstweilen macht es mir natürlich Vergnügen, und ich habe mehr Lust, meine Zeit auf die Vorbereitung der Vorlesungen zu verwenden.

17. November 1883

Bei Tisch haben wir jetzt sehr angenehme Gesellschaft und amüsieren uns sehr gut, wir haben noch Zuwachs bekommen und sind nun eine sehr

* Im Manöver.

Kiel, 17 September 1883

For a while it will be difficult for me to adjust to my position in civil life again, for aside from the excessive exertion,* sleeping on straw or in dreadful peasant beds, I became quite fond of the vagabond life; by contrast the theory of electricity now recedes into the distance, so remote that I would almost agree with the military-style question: What is the good of all that nonsense? The necessity of preparing my lectures will certainly bring me back to reality. The maneuvers had an excellent effect on my health; I have not felt so well for a year, in fact I feel completely well at present.

27 October 1883

I am alright, the semester is about to start, and on Tuesday I hope to begin lecturing. Lately I have toiled almost exclusively in the role of a mechanic, in that I have acquired what I lacked of the most essential tools and a part of the thousand miscellaneous items that one always needs. Then I made myself several little things for my lectures, as well as an electrometer (which I hope will prove serviceable) for my own experiments. So far I have not had a chance to test it, since it must be electrically charged, and for that I must first construct a small induction machine that will produce a small, but I hope sufficient, amount of electricity. Frankly, there are all sorts of shortages here in Kiel, nor is it always easy to get what one needs; God knows how long it takes to run down a suitable piece of platinum wire or a glass tube. And then to be reduced to doing everything over a miserable little spirit lamp, in short. . . .

3 November 1883

The courses seem to be very well received so far, there were 9 the first time and 11 the second time at the private [for fees] lecture course; and to my surprise I found the auditorium of the Physiological Institute full, with every seat taken, for the public [free] lecture; there must have been 50 people there. Since we have only about 300 students here all told, it was quite gratifying. However, the question of what the situation will be at the end of the semester still remains. In the meantime, I am greatly enjoying all this, of course, and it puts me in a better mood for spending time on preparing the lectures.

17 November 1883

We now have very congenial company at table and get much amusement from it; several others have joined us and we are now a motley crowd: a

* Of the maneuvers.

gemischte Gesellschaft, nämlich ein ordentlicher Professor der Theologie, Prof. Wendt, der auch Hamburger ist und übrigens nur 3–4 Jahre vor mir abgegangen ist, dann der neue Geograph Prof. Krümmel, ein Astronom Dr. Kreutz, dann Dr. Haas*, der Graf von Spee, Physiologe, Dr. Petersen** und meine Wenigkeit. Daher habe ich Unterhaltung genug. Abends war ich häufig mit Dr. Petersen in unseren resp. Wohnungen zusammen.

8. Dezember 1883

Ewiger Regen, Schnee und Eis, Dreck auf den Straßen zum Versinken, Nebel, Hochwasser, Sonnenaufgang auf dem Weg zum Mittagessen, Sonnenuntergang während des Kaffeetrinkens, vollständige Abgeschnittenheit von allen Orten, die man im Sommer besuchte, das ist so ungefähr die Stimmung der Natur, und der Geist hat Arbeit, nicht in die gleiche Stimmung zu kommen. Die wichtigste Neuigkeit werdet Ihr wissen, daß in 14 Tagen Weihnachten ist, und daß ich dann zu Euch kommen werde. Ich bin wieder in mancher Richtung recht unzufrieden. Meine eigene Arbeit kommt nicht weiter und kommt nicht weiter, mit dem Kolleg bin ich auch unzufrieden, denn meine Zuhörer verstehen es nicht, und wenn ich zu mir selbst sage: „Lehre leichter", so ist das eigentlich gleichbedeutend mit: „Lehre etwas anderes" und ich kann das doch nicht so ohne weiteres. Oder soll ich mit einmal sagen: Meine Herren, ich sehe, Sie verstehen mich nicht, das muß ja sehr langweilig für Sie sein, ich will lieber etwas aus Tausendundeine Nacht vorlesen. Das würden sie dann doch nicht haben wollen, obgleich es doch eigentlich gar nicht so dumm wäre. Gestern war ich zum erstenmal bei Prof. Karsten eingeladen, er ist eigentlich immer recht freundlich gegen mich, und ich kann mich durchaus nicht über ihn beklagen, leider ist das alles, was ich von ihm habe.

Tagebuch

2. Januar 1884. Von Hamburg aus den Ferien nach Kiel zurückgekommen.

4. Januar. Referate, Kolleg, Instabilität von Flüssigkeitsbewegungen.

10. Januar. Hydrodynamik getrieben.

11. Januar. Problem der Hydrodynamik aufgegeben.

14. Januar. Kleines Galvanometer gebaut.

15. Januar. Galvanometer mit verbesserter Skala für objektive Beobachtung versehen. Abends Induktionsversuche damit gemacht.

17. Januar. Galvanometer fertig. Versucht, ob die Reibung eines Kupferdrahtes seine elektromotorische Stellung ändert und negatives Resultat erhalten.

19. Januar. Elektrodynamische Versuche überlegt.

23. Januar. Dührings Mechanik von Dr. Lamp bekommen. Versucht, ob Längsmagnetisisierung einer Stricknadel die elektromotorische Kraft gegen Kupfer in Wasser ändert. Bei kleinen Kräften nichts erhalten.

* Geologe.
** Praktischer Arzt und bester Freund.

professor of theology, Prof. Wendt, who is also from Hamburg and only left school 3–4 years before me; then the new geographer, Prof. Krümmel; an astronomer, Dr. Kreutz; then Dr. Haas;* Graf von Spee, physiologist; Dr. Petersen,** and my humble self. That is entertainment enough for me. In the evenings I often meet Dr. Petersen in our respective apartments.

8 December 1883

Eternal rain, snow, and ice, ankle-deep mud in the streets, fog, high water, sunrise on the way to lunch, sunset at the coffee hour, complete isolation from all the places visited during the summer, that is what I might call Nature's temper, and the mind is hard put not to succumb to the same mood. You already know the most important news: in a fortnight it will be Christmas and I shall be with you. I am again less than satisfied in several ways. My own work will not progress, and I am dissatisfied with the course as well, because my students cannot follow it; and when I say to myself, Make it easier for them, that would amount to saying, Teach something else, and I am not free to do that. Or should I suddenly say, Gentlemen, I see that you do not understand me; this must be very boring for you; I will read something from Thousand and One Nights instead. But there they would not agree, even though it would not really be so very silly. Yesterday I was invited to Prof. Karsten's for the first time; he is actually always quite friendly, and I absolutely cannot complain about him; unfortunately that is all the help he gives me.

Diary

2 January 1884. Came back to Kiel from vacation in Hamburg.

4 January. Reviews, course, hydraulic instability.

10 January. Hard at hydrodynamics.

11 January. Gave up on problem in hydrodynamics.

14 January. Built small galvanometer.

15 January. Equipped galvanometer with improved scale for observation through objective. Made induction experiments with it in the evening.

17 January. Galvanometer finished. Tested whether the rubbing of a copper wire affected its electromotive position and obtained negative result.

19 January. Thought about electromagnetic experiments.

23 January. Obtained Dühring's *Mechanics* from Dr. Lamp. Tested whether longitudinal magnetization of a knitting needle would affect the electromotive potential of copper in water. No effect at low powers.

* Geologist.
** Physician and best friend.

26. Januar. Versucht, ob ich mit Prismen aus Kupfervitriollösung die Diffusion bestimmen könnte, für elektrolytischen Versuch.

27. Januar. Über elektromagnetische Strahlen nachgedacht.

28. Januar. Problem des Aufsteigens absorbierbarer Blasen, auflösbarer Salzstückchen, verdunstender fallender Tropfen — Stabilität dünner Flüssigkeitshäute.

29. Januar. Elektromagnetische Lichttheorie nachgedacht — Dispersion, Drehung der Polarisationsebene in Flüssigkeiten.

31. Januar. Überlegt und versucht, wie aus der Aufsteigungsgeschwindigkeit der Blasen auf die Oberflächenreibung zu schließen sei.

2. Februar. Aufsteigen einer Flüssigkeitskugel in einer anderen betrachtet.

4. Februar. Über fallende Regentropfen — Bewegung im Innern — Glieder zweiter Ordnung.

5. Februar. Kolleg leer gefunden. Große Verstimmung. Abends Kreiselversuche im Naturwissenschaftlichen Verein.

8. Februar. Über fallende Tropfen. Kolleg wieder besetzt.

9. Februar. Nach Hamburg gefahren.

14. Februar. Unzählige Streifen beobachtet im Spektrum des Lichtes, welches von der inneren Rundung eines Reagensglases reflektiert wird. Wahrscheinlich Interferenzerscheinung (analog Newtonschen Ringen).

15. Februar. Mit Erfolg an Regentropfen gearbeitet. Abends Lockyers Vorträge in „Nature" gelesen.

16. Februar. Absorption in fallenden Tropfen. Auf der Bibliothek Fechners Atomistik, Erdmanns geometrische Probleme und Kant geholt.

18. Februar. Regentropfen, Interferenzstreifen im Spektrum, Aberration nach Klinkerfues gelesen.

19. Februar. Kolleg, Regentropfen, abends naturwissenschaftliche Abhandlung von Kant gelesen.

23. Februar. In „La lumière électrique" die Arbeiten von Deprez gelesen. Boguslawski Ozeanographie.

25. Februar. Lotzes Weltanschauung von Pfleiderer gelesen.

1. März. Fehler in den Rechnungen über fallende Tropfen gefunden.

4. März. Mechanik in ihrer Entwicklung gelesen (v. Mach).

6. März. Mich mit Optik beschäftigt.

7. März. Mittags längere Zeit bei Dr. Haas. Krystalle im Polarisationsmikroskop betrachtet.

8. März. Viele Bücher aus der Bibliothek geholt und Literatur studiert.

14. März. Die elastischen Platten wieder aufgenommen.

5. April. Sehr schöne Segelfahrt nach Tisch nach Heikendorf. Magnetodynamische Wirkungen überlegt.

8. April. Brief von Papa über Ottos Krankheit erhalten.

9. April. Morgens kommt Petersen mit Telegramm von Papa, nachmittags zu Hause, abends an Ottos Leiche.

12. April. Begräbnis, einige Worte am Sarge.

26 January. Tried to see if I could determine diffusion with prisms from a copper sulfate solution, for electrolytic experiment.

27 January. Thought about electromagnetic rays.

28 January. Problem of rising absorbable bubbles, of soluble lumps of salt, of evaporating falling drops—stability of thin liquid films.

29 January. Reflected on electromagnetic theory of light—dispersion, rotation of the plane of polarization in liquids.

31 January. Thought over and tested what may be concluded about the surface friction of bubbles from the speed at which they rise.

2 February. Considered the rising of a globule of one liquid in another.

4 February. On falling raindrops—internal motion—second-order terms.

5 February. Found classroom empty. Very upset. In the evening, experiments with spinning tops at the Natural Science Club.

8 February. On falling drops. Classroom back to full attendance.

9 February. Travelled to Hamburg.

14 February. Observed innumerable bands in the spectrum of light reflected from the inside curvature of a test tube. Probably interference phenomenon (analogous to Newton's rings).

15 February. Worked on raindrops with some success. Read Lockyer's lectures in *Nature* in the evening.

16 February. Absorption in falling drops. Took out Fechner's *Atomistik,* Erdmann's *Geometric Problems,* and Kant from the library.

18 February. Raindrops, interference bands in the spectrum. Read Klinkerfues on aberration.

19 February. Lecture, raindrops; read Kant's treatise on natural science in the evening.

23 February. Read the articles of Deprez in *La lumière électrique.* Boguslawski *Ozeanographie.*

25 February. Read Lotze's *Weltanschauung* by Pfleiderer.

1 March. Found errors in the calculations on falling drops.

4 March. Read *The Science of Mechanics* (by Mach).

6 March. Occupied myself with optics.

7 March. Spent some time with Dr. Haas. Observed crystals under the polarization microscope.

8 March. Fetched many books from the library and studied literature.

14 March. Started in on elastic disks again.

5 April. Beautiful sail after luncheon, to Heikendorf. Reflected on magnetodynamic effects.

8 April. Received letter about Otto's illness from Papa.

9 April. Petersen came in the morning with a telegram from Papa; home in the afternoon, in the evening with Otto's body.

12 April. Funeral, a few words over the coffin.

13. April. Hinausgefahren zum Grabe. Ostersonntag.

14. April. Schlimmer Ostermontag.

25. April. Alle diese Tage hauptsächlich Kolleg über die Konstitution gearbeitet.

30. April. Kolleg über die Konstitution der Materie begonnen.

11. Mai. Abends tüchtig Elektrodynamik nach Maxwell.

12. Mai. Prachtvolle Segelfahrt mit Krümmel, Haas, Wendt nach Heikendorf.

13. Mai. Ausschließlich Elektrodynamik.

16. Mai. Den ganzen Tag Elektrodynamik gearbeitet.

19. Mai. Morgens glückte die elektrodynamische Frage*.

23. Mai. Morgens bei Dr. Rodewald**, der mir allerlei Pflanzenpräparate zeigte und mit dem ich über die Wasserbewegung in den Pflanzen lebhaft disputierte.

24. Mai. In der Bibliothek über Brownsche Molekularbewegung nachgelesen. Mittags Segelfahrt ohne Wind.

26. Mai. In diesen Tagen Briefwechsel zwischen Gauß und Schumacher, zwischen Schiller und Goethe gelesen.

27. Mai. Mikroskop von Dr. Rodewald zur Beobachtung der Brownschen Molekularbewegung geliehen und einige Versuche damit gemacht.

28. Mai. An der Konstitution der Materie gearbeitet, das Kolleg findet keinen rechten Anklang.

30. Mai. Angefangen, Elektrodynamik aufzuschreiben. Mikroskopiert. Protoplasmaströmung in den Härchen des Labkrauts.

2. Juni. Um 11 Uhr mit Haas nach Korsör, dort am Strand Geschiebe untersucht. Um 7 Uhr nach Kopenhagen.

8. Juni. Zurück nach Kiel.

13. Juni. Nach Hamburg.

14. Juni. Im Garten Wirtz atomistische Theorie gelesen.

15. Juni Zurück nach Kiel.

16. Juni. Gut gearbeitet.

17. Juni. Desgleichen. Nach Tisch Segelfahrt.

19. Juni. Elektrodynamik gearbeitet.

26. Juni. Elektrodynamik bis aufs Abschreiben fertig.

27. Juni. Elektrodynamik gefeilt und abgeschrieben.

28. Juni. Elektrodynamik fertig. Mikrokosmos von Lotze von Wendt geliehen. Mit dem Schwefelkohlenstoffprisma bei Prof. Moebius Versuche gemacht.

1. Juli. Heißer Sommertag. Kolleg gearbeitet.

3. Juli. Elektrodynamik nachgedacht.

* Über die Beziehungen zwischen den Maxwellschen elektrodynamischen Grundgleichungen und den Grundgleichungen der gegnerischen Elektrodynamik. Ges. Werke, I. Band, 17.

** Botaniker.

13 April. Rode out to the grave. Easter Sunday.

14 April. Terrible Easter Monday.

25 April. Worked mainly on the course on constitution of matter throughout these days.

30 April. Began course on the constitution of matter.

11 May. Hard at Maxwellian electromagnetics in the evening.

12 May. Magnificent sail with Krümmel, Haas, Wendt, to Heikendorf.

13 May. Nothing but electromagnetics.

16 May. Worked on electromagnetics all day.

19 May. Hit upon the solution of the electromagnetic problem* this morn-morning.

23 May. In the morning, had a lively discussion with Dr. Rodewald** (who showed me all sorts of plant preparations) about the movement of water in plants.

24 May. Looked up Brownian molecular motion in the library. Noon, sail without wind.

26 May. During these days read correspondence between Gauss and Schumacher, and between Schiller and Goethe.

27 May. Borrowed a microscope from Dr. Rodewald to observe Brownian motion and made several experiments with it.

28 May. Worked on the constitution of matter; the course does not seem to be much appreciated.

30 May. Began to write up electrodynamics. Worked with microscope. Flow of protoplasm in the cilia of bedstraw plant.

2 June. At 11 o'clock went to Korsör with Haas, examined the shingle on the beach. To Copenhagen at 7 o'clock.

8 June. Returned to Kiel.

13 June. To Hamburg.

14 June. Read Wirtz's atomic theory in the garden.

15 June. Returned to Kiel.

16 June. Worked well.

17 June. Same. Sail after luncheon.

19 June. Worked on electromagnetics.

26 June. Electromagnetics finished, ready for copying.

27 June. Electromagnetics polished and copied.

28 June. Finished electromagnetics. Borrowed *Mikrokosmos* by Lotze from Wendt. Made experiments with bisulfide of carbon prisms at Prof. Moebius's.

1 July. Hot summer day. Worked on course.

3 July. Reflected on electromagnetics.

* On the Relations Between Maxwell's Fundamental Electromagnetic Equations and the Fundamental Equations of the Opposing Electromagnetics. Coll. Works, vol. I, 17.

** Botanist.

4. Juli. Elektrodynamik immer noch ohne Erfolg.

8. Juli. Etwas Kolleg, etwas Elektrodynamik.

11. Juli. Meistenteils vergeblich Elektrodynamik nachgedacht.

14. Juli. Ausschließlich Elektrodynamik getrieben.

17. Juli. In schlechter Stimmung gewesen und nichts angreifen können.

18. Juli. Elektrometer wieder in Stand gesetzt und etwas experimentiert. Elektrisierung eines in Hg eingetauchten Glasstabes.

19. Juli. Vormittags desgleichen. Nachmittags von Rektor Ladenburg veranstaltetes Fest. Erst Fahrt in See, dann 8 Uhr Abendessen in Bellevue, dann Tanz daselbst.

20. Juli. Um ½11 fortgefahren mit der ganzen Professorengesellschaft, Dampfer Herkules, der Segelregatta nach. Draußen hohe See, viele Seekranke. Nachher Spaziergang nach Krusenrott. Abends experimentiert.

22. Juli. Experimentiert, schon etwas Erschöpfung vom Semester.

23. Juli. Morgens über die Konstitution der Materie, abends intensiv Hydrodynamik nachgedacht.

24. Juli. Unlustig zur Arbeit.

25. Juli. Morgens in der Bibliothek herumgestöbert, nachmittags experimentiert. Eigentümliche Belegung der Glasoberflächen mit Gasschichten.

27. Juli. Morgens experimentiert. Verschiedene Elektrisierung des Glases bei verschiedenen Geschwindigkeiten des Quecksilbers. Abends experimentiert und Entstehung der Bibel gelesen.

29. Juli. Experimentiert. Strauß' Alter und neuer Glaube gelesen.

30. Juli. Experimentiert. Kolleg über die Konstitution der Materie gewaltsam zu Ende gebracht.

31. Juli. Repetitorium geschlossen. Ferienanfang. Experimentiert. Fallapparat gebaut.

4. August. Morgens spät aufgestanden und experimentiert. Nachmittags über eine anschauliche Methode der Geometrie nachgedacht. Unfähig zur Arbeit.

7. August. In Ries Reibungselektrizität gesehen, daß das bisher Gefundene meist schon bekannt.

8. August. Experimentiert und über Fluttheorie nachgedacht.

11. August. Fluttheorie und Meeresströmung nachgedacht.

12. August. Nochmals an die Instabilität der Flüssigkeitsbewegung gegangen.

14. August. Morgens Paßkarte besorgt. Allerlei zur Reise vorbereitet.

Reise über Kopenhagen, Christiania [Oslo] durch Norwegen bis Bergen, zu Schiff zurück.

11. September. Bei Dr. Rodenwald Glas geblasen (Quecksilbertropfapparate).

12. September. Tropfapparat aufgestellt.

16. September. Hydrodynamik wieder aufgenommen.

17. September. Tropfapparat fertig gemacht.

4 July. Electromagnetics, still without success.

8 July. Some work on course, some on electromagnetics.

11 July. For the most part thought over electromagnetics fruitlessly.

14 July. Nothing but electromagnetics.

17 July. Depressed; could not get on with anything.

18 July. Put electrometer back in working condition and made some experiments. Electrification of a glass rod dipped in Hg.

19 July. Same thing in the morning. Party arranged by Rector Ladenburg in the afternoon. First a boat trip, then dinner at 8 o'clock in Bellevue, then a dance there.

20 July. Departed at 10:30 with the party of professors on the steamer *Hercules* following the sailboat regatta. High seas, many seasick. Afterwards walk to Krusenrott. Did experiments in the evening.

22 July. Experimented, already a little weary of the semester.

23 July. Though about constitution of matter in the morning, and about hydrodynamics, intensively, in the evening.

24 July. Did not feel like working.

25 July. Browsed in the library in the morning, experimented in the afternoon. Remarkable coating of glass surfaces with layers of gas.

27 July. Experimented in the morning. Varying electrification of glass with varying speed of mercury. Made experiments in the evening and read *Origin of the Bible.*

29 July. Experimented. Read Strauss's *Old and New Faith.*

30 July. Experimented. Brought course on the constitution of matter to a close, forcibly.

31 July. Ended *Repetitorium.* Beginning of vacation. Experimented. Built fall apparatus.

4 August. Got up late and experimented. Thought about an intuitive geometric method. Unable to work.

7 August. Saw from Ries's *Friction Electricity* that most of what I have found so far is already known.

8 August. Made experiments and thought about the theory of tides.

11 August. Thought about theory of tides and ocean currents.

12 August. Started on the instability of liquid motion again.

14 August. Obtained passport in the morning. Prepared everything for trip.

Journey via Copenhagen, Christiania [Oslo], through Norway to Bergen, return by ship.

11 September. Did glass blowing at Dr. Rodewald's (mercury drop apparatus).

12 September. Set up drop apparatus.

16 September. Took up hydrodynamics again.

17 September. Finished drop apparatus.

18. September. Wieder einmal ohne Erfolg Hydrodynamik getrieben.

25. September. Tropfapparatuntersuchung aufgegeben, weil immer unregelmäßige Resultate.

26. September. Experimente über die Verwendbarkeit der Newtonschen Ringe.

27. September. Leistungsfähigkeit von Brillengläsern geprüft. Abends beim Arbeiten für die Fortschritte* auf die Diskussion über die Dimensionen eines magnetischen Pols aufmerksam geworden.

28. September. Morgens 7–12 Spaziergang nach Bülk und von da nach Friedrichsort. Das Thema von gestern abend überlegt.

29. September. Hauptsächlich Notiz über die Dimensionen des magnetischen Poles niedergeschrieben.

30. September. Glasplatten auf Leitung untersucht.

6. Oktober. Tüchtig gearbeitet. Abends Notiz über magnetischen Pol an Wiedemann**.

7. Oktober. Auf der Sternwarte in der meteorologischen Zeitschrift gesucht. Adiabatische Ausdehnung feuchter Luft wieder aufgenommen***.

9. Oktober. Von morgens 6 Uhr bis abends 9 fast ununterbrochen an der adiabatischen Ausdehnung gearbeitet.

13. Oktober. Angefangen, die meteorologische Sache aufzuschreiben.

17. Oktober. Hauptsächlich adiabatische Ausdehnung aufgeschrieben.

20. Oktober. Meteorologie an Köppen abgeschickt. Mit Sorgen Elektrodynamik nachgedacht.

24. Oktober. Wieder zur Elektrodynamik gewendet.

25. Oktober. Elektrodynamik nachgedacht.

29. Oktober. Sehr schlechter Laune.

30. Oktober. Hydrodynamisches Problem wieder angegriffen.

4. November. Hydrodynamik fast nochmals aufgegeben, doch festgehalten.

5. November. Kolleg über Optik ganz voll. Hydrodynamik.

6. November. Heftig gerechnet an der Hydrodynamik.

7. November. Wiederum intensiv gerechnet. Abends hoffte Erfolg zu haben, aber das Resultat wieder nichts!

11. November. Nichts getan und ganz mutlos wegen des Mißglückens des hydrodynamischen Problems.

An die Eltern

30. November 1884.

Was die Erkundigung von Prof. Ladenburg anlangt, so habe ich mich getäuscht, denn ich dachte, es sei hier die Professur bewilligt worden; in

* Zeitschrift: Fortschritte der Physik.

** Über die Dimension des magnetischen Poles in verschiedenen Maßsystemen. Ges. Werke, I. Band, 18.

*** Graphische Methode zur Bestimmung der adiabatischen Zustandsänderung feuchter Luft. Ges. Werke, I. Band, 19.

18 September. Once again worked at hydrodynamics without success.

25 September. Gave up investigations with drop apparatus because results always irregular.

26 September. Experiments on the applicability of Newton's rings.

27 September. Tested power of spectacle lenses. Became aware of the discussion about the dimensions of a magnetic pole while working for the *Fortschritte** in the evening.

28 September. In the morning, from 7 to 12, walk to Bülk and from there to Friedrichsort. Reflected on last night's subject.

29 September. Mainly wrote down note on the dimensions of the magnetic pole.

30 September. Investigated the conductivity of glass plates.

6 October. Worked hard. Sent note on the magnetic pole to Wiedemann** in the evening.

7 October. Searched through the meteorological journal at the observatory. Took up adiabatic expansion again.***

9 October. Worked on adiabatic expansion from 6 in the morning until 9 in the evening, almost without interruption.

13 October. Began to write up the meteorological work.

17 October. Worked mainly on writing up adiabatic expansion.

20 October. Sent meteorology paper to Köppen. Thought anxiously about electromagnetics.

24 October. Turned back to electromagnetics.

25 October. Thought about electromagnetics.

29 October. Very bad mood.

30 October. Attacked hydrodynamic problems again.

4 November. Almost gave up hydrodynamics again, but kept on with it.

5 November. Full house for optics course. Hydrodynamics.

6 November. Worked mightily on calculations for hydrodynamics.

7 November. Calculated intensively, once again. Hoped for success in the evening but the result was nothing again!

11 November. Did nothing and was completely discouraged over the lack of success with the hydrodynamics problem.

To His Parents

30 November 1884

Concerning the inquiry made of Prof. Ladenburg, I was mistaken, for I thought that a professorship had been granted here; actually, he told me that

* Journal: *Fortschritte der Physik* [Advances in Physics].

** On the Dimensions of the Magnetic Pole in Different Systems of Units. Coll. Works, vol. I, 18.

*** A Graphic Method for Determining the Adiabatic Changes of Moist Air. Coll. Works, vol. I, 19.

Wahrheit aber sagte er mir, er sei von einem Kollegen in Karlsruhe um Auskunft gebeten, man habe mich dort ins Auge gefaßt. Für was, weiß ich nicht. Auch bin ich wieder unzufrieden, denn mir war eine Sicherheit lieber als zwei Möglichkeiten, auch ist meine Zukunftsbrille von so schwarzem Glase, daß ich die subjektive Überzeugung habe, daß weder die eine noch die andere Möglichkeit Wahrheit wird, und mit diesen Gebilden und Ausgeburten meiner Phantasie ärgere ich mich herum und kränke mich. An Prof. Karsten habe ich mich angenähert. Er war so freundlich, mir einen größeren Separatabzug von den Berichten der Kommission zur Untersuchung deutscher Meere zu schicken; dies war ein entschieden freundliches Entgegenkommen, und auf solches hatte ich eigentlich nur gewartet. So habe ich ihn gebeten, ob ich wohl eine Arbeit im Laboratorium anfangen könnte, was er auch freundlich bewilligt hat. Doch ist mir insofern nicht ganz wohl dabei, als ich zu verwöhnt bin in bezug auf diese Dinge, und die Möglichkeit, einige Stunden des Tages in einem entfernten Laboratorium von nicht großen Mitteln bei beschränkter Möglichkeit der Benutzung dieser Mittel arbeiten zu können, ruft immer die Erinnerung an meine Berliner Verhältnisse hervor und damit die Stimmung, die jetzt für mich die Verderberin der Arbeitsfähigkeit ist, nämllich Unzufriedenheit und Ungeduld. Doch werde ich diese Gefühle Euch nicht noch schriftlich ausführen wollen, sie sind ja zum Teil sehr unverständig, und ich würde mich gar nicht vor mir selbst zu entschuldigen wissen, wenn ich nicht sicher wäre, daß es überhaupt mehr Sehnsucht nach Tätigkeit und Leben und Veränderung wäre, was mich quält, als Sehnsucht nach einem dummen Titel. Ich hätte neulich Prof. Ladenburg gerne den Hals umgedreht (unter uns), da er mir sagte, er habe geschrieben, ich sei noch sehr jung, — da dies, wenn es wahr wäre, mir ja nur zum Verbrechen angerechnet wird.

6. Dezember 1884

Zu schelten brauchst Du nicht, liebe Mama, denn was Du sagst, sage ich mir auch selber, aber das Reden des Verstandes ist hier ja ganz nutzlos. Im Grunde ist ja meine Unzufriedenheit, wenn Du sie so faßt, wie Du tust, noch törichter, als Du annimmst, denn ich bin ja einstweilen noch gar nicht zurückgesetzt, sondern mache nur die Annahme, ich könnte zurückgesetzt werden. Indessen bin ich gerade nicht in der ärgerlichen Stimmung, und wenn ich nicht in derselben bin, so ist mir alles Philosophieren über diese Dinge geradeso ärgerlich und widerwärtig, wie es Dir erscheint. Es ist aber jene Unzufriedenheit wie die Seekrankheit, die vergeht, wenn man nur das Land berührt. Und für mich sind gute Zeichen von Land vorhanden, denn es gehen jetzt allerlei Gerüchte die meine hiesigen und Karlsruher Aussichten betreffen, meist vergrößert, so daß ich von verschiedenen Seiten gefragt werde: Sie wollen uns ja verlassen?, während ich gar nichts weiß. Da ich nicht direkt fragen mag, so höre ich selber auch nur Gerüchte; aber wenn ich mir dieselben zusammenlege, so scheint mir, als ob die Karlsruher Angelegenheit durch eine Anfrage bei Helmholtz auch in Berlin bekannt geworden wäre und hier einen heilsamen Druck auf meine hiesigen Aussichten ausgeübt habe.

he had been asked for information by a colleague in Karlsruhe and that they had their eye on me. I do not know for what. I am dissatisfied once again, for I would rather have one certainty than two possibilities, and I view the future through glasses that are so dark that I am subjectively convinced that neither the one nor the other possibility will eventuate, and I torture myself with these specters and monsters of my fancy. I have come closer to Prof. Karsten. He was kind enough to send me a copy of the extensive reports of the Commission for the Investigation of German Seas; this was a decidedly friendly action and I had indeed only been waiting for something like that. Accordingly, I asked him whether I could use the laboratory, and he kindly gave me permission. But I do not feel easy about it, to the extent that I am too spoilt in these matters, and the possibility of being able to work several hours a day in a distant laboratory with not much equipment and with limited rights to the use of the equipment recalls my situation in Berlin and brings on the bad temper that spoils my ability to work, that is dissatisfaction and impatience. But I will not go into that further in writing; my feelings are in part most irrational, and I could not even defend them myself, if I were not sure that what is troubling me is a longing for activity and life and change, rather than longing for a silly title. Recently I should have liked to have wrung Prof. Ladenburg's neck (this is between us), because he told me he had written that I was still very young—for if it were true, that would be only counted among my crimes.

6 December 1884

You need not scold, dear Mama, because all that you say, I say to myself as well, but talking sense is quite useless in this case. Basically my rebellious mood, if you take it as such, is even more foolish than you suppose, because for the time being I have not been neglected but am only fancying that I might be neglected. However, I am not in that state of irritation now, and when I am not in it then all philosophizing about these matters is just as annoying and perverse to me as it seems to you. But this dissatisfaction is like seasickness which disappears as soon as one touches land. And there are rumors about my prospects here and at Karlsruhe, mostly amplified, so that I am asked by various people, "You want to leave us?" while I know nothing at all. Since I do not care to ask directly, I only hear rumors myself; but when I put them together, it seems to me the Karlsruhe matter has become known in Berlin through an inquiry of Helmholtz and that has exercised a salutary pressure on my prospects here.

12. Dezember 1884

Von mir brauche ich Euch diesmal keine schlechten Nachrichten zu geben, sondern gute, und wenn es auch noch nicht sicher ist, ob und wie bald ich befördert werde, so ist doch wenigstens meinem Ehrgeiz einstweilen genug geschehen. Ich bin nämlich bereits vorgeschlagen, wenn auch die Professur noch nicht da ist. Prof. Krümmel hat mir die Sache so erzählt: Der Minister habe der Fakultät mitgeteilt, daß die Professur wahrscheinlich in den Etat 1885/86 (von April an also) aufgenommen werden würde, und er bäte sich deshalb schon jetzt Vorschläge aus, mache aber gleichzeitig auf mich aufmerksam. Die Fakultät hat nun am Mittwoch auf Antrag einer Kommission, bei welcher Prof. Karsten wohl die erste Stimme hat, geantwortet: Da die Fakultät gegen mich nicht das mindeste einzuwenden habe, ich ihr im Gegenteil sehr recht wäre, so begnüge sie sich, mich als einzigen Kandidaten in Vorschlag zu bringen.

Was nun die Professur anlangt, so ist es wohl so gemeint, daß es noch vom Finanzminister und vom Landtag abhänge, ob sie in den Etat könne aufgenommen werden; was aber die Eile anlangt, mit welcher schon vorher Vorschläge gefordert werden, ehe die Professur da ist, so kann ich mir dies nur so erklären, daß die Karlsruher Angelegenheit die Ursache ist und daß, wenn ich überhaupt von dort eine Aufforderung bekomme, ich gleichzeitig hier eine erhalten würde. Übrigens sehe ich jetzt wieder den Dingen, die kommen sollen, sehr kühl entgegen, habe sogar das nach meiner vorigen Ungeduld geradezu komische Gefühl, als würde ich auch ganz ruhig noch ein Jahr warten, da die Gefahr des Versauerns und In-Vergessenheit-Geratens also doch nicht so groß ist.

Tagebuch

20. Dezember 1884. Abends Brief mit Ruf aus Karlsruhe erhalten.*

22. Dezember. Nach Berlin und Karlsruhe geschrieben.

24. Dezember. Brief von Althoff, daß ich nach Berlin kommen sollte. Stiller Weihnachtsabend.

26. Dezember. Mittags nach Berlin gefahren.

27. Dezember. Zuerst Dr. Kayser besucht, dann Helmholtz dann im Ministerium bei Althoff, wo auch von Greifswald die Rede war. Kirchhoff besucht, Hansemann nicht getroffen, abends bei Dr. König.

28. Dezember. Um 2 Uhr in Karlsruhe, Prof. Braun verfehlt, abends bei Prof. Nüsslin. Bis dahin große Abneigung gegen Karlsruhe.

29. Dezember. Das Laboratorium gesehen, Dr. Schleiermacher kennengelernt. Wunsch nach Karlsruhe sehr groß, im Ministerium bei Dr. Arnsperger, Ultimatum, abends sicher angenommen.

An die Eltern

7. Februar 1885

Im ganzen tue ich jetzt nicht viel anderes, als mich hier wegsehnen, die ganze Zeit hier war eine Übergangszeit, und nun bin ich in der Übergangszeit

* Als Ordinarius der Physik an der Technischen Hochschule dort.

12 December 1884

This time I need not give you bad news about myself, but rather good news, and even if it is not yet certain whether I shall be promoted or how soon, at least enough has been done to satisfy my ambition for the time being. For I have already been suggested, even though the professorship is not available yet. Prof. Krummel told me about it as follows: the minister had informed the faculty that the professorship would probably be included in the budget for 1885–86 (that is, after April) and that he was therefore requesting suggestions now, but was at the same time putting my name forward. On Wednesday, in accordance with the proposal of a committee in which Prof. Karsten seems to have a leading voice, the faculty replied: since the faculty has not the least objection to me, and since on the contrary it regards me as most acceptable, it would content itself with proposing me as the only candidate.

As to the professorship, it seems to mean that whether it can be included in the budget still depends on the minister of finance and on the legislature; but as for the haste with which proposals were solicited even before the professorship was available, it makes sense to me only if I assume that the Karlsruhe business is behind it and that if I were to receive an offer from there at all, I should receive one from here at the same time. By the way, I have regained a cool outlook toward what is to come to me; after my former impatience it strikes me almost as comical that I could now wait quite calmly for another year, since the danger of turning stale and being forgotten is not so great after all.

Diary

20 December 1884. In the evening letter with call to Karlsruhe.*

22 December. Wrote to Berlin and Karlsruhe.

24 December. Letter from Althoff asking me to come to Berlin. Quiet Christmas Eve.

26 December. Departed for Berlin at noon.

27 December. First visited Dr. Kayser, then Helmholtz, then to see Althoff at the ministry, where Greifswald was also mentioned. Visited Kirchhoff: did not meet Hansemann; at Dr. König's in the evening.

28 December. Arrived in Karlsruhe at 2 o'clock; missed Prof. Braun, at Prof. Nüsslin's in the evening. So far great aversion to Karlsruhe.

29 December. Saw the laboratory, met Dr. Schleiermacher. Great wish for Karlsruhe; saw Dr. Arnsperger at the ministry, put to the decision; accepted definitely in the evening.

To His Parents

7 February 1885

On the whole I am doing little besides longing to be away from here; my entire time here was a time of transition and now I am in the transition of

* For the chair of physics at the *Technische Hochschule* there.

der Übergangszeit, treibe nur das Fernliegendste und fühle mich nicht sehr glücklich. Doch brauche ich deshalb keine Ermahnungen, denn ich habe gute Hoffnung für bald; die paar Wochen, die mich das Kolleg und das Dekorum noch halten, werden herumgehen. Ob ich die Wochen in Hamburg sehr zufrieden sein werde, weiß ich nicht, aber sobald ich meinen Fuß nach Karlsruhe setze, weiß ich, daß sich der Himmel meiner Laune klären wird. So schön mir Kiel in einigen schönen Sommermonaten war, so trübselig und gottverlassen erscheint es mir jetzt, ich fühle mich im dritten Höllenkreise: de la piova/Eterna, maladetta, frede e greve:/Regola e qualità mai non l'è nuova. Es regnet gar nicht, aber so ist den Augenblick meine Stimmung.

this transition; I am dealing only with what is most remote and am not feeling very happy. But I need no exhortations because I have good hopes for the near future; the few remaining weeks for which courses and decorum still keep me will pass. Whether I shall be very much at peace during my weeks in Hamburg, I cannot say, but I do know that as soon as I set foot in Karlsruhe, my mood's firmament will clear. As beautiful as I found Kiel during some fine summer months, so sad and godforsaken does it seem to me now. I feel "I now have entered the third circle's groove: *de la piova/Eterna, maladetta, frede e greve:/ Regola e qualità mai non l'è nuova* [of rain accurst, eternal, heavy, chill,/ Whose mode and quality ne'er varying prove" (Dante's *Divine Comedy:* Inferno, Canto VI)]. It is not even raining, but that is how I feel at the moment.

Karlsruhe

1885-89

Tagebuch

29. März 1885. Nach Karlsruhe gefahren. Um die Stadt gelaufen.

30. März. Morgens das Institut im Polytechnikum angesehen und mich daran erfreut. Im übrigen den ganzen Tag trostlos vergeblich nach einer Wohnung herumgelaufen.

1. April. Im Institut den optischen Schrank eingekramt. Eine Wohnung gefunden, die paßt.

An die Eltern

21. April 1885

Mir geht es gut, doch habe ich einstweilen noch recht viel zu tun. Oder besser, ich habe nicht mehr zu tun, als ich voraussichtlich mein ganzes Leben behalten werde; aber aller Anfang ist schwer, und mir steht einstweilen noch an jedem Tage der folgende bevor. Gestern habe ich wenigstens eine Unbehaglichkeit abgeschüttelt, die Antrittsrede*. Das Professorenkollegium war ziemlich vollständig da, auch der Ministerialrat Arnsperger und der Kultusminister Staatsrat Nokk waren erschienen. Mein Vortrag befriedigte mich durchaus nicht, er war nach meinem Gefühl arg mißglückt (Ihr werdet Euch davon selbst überzeugen können), und auch die Art, wie er herauskam, war mangelhafter als nötig; wenn ich trotzdem nur Freundliches zu hören bekam, so zeigt das die Genügsamkeit der Zuhörer, welche ich als Zuhörer auch stets zu gewähren bereit bin. Heute habe ich mein erstes Experimentalkolleg gehalten, es ist das auch ein rechtes Angstkolleg, bei Anstellung jeden Versuches immer das Gefühl: Wird er gelingen? Denn die beste Vorbereitung schützt durchaus nicht absolut vor den Tücken der Natur. Morgen wieder ein Kolleg, übermorgen setzt auch die Elektrotechnik ein. Ich

* Über den Energiehaushalt der Erde.

Karlsruhe

1885-89

Diary

29 March 1885. Traveled to Karlsruhe. Walked round the town.

30 March. Inspected the institute at the Polytechnic in the morning and was very pleased with it. Ran around the rest of the day looking vainly and hopelessly for an apartment.

1 April. Filled the optical cabinet at the institute. Found an apartment that is suitable.

To His Parents

21 April 1885

I am well, but for the time being I still have a great deal to do. Or rather I have nothing more to do than what I shall have to keep on doing for the rest of my life, in all probability; but every beginning is difficult, and for the time being each day I dread the next. Yesterday I shook off at least one threat, the inaugural lecture.* The professors nearly all attended, and *Ministerialrat* Arnsperger and *Staatsrat* Nokk (the minister of education) as well. My speech did not satisfy me at all, in my opinion it failed terribly (you will get a chance to see for yourselves), likewise the manner in which it was presented left more to be desired than strictly necessary; the fact that I nevertheless heard only kind reactions only shows the modest expectations of the audience, which as a member of the audience, I am always myself prepared to grant. Today I started my experimental lectures; they are also lectures of anxiety, with the setting up of every experiment comes the feeling: will it go according to plan? For the best of preparations is by no means an absolute safeguard against nature's perversity. The lectures continue tomorrow, and the electrical engineering course begins the day after tomorrow. Poor me, that was used

* On the Energy Balance of the Earth.

Armer, der ich gewohnt bin, zu jedem Kolleg eine halbe Woche Muße zu haben! Dabei ist auch die Zeit, wo kein Kolleg ist, natürlich nicht frei, sondern in einer Weise, die mir auch neu ist, kommen und gehen Zirkulare — eine Kommissionssitzung um die Zeit, eine um die Zeit, und man ist froh, wenn der Abend kommt und man hat keine vergessen. Und wenn man sich setzt und an sein Kolleg endlich denken will, kommt ein Kollege, um den Besuch zu erwidern, oder ein Examenskandidat, sich vorzustellen, oder jemand, der Auskunft will. Es hat eben alles seine Schattenseiten. Doch ist mir dies lieber als ungestörte Privatdozentenmuße. Dazu gehört freilich auch etwas, daß nicht die Not des Sich-Weiterbringens hinter einem steht, sondern daß man, ohne sich selbst zu opfern, seine Zeit hergeben kann; denn bis ich eingewöhnt bin und mir dieser Wirrwarr keine Mühe mehr macht, sehe ich die Ruhe für wissenschaftliche Arbeit etwas in die Ferne gerückt. Doch klage ich auch nicht, jeder ordentliche Professor hat schließlich soviel, und wenn ich denke, daß die äußerliche Tätigkeit kaum viel mehr werden wird, so scheint sie mir wieder wenig.

Die Kollegen gefallen mir alle recht gut, nur daß sie doch zum größten teil schon in einigermaßen andern Verhältnissen sich befinden als ich. Mein äußerliches Leben ist noch recht ungemütlich und verspricht auch kaum gemütlich zu werden. Meine Wohnung ist nach wie vor uneingerichet, ich trinke jetzt indes doch schon zu Hause Kaffee. Essen tue ich allein; den ersten Tag dachte ich, es könne jedenfalls nur ein Interimistikum sein, jetzt esse ich schon drei Wochen so, und es kann auch wohl ein Jahr daraus werden. Länger hoffe ich nicht, denn wenn ich nicht übers Jahr verheiratet bin, so werde ich in maßlose Wut geraten.

Tagebuch

24. April. 1885. Angefangen, an eigene Arbeit zu denken und auf die Leitung in verdünnten Gasen zurückgekommen.

27. April. Morgens durch das Kolleg beschäftigt. Abends einige Entladungen in Gasen beobachtet.

29. April. Die Dynamomaschine in Betrieb gesetzt und einige Messungen damit vornehmen wollen, doch war der Gasmotor nicht recht imstande.

30. April. Die Dynamomaschine durchgemessen.

21. Mai. Regulator für den Strom der Dynamomaschine überlegt.

23. Mai. Kleine elektrische Lampe probiert mit der Absicht, sie im luftverdünnten Raum zu beobachten, doch ging's nicht recht.

27. Mai. Im Laboratorium eine kleine Batterie von 230 Planteschen Elementen gebaut und über elektrodynamische Versuche nachgedacht.

28. Mai. Mit der Batterie und dem großen Rühmkorff einige Versuche gemacht.

30. Mai. Kolleg vorgearbeitet und mich zur Arbeit über Gasentladung entschlossen.

31. Mai. Einige Besuche gemacht, sonst über die Gasentladung nachgedacht und spazierengegangen, trübselig genug im Vergleich zu vorigem Jahr.

to having half a week's respite for each lecture! Moreover the hours when there are no courses are naturally not free, either: memoranda pass back and forth in a manner that is all new to me—a committee meeting at this hour and one at that hour, so that one is glad when evening comes and none has been omitted. And when one finally sits down to think about one's courses, a colleague comes in to return a call, or an examination candidate comes to introduce himself, or someone comes to ask for information. Indeed, everything has its dark side. However, I do prefer it to the placid leisure of a *Privatdozent*. To be sure it is worth a lot to be free from the pressure of having to further one's career, and thus to be able to be generous with one's time without sacrificing oneself; for until I have become used to all this and the confusion no longer bothers me, I perceive that the calm needed for scientific work has somewhat receded. But I do not complain; after all, everyone in a professor's chair has to do this sort of thing and when I consider that official activity is not likely to increase much as time goes on, then again it seems a small burden.

I like my colleagues quite well, only they are for the most part in circumstances somewhat different from mine. The way I live is still quite unsettled and scarcely promises to become pleasant. My apartment remains hardly furnished, but I can have coffee at home now. I eat alone; the first day I thought I could bear it only temporarily, but now I have been eating alone for three weeks and could continue for a year. For no longer than that, I hope; for if I am not married by the end of the year I shall be in a boundless fury.

Diary

24 April 1885. Started to think about my own work; returned to conduction in rarified gases.

27 April. Busy with the course in the morning. Observed several discharges in gases in the evening.

29 April. Set the generator going and wanted to undertake some measurements with it, but the gas motor was not quite up to it.

30 April. Made measurements on the generator.

21 May. Considered a current regulator for the generator.

23 May. Tried out a small electric lamp with the intention of observing it in a partially evacuated chamber, but it did not go well.

27 May. Constructed a battery of 230 Planté cells and thought about electrodynamic experiments.

28 May. Made several experiments with the battery and the large Rühmkorff [coil].

30 May. Prepared my course and decided to work on gas discharge.

31 May. Made several calls; otherwise thought about gas discharge and went for walks; dreary enough compared to last year.

An die Eltern

31. Mai 1885

Diese Woche waren nun die ersten Ferien, sie waren mir recht willkommen, als sie kamen, denn ich war ordentlich abgespannt, aber jetzt sind mir doch die Vorlesungen wieder erwünscht, denn wenn sie mir nicht den beständigen Verkehr mit den Studierenden geben, bin ich leider jetzt wieder so einsam wie je. Die Verwandten* sind natürlich stets sehr freundlich gegen mich, aber begreiflicherweise mag ich auch nicht zuviel bei ihnen herumsitzen, sondern gehe jede Woche einmal oder höchstens zweimal zu ihnen, Gesellschaften sind sonst nicht jetzt, und die Hoffnung, eine nette Gesellschaft von Altersgenossen wie in Kiel zu finden, habe ich bereits aufgegeben. Auch merke ich, daß es mir schon noch ein gut Stück schwerer als damals wird, den Menschen entgegenzukommen. Nun, früher war die Einsamkeit mir wenigstens nützlich für die Arbeit, vielleicht ist sie's wieder. Im übrigen kann ich mit allem zufrieden sein. Meinen Lehrberuf glaube ich jetzt sicher zur Genüge ausfüllen zu können; wenn nicht alles gut ist, ist das kein Wunder im Anfang, aber ich weiß, daß schon jetzt die Studenten zufrieden sind, und mir fällt die Sache nicht so schwer, wie ich erwartet hatte, sondern sie macht mir eher Freude.

17. Juni 1885

Heiß ist es immer, doch nicht unerträglich, die Arbeit geht einstweilen noch ruhig weiter, wenn ich mich auch ganz auf die Lehrtätigkeit beschränke. Ob ich wohl auch so einer werde, der nach Erlangung einer Professur aufhört, etwas zu leisten? Es wäre möglich, weniger aus Trägheit als aus großer Geringschätzung dessen, was etwa bei der Arbeit herauskommen kann. Hoffen wir indessen, daß es doch anders ausfällt.

Tagebuch

6. Juli 1885. Alle Tage am Gasmotor gearbeitet.

16. Juli. Sachen für das Praktikum des nächsten Semesters vorbereitet.

20. Juli. Morgens über Polarisation gesprochen und das Kolleg geschlossen.

Reise: Schweiz, Hamburg, Helgoland.

27. Oktober. Gearbeitet an den Vorlesungen.

30. Oktober. Die neue Dynamomaschine mit gemischter Schaltung probiert und sehr zufrieden gewesen.

4. November. Kolleg über Meteorologie für Forstleute angefangen.

11. November. Abends mathematisches Kränzchen mit Wiener, Schell, Schröder, über den Raum mit vier Dimensionen disputiert.

20. November. Wärmeschrank aufgeräumt und damit Sammlung beendigt. Praktikum.

27. November. Große Tafel mit praktischen elektrischen Einheiten für die Vorlesung gemacht.

* Zwei Schwestern der Mutter wohnten in Karlsruhe: Friederike, die Frau von Forstmeister Föhlich und die unverheiratete Schwester Johanna.

To His Parents

31 May 1885

This week was my first vacation here; it was quite welcome when it arrived because I was thoroughly worn out, but now I look forward to the lectures again; for without the constant association with the students that I get from the lectures, I am as lonely as ever. Our relatives* naturally continue to be very kind, but of course I do not care to sit around too much at their houses but rather go to them once or at most twice each week; there are no parties now, and I have already given up hope of finding pleasant company of my own age, such as there was at Kiel. I notice, too, that it is becoming a great deal more difficult for me to approach people than it was then. Well, loneliness was at least useful for my work before; perhaps it will be again. Other than that all seems satisfactory. I am confident I can carry on a teacher's profession to satisfaction; if everything does not go well, it is no wonder at the beginning, but I know that the students are even now content, and I do not find the task as difficult as I had expected; rather it gives me pleasure.

17 June 1885

It continues hot, but not unbearable; for the time being the work goes on quietly, even though I restrict myself completely to teaching. Will I be one of those who cease to contribute anything after they achieve a professorship? It is possible, not so much owing to inertia as to a low estimate of what might come of such work. However, let us hope that it will turn out differently.

Diary

6 July 1885. Worked on the gas motor all the time.

16 July. Prepared the material for next semester's laboratory course.

20 July. Lectured on polarization in the morning and finished the course.

Travel: Switzerland, Hamburg, Helgoland.

27 October. Worked on the lectures.

30 October. Tried out the new dynamo with compound circuit and was very satisfied.

4 November. Began course on meteorology for foresters.

11 November. In the evening, discussed four-dimensional space with Wiener, Schell, Schröder, at the mathematics club.

20 November. Tidied up the cabinet on heat and thus finished with the survey of the apparatus. Laboratory.

27 November. Made a large chart of practical electrical units for the lecture.

* Two sisters of his mother lived in Karlsruhe: Friederike, the wife of the forestry official Föhlich, and her unmarried sister, Johanna.

28. November. Abends in der Sonnabendsgesellschaft.

1. Dezember. Abends Literatur über Nebelbläschen zusammengesucht.

5. Dezember. Trog für Akkumulator gegossen. Gedankenlesen von Herrn Galjusmann*.

7. Dezember. Abends in den alten Akten des physikalischen Kabinetts gestöbert.

11. Dezember. Abends kurzer Vortrag über Nebeltröpfchen im Naturwissenschaftlichen Verein.

12. Dezember. Wieder mit unnützen Gedanken mich geplagt.

13. Dezember. Vormittags einsamer Spaziergang im Schneegestöber nach Ettlingen.

14. Dezember. Die Vorlesungen machen mir schon wieder Mühe.

15. Dezember. Abends wieder einen kleinen Akkumulator probiert, mehr aus Spielerei.

20. Dezember. Nach Hause gefahren.

22. Dezember. Alle diese Zeit schwer mit Mißmut und Hoffnungslosigkeit gekämpft.

30. Dezember. Auf die Seewarte gegangen. Lange mit Neumayer und Köppen gesprochen. Wolkenbilder geschenkt bekommen. Lehrbuch von Sprung geliehen und durchgesehen.

31. Dezember. Froh, daß dies Jahr herum und hoffend, daß kein solches folgt.

Sehr wenige Briefe aus dem vergangenen Jahr sind erhalten. Der 28-jährige Heinrich Hertz war durch schwere persönliche Konflikte und Enttäuschungen gegangen, von denen er sich nur sehr langsam wieder erholte. Die folgenden Jahre wurden dann seine glücklichsten.

3. Januar 1886. Abends nach Karlsruhe zurück.

8. Januar. Akkumulator mit 24 Bleiplatten probiert, doch mißglückt wegen Undichtigkeit des Gefäßes. Kleine Akkumulatoren probiert.

9. Januar. Über die Einrichtung des elektrotechnischen Hörsales nachgedacht.

13. Januar. Tisch für die neue große Batterie gezeichnet und Gläser dazu bestellt.

21. Januar. Mühe mit den Kollegien gehabt, da Martin** diese Zeit krank.

22. Januar. Heftige Erkältung und Zahnweh.

23. Januar. Den ganzen Tag hingeschlichen und so früh wie möglich zu Bett gegangen.

26. Januar. Abends im mathematischen Kränzchen über meine Arbeiten über die Berührung der Körper referiert.

2. Februar. In Not mit den Vorlesungen, da Martin weiter krank.

4. Februar. Gläser für große Batterie bekommen und aufgebaut.

6. Februar. Bleiplatten zuzuschneiden angefangen.

* Ein Student.

** Mechaniker.

28 November. Evening at the Saturday night social club.

1 December. Collected references on fog bubbles, in the evening.

5 December. Cast a trough for the accumulator. Thoughtreading by Herr Galjusmann.*

7 December. Browsed among old files in the physics archives.

11 December. Gave short lecture on fog droplets at the natural science society, in the evening.

12 December. Tortured myself again with futile thoughts.

13 December. Solitary morning walk through a snowstorm to Ettlingen.

14 December. Already lectures become an effort.

15 December. Tried another small accumulator in the evening; more play than work.

20 December. Left for home.

22 December. Struggled hard with ill-humor and lack of hope throughout these days.

30 December. To the nautical observatory. Long conversation with Neumayer and Köppen. Gift of cloud pictures. Borrowed Sprung's textbook and looked through it.

31 December. Happy this year is over and hoping that it will not be followed by another like it.

Very few letters of the preceding year have been kept. Heinrich Hertz, who was then 28 years old, went through a period of severe mental conflict and disappointment. He made only a slow recovery. The years that then followed turned out to be his happiest.

3 January 1886. Back to Karlsruhe in the evening.

8 January. Attempted an accumulator with 24 lead plates, but unsuccessful because the vessel leaked. Tried small accumulators.

9 January. Considered how to equip the electrical-engineering lecture hall.

13 January. Designed a table for the new large battery and ordered the glass jars for it.

21 January. Difficulties with the lectures, since Martin** ill these days.

22 January. Bad cold and toothache.

23 January. Went to bed as early as possible after slinking about all day.

26 January. Gave a report about my work on contact between solids, at an evening meeting of the Mathematics Club.

2 February. In trouble with my lectures, since Martin continues ill.

4 February. Jars for the large battery arrived and I arranged them.

6 February. Started to cut lead plates to size.

* A student.

** His mechanic.

7. Februar. Morgens mit Heftigkeit Bleiplatten geschnitten.

8. Februar. Wieder stark Kollegien arbeiten müssen, um nur mitzukommen.

12. Februar. Den ganzen Tag an der Batterie gearbeitet.

18. Februar. Alle diese Tage eifrig an der Batterie gearbeitet.

19. Februar. Wieder mächtig Blei geschnitten und über die zukünftigen Versuche nachgedacht.

4. März. Mittags bei Lübke zu Tisch. Abends bei Wiener Versuche mit Herrn Galjusmann — Gedankenlesen — gemacht.

19. März. Theorie der elektrodynamischen Maschine studiert.

24. März. Statt Martin einen Mechanikerlehrling angenommen. Erstes Debut: Zerschlägt die Scheibe der großen Elektrisiermaschine.

6. April. Maschinendiagramme fertig gezeichnet (für die Vorlesung).

7. April. Geärgert über das Nichtfortrücken der Arbeiten im Laboratorium und Lärm gemacht.

8. April. Zeichnung über Kraftübertragung durch Elektrizität angefangen.

10. April. Kraftübertragung fertig und Tafel über magnetische Dimensionen gemacht.

12. April. Ausflug mit Dolls nach Bühl und auf die Windeck. Verlobt mit Elisabeth Doll.*

14. Mai. Praktikum allein gehalten, da Dr. Schleiermacher eingezogen.

15. Mai. Morgens Versuche mit der Zerreißmaschine. Abends Bowle gegeben in der Samstagsgesellschaft. Saurer Tag in bezug auf die Arbeit.

31. Mai. Morgens zur Landwehrübung nach Rastatt gereist.

15. Juni. Pfingstferien, gedrückt durch Kriegsgefahr.

31. Juli. Hochzeitstag.

Reise: Bayern, Tirol und an den Bodensee.

3. *September.* Nach Hause zurück.

10. September. Im Laboratorium Luftpumpe instand gesetzt.

13. September. Versuche mit Geißlerschen Röhren.

16. September. Unschlüssig, welche Arbeit zu beginnen.

17. September. Literatur getrieben.

18. September. Letzte Bände des Philosophical Magazine durchgesehen.

4. Oktober. Versuche über die Induktion bei der Entladung der Flasche gemacht.

25. Oktober. Funkenmikrometer erhalten und Versuche damit angefangen.

26. Oktober. Versuche gemacht über Funken in kurzen Metallkreisen.

29. Oktober. Funkenversuche.

1. November. Elisabeth bei mir im Laboratorium, Funken bei Rühmkorffentladung.

* 1864–1941. Elisabeths Vater, Dr. Max Doll, war Dozent für Geometrie (Vermessungswesen) an der Technischen Hochschule.

7 February. Attacked lead plates vehemently, in the morning.

8 February. Had to work hard on courses again just to keep up.

12 February. Worked all day on the battery.

18 February. Zealous work on the battery all the past days.

19 February. Continued cutting lead vigorously and planned future experiments.

4 March. Had lunch at Lübke's. Made experiments with Herr Galjusmann —in thoughtreading—at Wiener's in the evening.

19 March. Studied the theory of the electrical dynamo.

24 March. Took on an apprentice mechanic in Martin's place. First performance: he smashes the glass plate of the large electric friction generator.

6 April. Completed drawing of the machine diagrams (for the lecture).

7 April. Annoyed about the lack of progress in the laboratory projects and made a row about it.

8 April. Began diagram to show transmission of energy by electricity.

10 April. Energy transmission diagram completed; made chart of magnetic dimensions.

12 April. Excursion to Bühl and Windeck Castle with the Dolls. Engaged to be married to Elisabeth Doll.*

14 May. Conducted the laboratory exercises alone, because Dr. Schleiermacher is called up for military duty.

15 May. In the morning, experiments with the tearing machine. In the evening, I gave a *Bowle* [summer drink of white wine with fruit] at the Saturday social club. A bad day as far as work is concerned.

31 May. Travelled to Rastatt in the morning, for the military exercises.

15 June. Whitsun holidays; depressed by danger of war.

31 July. Wedding day.

Travel: Bavaria, the Tyrol, and to Lake Constance.

3 September. Returned home.

10 September. Restored air pump in the laboratory.

13 September. Experiments with Geissler tubes.

16 September. Undecided about which project to begin.

17 September. Studied literature.

18 September. Looked through the latest volumes of the *Philosophical Magazine.*

4 October. Experiments on induction associated with jar discharge.

25 October. Obtained a spark micrometer and started experiments with it.

26 October. Made experiments with sparks in short metal loops.

29 October. Spark experiments.

1 November. Elisabeth with me in laboratory; sparks of Rühmkorff discharge.

* 1864–1941. Elisabeth's father, Dr. Max Doll, was Lecturer in Geometry (Surveying) at the Technische Hochschule.

11. November. Wieder an den Induktionserscheinungen bei den Rühmkorffentladungen untersucht.

12. November. Interessante Wirkung der Induktion dargestellt.

13. November. Geglückt, die Induktion zweier ungeschlossener Stromkreise aufeinander darzustellen, Ströme 3 m lang, Abstand 1,5, m!

19. November. Induktionsversuche weitergeführt.

25. November. Neue geradlinige Stromleitung hergestellt, Versuche über Anziehungen im induzierten Kreis.

1. Dezember. Vortrag über Würfelwahrscheinlichkeit im mathematischen Kränzchen gehalten.

2. Dezember. Gelungen, Resonanzerscheinung zwischen zwei elektrischen Schwingungen herzustellen.

3. Dezember. Resonanzerscheinung deutlicher, Schwingungsknoten, eigentümliche Wirkung auf Funken.

4. Dezember. Dr. Schleiermacher die Erscheinung gezeigt.

An Hermann von Helmholtz

5. Dezember 1886

Hochverehrter Herr Geheimrat!

Für die mir gütigst übersandten Abhandlungen sage ich Ihnen meinen allerbesten Dank, dieselben haben mir als ein Zeichen Ihres Gedenkens die größte Freude gemacht. Hoffentlich gelingt es mir auch, in das volle Verständnis derselben einzudringen, welches nicht eine leichte Sache ist. Ich möchte die Gelegenheit wahrnehmen, Ihnen, hochverehrter Herr Geheimrat, über einige mir kürzlich geglückte Versuche zu berichten, weil ich bei Anstellung derselben schon die Hoffnung hatte, dieselben könnten Ihr Interesse erregen. Es ist mir nämlich gelungen, sehr sichtbar die Induktionswirkung eines ungeschlossenen geradlinigen Stroms auf einen andern ungeschlossenen geradlinigen Strom darzustellen, und ich darf hoffen, daß der betretene Weg mit der Zeit die eine oder andere an diese Erscheinung sich knüpfende Frage zu lösen gestatten wird.

Den induzierenden geradlinigen Strom stelle ich in folgender Weise her: Ein dicker gerader Kupferdraht von 3 m Länge ist an seinen Enden mit zwei Kugeln von 30 cm Durchmesser oder zwei Konduktoren von ähnlicher Kapazität verbunden. In seiner Mitte ist der Draht unterbrochen durch eine Funkenstrecke von ¾ cm zwischen kleinen Messingkugeln. Zwischen den letzteren läßt man nun knatternde Funken eines großen Induktoriums übergehen, dabei werden, was freilich von vornherein kaum zu vermuten wäre, die elektrischen Schwingungen, welche dem geradlinigen Stromkreis eigentümlich sind, erregt, und diese üben nun eine verhältnismäßig sehr starke induzierende Wirkung auf die Umgebung aus. In einer einfachen viereckigen Strombahn von 75 cm Seitenlänge, welche aus dickem Kupferdraht bestand und in welcher sich nur

11 November. Investigated induction phenomena of Rühmkorff discharge again.

12 November. Described interesting effects of induction.

13 November. Succeeded in demonstrating induction between two open circuits; current circuits 3 m long, distance 1.5 m!

19 November. Continued induction experiments.

25 November. Constructed a new rectilinear current circuit. Experiments on attraction in the induced circuit.

1 December. Gave lecture on probabilities in throwing dice, at the Mathematics Club.

2 December. Succeeded in producing resonance phenomena between two electric oscillations.

3 December. Resonance phenomena stronger, wave nodes, peculiar effect on sparks.

4 December. Showed the phenomenon to Dr. Schleiermacher.

To Hermann von Helmholtz

5 December 1886

Most honored Herr Geheimrat!

Thank you most sincerely for the papers that you have so kindly sent me; they have given me the greatest pleasure as a token of your friendly thoughts. I can only hope that I shall succeed in fully understanding them, as that is no easy matter. I should like to take this opportunity to let you know, most honored Herr Geheimrat, about some experiments that I have recently successfully completed, since I had hoped from the beginning that they might interest you. As it is, I have succeeded in demonstrating quite visibly the induction effect of one open rectilinear current on another rectilinear current, and I may hope that the way I have now found will in time enable me to solve one or another of the questions connected with this phenomenon.

I produced the inducing rectilinear current in the following manner: A thick, straight copper wire, 3 m long, is attached at the ends to two spheres, 30 cm in diameter, or two conductors of similar capacity. There is a break in the midpoint of the wire for a spark gap of ¾ cm between two small brass spheres.

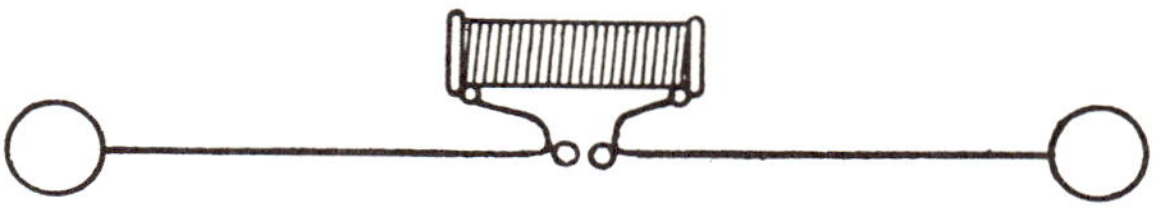

Across them the crackling sparks of a large induction machine are allowed to pass, whereupon electric oscillations characteristic of the rectilinear circuit are excited (which to be sure was scarcely to be anticipated), and these oscillations now exercise a relatively strong inductive effect on the environs. I obtained sparks in a simple square circuit 75 cm on a side, consisting of thick

eine kurze Funkenstrecke befand, habe ich noch in einer Entfernung von 2 m seitlich von der induzierenden Bahn Funken erhalten; bei Annäherung einer Seite des Quadrats bis auf 30 cm an die induzierende Bahn konnten die Funken bis auf 6 mm Länge gesteigert werden. Allerdings verhalten sich hier verschiedene Stromkreise verschieden, und es ist mir, wie ich glaube, gelungen, hier die Erscheinung der Resonanz nachzuweisen; die beiden Stromkreise können durch Änderung des einen und des andern auf ein Maximum der Wirkung abgestimmt werden, obgleich die Schwingungszeit der Ordnung nach nur 1 hundertmillionstel Sekunde beträgt. Es ist nun nicht zu verwundern, daß auch in einem zweiten geradlinigen, dem ersten ähnlichen und ihm parallel aufgestellten Stromleiter sich die Induktionswirkung geltend macht, vielmehr lassen sich aus den Enden aller geraden Metalldrähte oder -stäbe in der Nähe feine Fünkchen ziehen. Schon bei den ersten Versuchen konnte ich die Wirkung noch in einem parallelen Stromleiter bei 1,50 m Abstand beider wahrnehmen, und ich glaube, daß sich diese Entfernung bei guter Abstimmung wird wesentlich vergrößern lassen. Es ist mir auch, wie ich glaube, gelungen, in einem einfachen Drahtsystem stehende Schwingungen mit zwei Schwingungsknoten zu erregen.

Bei allen diesen Versuchen liegt die Gefahr von Irrtümern und falschen Deutungen nahe, aber ich habe doch schon in einer hinreichend großen Zahl von Versuchen die Vermutungen bestätigt gefunden, um fest überzeugt zu sein, daß im wesentlichen die Erscheinungen richtig gedeutet sind. Mit Einzelheiten möchte ich Ihre Zeit, hochverehrter Herr Geheimrat, nicht in Anspruch nehmen; hoffentlich rechnen Sie es mir nicht als unbescheiden an, daß ich überhaupt Ihnen von diesen Versuchen berichtet habe, ehe dieselben zum Abschluß gekommen sind.

In tiefster Ehrfurcht bin ich, hochverehrter Herr Geheimrat

Ihr ergebenster

Dr. Heinrich Hertz

Tagebuch

6. Dezember 1886. Versuche über die Fernwirkung des Funkens gemacht.

8. Dezember. Paraffinring für dielektrische Versuche gegossen.

9. Dezember. Versuche über die Induktionswirkung auf Paraffinring gemacht, ohne Erfolg.

10. Dezember. Versuche gemacht über die Induktionswirkung der dielektrischen Bewegung, scheinbar mit Erfolg.

11. Dezember. Schwefelstab gegossen. Versuche über Induktionswirkung geben keinen Erfolg.

14. Dezember. Gelesen in den alten Annalen der Physik von 1790 an.

19. Dezember. Starker Schneefall, Besuche, sonst zu Hause gesessen.

20. Dezember. Noch einige Versuche über die Einwirkung der Dielektrica gemacht.

copper wire and containing only a short spark gap, even at a distance of 2 m from the induction path; by bringing one side of the square closer, to 30 cm from the induction path, I could increase the length of the spark to 6 mm. However, different circuits behave differently, and I believe I have succeeded in demonstrating the occurrence of resonance here; the two circuits may be tuned to yield the maximum effect by adjustment of one or the other, even though the oscillation period is only of the order of 1 hundredth of a millionth of a second. It is therefore no wonder that the induction effect is also perceived in a second rectilinear circuit, similar to the first and mounted parallel to it; moreover, small sparks may be drawn from the ends of all straight metal wires or rods in the vicinity. Even in the first experiment, I was able to observe the effect on a parallel conductor up to a distance of 1.5 m, and I believe that with proper tuning this distance could be increased considerably. I believe I have also succeeded in producing a standing wave with two nodes in a simple system of wires.

There is an obvious danger of errors and false interpretation in all these experiments, but I have already found my conjectures confirmed in a sufficiently large number of experiments to convince me firmly that my interpretation of the phenomena is substantially correct. I should not like to take up your time, most honored Herr Geheimrat, with much detail and I hope that you will not consider me presumptuous for having reported these experiments to you before bringing them to a final conclusion.

With the deepest respect, most honored Herr Geheimrat, I am

Your most obedient servant,

Dr. Heinrich Hertz

Diary

6 December 1886. Conducted experiments on effect of sparks at a distance.

8 December. Poured a paraffin ring for dielectric experiments.

9 December. Conducted experiments on the induction effect on the paraffin ring, without success.

10 December. Conducted experiments on the induction effect of dielectric motion, apparently with success.

11 December. Poured sulfur rod. Experiments on induction effect yield no success.

14 December. Read the old *Annalen der Physik,* from 1790 on.

19 December. Heavy snowfall; went visiting; for the rest, quietly at home.

20 December. Conducted several more experiments on the effect of dielectrics.

21. Dezember. Desgleichen, ohne Erfolg. Schluß des Kollegs. Heftiger Schneefall.

22. Dezember. Weihnachtsbesorgungen.

23. Dezember. Laboratorium aufgeräumt. Frau Martin* besucht.

25. Dezember. An Dr. Köppen wegen Schneerscheinung geschrieben. Mittags nach Hamburg abgereist.

7. Januar 1887. Zehn Uhr nach Karlsruhe abgereist.

10. Januar. Akustik angefangen und viel Mühe damit.

14. Januar. Vortrag im Naturwissenschaftlichen Verein über Telephonieren und Telegraphieren auf demselben Draht gehalten.

20. Januar. Wieder an experimentelle Arbeit gegangen.

21. Januar. Neue quantitative Versuche über die elektrische Resonanz angestellt.

24. Januar. Experimentiert, Dr. Schleiermacher die Versuche gezeigt.

25. Januar. Gemerkt, daß das Licht das Wirksame war in der Einwirkung der Funken.

27. Januar. Mit elektrischem Licht Versuche angestellt, die gut gehen.

28. Januar. Angefangen die Versuche geordnet niederzuschreiben.

29. Januar. Lebhafte Kriegsbeunruhigungen alle diese Zeit.

31. Januar. Täglich niedergeschrieben an der Arbeit.

1. Februar. Viele bekannte Reserveoffiziere werden eingezogen.

2. Februar. Abends Scheffelfeier in der großen Festhalle. Aufführungen, Kommers usw.

4. Februar. Angefangen auch über elektrodynamische Grundgleichung Zusatz zu schreiben.

8. Februar. Niedergeschrieben die Versuche über Schwingungen.

17. Februar. Waffen beim Offiziersverein bestellt.

18. Februar. An der Niederschrift der Arbeit über schnelle Schwingungen gearbeitet.

23. Februar. Im mathematischen Kränzchen Vortrag über meine Arbeit gehalten.

24. Februar. Einige weitere Versuche über die Einwirkung des Lichtes gemacht.

26. Februar. Der neue Mechaniker Bickel tritt an. Einen alten Kasten mit den meteorologischen Beobachtungen Böckmanns von 1779–1782 auf dem Speicher gefunden.

28. Februar. In der Landesbibliothek mich nach den Böckmannschen Schriften umgetan.

1. März. Influenzmaschine bestellt, mich um Bestellung einer Drehbank bekümmert.

4. März. Werkzeug bestellt. Photographische Einrichtung bestellt.

9. März. Schluß der Vorlesung und des Semesters. Abends Vortrag im mathematischen Kränzchen gehalten über die Grenzen der Atmosphäre. Meine Waffen vom Offizersverein kommen an.

* Witwe seines Mechanikers.

21 December. Same, without results. Finished the course. Heavy snowfall.

22 December. Christmas shopping.

23 December. Tidied up the laboratory. Visited Frau Martin.*

25 December. Wrote to Dr. Köppen about snow phenomenon. Left for Hamburg at noon.

7 January 1887. Departed for Karlsruhe at 10 o'clock.

10 January. Started on acoustics with much trouble.

14 January. Gave a lecture for the Natural Science Society on using the same wire for telephony and telegraphy.

20 January. Started up experimental work again.

21 January. Set up new quantitative experiments on electrical resonance.

24 January. Worked in the laboratory; showed experiments to Dr. Schleiermacher.

25 January. Observed that it was light that was the determining factor in the spark effect.

27 January. Set up experiments with electric light that are going well.

28 January. Began to write down my experiments in proper order.

29 January. Lively war anxieties throughout this time.

31 January. Daily work on my paper.

1 February. Many reserve officers I know are called up.

2 February. Scheffel memorial in the evening in the big festival hall.** Theater, student shows, etc.

4 February. Started to write also on an extension of the basic electromagnetic equation.

8 February. Wrote up experiments on oscillations.

17 February. Ordered weapons from officers' club.

18 February. Worked on the manuscript of paper on very rapid oscillations.

23 February. Gave a lecture on my experiments at the Mathematics Club.

24 February. Conducted several more experiments on the effect of light.

26 February. The new mechanic, Bickel, enters on his work today. I found an old box containing the meteorological observations of Böckmann from 1779 to 1782, in the loft.

28 February. Busied myself in the State library with Böckmann's writings.

1 March. Ordered an electrification machine; saw about ordering a lathe.

4 March. Ordered tools. Ordered photographic equipment.

9 March. End of the course and of the semester. Gave an evening lecture at the Mathematics Club on the limits of the atmosphere. My weapons arrived from the officers' club.

* Widow of his mechanic.

** [Joseph Viktor von Scheffel (1826–1886), writer and poet, had died in his native Karlsruhe the previous year.]

10. März. Erste photographische Versuche gemacht, gegenüberliegende Häuser. Kathetometer bei Magnesiumlicht.

14. März. Weiter an der Arbeit über die elektrischen Schwingungen gearbeitet.

19. März. Die Schwingungsarbeit fertig gemacht. Die Aufstellung der Apparate photographiert.

23. März. Arbeit abgeschickt an Wiedemann*. Versuche mit elektrischem Licht gemacht.

25. März. Mich abgespannt gefühlt. Nach Tisch Spaziergang nach Neureuth.

28. März. Für eine Fußtour mich vorbereitet. (29. März – 1. April. Schönmünzach, Beiersbronn, Freudenstadt, Rippoldsau, Wolfach, Hornberg, Triberg, Furtwangen, St. Märgen im Schneegestöber, Freiburg, sehr anstrengende Tour.)

2. April. Vormittags zurück. Nachmittags im Polytechnikum.

5. April. Versuche im Laboratorium.

7. April. Wieder über das Verhalten einer zähen Flüssigkeit als Schmiermittel nachgedacht und gerechnet.

14. April. Sitzung des Geographentags.

15. April. Sehr interessanter Vortrag von Paul Reichardt über Ostafrika (Grimm), Missionar Büttner (Damaraland).

18. April. Experimentiert über die gegenseitige Einwirkung der Funken in verschiedenen Gasen.

22. April. Experimentiert über die Durchlässigkeit der Flüssigkeiten.

24. April. Die Angelegenheit Schnäbele** macht Lärm in der Welt.

29. April. Die Wirkung im luftverdünnten Raum verfolgt.

25. April. Über die Durchlässigkeit der Gase Versuche gemacht.

1. Mai. Bei Regenwetter zu Hause geblieben, sehr vergnügt gewesen.

An die Eltern

1. Mai 1887

Ich arbeite jetzt recht eifrig, kein Tag ohne einen kleinen Fortschritt, ich hoffe jetzt die längste Zeit ohne einige Frucht gewesen zu sein, wenn es auch nur Pflaumen und keine Ananas sind.

Tagebuch

3. Mai 1887. Versuche über Ablenkung in Prismen, über gradlinige Fortpflanzung.

5. Mai. Experimentiert über die Wirkung verschiedener Lichtarten.

7. Mai. Bedeutung des Kondensators überlegt. Experimentiert. Wirkung des Stoffs der Pole.

9. Mai. Versuche über den Einfluß des Lichtes auf das Entladungspotential elektrostatisch geladener Körper.

* Über sehr schnelle elektrische Schwingungen. Ges. Werke, II. Bd., 2.

** Politische Aufregungen in und um Elsass-Lothringen.

10 March. Made my first attempts at photography, the houses opposite. Cathetometer with magnesium light.

14 March. Continued work on electric oscillations.

19 March. Completed the oscillation paper. Photographed the experimental set up.

23 March. Sent paper to Wiedemann.* Conducted experiments with electric light.

25 March. Felt quite spent. Took a walk to Neureuth after dinner.

28 March. Got ready for a walking tour. (March 29 – April 1. Schönmünzach, Beiersbronn, Freudenstadt, Rippoldsau, Wolfach, Hornberg, Triberg, Furtwangen, St. Märgen in a snow storm, Freiburg, very strenuous tour.)

2 April. Returned in the morning. At the Polytechnic in the afternoon.

5 April. Experiments in the laboratory.

7 April. Returned to thoughts about the behavior of a viscous liquid when used as a lubricant, and made calculations.

14 April. Meeting of the geographers' association.

15 April. Very interesting lecture by Paul Reichardt about East Africa (Grimm), missionary Büttner (Damaraland).

18 April. Experimented on reciprocal effects of sparks in various gases.

22 April. Experimented on the permeability of liquids.

24 April. The Schnäbele affair** is a big noise in the world.

25 April. Conducted experiments on the permeability of gases.

29 April. Followed the effect in a partially evacuated chamber.

1 May. Rainy weather; stayed at home, very contented.

To His Parents

1 May 1887

I am keenly at work now, not a day passes without some little progress; I have hopes that the lean time is over and that some fruit at least is ripening, even if it is only plums and not pineapples.

Diary

3 May 1887. Experiments on deflection in prisms; on rectilinear propagation.

5 May. Experimented on the effect of various types of light.

7 May. Considered the significance of the condenser. Experimented. Effect of the material of the poles.

9 May. Experiments on the effect of light on the discharge potential of electrostatically charged bodies.

* On Very Rapid Electric Oscillations. Coll. Works, vol. II, 2.

** Political agitation in and about Alsace-Lorraine.

12. Mai. Versuche, das ultraviolette Spektrum, welches wirkt, zu photographieren und den Absorptionseinfluß zu konstatieren.

14. Mai. Versuche mit elektrischem Licht über das Entladungspotential fortgesetzt.

17. Mai. Letzte Versuche über den Einfluß der Funken auf das Entladunspotential.

20. Mai. Angefangen an der Arbeit aufzuschreiben.

27. Mai. Arbeit abgeschickt.*

28. Mai. An die Arbeit über Schmiermittel gegangen.

30. Mai. Spazieren gegangen. Arbeit über die Schmiermittel definitiv aufgegeben, wie alle ähnlichen Arbeiten.

31. Mai. Den Inhalt der Arbeit für einen Akademiebericht zugestutzt.

1. Juni. Wie gestern und an Helmholtz abgesandt.

2. Juni. Wieder an die experimentelle Untersuchung gegangen. Versucht, die Erscheinung mit statischer Elektrizität zu reproduzieren.

3. Juni. Wegen feuchten Wetters nicht viel zu machen.

4. Juni. Es gelingt, die Erscheinung mit der Influenzmaschine zu erzeugen. Bickel geht ab, ihm folgt als Mechaniker Amann.

7. Juni. Ein wenig experimentiert, abgespannt und unlustig zur Arbeit.

15. Juni. Experimentiert über Hervorbringung der Erscheinung mit elektrostatischen Mitteln.

16. Juni. Kapazitäten und Widerstände mit Elektrometer gemessen.

17. Juni. Sehr früh aufgestanden und in der Alz gebadet. Auf Wunsch der Studenten das Kolleg über Elektrotechnik wieder aufgenommen.

20. Juni. Experimentiert über die Doppelbrechung der Erscheinung.

23. Juni. Für Amann rotierenden Spiegel gezeichnet und in Arbeit gegeben.

24. Juni. Vortrag im Naturwissenschaftlichen Verein gehalten über die Erscheinung.

30. Juni. Experimentiert über die Wirkung auf Flüssigkeitselektroden.

2. Juli. Experimentiert über die Wirkung auf übergehende Funken.

An die Eltern

3. Juli 1887

Meine Arbeiten haben ja nun glücklich das Licht der Öffentlichkeit erblickt. Es ist freilich mit dem schnellen Drucken eine eigene Sache. Die Arbeit in den Akademieberichten ist ja nur die Abkürzung einer Arbeit, die in etwa zwei Monaten in Wiedemanns Annalen erscheint, und diese ist noch fortzusetzen; bis sie nun erscheint, haben andere vielleicht die Versuche schon erweitert und jedenfalls habe ich es getan; wüßte ich, daß ich nur in Ruhe vor äußerer Störung und vor dem Zuvorkommen anderer weiter arbeiten könnte, so würde ich noch lange weiter gearbeitet haben, und die Sache erst zu einer Art Abschluß gebracht haben, ehe ich etwas gedruckt hätte.

* Über einen Einfluß des ultravioletten Lichtes auf die elektrische Entlandung. Ges. Werke, II. Band, 4.

12 May. Tried to photograph effective ultraviolet spectrum and to make sure of absorption effect.

14 May. Continued experiments on discharge potential with electric light.

17 May. Final experiments on the effect of sparks on discharge potential.

20 May. Began to write up the experiments.

27 May. Sent off the paper.*

28 May. Resumed the project on lubricants.

30 May. Went out for a walk. Abandoned the project on lubricants, and all similar projects.

31 May. Adapted the contents of the paper for an academy report.

1 June. Same as yesterday. Sent it off to Helmholtz.

2 June. Resumed experimental investigations. Tried to reproduce the effect with static electricity.

3 June. Not much to be done, because of damp weather.

4 June. Succeeded in producing the effect with the induction machine. Bickel leaves, Amann succeeds him as mechanic.

7 June. Experimented a little; feel listless, with no desire to work.

15 June. Experimented on producing the effect by electrostatic means.

16 June. Measured capacities and resistances with an electrometer.

17 June. Rose very early and bathed in the Alz. Took up the electrical engineering course again, in response to student demand.

20 June. Experimented on double refraction of the phenomenon.

23 June. Sketched rotating mirror for Amann and put him to work on it.

24 June. Gave a lecture on the phenomenon for the natural science society.

30 June. Experimented on the effect on electrodes in liquids.

2 July. Experimented on the effect on transient sparks.

3 July 1887

To His Parents

My experiments have now happily seen the day of publication. Of course going into print quickly is a peculiar thing. The paper in the *Akademieberichte* is only a brief version of a paper that will appear in *Wiedemanns Annalen* in about two months, and that work is still to be continued; before it appears, others may have extended the experiments and in any case I shall have done so; if I knew that I could continue the experiments safe from external disturbance and the cutting in of others, I should have continued to work on it for a long time and brought the thing to some sort of conclusion before going into print.

* On an Effect of Ultra-violet Light Upon the Electrical Discharge. Coll. Works, vol. II, 4.

7. Juli 1887

An den Vater

Erstens Deine besondere Frage betreffend: Du wirst wissen, daß das Spektrum des Sonnenlichts sich über die sichtbaren Grenzen hinaus erstreckt, indem man auf der einen Seite noch jenseits des Roten, durch ihre Wärmewirkung, Strahlen nachweist, welche das Auge nicht sieht, Infra- oder Ultrarot, anderseits auf der Seite des violetten Lichtes noch andere Strahlen, die Ultravioletten. Sie haben die kürzeste Schwingungsdauer, das violette macht etwa 900 Billionen Schwingungen in der Sekunde, von 1000 Billionen an und darüber sind die Strahlen unsichtbar. Man weist sie besonders nach durch die chemische Wirkung, z. B. durch die Photographie. Einliegend erhälst Du eine kleine Photographie: Es ist das Positiv von einem abgeschnittenen Stück einer Trockenplatte, auf welcher durch ein Bergkrystallprisma ein sehr schmales Spektrum entworfen wurde. Der Raum zwischen den beiden senkrechten Tintenstrichen war von dem sichtbaren Lichte erfüllt, an dem linken Tintenstrich (r) zeigte sich das Rot, an dem rechten das Violette (v). In der Photographie hat das Rote keinen Eindruck gemacht, dagegen hat das Licht rechts noch weit über den Tintenstrich hinaus Eindruck gemacht, das ist das ultraviolette Licht. In der obern Hälfte geht das Spektrum aber viel weiter als in der untern, es wurde nämlich bei der Aufnahme vor die untere Hälfte ein Streifen klaren Glases gelegt, während in der obern Hälfte das Licht (eines Funkens) nur durch Bergkrystall und Luft hindurchzugehen hatte. Dies beweist also, daß das Glas für stark ultraviolettes Licht nicht mehr durchlässig ist, und das ist auch lange bekannt. In Photographie Nr. 2* ist das Licht unter b wieder durch Glas gegangen, unter a durch Glimmer, es zeigt also die Photographie, daß Glimmer etwas mehr durchläßt als Glas, aber viel weniger als Bergkrystall. So liegt also die Sache. Der Ort nun, wo im Spektrum die von mir aufgefundene Wirkung stattfindet, liegt etwa da, wo die Kreuze sind, es ist also äußerst weit vom Sichtbaren entferntes Licht, welches wirkt, und es scheint schon einen nur schwachen photographischen Eindruck zu machen, obwohl es, wie der Versuch zeigt, durch Bergkristall noch hindurchgeht, wenn auch nicht durch Glas. So ist es zum Beispiel recht interessant, daß Leuchtgas die Wirkung nicht hindurchläßt, denn so viel ich weiß, ist noch nicht beobachtet worden, daß Gase für ultraviolettes Licht undurchsichtig sind, die Versuche lassen aber darüber keinen Zweifel, und wird jetzt eben zu versuchen sein, ob sich nicht auf optischem Wege auch die Undurchlässigkeit konstatieren läßt. Für die meisten Körper stimmt die Durchlässigkeit für meine Wirkung mit der bekannten für ultraviolettes Licht einfach überein. Doch habe ich auch Wirkungen

* Leider nicht mehr vorhanden.

7 July 1887

To His Father

First about your particular question: As you know, the spectrum of sunlight extends beyond the visible limits: one can demonstrate the existence of rays beyond the red, infrared or ultrared, invisible to the human eye, by their heat effect at one end; and at the other end, beyond the violet light, there are other rays, the ultraviolet ones. They have the shortest period of oscillation; violet has about 900 billion [trillion in the American system] oscillations per second, and at 1000 billion oscillations per second and above, the rays become invisible. Their existence can be demonstrated mainly by chemical reaction, e.g., by photography. Enclosed you will find a small photograph: It is the positive of a section of a dry plate onto which a very narrow spectrum was projected through a rock crystal prism. The space between the two vertical ink lines was hit by visible light, red at the left ink line (*r*) and violet at the right (*v*). The red shows no effect in the photograph, whereas an effect can be seen far beyond the ink line on the right; that is the ultraviolet light. However, in the upper half the spectrum extends much farther than in the lower half, because a strip of clear glass was placed over the lower half when the picture was taken, whereas in the upper half the light (of a spark) had to traverse only the rock crystal and air. This proves that glass is not transparent to far ultraviolet light—something that has been known for a long time. In photograph

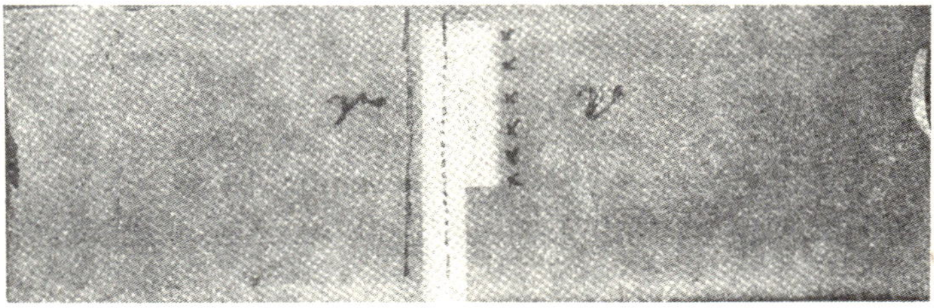

No. 2*, the light again passed through glass at *b* and through mica at *a*; thus the photograph shows that mica is somewhat more transparent than glass, but much less than rock crystal. This, then, is the situation. The place in the spectrum at which the effect I have discovered originates is located approximately where the crosses are, so you see that the light that produces the effect is at a considerable distance from the visible light and seems to give only a weak photographic impact, although, as the experiment shows, it does pass through rock crystal but not through glass. It is of considerable interest, for example, that the effect is not transmitted through illuminating gas; for as far as I know, no one has so far observed that gases are opaque to ultraviolet light; but the experiments leave no doubt about it, and now an attempt should

* Unfortunately lost.

beobachtet, die schon durch den Bergkrystall kaum mehr hindurchgehen und also schon an der Grenze des auf anderm Wege überhaupt Untersuchbaren liegen.

2) Zum Interesse der Sache. Eine Entdeckung ist es natürlich, da es sich um eine völlig neue, sogar sehr rätselhafte Erscheinung handelt. Ob es eine schöne Entdeckung ist, kann ich natürlich weniger beurteilen, doch freut es mich natürlich zu hören, daß andere sie so nennen; mir scheint, daß erst die Zukunft zeigen kann, ob sie wichtig oder unwichtig ist. Interessant ist sie aus folgenden Gründen. Es sind einmal überhaupt die Beziehungen zwischen zwei ganz verschiedenen Kräften diejenigen, welche am ehesten über das Wesen derselben etwas vermuten lassen, besonders wenn über das Wesen der einen schon etwas bekannt ist. Deshalb sind diese Beziehungen, sozusagen, besonders gesucht. Zwischen Licht und elektrischen Erscheinungen sind sie nun etwas rar. Einwirkungen der Elektrizität auf das Licht gibt es 1) eine hochberühmte 1835 von Faraday gefundene (Drehung der Polarisationsebene), sodann verschiedene in den letzten Jahren gefundene, welche auch großes Interesse erregt haben. Wirkung des Lichts auf Elektrizität gibt es aber fast nur eine, die vor etwa 10 Jahren gefunden wurde: das Licht ändert den Widerstand des Selens gegen den Strom etwas. Aber diese Wirkung ist nur mit feinen Apparaten wahrzunehmen, sie ist kompliziert, es fragte sich z.B., ob sie nicht indirekt durch die Erwärmung hervorgerufen war, jedenfalls ist sie nicht eigentlich rätselhaft, man kann sie wohl als eine chemische Wirkung des Lichts, deren es viele gibt, betrachten. Bei der von mir gefundenen Wirkung des Lichts kommt nun als Interesse bietend hinzu 1) daß sie ganz grob sichtbar ist und sogar weithin sichtbar gemacht werden kann, 2) daß sie sich kaum auf eine chemische oder schon bekannte Wirkung des Lichts zurückführen läßt, 3) daß sie eine Wirkung des ultravioletten Lichts ist, und zu dessen Wahrnehmung und Erforschung auch noch beitragen kann. In summa: die Wirkung ist auffällig und trotzdem total rätselhaft. Zunächst wäre es natürlich hübscher, sie wäre nicht so rätselhaft, indessen darf man hoffen, daß, wenn das Rätsel sich löst, mehr Neues dadurch klargelegt wird, als wenn es leicht zu lösen wäre.

3) Zur Frage des schnellen Druckes. Ich bin hier eigentlich in meinem vorigen Briefe ungerecht gegen mich gewesen, denn ich kann wohl sagen, daß es unvernünftig gewesen wäre, länger zu warten. Ich habe die Erscheinung schon Anfang Dezember beobachtet; was in dem Akademiebericht steht, wußte ich schon im Januar, wie ich nun im April sah, daß ich doch nicht den Abschluß abwarten könnte, habe ich die Sache niedergeschrieben und Ende Mai an Wiedemann geschickt, wo sie schon gesetzt ist und ich gestern die Korrektur gelesen habe. Erst nachdem ich sie abgeschickt, habe ich einen Auszug an Helmholtz geschickt, weil ich nicht glaubte, sobald etwas wieder zu haben, was für einen Akademiebericht ebenso geeignet ist. Die vollständigere Arbeit wird wohl Ende August herauskommen, unterdessen bin ich auch nicht müßig gewesen, und so habe ich schon einen gehörigen Vorsprung. Auch sagte mir jeder, dem ich die Sache zeigte, ich sollte doch mit der Veröffentlichung nicht

be made to find out whether this opacity could be detected by optical means as well. For most elements this permeability for my effect simply coincides with the known one for ultraviolet light. But I have also observed effects that are just barely transmitted through rock crystal and that are therefore already on the borderline of what is at all observable by other means.

2) On the significance of this work. To be sure, it is a discovery, because it deals with a completely new and very puzzling phenomenon. I am of course less capable of judging whether it is a beautiful discovery, but of course it does please me to hear others call it that; it seems to me that only the future can tell whether it is important or unimportant. It is of interest for the following reasons. First of all these relationships between two completely different forces are generally the relationships that are most likely to permit conjectures about the nature of such forces, especially when something is already known about the nature of one of them. Therefore such relationships are, so to speak, especially sought for. As between light and electrical phenomena they are rather rare. There is one very famous effect of electricty on light discovered by Faraday in 1835 (rotation of the plane of polarization), and then there are various others discovered in recent years which have also aroused great interest. However, only one effect of light on electricity is actually known, which was discovered about 10 years ago: light alters the current resistance of selenium somewhat. But this effect can only be observed with very sensitive instruments; it is very complicated; for example there is a question as to whether it is not caused indirectly by a rise of temperature of the selenium; in any case it is not really mysterious, for it may be regarded as one of the chemical effects of light, of which there are many. The effect of light that I discovered is of additional interest because (1) it is very readily visible and can even be made very much more visible, (2) it can scarcely be explained as a chemical or other known effect of light, (3) it is an effect of ultraviolet light and can therefore contribute to the observation and investigation of that as well. To summarize: the effect is striking and yet totally puzzling. Naturally, it would be nicer if it were less puzzling; however, there is some hope that when this puzzle is solved, more new facts will be clarified than if it were easy to solve.

3) On the question of quick publication. In this regard I actually did myself an injustice in my last letter, for I can certainly say that it would have been unwise to wait any longer. I made the observation at the beginning of December; I had the material that appeared in the academy report as early as January; in April, when I saw that I could not wait for the completion of the investigation, I wrote the paper and sent it to Wiedemann at the end of May; it is already set in print, and yesterday I read the proofs. Only after I had sent it off did I forward the abstract to Helmholtz, because I could not expect to have something equally suitable for an academy report ready soon. The larger paper will probably appear at the end of August; in the meantime I have not been idle, and I now have a considerable lead. Moreover, everyone to whom I showed the paper said that I should not wait too long with publication, and

zu lange warten, und schließlich sagte ich mir auch, daß ein völliger Abschluß wohl nie zu erreichen sei. Übrigens bin ich gegenwärtig in der Stimmung, daß ich eigentlich lieber zu der Arbeit, bei welcher mich diese Erscheinung unterbrach, zurückkehrte, und nur insofern, als ich jetzt gezwungen bin, diese Sache, soweit ich sie überhaupt selbst bearbeiten will, vorzuziehen, ist es mir unangenehm, die andern auf meiner Spur zu haben. Übrigens sind auch nicht viele wie Quincke, die gleich alles andere stehen lassen, um diese Versuche zu wiederholen. Jahrelange Arbeiten auf einmal zu veröffentlichen, ist bei dem gegenwärtigen Eifer völlig unmöglich, wenn es sich nicht um ganz fernliegende Dinge handelt.

Tagebuch

14. Juli 1887. Versuche mit rotierendem Spiegel gemacht, die nichts Rechtes gaben. Große Hitze.

15. Juli. Die große Batterie zu füllen begonnen.

18. Juli. Versuche mit den Funken der Batterie.

19. Juli. Lust zur Arbeit schwindet völlig.

26. Juli. Große Hitze hier. Vorbereitungen zur Abreise.

29. Juli. Mit Elisabeth auf fünf Wochen nach Herrenalb gefahren.

3. September. Nachmittags bei schönem Wetter zurück nach Karlsruhe gefahren.

7. September. Im Laboratorium die Arbeit begonnen, über schnelle Schwingungen.

8. September. Mit einem beweglichen induzierten Leiter experimentiert und schnell in medias res gekommen.

10. September. Experimentiert und mit Erfolg.

12. September. Papa Erscheinungen im Laboratorium gezeigt.

15. September. Eigentümliche Störung in den Versuchen, große Mühe.

16. September. Ins Auditorium mit meinen Apparaten gegangen, wo die Versuche besser gelangen.

17. September. Die Versuche geben sehr schöne und sich zusammenfügende Resultate.

18. September. Zu Hause sehr eifrig die erste Zeichnung beendet.

19. September. Versuche über die Lage der Stromkreise gegeneinander angestellt und aufgezeichnet.

21. September. Mich nach einem großen Asphaltblock umgetan.

23. September. Gezeichnet und Vorbereitung für neue Versuche getroffen.

25. September. Sonntag. Zu Hause eifrig an der zweiten Zeichnung gearbeitet.

27. September. Versuche mit Asphaltblock vorbereitet.

29. September. Kugelfunktionen.

2. Oktober. Morgens ¾ 3 Uhr ein Töchterchen geboren. Soll Johanna Sophie Elisabeth heißen.

I knew myself that complete finality could never be attained. Above all, my present mood is such that I would rather return to the work that was interrupted by this observation; and it is disagreeable to me to have others on my trail only inasmuch as I am now forced to give priority to this project, to the extent that I want to develop it myself. Besides, there are not many like Quincke who immediately drop everything else in order to repeat the experiments. It is absolutely impossible to wait to publish the work of years all at the same time in the present rush, unless it be a matter of no current interest.

Diary

14 July 1887. Experiments with rotating mirror that yielded nothing useful. Very hot weather.

15 July. Started to fill the large battery.

18 July. Experiments with sparks from the battery.

19 July. Desire to work vanishes completely.

26 July. Very hot here. Preparations for departure.

29 July. With Elisabeth to Herrenalb for five weeks.

3 September. Travelled back to Karlsruhe in the afternoon, in beautiful weather.

7 September. Started to work in the laboratory on rapid oscillations.

8 September. Experimented with a movable induction conductor, and quickly came to the heart of the matter.

10 September. Experimented, and with success.

12 September. Showed phenomena to Papa in the laboratory.

15 September. Peculiar disturbances in the experiments, great trouble.

16 September. Took my apparatus to the auditorium, where the experiments gave better results.

17 September. The experiments are yielding very beautiful and complementary results.

18 September. Finished the first sketch, very eagerly, at home.

19 September. Set up experiments on the relative position of the circuits, and sketched them.

21 September. Looked for large asphalt block.

23 September. Sketched and made preparations for new experiments.

25 September. Sunday. Worked hard on second sketch at home.

27 September. Prepared experiments with asphalt block.

29 September. Spherical functions.

2 October. A little daughter born at 2:45 in the morning, to be named Johanna Sophie Elisabeth.

5. Oktober. Vormittags wieder angefangen zu arbeiten. Über den Einfluß der Dielektrica. Mit Büchern*. Abends sehr gelungene Versuche mit dem Asphaltblock angestellt.

6. Oktober. Abends die Versuche in Dr. Schleiermachers Gegenwart wiederholt und vervollständigt.

10. Oktober. Apparat von Amann in verkleinertem Maßstab ausführen lassen.

11. Oktober. An dem Asphalt herumanalysiert.

12. Oktober. Versuche über die Annäherung von Leitern (Phasendifferenzen).

14. Oktober. Versuch mit kleinem Apparat und Büchern.

15. Oktober. Redaktion der Versuche überlegt.

An die Eltern

17. Oktober 1887

Ich lese soeben in der Zeitung die Nachricht vom Tode Kirchhoffs. Er war freilich schon seit zwei Jahren nicht mehr tätig, aber für mich und manche in meiner Lage ist ein solcher Verlust ein großer. Es ist so viel schöner, wohlwollenden Lehrern zu gefallen, als dem Publikum, d. h. doch hier den Rivalen zu imponieren, und die Zahl derer, deren Beifall das nächste Streben ist, ist gar nicht so groß, daß man viele entbehren könnte. Hoffentlich bleibt Helmholtz noch lange erhalten. Was die äußerliche Empfehlung anlangt, so hoffe ich, bin ich gerade so weit, sie entbehren zu können, aber innerlich denkt man doch bei jeder Arbeit, was er wohl von ihr denken wird. Und man bearbeitet gerade solche Stoffe, von denen man denkt, daß sie diese bestimmten Männer interessieren; was nützt es, wenn man zum Ziele kommt, und sie sind nicht mehr da. Auch bei der Arbeit, die ich jetzt vorhabe, fehlen mir einige, denen ich am liebsten die Separatabzüge sendete.

Tagebuch

17. Oktober 1887. Großen Schwefelklotz von zwei Zentnern gegossen.

20. Oktober. Versuche mit Schwefel gemacht.

21. Oktober. Versuche mit einem Kasten voll Petroleum gemacht.

22. Oktober. Versuche gemacht, das Pech zu analysieren.

24. Oktober. Pechklotz bestellt, Niederschrift der Arbeit überlegt.

An die Eltern

25. Oktober 1887

Mit meiner Arbeit geht es weiter gut, nur stockt sie seit einiger Zeit; einige Kontrollversuche, die ich aus Gewissenhaftigkeit machen muß, für deren Erfolg ich aber sichere Hoffnung hege, halten mich soviel auf wie die ganze Arbeit.

* Als Versuchsobjekt.

5 October. Began work again in the morning. On the influence of dielectrics. With books.* In the evening, very successful experiments with the asphalt block.

6 October. Repeated and elaborated the experiments in Dr. Schleiermacher's presence, in the evening.

10 October. Had Amman copy the apparatus to smaller scale.

11 October. Did some analyses on the asphalt.

12 October. Experiments on bringing conductors towards each other (phase differences).

14 October. Experiment with small apparatus and books.

15 October. Thought about editing the experimental data.

To His Parents

17 October 1887

I have just read the newspaper report of Kirchhoff's death. Although he had not been active for the past two years, for me and others in my position such a loss is a great one. It is so much more satisfactory to have the approval of appreciative teachers than of the public, which means making an impression on one's rivals; and the number of those whose approval is most coveted is not so large that we can spare many of them. I hope that Helmholtz remains with us for a long time yet. As far as formal recommendations are concerned, I think that I have just reached the point where I can do without them, but in my own mind I still wonder what he will think of whatever I might be doing. And one chooses the kind of problems that one thinks might interest just these certain men; what's the use of reaching the goal when they are no longer there? Concerning my present work, I miss several people to whom I would have most enjoyed sending reprints.

Diary

17 October 1887. Poured a large block of sulfur, weighing 2 cwt.

20 October. Made experiments with sulfur.

21 October. Made experiments with a box full of petroleum.

22 October. Made attempts to analyze the pitch.

24 October. Ordered a block of pitch; thought about writing up experiment.

To His Parents

25 October 1887

My experiments continue to go well; only they are going slower now; some control experiments that I must do to satisfy my conscience, and for which I have high hopes of success, are taking as long as the whole project. By the

* As experimental object.

Übrigens hat diese Arbeit auch an Material einiges gekostet, ich habe gebraucht 16 Zentner Asphalt, 9 Zentner Pech (!!!), 2 Zentner Schwefel, jetzt habe ich mir noch für 77 Mark einen Zentner Paraffin bestellt. Da ist es denn doch gut, wenn man nicht aus seiner eigenen Tasche für die Versuche zu zahlen braucht.

30. Oktober 1887

Meine Fachgenossen, soweit sie sich überhaupt darüber Gedanken machen, werden meinen, ich stecke bis über die Ohren in den Lichtversuchen, ich habe aber inzwischen ganz andere Dinge gemacht. Die Arbeit, die ich in den nächsten Tagen mit Gottes Hilfe beendigen werde, ist eigentlich eine Lösung der Aufgabe, welche im Jahr 1879 die Berliner Akademie gestellt hat, welche aber ohne Bearbeitung geblieben ist. Helmholtz forderte mich damals, nachdem ich die Universitätsaufgabe gelöst hatte, zur Bearbeitung auf, aber ich stand davon ab, da ich gar keinen gangbaren Weg sah. Jetzt ist es mir fast spielend geglückt, auf einem Wege, der damals freilich nicht zu vermuten war. Darum ist auch die Arbeit für mich eine Art persönlichen Triumphes; im übrigen glaube ich nicht, daß sie die Augen sehr auf sich ziehen wird, denn es handelt sich um den Nachweis von Wirkungen, die man lange vorausgesetzt hat, und jeder wird sagen: Ich zweifle gar nicht, daß die Sache ihre Richtigkeit hat. Nur wer sich, wie ich selbst, von der gänzlichen Hoffnungslosigkeit der Sache überzeugt hatte, wird sich jetzt wundern, mit wie einfachen Versuchen sie angegriffen werden kann. Doch nun genug davon! Den Asphalt und das Pech hat das liefernde Geschäft zurückgenommen. Papas freundliches Anerbieten nehme ich zwar gern ab notam, einstweilen sind die Kassen des Kabinetts aber noch wohlgefüllt.

Tagebuch

31. Oktober. 1887. Versuche mit Paraffin und Pechklotz angestellt und die Versuche abgeschlossen.

2. November. Niedergeschrieben an der Arbeit.

3. November. Wie gestern. Eine Sammlung von Anilinfarben kommt an, einige Versuche damit.

4. November. Letzten Versuch photographiert.

5. November. Arbeit über die Induktionswirkung von Isolatoren abgeschlossen und an Helmholtz abgesandt*.

An Hermann von Helmholtz

5. November 1887

Wiederum erlaube ich mir, Ihnen eine Arbeit zu übersenden mit der ergebensten Bitte, dieselbe der Akademie vorzulegen und wenn möglich auch

* Über Induktionserscheinungen, hervorgerufen durch die elektrischen Vorgänge in Isolatoren. Ges. Werke, II. Band, 6.

way, the material cost of this project has also been considerable; I have used 16 cwt of asphalt, 9 cwt of pitch(!!!),* 2 cwt of sulfur, in addition I have now ordered 1 cwt of paraffin for 77 Marks. It is indeed a good thing not to have to pay for experiments out of one's own pocket.

30 October 1887

My colleagues, as far as they think about it at all, will believe that I am up to my ears in optical experiments, but meanwhile I have been doing some quite different things. The work that I will complete, with God's help, in the next few days, is actually the solution of the problem that was set by the Berlin Academy in 1879 but that has remained untouched. Helmholtz urged me to work on it at the time after I had solved the university problem, but I held back because I saw absolutely no practicable way of doing it. Now I have succeeded in solving it, almost like child's play, in a way that naturally could have been scarcely thought of at the time. Therefore this result is a sort of personal triumph for me; otherwise I doubt that it will attract very much attention, because it deals with a proof of effects that have been forecast for some time, and everyone will say, "I have no doubt whatever that this is as it should be." Only people like me, who had become convinced of the complete hopelessness of the undertaking, will now be struck by the simplicity of the experiments that serve to attack it. But enough about that! The shop that supplied the asphalt and the pitch has taken them back. I am very happy to take note of Papa's kind offer, but at the moment the department coffers remain well filled.

Diary

31 October 1887. Set up experiments with paraffin and block of pitch and finished the experiments.

2 November. Worked on writing up the experiments.

3 November. As yesterday. A collection of aniline dyes arrived; some experiments with it.

4 November. Photographed the last experiment.

5 November. Finished the paper on the induction effects of isolators and sent it off to Helmholtz.**

To Hermann von Helmholtz

5 November 1887

Once again I am taking the liberty of sending you a paper with the respectful request to present it to the Academy, and if possible, to let it be printed in

* [*Pech* (pitch) is German slang for "bad luck" or "misfortune."]

** On Electromagnetic Effects Produced by Electrical Disturbances in Insulators. Collected Works, vol. II, 6.

in den Sitzungsberichten zum Abdruck gelangen zu lassen. Ich trage freilich Bedenken, hochverehrter Herr Geheimrat, mit derartigen Bitten Ihre Zeit in Anspruch zu nehmen; aber in diesem Falle würde ich ebenso großes Bedenken tragen, Ihnen die Arbeit nicht zuzusenden, da es sich um einen Stoff handelt, zu dessen Bearbeitung Sie mich selbst einmal vor Jahren aufforderten und den ich deshalb gerade stets im Auge behalten habe, ohne daß ich indessen früher einen Weg gefunden hätte, der einigermaßen Aussicht auf einen unzweideutigen Erfolg bot. Hoffentlich täusche ich mich nicht in der Überzeugung, daß die gegewärtigen Versuche unzweideutig sind.

Ich glaube, daß die hier benutzten elektrischen Schwingungen noch sehr nützlich für die Elektrodynamik ungeschlossener Ströme werden können, ja, ich habe schon einige Schritte zu weiterer Anwendung gemacht.

Tagebuch

7. November 1887. Stehende elektrische Schwingungen in geradlinig gespannten Drähten aufgefunden von 3 m Wellenlänge.

8. November. Versuche fortgesetzt mit verschieden dicken Drähten.

Elisabeth Hertz an die Eltern

9. November 1887

Heins hat sein Manuskript Samstag an Helmholtz abgeschickt und darauf schon Dienstag als Antwort eine Karte von ihm erhalten, die nur folgende Worte enthält: „Manuskript erhalten. Bravo! Werde es Donnerstag überreichen zum Druck. H. v. Htz."* Das hat uns natürlich große Freude gemacht; aber außerdem hat Heins Montag schon neue Versuche begonnen, und als er abends nach Hause kam, sagte er mir, er habe die Apparate aufgestellt, versucht, und innerhalb einer Viertelstunde seien ihm schon wieder die schönsten Versuche gelungen: er habe eine neue Arbeit schon so gut wie fertig, und diese sei noch schöner wie die abgeschickte. Er schüttelt die schönen Sachen gegenwärtig nur so aus dem Ärmel! Das macht ihn natürlich sehr vergnügt und mich auch, wenn er mir mit strahlendem Gesicht davon erzählt. Ich verstehe freilich nichts davon, ich kann Euch nur sagen, daß die Arbeit sich an die Schwingungsarbeit vom Frühjahr anschließt.

Tagebuch

10. November 1887. Versuche, Interferenzen zwischen den direkten und den durch Drähte fortgeleiteten Wirkungen herzustellen, gelingen.

12. November. Versuche über die Ausbreitungsgeschwindigkeit der elektrodynamischen Wirkung angestellt. Entgegen der Vermutung ergibt sich eine unendliche Ausbreitung.

* Siehe Faksimile.

the proceedings. Of course I have some misgivings, most honored Herr Geheimrat, about taking up your time with such requests, but in this case I would have equally great misgivings about not sending this paper to you, because it deals with a topic that you yourself once urged me to tackle some years ago, and that I have therefore always kept in mind, but that I have in the meantime found no way of approaching, until now, with any sort of prospect of unequivocal success. I hope that I am not deluded in my conviction that the present experiments are unequivocal.

I believe that the electric oscillations that I have used could become very useful for the electrodynamics of open circuits; I have already taken some steps towards further applications.

Diary

7 November 1887. Found standing electric oscillations 3 m in wavelength in wires stretched straight.

8 November. Continued the experiments with wires of various thicknesses.

To the Parents from Elisabeth Hertz

9 November 1887

Heins sent off his manuscript to Helmholtz on Saturday, and on Tuesday received in answer to it a postcard from him, containing only the following words, "Manuscript received. Bravo! Will hand it in to be printed on Thursday. H. v. Htz."* Naturally, that gave us great pleasure; moreover, Heins had already started on new experiments Monday, and when he came home in the evening, he told me that he had set up the apparatus, tested it, and within a quarter of an hour had again succeeded in the most beautiful experiments: he already had material for another paper assembled and it would be even more beautiful than the one he had sent off. He simply pulls these beautiful things out of his sleeve now! Of course it makes him very happy, and me as well, when he tells me about it with a radiant face. I certainly understand nothing of it, all I can tell you is that it is a continuation of the paper on oscillations completed last spring.

Diary

10 November. Success with experiments on producing interference between the direct effects and those transmitted along wires.

12 November. Set up experiments on the velocity of propagation of the electrodynamic effect. Contrary to expectations, the result is infinite propagation.

* See facsimile.

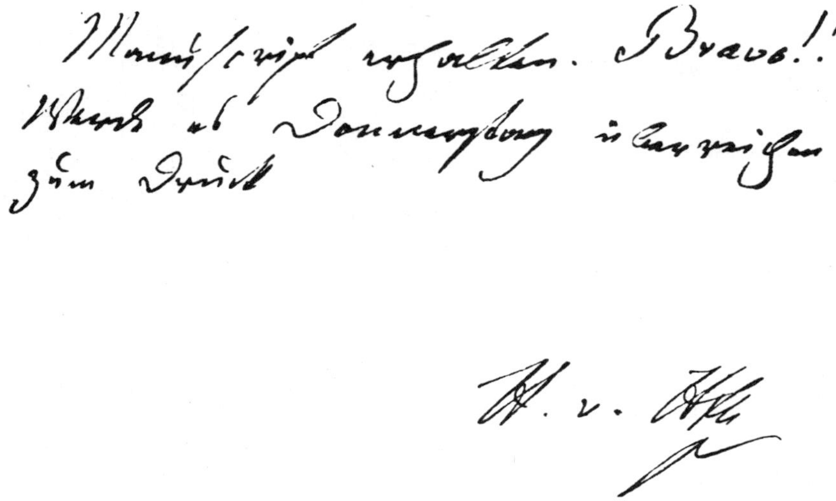
Manuscript erhalten. Bravo!!
Wird ab Donnerstag [illegible]
zum Druck

H. v. Hz

Postkarte von Helmholtz an Heinrich Hertz, 7. November 1887
Postcard from Helmholtz to Heinrich Hertz, 7 November 1887

An die Eltern

13. November 1887

Freuden wurden mir in dieser Zeit auch hauptsächlich durch die Post zuteil durch Zusendungen, die ich von sehr verschiedenen Orten der Erde erhielt und die immerhin Aufmerksamkeiten darstellen, durch die Karte von Helmholtz und Abhandlungen, die er folgen ließ. Auch fragte mich neulich ein Kollege: Wissen Sie, daß in der Kölnischen Zeitung eine populäre Darstellung Ihrer letzten Versuche ist? und brachte sie mir dann. Es ist in der Beilage vom 6. November, gerade nur eine Beschreibung der Erscheinungen, aber zeigt doch, daß sie auch das allgemeinere Publikum interessieren kann. Auch in meinen eigenen Versuchen bin ich diese Woche wieder glücklich gewesen, und wenn auch einiges mißglückt ist, auf dessen Gelingen ich fast sicher rechnete, so muß ich doch gestehen, daß ich fast frech in meinen Wünschen war, und daß ich schon sehr verwöhnt bin, wenn ich mich nicht mit dem wirklich Erzielten recht herzlich freue. Ich war aber noch nie auf einem so glücklichen Boden, es eröffnen sich eigentlich nach rechts und links die Aussichten auf neue interessante Versuche, aus denen ich gerade nur einzelne aus dem Vollen herausgreife. Gerade was ich jetzt wieder gemacht habe, hat mir seit Jahren vorgeschwebt, ohne daß ich an die mögliche Verwirklichung geglaubt hätte. Die unerwartete Erfüllung solcher Wünsche gibt dann den Anforderungen auch einen ganz andern Maßstab, man probiert manches, was man gar nicht probieren würde, wenn man nicht schon einmal seine Erwartungen übertroffen gesehen hätte.

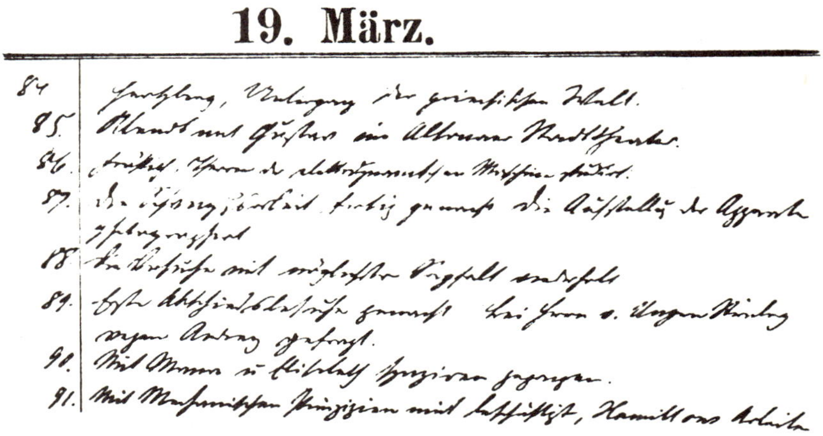
19. März.

Tagebuchblatt von Heinrich Hertz
Page from Heinrich Hertz's diary

To His Parents

13 November 1887

Right now my pleasure comes mainly in the mail, through messages that I receive from a great many places all over the world and that after all show complimentary attention, through Helmholtz's card, and through the proceedings that followed. And for another thing, a colleague recently asked me, "Did you know that there is a popularized description of your recent experiments in the *Kölnische Zeitung*?" and then he brought it to me. It is in the supplement to the November 6 issue, just a description of the phenomena, but it does show that they can be of interest even to the general public. This week I have again had good luck with my experiments, and though there were some mishaps where I had counted on almost certain success, I must confess that I was almost impertinent in my wishes and that I must be quite spoiled if I do not take sincere pleasure in what has been actually accomplished. However, I have never before been on such fertile soil, prospects are opening right and left for new, interesting experiments, and I take my pick from among the plenitude. The very thing that I have now done had been on my mind for years, but I did not believe it could be realized. The unexpected fulfillment of such wishes raises one's expectations to quite a different level and one attempts what one would not attempt at all if one's expectations had not been previously exceeded.

Tagebuch

14. November 1887. Die Korrekturbogen der letzten Arbeit kommen an. Erfreuliche Zusendungen von verschiedenen Orten.

17. November. Andere Versuche über endliche Ausbreitungsgeschwindigkeit der Wirkungen gemacht, geben ebenfalls negatives Resultat.

18. November. Die Versuche sehr sorgfältig wiederholt, Überlegungen über die Maxwellsche Theorie.

26. November. Experimentiert ohne rechten Eifer.

30. November. Vorlesungen beschäftigen mich ganz.

2. Dezember. Theoretisch gearbeitet.

3. Dezember. Über Schwingungen nach Maxwellscher Theorie nachgedacht.

6. Dezember. Theorie der Fortpflanzung der Wellen in Drähten entwickelt.

7. und 8. Dezember. Theorie verglichen, gerechnet und überlegt.

An Hermann von Helmholtz

8. Dezember 1887

Mir sind inzwischen einige weiter Versuche geglückt. So ist es mir gelungen, mit Hilfe der Schwingungen, welche ich in meiner vorigen Arbeit benutzte, stehende Wellen mit vielen Knoten in geradlinig gespannten Drähten zu erregen. Begnüge ich mich mit 4 bis 5 Knoten, so kann ich dieselben fast so deutlich sichtbar machen wie die Knoten einer schwingenden Saite. Der größere meiner Apparate gibt in geraden Drähten Wellen von fast genau 3 m Länge. Die Schwingungsdauer, aus Potential und Kapazität berechnet, war 1,5 hundertmilliontel Sekunde, danach wäre die Fortpflanzungsgeschwindigkeit 200 000 Kilometer/Sekunde. Vielleicht rechnet man aber besser die Fortpflanzungsgeschwindigkeit in den Drähten gleich der Lichtgeschwindigkeit, da fast alle Theorien dies ergeben, und bestimmt danach die Schwingungsdauer des Apparates zu 1 hundertmilliontel Sekunde.

Es ist mir auch gelungen, Interferenzen herzustellen zwischen den Wirkungen, welche sich durch den Draht, und denen, welche sich durch den Luftraum fortpflanzten. Ich hoffte dadurch eine endliche Ausbreitungsgeschwindigkeit der letzteren Wirkungen nachzuweisen. Aber bisher sind die Versuche durchaus so verlaufen, als breiteten sich die Wirkungen durch die Luft vielmals schneller als durch die Drähte, also auch schneller als das Licht aus.

Freilich muß ich diese Versuche noch wiederholen und hoffe sie auch noch verfeinern zu können, ehe ich in dieser Hinsicht meiner Sache sicher bin.

Tagebuch

12. Dezember 1887. Großen Experimentalvortrag vor den Reserveoffizieren halten.

14. Dezember. Papa zum Senator gewählt.

16. Dezember. Wieder an Experimente gegangen und Lücken auszufüllen begonnen.

Diary

14 November 1887. The galleys of the latest paper have arrived. Pleasing mail from various places.

17 November. Conducted further experiments on finite velocity of propagation of the effect; they yielded equally negative results.

18 November. Repeated the experiments very carefully; thoughts about Maxwell's theory.

26 November. Experimented, without real enthusiasm.

30 November. Lectures occupy me completely.

2 December. Theoretical work.

3 December. Thought about oscillations according to Maxwell's theory.

6 December. Developed theory of propagation of waves in wires.

7 and 8 December. Made comparisons and calculations on theory and reflected on it.

To Hermann von Helmholtz

8 December 1887

In the meantime I have succeeded in several further experiments. By means of the oscillations I used in my previous work I am now able to produce standing waves with many nodes in straight stretched wires. If I content myself with 4 to 5 nodes, I can make them almost as clearly visible as the nodes of a vibrating string. My larger apparatus produces waves almost exactly 3 m long in straight wires. The period of oscillation calculated from the potential and the capacity was 1.5 hundredth of one millionth of a second, so that the propagation velocity would be 200 000 km/sec. However, perhaps it would be better to take the velocity of propagation in the wires as equal to the velocity of light, since nearly all theories point to that result, which would yield for the oscillation period of the apparatus 1 hundredth of one millionth of a second.

I have also succeeded in producing interferences between the effects transmitted through the wire and those transmitted through air. I had hoped to demonstrate a finite velocity of propagation for the latter effect in that way. However, so far all the experiments would seem to show that the effects propagate much faster in air than along wires, and hence also faster than light.

Certainly I must repeat these experiments, and I hope to be able to refine them as well, before I can be sure of myself in this respect.

Diary

12 December 1887. Delivered a major experimental lecture to the reserve officers.

14 December. Papa elected Senator.

16 December. Went back to my experiments again and started to fill in the gaps.

17. Dezember. Mit Erfolg experimentiert. Interferenzen zwischen direkter Wirkung und der durch Draht fortgepflanzten vollständig behandelt.

21. Dezember. Den ganzen Tag experimentiert. Interferenz der direkten Wirkungen und der durch den Draht fortgeleiteten in allen Lagen.

22. Dezember. Experimentiert. Einfluß der Phase im Draht. Gründliche Versuche über die Ausbreitungsgeschwindigkeit der elektrischen Wirkungen.

An die Eltern

23. Dezember 1887

Mir sind jetzt hocherfreulich die Ferien gekommen und ich habe in den beiden ersten Tagen, Mittwoch und Donnerstag, schon wieder rüstig weitergearbeitet. Ich habe schon wieder den reichlichen Stoff für eine Arbeit liegen und möchte ihn gern zur Abrundung bringen. In den letzten fünf Wochen aber bin ich tatsächlich nicht weiter gekommen. Da ich zu meinen Versuchen einige Stunden Vorbereitungen brauche und sie nur in meinem größten Raum, dem Auditorium, anstellen kann, so ist während der Vorlesungen nichts zu machen. Ich habe es manchmal an dem freien Samstag versucht, aber war ich eben im Gange, so war der Tag hin, und ich mußte meine mühsam aufgebauten Apparate wieder abbauen. Die Frage, welche mich jetzt beschäftigt hat, ist die nach der Ausbreitungsgeschwindigkeit der elektrischen Wirkungen durch die Luft. Eine wichtige und schöne Theorie meint, diese Wirkungen breiten sich mit endlicher Geschwindigkeit aus, und zwar mit der Geschwindigkeit des Lichtes, und ich selber habe an der Wahrheit dieser Ansicht kaum gezweifelt. Nun ist es mir möglich geworden, selbst eine so große Geschwindigkeit noch zu messen. Dies hätte man wohl kaum für möglich halten können. Helmholtz hat vor zwanzig Jahren einmal Versuche darüber angestellt und mit Mühe konstatiert, daß die Ausbreitungsgeschwindigkeit größer sei als 42 Meilen in der Sekunde. Hier aber handelt es sich um 42 tausend Meilen! Was ist aber das unerwartete und mich nicht erfreuende Resultat meiner Bemühungen? Die Geschwindigkeit ist nicht die des Lichts, sondern jedenfalls viel größer, vielleicht unendlich groß, jedenfalls nicht meßbar. Wäre sie auch dreimal schneller, so ließe sie sich doch messen, aber alles hat eine Grenze. Nun, mit der Natur ist nicht zu rechten; wie sie ist, so muß sie wohl sein, aber für mich wäre es freilich schöner gewesen, ein deutliches positives Resultat zu erhalten, als dieses mehr negative. Und die „aussichtsvollsten elektrischen Theorien", von denen ich noch in meiner vorigen Arbeit sprach, sind mit einem Male so aussichtsvoll nicht mehr. Da heißt es freilich vorsichtig sein, aber die Versuche scheinen mir auch wiederum zu deutlich.

26. Dezember 1887

Ein großes Geschenk ist mir auch noch am Abend vor Weihnachten in meiner Arbeit gemacht worden, wenigstens scheint es so, die Natur scheint doch etwas freundlicher gegen mich eingerichtet zu sein, als es bisher den Anschein hatte.

17 December. Experimented successfully. Complete treatment of interference between the direct effect and that propagated through the wire.

21 December. Experimented all day. Interference between the direct effect and that propagated through the wire in all configurations.

22 December. Experimented. Phase effect in the wire. Radical experiments on the velocity of propagation of the electrical effects.

To His Parents

23 December 1887

To my great delight the holidays are here, and on both of the first two days, Wednesday and Thursday, I have continued to work vigorously. Once again, I have plenty of material for a paper, and I should very much like to bring it to completion. But in the last five weeks I have actually got no farther. Since I need several hours' preparation for my experiments, and since I can only conduct them in my largest room, the auditorium, nothing can be done while lectures are being held. Sometimes I tried to do it on the free Saturday, but by the time I had everything ready, the day was gone, and the apparatus that I had set up so painstakingly had to be taken apart again. The question that has been occupying me now concerns the velocity of propagation of the electrical effects in air. According to an important and beautiful theory, these effects propagate at a finite velocity, which is the velocity of light; and I myself have never doubted the truth of that view. Now it has become possible for me to measure even so large a velocity. That could hardly have been considered possible previously. Once, twenty years ago, Helmholtz tried such experiments and established with great difficulty that the velocity of propagation was greater than 42 miles per second. But here we are dealing with 42 thousand miles!* But what is the unexpected and to me displeasing result of my endeavors? The velocity is not that of light, but certainly much greater, perhaps infinitely great, at all events not measurable. Even if it were three times as great, it could still be measured, but everything has its limits. Now, there is no arguing with nature; it must be as it is, but I should have certainly liked it better to obtain a clear, positive result than this more negative one. And the "most promising electrical theories" about which I wrote in my last paper all of a sudden no longer seem so promising. Certainly caution is indicated here, but once again the experiments seem all too clear to me.

26 December 1887

I received a great gift in my work on the night before Christmas, at least that's how it seems; nature does seem to be somewhat more kindly disposed towards me than she previously appeared to be. We shall see! All in all it was

* The postal mile (= 4.714 statute miles) is meant. The number given is an order of magnitude; the exact number would be 39 525.]

Karlsruhe, d. 1 Jan 88

Liebe Eltern!

Das erste Datum des neuen Jahres sei Euch gewidmet! Wir haben das neue Jahr vergnügt und heiter angetreten und hoffen daß bei Euch das gleiche stattgefunden hat! Hoffentlich habt Ihr unsere Briefe rechtzeitig erhalten, unsere Post ist allerdings nicht zahlreich gewesen, wir haben nur einen sehr freundlichen Brief von Auguste erhalten, für den wir vielmals danken! Auch hoffen wir aber, daß die nächsten Tage noch,

Unterricht zu Ende bringen, und hatte nämlich noch die Wochenarbeit.

Von meiner Woche nicht viel zu sagen. Jetzt ist große Kälte. Ich habe die Woche Tag für Tag gearbeitet und die Zeit benutzt, da ich das große Auditorium und den ganzen Tag zur Verfügung hatte. Meine Resultate sind deutlicher und wichtiger als ich vor einem halben Jahre sogar zu hoffen gewagt hätte. Aber ich bin jetzt in der Stimmung, die immer eintritt, wenn eine Arbeit fast zu Ende ist, ich muß mir mit dem Verstande vorsagen, daß die Sache der Mühe wert ist, denn in

meinem Gefühl ist sie so schnell, alltäg-
lich, gleichgültig, selbstverständlich ge-
worden, daß ich von Leuchten gar nicht
davon redete. Und auf der andern Seite
muß ich immer noch einige Versuche an-
stellen um jeden Zweifel zu beseitigen,
die aber sehr schwer werden, weil nur
dabei zu verlieren ist, und die Spannung
und das Interesse sehr erloschen ist.
Die Frage um welche sich die Sache dreht,
ist der Nachweis, daß sich die elektrody-
namischen Wirkungen, wegen der Ein- (durch den Luftraum
fachheit halber die elektrischen Wirkungen)
überhaupt mit endlicher, bestimmter,
meßbarer Geschwindigkeit ausbreiten,
also nicht als unmittelbare Fernwirkungen
ohne Zeitverbrauch. Da die Geschwindig-

keit kaum kleiner als die des Lichts, 300 Millionen Meter in der Secunde ist, und die Blitzchen früher kaum auf einige Meter aufgenommen werden konnten, so war der Versuch nicht leicht. Ich glaube ihn aber sicher zu haben. Die wichtigsten Versuche muß ich noch einmal machen, aber ich glaube nicht daß noch Täuschung möglich ist. Dann sind wieder die „aussichtsvollsten Theorien" die aussichtsvollsten, aber alle anderen sind dann überhaupt nicht mehr.

Viel persönliches weiß ich nicht mehr zu schreiben. Unsere Glückwünsche habt Ihr schon, aber noch viele viele Adjö! Elisabeth sendet Euch ebenfalls durch mich Gruß u Kuß, wir grüßen Euch Alle

Euer treuer Heinrich

Wir wollen sehen! Alles in allem war es ein sehr schönes Weihnachten, das Aufzieren und Anzünden des Baumes hat mir große Freude gemacht, viel mehr, als ich gedacht hatte, denn eigentlich dachte ich, wir seien schon zu groß und die Kleine noch zu klein für Weihnachten, aber das war nicht der Fall.

Tagebuch

23. Dezember 1887. Experimentiert. Nachmittags eine Andeutung für die endliche Ausbreitungsgeschwindigkeit der Induktionswirkung erhalten.

26. Dezember. Nachmittags experimentiert und Bestätigung erhalten.

28. Dezember. Experimentiert und die Wirkung der elektrodynamischen Wellen auf 14 m hin wahrgenommen.

29. Dezember. Experimentiert. Schattenwirkung von Blechen, Reflexion von der Wand usw.

30. Dezember. Wirkung durch den Hörsaal verfolgt.

31. Dezember. Müde vom Experimentieren. Den Abend bei den Schwiegereltern. Gern auf das Jahr zurückgesehen.

An die Eltern

1. Januar 1888

Das erste Datum des neuen Jahres sei Euch gewidmet! Wir haben das neue Jahr vergnügt und heiter angetreten und hoffen, daß bei Euch das gleiche stattgefunden hat! Hoffentlich habt Ihr unsere Briefe rechtzeitig erhalten, unsere Post ist allerdings nicht zahlreich gewesen, wir haben nur einen sehr freundlichen Brief von Auguste* erhalten, für den wir vielmals danken! Sonst hoffen wir aber, daß die nächsten Tage noch Nachricht von Euch bringen, uns fehlt nämlich noch der Wochenbrief.

Ich habe die Woche Tag für Tag gearbeitet und die Zeit benutzt, wo ich das große Auditorium und den ganzen Tag zur Verfügung hatte. Meine Resultate sind deutlichere und wichtigere, als ich vor einem halben Jahre irgend zu hoffen gewagt hätte. Aber ich bin jetzt in der Stimmung, die immer eintritt, wenn eine Arbeit fast zu Ende ist, ich muß mir mit dem Verstande vorrechnen, daß die Sache der Mühe wert ist, denn in meinem Gefühl ist sie so schal, alltäglich, gleichgültig, selbstverständlich geworden, daß ich am liebsten gar nicht davon redete. Und auf der anderen Seite muß ich immer noch einige Versuche machen, um jeden Zweifel zu beseitigen, die aber sehr sauer werden, weil nur dabei zu verlieren ist und die Spannung und das Interesse fast erloschen ist. Die Frage, um welche sich die Sache dreht, ist der Nachweis, daß sich die elektrodynamischen Wirkungen, sagen wir der Einfachheit halber die elektrischen Wirkungen, durch den Luftraum überhaupt mit endlicher, bestimmter, nachweisbarer Geschwindigkeit ausbreiten, also nicht als unmittelbare Fernwirkungen ohne Zeitverbrauch. Da die Geschwindigkeit kaum kleiner

* Auguste, geb. Arning, die Frau seines Bruders Gustav.

a very beautiful Christmas; decorating and lighting the candles on the tree gave me great pleasure, much more than I had expected, for I really thought that we were now too old and the little one too young for Christmas, but that was not the case.

Diary

23 December 1887. Experimented. Obtained an indication of the finite velocity of propagation of the induction effect in the afternoon.

26 December. Experimented in the afternoon and obtained confirmation of results.

28 December. Experimented and observed the effect of the electrodynamic waves up to 14 m.

29 December. Experimented. Shadow effect of metal sheets, reflection from the wall, etc.

30 December. Followed the effect throughout the auditorium.

31 December. Weary from experimenting. Evening at the house of my parents-in-law. Looked back on the year with pleasure.

To His Parents

1 January 1888

I pay homage to you with the first date of the New Year! We have entered the New Year in the best of spirits and we hope it has been quite the same with you! I hope our letters arrived in good time; I must say our own mail was but scanty—we had only a very kind letter from Auguste* and we thank her very much for it! Furthermore we hope that the coming days will bring us news from yourselves; no question about it, the weekly letter is still missing.

I have worked day after day this week and have made good use of the time at my disposal. My results are clearer and more important than I should have ever dared to hope six months ago. But I am now in that mood that always comes upon me when a paper is almost finished: I have to rationalize in my mind that the thing is really worth the trouble; for me personally it has become so stale, trivial, unimportant, and obvious that I would prefer not talk about it at all. On the other hand, I still have to make additional experiments, to remove all possible doubt, but they grow very distasteful because one can only lose by them and the excitement and the interest have almost died away. The question on which the thing turns is to prove that the electromagnetic effects (for the sake of simplicity, let us say the electrical effects) propagate through the air space at a finite, definite, demonstrable velocity and not as an instantaneous action at a distance without time lapse. Since the velocity is nearly

* Auguste, née Arning, wife of his brother Gustav.

als die des Lichtes, 300 Milionen Meter in der Sekunde, ist und die Wirkungen früher kaum auf einige Meter wahrgenommen werden konnten, so war der Nachweis nicht leicht. Ich glaube ihn aber sicher zu haben. Dann sind wieder die „aussichtsvollsten Theorien" die aussichtsvollsten, aber alle andern sind dann überhaupt nicht mehr.

Viel persönliches weiß ich nicht mehr zu schreiben. Unsere Glückwünsche habt Ihr schon, aber noch viele, viele dazu! Elisabeth sendet Euch ebenfalls durch mich Gruß und Kuß, wir grüßen Euch Alle.

15. Januar 1888

Ich für meine Person darf etwas klagen. Bisher stand das Jahr unter dem Zeichen der Zahnschmerzen und der Zahnoperationen, und augenblicklich ist meine rechte Backe so dick, wie vorher die linke, und ich kann auf keinem Zahn mehr beißen. Gottlob hat man derartige Zustände in einem langen Leben schon als vorübergehende erkannt. Auch habe ich in dieser Woche an meiner Arbeit geschrieben. Das fällt mir entsetzlich schwer. Ich muß immer das Geschriebene wieder lesen, um mich zu überzeugen, daß es sich nicht so schwerfällig liest wie schreibt. Die Franzosen haben eine so leichte Art zu schreiben, die ich aber nicht nachahmen kann. Manchmal denke ich, es ist Eitelkeit und Pedanterie, weil man die Nebensachen, die auch Mühe gemacht haben, nicht unerwähnt lassen will. Ich tröste mich damit, es sei auch wieder Gewissenhaftigkeit, indem man auch den Leser selbst urteilen lassen möchte. Genug, ich kann meine Darstellungsweise nicht ändern, aber ich denke beim Schreiben oft, daß sie der Sache allen Reiz nimmt. Vor dem geistigen Auge ist sie so einfach und klar, in der Schrift nimmt sie sich als etwas mühselig Ausgetüfteltes aus. Dann kommt auch der Gedanke: Ist es auch wirklich wahr, sind die Beobachtungen nicht Vorspielungen der Einbildungskraft? Denn bisweilen kommen einem Folgerungen gar zu weittragend vor, und dann denkt man wieder, daß auch dieses ganz eitel sei. Doch genug hiervon.

An Hermann von Helmholtz

21. Januar 1888

Schon wieder nehme ich Ihre Güte in Anspruch, indem ich Ihnen mit der Bitte nahe, auch die beilegende Arbeit der Akademie* vorzulegen und womöglich in den Sitzungsberichten abdrucken zu lassen. Ich bin in Verlegenheit, ob ich mich deshalb entschuldigen soll. Auf der einen Seite denke ich, daß es der Entschuldigung gar sehr bedarf, wenn ich Ihnen so oft Zeitverlust und Mühe verursache, auf der anderen Seite denke ich auch wieder, daß ein Schüler sich vor seinem Lehrer nicht wegen einer glücklichen Arbeit entschuldigen soll. So wird es am besten sein, ich überlasse es ganz Ihrer Güte, was Sie für mich tun wollen.

* Über die Ausbreitungsgeschwindigkeit der elektrodynamischen Wirkungen. Ges. Werke, II. Band, 7.

that of light, 300 million meters per second, and since the effects were previously barely observable a few meters away, the proof was not easy. But I think I have it for certain. Then the "most promising theories" are once more the most promising, and all the others then become nothing at all.

Nothing much about ourselves remains to be told. You have had our good wishes, but here I offer more and more in addition! Elisabeth too sends her most tender embraces through me; the best to all of you.

15 January 1888

For my own person I have some cause for complaint. So far this has been a year of toothaches and dental operations, and at the moment my right cheek is as swollen as my left one was earlier, and I cannot bite on a single tooth. Thank God one has learned in a long life to recognize this sort of condition as transitory. I have also been writing up my work this week. That is terribly difficult for me. I must always read what I have written over and over again, to convince myself that it is not as hard to read as it was to write it. The French have such an easy writing style, but I cannot imitate it. Sometimes I think it is vanity and pedantry, as one does not want to skip over less important things that also gave a lot of trouble. I console myself that on the other hand it is also a matter of conscience; one wants to let the reader judge for himself. Anyhow, I cannot change my style of presentation, but I often think as I write that it takes away all the charm of the thing. In one's mind's eye it is so simple and clear, but written down it looks like something that has been painfully puzzled out. Then comes another thought: Is it really true, are the observations not figments of the imagination? For at times the conclusions seem too far reaching and then the thought returns that this, too, is vanity. But enough of that.

To Hermann von Helmholtz

21 January 1888

Once again I am taking advantage of your kindness in approaching you with the request to present the accompanying paper* to the Academy and, if possible, to have it printed in the proceedings. I am at a loss to know whether I should apologize for it. On the one hand, I think that an apology is indeed wanted when I repeatedly cause you bother and loss of time; yet on the other hand I feel that a pupil need not apologize to his mentor for a successful piece of work. Therefore it will be best if I leave it to your kindness to decide what you wish to do for me.

* On the Finite Velocity of Propagation of Electromagnetic Actions. Coll. Works, vol. II, 7.

In der Sache selbst konnte ich das Richtige anfangs nicht erkennen, weil ich nur in kleinen Räumen und daher in kleinen Entfernungen arbeitete; in den Weihnachtsferien, wo mir Raum und Zeit besser zu Gebote standen, konnte ich mir erst über den Zusammenhang klar werden. Die Erscheinungen habe ich zum Teil andern gezeigt und mich dadurch von ihrer Realität überzeugt. Die Deutung schien mir anfangs selbst etwas weitgehend, aber je mehr ich darüber nachdenke, je weniger vermag ich eine Unsicherheit oder einen Fehler in derselben zu finden. Über die Konsequenzen, welche die nunmehr, wie ich hoffe, erlangte Gewißheit von der endlichen Ausbreitungsgeschwindigkeit mit sich zieht, war hier nicht die Gelegenheit zu reden. Diese Folgen sind Ihnen, hochverehrter Herr Geheimrat, klarer als irgend jemandem. Bisher habe ich noch nicht versucht, eine bestimmte Theorie auf die Erscheinungen anzuwenden und etwa die Konstante k oder die Dielektrizitätskonstante des Raumes zu bestimmen. Nur glaube ich mich überzeugt zu haben, daß das Maxwellsche Gleichungssystem nicht genügt. Wenigstens vermochte ich aus demselben überhaupt keine bestimmte Geschwindigkeit in Drähten abzuleiten.

An die Eltern

29. Januar 1888

Ich habe nichts zu klagen, nur daß mir wieder die Vorlesungen arg lästig werden, da sie nun schon so lange dauern und ich meine Zeit so gut anwenden könnte. Von Helmholtz habe ich jetzt auch die Empfangbescheinigung meines Manuskriptes, er schreibt dazu: „Meine besten Glückwünsche auch zu diesem Erfolg." Ich will nur hoffen, daß auch alles im einzelnen in Ordung sei; in der Hauptsache habe ich keinen Zweifel, aber es wird mir doch schwül bei dem Gedanken, es könne bei einer so wichtigen Sache eine unsichere Beobachtung oder falsche Deutung eingeflossen sein. Ich denke, daß dies nicht der Fall ist. Von Wiedemann hatte ich die Anfrage, ob er meine letzte Arbeit auch abdrucken könne; ich habe geantwortet, daß ich sie noch etwas umarbeiten wollte oder vielmehr eine andere vorausschicken. Ich war aber doch zufrieden, daß ich nicht mehr ängstlich um Aufnahme zum Druck zu bitten brauche. Es sind auch in dem neusten Heft zwei Arbeiten über die Wirkung des Lichtes auf die Entladung erschienen, die eine von dem jungen Wiedemann, die andere von einem Privatdozenten Dr. Hallwachs in Leipzig. Besonders die letztere geht wesentlich über meine Versuche hinaus, und habe ich so gewissermaßen diesen Stoff an die Allgemeinheit damit abgegeben. Ich muß mich damit trösten, daß ich das erwartete und damit einverstanden war, auch habe ich ja das Ziel, welches ich erreichen wollte und um dessentwillen ich jene Versuche liegen ließ, wirklich erreicht.

5. Februar 1888

Große Freude hat mir neulich der Besuch des Professors von Oettingen aus Dorpat gemacht; ich habe ihm den ganzen Nachmittag Versuche

As to the matter itself, in the beginning my perception was impeded by the fact that I only worked in small rooms and therefore over short distances; not until the Christmas holidays, when more space and time were at my command, did I get a clearer view of the coherent circumstances. I have shown some of the phenomena to others and have thus convinced myself of their reality. I thought the interpretation somewhat far reaching at first but the more I think about it, the less can I find any uncertainty or fault in it. This was not the occasion to talk about the consequences to be derived from what I hope is the established truth of the finite velocity of propagation. These consequences are clearer to you, most honored Herr Geheimrat, than to anyone else. So far I have not tried to apply any particular theory to the phenomena, or perhaps to determine the constant *k* or the dielectric constant of the room. However, I believe I have convinced myself that the system of Maxwell's equations is not enough. At least I could not deduce any definite velocity in the wires from it.

To His Parents

29 January 1888

I have no reason to complain, only that lectures are again becoming a terrible nuisance because they go on and on, and I could make such good use of my time. Helmholtz has now confirmed receipt of my manuscript and adds: "My heartiest congratulations on this success, too." I only hope that every detail is correct; I have no doubts about the main issue, but I get hot under the collar at the thought that an uncertain observation or false interpretation could have crept into such an important thing. I received an inquiry from Wiedemann asking whether he could also reprint my last paper; I answered that I still wanted to revise it somewhat, and would rather send him another one first. But it was satisfying to find that I no longer have to beg anxiously to have my work accepted for publication. Moreover, in the latest issue there are two articles on the effect of light on discharge, one by the young Wiedemann and the other by Dr. Hallwachs, a Privatdozent at Leipzig. The latter, in particular, goes considerably beyond my experiments; so the material has to a certain extent passed into the public domain. My consolation must be that I expected and accepted that; moreover, I have reached the goal that I wanted to reach, the goal for which I set aside those other experiments.

5 February 1888

Recently the visit of Professor von Oettingen from Dorpat gave me great pleasure; I showed him experiments all afternoon; he was properly enthusiastic

vorgemacht, er war ordentlich begeistert und wünschte mir Glück; auch kann es mich nur freuen, wenn er z.B. sagte: Helmholtz habe schon versucht, ihm diese Versuche zu erklären, er habe es aber dort nicht verstanden, oder wenn er von einem Prof. Paalzow an der Technischen Hochschule in Berlin sagte, derselbe sei sehr böse auf die, welche mir so schnell die Versuche über das Licht abgenommen hätten. Nicht, daß ich z. B. in letzterem Falle böse wäre, aber es freut mich zu sehen, daß die andern Anteil nehmen; für gewöhnlich sitzt man eben hier und hört einfach gar nichts, ob die andern Gutes oder Schlechtes von einem reden.

Tagebuch

27. Februar 1888. Vorbereitet zu neuen Versuchen. Blechschirm gefertigt.

1. März. Erste Versuche mit kleinerem Kreis und Mikroskop gemacht.

2. März. Versuche über Reflexion der elektrodynamischen Wellen an einer Zinkplatte gemacht, welche nur dunkles Resultat geben.

An die Eltern

4. März 1888

Es kommen jetzt bald die Osterferien (in acht Tagen), und ich hoffe dann meine Arbeiten so fortsetzen zu können, daß von dem Alten nichts geändert zu werden braucht und Neues hinzukommt. Indessen ist jetzt die Bestätigung des Vorhandenen das Wichtigste, und ich hoffe mit Ängstlichkeit auf eine solche. Ich erhielt neulich auch ein Briefchen von Professor Röntgen in Gießen mit Glückwunsch zu meinen famosen Arbeiten, er halte dieselben für die besten, welche in den letzten Jahren auf physikalischem Gebiet geliefert seien. Dies ist eine große Anerkennung in Anbetracht, daß er auch selber Arbeiten geliefert hat und in vieler Hinsicht Konkurrent ist.

Tagebuch

5. März. 1888. Über Schattenbildung der elektrodynamischen Strahlen experimentiert. Amann fertigt große Hohlspiegel an.

9. März. Todestag des Kaisers.

10. März. Versuche mit dem großen Hohlspiegel gemacht, die mißlingen, aber doch andeutungsweise Resultat erhalten.

12. März. Experimentiert und geglaubt, stehende elektrodynamische Wellen durch Reflexion im Saale zu finden.

13. März. Morgens vereidigt auf Kaiser Friedrich.

14. März. Abends halte ich im mathematischen Kränzchen Vortrag über die Ausbreitung elektrodynamischer Wellen.

15. März. Weiter experimentiert an großen ebenen Spiegeln und sicherer über die stehenden Wellen geworden.

and congratulated me; furthermore I could not help being pleased when he said, for instance, that Helmholtz had already tried to explain these experiments to him, but he had not understood them there; or when he said about a certain Prof. Paalzow at the Technische Hochschule in Berlin that the latter was very angry with people who had been so quick to take over my experiments on light. Not that this sort of thing would make me angry, but it pleases me to see others becoming involved; most of the time one sticks it out here and hears nothing about what others are saying about one, good or bad.

Diary

27 February 1888. Prepared for new experiments. Made metal shields.

1 March. First experiment with smaller circuit and microscope.

2 March. Made experiments on the reflection of electromagnetic waves from a zinc plate, with obscure results.

To His Parents

4 March 1888

The Easter holidays are almost upon us (in a week), and then I hope to be able to continue my work so that no changes in the old material are needed, with new material added on. Meanwhile, the most important thing now is confirmation of the existing data, for which I am anxiously hoping. Recently I received a note from Professor Röntgen in Giessen with congratulations on my splendid papers, saying that he considered them the best achievement in the field of physics in recent years. That is a great compliment, considering that he has also produced papers himself and is in many respects a competitor.

Diary

5 March 1888. Experimented with the formation of shadows by electromagnetic beams. Amann is making a large concave mirror.

9 March. Death of the Kaiser.*

10 March. Made experiments with the large concave mirror that failed, but nevertheless contain a hint of positive results.

12 March. Experimented and thought I detected standing electromagnetic waves by reflection in the hall.

13 March. Swore allegiance to Kaiser Friedrich this morning.

14 March. Evening lecture in the Mathematics Club on the propagation of electromagnetic waves.

15 March. Made further experiments with large plane mirrors and grew more certain about standing waves.

* [Wilhelm I.]

17. März 1888

Ich genieße meine Ferien recht sehr. Auch habe ich sie so gut begonnen, indem ich im Hörsaal die großen Kronleuchter herunternehmen ließ, um einen möglichst großen, freien Luftraum zu haben, und indem ich in dem so erhaltenen Raum gestern neue Versuche angestellt habe, die mir, wenn ich mich nicht getäuscht habe (ich habe sie nämlich bisher nur einmal gemacht) glänzend geglückt sind. Sie geben zwar nur dasselbe, was meine letzten Versuche gaben, aber viel direkter, deutlicher und scheinen eine schöne Bestätigung zu bilden. Ich habe jetzt Stoff für viele Arbeiten, die alle der Mühe wert sind und zwischen denen ich nur die Qual der Wahl habe. Kann ich genügende derselben ausführen, so glaube ich die Mittel zu haben, um große Gebiete, die bisher ohne Abschluß waren, zur Vollendung zu bringen. Auch würdet Ihr die Wichtigkeit der Versuche wohl einsehen können, wenn ich mich bemühte, sie Euch auseinanderzusetzen. In wissenschaftlichen Arbeiten ist dazu ja kein Grund vorhanden, da vom Leser vorausgesetzt werden darf, daß er die Folgerungen, die auf der Hand liegen, von selber zieht. Ich habe jetzt die Annehmlichkeit bei der Arbeit, mich sozusagen auf eigenem Grund und Boden zu fühlen und fast sicher zu sein, daß es sich nicht um einen ängstlichen Wettlauf handelt und daß ich auch nicht auf einmal in der Literatur finde, ein anderer habe das längst gemacht. Hier fängt eigentlich erst das Vergnügen des Forschens an, wo man mit der Natur sozusagen allein ist und nicht mehr über menschliche Meinungen, Ansichten oder Ansprüche disputiert. Das philologische Moment fällt fort, und das philosophische bleibt allein übrig, um mich mehr gelehrt als klar auszudrücken.

An Hermann von Helmholtz

19. März 1888

Jetzt möchte ich über folgenden Fortschritt berichten: Die elektrodynamischen Wellen in der Luft werden von festen leitenden Wänden reflektiert, die reflektierten Wellen interferieren bei senkrechter Inzidenz mit den ankommenden und geben zu stehenden Wellen in der Luft Anlaß. In der ersten Wellenlänge von der Wand ab gerechnet sind die Erscheinungen sehr ausgesprochen und mannigfaltig, und ich glaube, daß man die Wellennatur des Schalles im freien Raum nicht so deutlich vor die Augen stellen kann wie die Wellennatur dieser elektrodynamischen Ausbreitung. Der erste Knotenpunkt läßt sich sehr scharf bestimmen und so die Wellenlänge auf das direkteste messen. Für den Apparat, für welchen ich indirekt die Wellenlänge 4,5 m fand, finde ich jetzt einen etwas größeren Wert, etwa 4,8 m. Es werde vermutlich bei jenen Versuchen die nicht berücksichtigten Reflexe etwas gestört haben. Das wichtigste scheint mir, daß es jetzt sicher ist, daß die Ausbreitung durch leitende Drähte merklich langsamer ist als durch die Luft, während bisher aus allen Theorien, auch aus der Maxwells, für die Ausbreitung durch Drähte die Lichtgeschwindigkeit gefolgert wurde.

17 March 1888

I am enjoying my vacation very much. I began it very well, for I had the large chandeliers removed from the auditorium to give me the largest possible empty air space, and yesterday I conducted some new experiments in the space thus obtained and these if I am not mistaken (for I have done them only once so far), were brilliantly successful. They yield only the same results as my last experiments, but much more directly and clearly, and seem to be a beautiful confirmation. I now have material for many projects, all of which are worth while, and my first task is to choose among them. If I can carry out enough of them I believe that I shall be in the way of bringing order to certain large areas that were previously uncharted. You yourself would be able to appreciate the importance of these experiments if I took the trouble to make them plain to you. In scientific papers there is no reason to do so, since the reader may be assumed to be able to draw the obvious conclusions himself. In my work I now have the comfortable feeling that I am so to speak on my own ground and territory and almost certainly not competing in an anxious race and that I shall not suddenly read in the literature that someone else had done it all long ago. It is really at this point that the pleasure of research begins, when one is, so to speak, alone with nature and no longer worries about human opinions, views, and demands. To put it in a way that is more learned than clear: the philological impetus ceases and only the philosophical remains.

To Hermann von Helmholtz

19 March 1888

Now I should like to report the following progress: electromagnetic waves in air are reflected from solid conducting walls; at normal incidence the reflected waves interfere with the incident and give rise to standing waves in the air. In the first wavelength in front of the wall the phenomena are very pronounced and manifold, and I believe that the wave nature of sound in empty air space cannot be demonstrated so clearly as the wave nature of this electromagnetic propagation. The first node can be determined very accurately, so that the wavelength can be measured most directly. For the apparatus for which I found a wavelength of 4.5 m indirectly, I now find a somewhat higher value, about 4.8 m. Presumably reflections not taken into account in those experiments caused some disturbance. It seems to me that the most important point is now the certainty that propagation through conducting wires is perceptibly slower than in air, whereas all previous theories, including Maxwell's, led to the conclusion that propagation in wires took place with the velocity of light.

Ich habe auch versucht, durch Hohlspiegel die Wirkung in größere Ferne zu werfen und Andeutungen eines Erfolges erhalten; um indessen auffallende Erscheinungen hervorzubringen, müßte man den Hohlspiegeln eine Größe geben, welche praktisch unmöglich ist.

Tagebuch

19. März 1888. Die Versuche mit möglichster Sorgfalt wiederholt.

20. März. Die Versuche abgeändert.

22. März. Versuche bei schräger Inzidenz gemacht, doch versagt die Kraft.

23. März. Es will nicht mehr gehen, und ich überlege weitere Versuche.

24. März. Einige Versuche über die Wirkung auf einen gradlinigen Leiter.

26. März. Gerechnet und überlegt über die Fortleitung durch Drähte. Versuche mit geradlinigem sekundären Leiter.

27. März. Gerechnet und ein Stück weitergekommen. Formel für Schwingungen nach Maxwell gefunden.

28. März. Vormittags Spaziergang. Beschlossen, zuerst die Versuche über die Wellen aufzuschreiben, und angefangen.

31. März. Abgeschrieben die Arbeit über elektrodynamische Wellen.

2. April. Morgens nach Pforzheim gefahren, nach Calw gegangen, nach Wildberg gefahren, nach Nagold gegangen, wo jedoch durch Übermüdung unwohl geworden.

3. April. Vormittag auf der Ruine Hohennagold zugebracht, nachmittags nach Tübingen gefahren. In Horb herumgelaufen.

4. April. Es schneit morgens, und ich gebe die Weiterreise auf. Zu Prof. Braun aufs Schloß gegangen und bei ihm gegessen. Dr. Graetz kennengelernt. Nachmittags nach Hause.

5. April. Mich wieder an die Arbeit gemacht, zunächst theoretisch.

6. April. Gezeichnet an der Darstellung von Schwingungen nach der Maxwellschen Theorie.

7. April. Gerechnet und nachgedacht über elektrodynamische Dinge.

9. April. Gezeichnet, um Überblick über die Verteilung der Kraft um geradlinige Schwingungen zu bekommen.

16. April. Experimentiert über die Fortleitung durch gerade Drähte.

17. April. Experimentiert mit Spiralen.

20. April. Experimentiert mit breiten Streifen. Nachweis, daß nur in den äußersten Schichten sich der Strom fortpflanzt.

23. April. Einfachere Methode der Darstellung elektrischer Schwingungen gefunden.

27. April. Experimentiert. „Elektrodynamisches Vogelbauer."

2. Mai. Experimentiert über die Dicke der Schicht, in welcher sich die Welle fortpflanzt.

8. Mai. Zu Hause theoretisch gearbeitet.

I have also tried to project the effect to a greater distance by means of concave mirrors and have obtained some indications of success; however, in order to produce striking phenomena, the concave mirrors would have to be impractically large.

Diary

19 March 1888. Repeated the experiments with the utmost care.

20 March. Modified the experiments.

22 March. Experimented at oblique incidence, but my strength fails me.

23 March. I have come to a dead end and consider other experiments.

24 March. Some experiments on the effect on rectilinear conductors.

26 March. Made calculations and considered transmission along wires. Experiments with a rectilinear secondary conductor.

27 March. Made calculations and got it a bit further. Found formula for oscillations according to Maxwell's theory.

28 March. Walk in the morning. Decided to write up the experiments on waves first and began to do so.

31 March. Copied the paper on electromagnetic waves.

2 April. Travelled to Pforzheim in the morning, then walked to Calw, then rode to Wildberg and walked to Nagold, but there I became unwell from overexertion.

3 April. Spent the morning at the Hohennagold ruins; rode to Tübingen in the afternoon. Ran around in Horb.

4 April. Snow in the morning, and I am giving up the trip. Went to see Prof. [Ferdinand] Braun at the castle and lunched with him. Met Dr. Graetz. Returned home in the afternoon.

5 April. Turned to my work again, theory first of all.

6 April. Sketched a presentation of oscillations according to Maxwell's theory.

7 April. Made calculations and thought about electromagnetic matters.

9 April. Sketched in order to obtain a general picture of the distribution of force around rectilinear oscillations.

16 April. Experiments on propagation along straight wires.

17 April. Experimented with spirals.

20 April. Experimented with broad strips. Proof that the electric current propagates only in the outermost layers.

23 April. Found simpler method for representing electric oscillations.

27 April. Experimented. "Electromagnetic birdcage."

2 May. Experimented with the thickness of the layer in which the wave is propagated.

8 May. Theoretical work at home.

9. Mai. Versuche über Fortpflanzung in Spiralen gemacht.

11. Mai. Experimentiert mit gezackten Drähten.

17. Mai. Angefangen, über die Ausbreitung durch Metallröhren zu arbeiten.

3. Juni. In dieser Zeit im Gärtchen hinter dem Hause jeden Abend gewirtschaftet.

8. Juni. Experimente mit einer langen Rinne über Elektrolyte gemacht.

9. Juni. Ich erhalte 300 Mark jährliche Zulage zum Gehalt.

30. Juni. Separatabzüge über elektrische Wellen in Luft versandt.

18. Juli. Ewiges Regenwetter. Unser Gärtchen.

21. Juli. Nach Hamburg.

28. Juli. Alle diese Zeit vollkommen müßig gegangen.

3. August. Wir fahren nach Sylt.

8. August. Wieder bei schlechtem Wetter mit „Freya" über Helgoland nach Hamburg.

15. August. Nach Kiel.

21. August. Allein nach Karlsruhe*.

29. August. Allein auf dem Bezirkskommando und den eisernen Schrank studiert. Viele Ausflüge, viel gelesen.

10. September. Äußerst langweilig auf dem Bezirkskommando.

12. September. In dieser Zeit Nachricht von der Antrittsrede FitzGeralds auf der britischen Naturforscherversammlung, wo meine Versuche erwähnt wurden**.

An die Eltern

21. September 1888.

Mit dem Oberstleutnant habe ich mich recht gut vertragen, er ist liebenswürdig und gemütlich. Für meine Dinge im Zivilverhältnis darf ich natürlich bei ihm kein Verständnis erwarten, obwohl er früher Artillerieoffizier war, und es ist mir sogar (und wäre es jedem) lehrreich, zu sehen, wie wenig. Ich hatte einmal eine längere Unterhaltung, die mit dem üblichen Vorwurfe anfing, wir Professoren an Hochschulen hätten eigentlich nichts zu tun, die an Mittelschulen täten doch viel mehr. Auf meine Auseinandersetzung, daß der Unterricht eigentlich für uns nur Nebenbeschäftigung sei, folgte seine Auseinandersetzung, was wir neben dem Unterricht täten, sei doch nach unserem Belieben, ein Steckenpferd habe aber schließlich jeder, und er auch; ein Erfinder könne doch nicht jeder sein, und was ein anderer mache, sei ihm unklar. Ich legte mir innerlich zurecht, was er sagen würde, wenn ich so töricht wäre, ihm den Bericht der Times vorzulegen und daraus einige Existenzberechtigung für mein Tun abzuleiten.

* Zur Militärdienstübung als Adjutant beim Ersatzbattailon.

** Die betreffende Stelle in der Rede FitzGeralds lautet: In a presidential address on the borderlands of the known delivered from this chair the great Clerk Maxwell spoke of an undecided question whether electro-magnetic phenomena are due to a direct action at a distance or are due to the action of an intervening medium. The year 1888 will be ever memorable as the year in which this great question has been experimentally decided by Hertz in Germany and, I hope, by others in England.

9 May. Made experiments on propagation in spirals.

11 May. Experimented with jagged wires.

17 May. Began to work on transmission through metal tubes.

3 June. Pattered about in the little garden behind the house every evening, all this time.

8 June. Experiments on electrolytes, with long trough.

9 June. I receive a salary raise of 300 Marks a year.

30 June. Sent out reprints of paper on electric waves in air.

18 July. Eternally rainy weather. Our little garden.

21 July. To Hamburg.

28 July. Completely idle all this time.

3 August. We are going to Sylt.

8 August. Bad weather again; went by *Freya* via Helgoland to Hamburg.

15 August. To Kiel.

21 August. Alone to Karlsruhe.*

29 August. Alone at district headquarters and studied the iron safe. Made many excursions, read much.

10 September. Extremely bored at district headquarters.

12 September. During this period, received news of FitzGerald's inaugural address at the meeting of the British Association** in which my experiments were mentioned.

To His Parents

21 September 1888

I got along very well with the lieutenant colonel, he is amiable and easy-going. Naturally, I cannot expect him to have any understanding of my work as a civilian, even though he used to be an artillery officer, and it is actually very instructive for me (and would be for anyone) to see how little he understands. Once we had a longer conversation which began with the usual reproach that we university professors actually have nothing to do and that teachers in secondary schools work much harder. My explanation that teaching was really only a sideline for us led in turn to his protestation that what we did besides teaching was merely our own choice; everyone had a hobby, after all, even he; not everyone could be an inventor, and what the others did was not clear to him. I silently wondered what he would say if I were so foolish as to show him the report in *The Times* as a *raison d'être* for my activities.

* For military duty exercises, as adjutant of the reserve battalion.

** The relevant passage in FitzGerald's address is: "In a presidential address on the borderlands of the known delivered from this chair the great Clerk Maxwell spoke of as an undecided question whether electro-magnetic phenomena are due to a direct action at a distance or are due to the action of an intervening medium. The year 1888 will be ever memorable as the year in which this great question has been experimentally decided by Hertz in Germany and, I hope, by others in England." [Presidential address to Section A (Report of the 58th Meeting of the British Association for the Advancement of Science, 1888; p. 558).]

Tagebuch

20. September 1888. Aufforderung von Althoff, einen etwaigen Ruf ihm anzuzeigen.

25. September. Brief aus Darmstadt vom Ministerium mit Ruf nach Gießen langt an.

An die Eltern

5. Oktober 1888

Ich nehme also an, Ihr wißt, daß ich einen Ruf nach Gießen erhalten habe, zu näherer Besprechung auf Montag nach Darmstadt verabredet bin, Aufforderung erhalte, sofort nach Berlin zu kommen, und daß ich also um 2 Uhr am Sonnabend von hier abdampfe. Ich komme morgens Sonntag in Berlin an, habe noch obendrein im überfüllten Zuge eine schlechte Reise. Ich gehe um 11 Uhr 25 in die Wohnung des Geheimrats Althoff, finde einen Zettel: um 12 Uhr ins Kultusministerium. Ich finde mich also dort ein, werde in ein luxuriöses Wartezimmer geführt, bald erscheint auch der Geheimrat Althoff, Referent für die Universitäten. Er ist sehr freundlich, freut sich sehr mit meinen Erfolgen in Anbetracht unserer alten Bekanntschaft. Dann plötzlich: Das Gießen, das müssen Sie ablehnen, wir haben Besseres für Sie. Nun folgten Unterhandlungen, wobei ich mich zunächst weigerte, ins Unbestimmte Gießen aufzugeben, da es mir lieber sei, als z. B. Königsberg, wobei er aber fast drohte: ich sei ihnen schon einmal durchgebrannt*, wenn ich ihnen wieder einen Korb gäbe, sei es aus mit Preußen für mich; schließlich aber wurde er wieder freundlich, ich solle doch kein „Angstpeter" sein, ob ich denn selber glaubte, daß ich nun gerade nach Königsberg käme, aber Breslau z. B. sei nicht unmöglich, auf einen bestimmten Ort könne er sich nicht verpflichten. Dann ging er hinaus, wie er sagte, weil er sehen wolle, ob vielleicht inzwischen Nachricht aus Bonn gekommen sei, in Wahrheit wohl, um mir Bedenkzeit zu geben. Diese nahm ich denn auch wahr, und wie er wiederkam, erklärte ich ihm, ich wolle Gießen ablehnen auf die Versicherung hin, daß man meine Wünsche möglichst berücksichtigen würde, wenn es nicht anders ginge, wolle ich mich auch an weniger angenehme Orte fügen. Nachdem dies im Prinzip nun feststand, wurde eigentlich die ganze Unterhaltung freundlicher, ich weiß im einzelnen natürlich nicht mehr alles, aber bald darauf war ich im Arbeitszimmer der Exzellenz von Goßler, anfangs allein, später mit dem Geheimrat Althoff zusammen, im ganzen wohl eine Stunde. Der Minister ließ sich über meine Arbeiten berichten (Althoff hatte sich vorher bei Helmholtz darüber unterrichtet und den Herrn Minister vorbereitet), dann sprach er mit mir über dies und das, ging auf meine eigene Lage ein, legte mir klar auseinander, wie die verschiedenen Posten frei seien, ließ sich meine Wünsche im einzelnen auseinandersetzen, wiederholte sie vor dem Geheimrat Althoff, um zu sehen, ob er sie richtig gefaßt habe, sprach wirklich in vertraulicher

* Von Preußen nach Baden.

20 September 1888. Invitation from Althoff to notify him of any offer that might arrive.

25 September. Letter from Darmstadt, from the ministry, with an offer to go to Giessen arrives.*

To His Parents

5 October 1888

I assume you know that I had an offer to go to Giessen, that I had an appointment to discuss the details in Darmstadt on Monday, that I had an invitation to come to Berlin immediately, and accordingly got under way at 2 o'clock on Saturday. I arrived in Berlin on Sunday morning, moreover after a very bad ride in the overcrowded train. At 11 o'clock I went to the apartment of Geheimrat Althoff and found a note: 12 o'clock at the Ministry of Education. I presented myself there and was led into a luxurious waiting room; Geheimrat Althoff, responsible for the universities, appeared shortly thereafter. He was very cordial, very pleased by my success in view of our old acquaintance. Then suddenly, You must turn down Giessen; we have something better for you. After that came negotiations in which I at first balked at giving up Giessen for something indefinite, since I would prefer it for instance to Königsberg; but at that he almost threatened: I had already bolted once,** if I were to turn them down again, it would be all over for me in Prussia. Yet in the end he became cordial again: why should I be so easily frightened, did I really believe that they would send me to Königsberg of all places, but Breslau for example was not out of the question, he could not make commitments as to any particular place. Then he left the room to see, as he said, whether any news had perhaps come from Bonn in the meantime, but in reality probably to give me time to reflect. I did so, and when he came back, I explained that I would turn down Giessen on the assurance that my wishes would be taken into account as far as possible, and if I had to I would even accommodate myself to less agreeable places. Once that much had been accepted in principle, the entire conversation grew more cordial; naturally, I no longer remember all the details, but presently I found myself in the office of His Excellency von Gossler, first alone, later with Geheimrat Althoff, altogether for about an hour. The minister let me give a report about my work (Althoff had learned about if from Helmholtz earlier and had briefed the minister); then he talked to me about this and that, went into my situation, made it quite clear to me how the various posts would fall free, had my own wishes explained to him, repeated them in front of Geheimrat Althoff to make sure that he had got them right, spoke to me about individuals in a really confidential manner—in sum, in such a way that

* [Darmstadt was the capital and Giessen the principal university of the Grand Duchy of Hesse. Geheimrat Althoff wanted to recall Hertz from Karlsruhe (in Baden) to a Prussian university.]

** From Prussia to Baden.

Weise mit mir über Persönlichkeiten — war in einem Worte so, daß ich das Gefühl hatte, daß ich hier ruhig jedes Vertrauen haben könnte, daß man mir wohlwollte, und sowohl meine persönlichen Wünsche als auch meine Arbeitsfähigkeit nach aller Möglichkeit fördern würde. Im Grunde liegt die Sache so: In Berlin werde ich sicher vorgeschlagen, aber ich protestierte lebhaft dagegen und versicherte, daß mir eine andere Universität weit lieber sei, ich sei nicht eigentlich mathematischer Physiker, ich würde durch die Professur ganz aus den Arbeiten herausgerissen, in denen ich Erfolge gehabt, ich sei zu jung usw. Dann ist Bonn da, aber erstens liegen von dort noch keine Vorschläge vor* und zweitens, auch wenn ich darunter wäre, schienen die Herren doch gern einen älteren Familienvater dorthin setzen zu wollen. Es schien, als ob dann Göttingen frei würde, aber natürlich, da von dort noch keine Vorschläge vorliegen können, kann mir das auch nicht in Aussicht gestellt werden. Also liegt die Sache im Grunde so: kann ich nach Bonn oder Göttingen oder einer ähnlichen Universität gesetzt werden, so komme ich dahin, geht so etwas nicht, so ist Berlin da, um mir den versprochenen Ruf zu geben. Ich habe das Gefühl, daß diese drei Orte in Frage kommen, und daß es wohl Göttingen werden könnte. Bonn wäre mir das liebste. Im ganzen war der Ton aber äußerst freundlich, z. B. meinte der Minister, Bismarck habe gesagt: Jugend sei ein Fehler, der sich mehr und mehr gebe; nachdem er sich nach meinem Alter erkundigt hatte, lachte er und meinte, da habe ich ja allerdings noch keine Eile, nach Berlin zu kommen. Nachher besonders war Geheimrat Althoff äußerst freundlich mit mir, sprach über die Anerkennung, die ich gefunden, warnte mich, davor eitel zu werden, und wies mich am Ende in ein gutes Restaurant. Im ganzen war ich von 12–3 im Kultusministerium gewesen, dann aber war ich auch „ab", denn ich hatte um 8 Uhr nur wenig gefrühstückt und war die Nacht gefahren. Nachdem ich mich gestärkt, ging ich zu Helmholtz; sie gingen gerade zu Tisch, aber ich wurde doch heraufgerufen und mußte mich dazusetzen; gleich nach Tisch fuhren sie ins Theater, doch hatte ich einen Augenblick Gelegenheit, Helmholtz allein zu sprechen, ich glaubte mich verteidigen zu müssen, daß ich gegen Berlin protestiert, aber er meinte, ich habe ganz recht, er habe Althoff dasselbe gesagt; sollte ich doch nach Berlin kommen, so würde er mir einige Zimmer im Reichsinstitut einräumen, aber das gleiche sei es doch nicht. Ich brauchte mich also nicht viel zu verteidigen. Hochbefriedigt fuhr ich nach Hause, diesmal im Schlafwagen, ohne den Weg zu merken. In Darmstadt kam ich zur verabredeten Zeit am Montag an, machte aber die Ablehnung doch schriftlich ab, weil mir das passender schien, und brachte die paar Stunden Aufenthalt mit dem dortigen Kollegen zu, der mich herzlich aufnahm. Hier in Karlsruhe zeigte ich auch den Fall an und verzichtete auf die schon in Aussicht gestellte Aufbesserung, denn so hatte Althoff es mir geraten, und auch erlaubt, frei meine Gründe darzulegen, nur dürfe ich keine bestimmte Universität nennen. Natürlich heißt es hier nun doch allgemein, ich habe um Bonns willen abgelehnt.

* Siehe Nachtrag, S. 350.

I had the feeling that I could be calmly confident that they wished me well and that everything possible would be done to further my personal wishes as well as my professional advantages. Basically, this is the situation: I shall certainly be proposed for Berlin, but I protested vigorously against that and assured them that I should very much prefer another university, that I was not really a mathematical physicist, that such a professorship would altogether tear me away from the projects in which I had been successful, that I was too young, etc. Then there is Bonn, but first of all they had not as yet submitted any proposals,* and secondly even if I were on their list, the gentlemen did seem to show a preference for an older paterfamilias for that position. Next it seemed that Göttingen would become vacant, but naturally, since no proposals could have been submitted from there as yet, that prospect could not be held out to me either. Thus the situation is basically as follows: If I can be placed at Bonn or Göttingen or a similar university, that is where I shall go; if that is not possible, then there is still the promised call to Berlin. I have the feeling it will be one of these three places, and that it could very well be Göttingen. Bonn would be my first choice. But on the whole the tone was extremely friendly; for instance the minister mentioned that Bismarck once said that youth was a mending fault; after asking how old I was, he laughed and said he saw I need be in no hurry to get to Berlin. Afterwards Geheimrat Althoff was extremely amiable, talked about how my reputation had grown, warned me against becoming vain, and in the end recommended a good restaurant. Altogether I had been at the Ministry of Education from 12 to 3, but after that I was duly worn out, for I had made but a small breakfast at 8 o'clock and had travelled through the night. After I had had a meal, I went to see Helmholtz; they were just sitting down to dinner, but I was nevertheless asked to come up and had to join them; right after the meal, they drove to the theater, yet I got a chance to speak to Helmholtz alone for a moment; I thought it necessary to defend my protest against Berlin, but he said that I was quite right, he had spoken to Althoff in the same vein; yet if I were to come to Berlin after all, he would assign a few rooms at the State Institute to me, but that would still not be quite good enough. So there was little need for me to defend myself. I took the train home very pleased with everything, this time in a sleeping car, without noticing the journey. I arrived in Darmstadt on Monday at the appointed time, but nevertheless put my refusal in writing, since that seemed more fitting, and spent the few hours I had with my colleague there, who gave me a friendly welcome. Here in Karlsruhe I also announced my intentions and waived the proposed raise, since Althoff had advised me to do so and had given me permission to state my reasons freely but without naming a particular university. Of course the word around here generally is that I refused for the sake of Bonn.

* See Appendix, p. 351.

Tagebuch

4. Oktober 1888. Im Laboratorium sogleich Versuche mit Interferenzrefraktometer aufgenommen. Korrespondenz mit O. J. Lodge.

9. Oktober 1888. Experimentiert über das Eindringen der elektrischen Kraft in Leiter.

13. Oktober. Versuche über das Eindrigen der elektrischen Kraft in das Innere festgeschlossener Räume.

14. Oktober. Nachgedacht für Anwendung von Maxwells Gleichungen auf schnelle Schwingungen, d. h. die Niederschrift davon.

17. Oktober. Gezeichnet an Zeichnungen für die Veröffentlichung. Elisabeth hilft mir.

An die Eltern

14. Oktober 1888

Ich bin wieder im Vorwärtsarbeiten. Am Freitag waren zwei jüngere Physiker, d. h. Privatdozenten aus Straßburg zu Besuch gekommen, um meine Apparate zu sehen und die Versuche zu wiederholen. Sie aßen bei uns und sprechen viel über die Sachen und das, was andere darüber dächten, zum Teil sehr enthusiastisch. Überhaupt merke ich, daß die letzten Arbeiten doch sehr bedeutende Wirkung gehabt haben. Als ich im Anfang April in Tübingen war, hatte ich das alles auch schon, was jetzt veröffentlicht ist, und hätte gern darüber gesprochen, fand aber keine Gelegenheit, da kein anderer von diesen Sachen anfing, obwohl doch genug davon schon gedruckt war, um einen Physiker zum Fragen veranlassen zu können. Noch Anfang September sagte mir E. Wiedemann in Baden, sein Vater beabsichtige eine neue Auflage seines Handbuches der Elektrizität zu veranstalten, wolle aber nur einige Zusätze machen, da ja „prinzipiell Neues nicht erschienen sei". Ich sagte, prinzipiell Neues sei allerdings nicht erschienen, mußte mir aber doch Mühe geben, kein befangenes Gesicht zu machen, da er mir sein Urteil so gerade ins Gesicht sagte. Da klingt es allerdings erfreulicher, wenn mir Dr. Hallwachs neulich sagte, als ich ihm einige neue Versuche zeigte: „Es ist doch augenblicklich ganz unmöglich, ein Lehrbuch der Elektrizität zu schreiben, es wird ja alles auf den Kopf gestellt." Die Wahrheit liegt in der Mitte, wohl näher an dem Ausspruch Wiedemanns, aber für mein Ohr war der letztere angenehmer.

28. Oktober 1888

Von Berlin erfahre ich immer nichts, und obwohl ich mir vorgenommen habe, mich die Sache nicht anfechten zu lassen und sie in größter Gemütsruhe abzuwarten, merke ich doch, wie sich durch die Ungewißheit meine Laune allmählich verdüstert und ich aufhöre, an einen angenehmen Ausgang zu glauben, obwohl hierfür doch gar kein vernünftiger Grund einstweilen vorliegt. Ich kann hierin meine Natur nicht ändern. Im übrigen geht es uns sehr gut.

Diary

4 October 1888. At once resumed laboratory experiments with interference refractometer. Correspondence with O. J. Lodge.

9 October. Experimented with the penetration of electric force into conductors.

13 October. Experiments on the penetration of the electric force into the inside of tightly closed spaces.

14 October. Thought about applications of Maxwell's equations to rapid oscillations, i.e., putting it down in writing.

17 October. Worked on drawings for the publication. Elisabeth helps.

To His Parents

14 October 1888

I am progressing in my work again. On Friday two younger physicists, that is *Privatdozenten* from Strassburg, came to visit us to see my apparatus and to repeat my experiments. They dined with us and talked a great deal, in part very enthusiastically, about these things and what others think of them. In general I note that my most recent papers have after all made a considerable stir. When I was in Tübingen at the beginning of April, I had all the material that has now been published ready, and would have loved to talk about it, but no opportunity arose, since no one else brought up the matter, although by then enough had been published to make a physicist eager to ask questions. As recently as the beginning of September E. Wiedemann told me in Baden that his father intended to prepare a new edition of his *Handbuch der Elektrizität*, but thought a few additions sufficient since "nothing fundamentally new had appeared." I said that to be sure nothing fundamentally new *had* appeared, but I had to try hard not to look self-conscious when he pronounced this judgment so plainly. It was certainly more welcome to hear Dr. Hallwachs say recently when I showed him some new experiments, "It is really quite impossible to write a textbook on electricity at the moment, everything is being turned upside down." The truth lies in between, probably closer to Wiedemann's pronouncement, but the latter was more agreeable to my ears.

28 October 1888

I have still heard nothing from Berlin, and although I had the good intention not to let the matter bother me and to wait with complete composure, I note that my mood is gradually darkening under the doubt and I cease to believe in a favorable outcome, even though there is absolutely no rational reason for that so far. I cannot change my nature in that respect. Otherwise we are very well.

Ich arbeite in dieser Zeit nicht weiter, sondern mache das druckfertig, was ich im Frühjahr und Sommer gearbeitet habe, es ist mehr Theorie und macht mir viel Mühe; aber ich finde, daß ich doch eigentlich erst mit Ruhe weiterkomme, wenn ich das Vorangegangene rein und klar, d. h. druckfertig gemacht habe, es liegt mir sonst immer noch im Kopfe.

Tagebuch

3. November 1888. Praktikum, wo jetzt 15 Praktikanten. In der Vorlesung jetzt 172 eingeschrieben gegen 84 im Anfang. (Zu Neujahr sind die Zahlen 20 und 193).

8. November. Bemüht, wieder ins Fahrgeleise der Versuche zu kommen.

12. November. Die Versuche rücken vorwärts. Resonatoren in kleinem Maßstabe. Ganz kurze Wellen in Drähten entdeckt.

14. November. Versuche mit ganz kleinen Resonatoren und primärem Kreise fortgesetzt.

15. November. Auch in Luft werden Andeutungen von Wellen von 40 cm Länge erhalten.

16. November. Den großen Induktionsapparat mit dem kleinen vertauscht und Bleche gerichtet.

17. November. Es gelingt ziemlich gut, die früheren Versuche im zehnfach kleineren Maßstabe zu wiederholen.

18. November. Den Sonntag über die Biegung dünner Röhren nachgedacht.

19. November. Weitere Versuche über die Reflexion kurzer Wellen in Luft. Sehr genau 33 cm Wellenlänge messen können.

20. November. Ersten parabolischen Hohlspiegel bestellt.

22. November. Erster Hohlspiegel fertig. Versuche damit gelingen sehr gut. Zweiter bestellt.

24. November. Erste Versuche mit den zwei Hohlspiegeln. Durch den ganzen Hörsaal, doch nicht so stark, als ich gehofft hatte.

26. November. Kiste für ein Prisma mit Pech bestellt.

28. November. Modell einer Projektion des vierdimensionalen Würfels in den dreidimensionalen Raum hergestellt.

29. November. Die Sammlungsräume für die Versuche mit den Hohlspiegeln hergerichtet und erste Versuche angestellt.

30. November. Versuche über geradlinige Ausbreitung und Reflexion angestellt.

An Hermann von Helmholtz

30. November 1888

Als Sie mich in Berlin fragten, ob ich weitere Versuche über die el. Wellen angestellt habe, wußte ich nichts von Bedeutung zu berichten, gegenwärtig habe ich indessen einen weiteren Fortschritt gemacht, welcher die Verbindung zwischen Licht und Elektrizität, wie mir scheint, dauernd festlegt, und über welchen es mich daher drängt, Ihnen zu berichten.

I do not advance further at present; rather, I am preparing the material that I worked on last spring and summer for publication, mostly theory and a lot of trouble; but I find that I can make unimpeded progress only if I first clear the decks, i.e., get all that went before ready for publication; otherwise, it continues to weigh on my mind.

Diary

3 November 1888. Laboratory course, which now has 15 participants. Enrollments in the lecture course now 172, compared with 8 at the beginning. (By the New Year the figures are 20 and 193.)

8 November. Tried to get back on track in the laboratory.

12 November. The experiments are moving ahead. Small-scale resonators. Detected very short waves in wires.

14 November. Continued experiments with quite small resonators and primary circuits.

15 November. Obtained indications of waves 40 cm long in air as well.

16 November. Replaced large induction apparatus by the small one and readjusted metal sheets.

17 November. Succeeding rather well in repeating previous experiments at one-tenth the scale.

18 November. Thought about bending of thin tubes all Sunday.

19 November. More experiments on the reflection of short waves in air. Able to measure wavelength of 33 cm very precisely.

20 November. Ordered first parabolic concave mirror.

22 November. First concave mirror ready. Experiments with it succeed very well. Ordered second one.

24 November. First experiments with the two concave mirrors. All the way across the auditorium, but less intense than I had hoped.

26 November. Ordered container for a pitch prism.

28 November. Constructed model of a projection of four-dimensional cube in three-dimensional space.

29 November. Fixed up storage rooms for experiments with concave mirrors and conducted first experiments.

30 November. Made experiments on rectilinear propagation and reflection.

To Hermann von Helmholtz

30 November 1888

When you asked me in Berlin whether I had made any further experiments on el. waves, I had nothing significant to report, but I have now taken a further step forward that I believe firmly establishes the connection between light and electricity, and which I therefore feel pressed to report to you.

Zunächst zeigte mir ein glücklicher Zufall, daß sich nicht nur Wellen von mehreren Metern Länge erzeugen lassen, sondern daß sich auch mit viel kürzeren Wellen arbeiten läßt, wodurch an Bequemlichkeit unendlich gewonnen wird. Mit Wellen von 33 cm Länge in Luft habe ich meine früheren Resultate, zum Teil mit Vorteil, bestätigen können. Mit diesen kurzen Wellen habe ich nun auch die Versuche wiederholt, die Kraft durch Hohlspiegel in die Ferne zu senden und einen Strahl herzustellen, und zwar mit bestem Erfolge. Ich stelle meinen primären und sekundären Leiter in die Brennlinie eines parabolisch gekrümmten Blechs von 2 m Höhe und 2 m Breite und finde nun aus dem Spiegel einen Strahl austreten, der in wohlbegrenzter Breite von etwa 1½ m, in einem zweiten Hohlspiegel bis auf 16 m Entfernung, und wahrscheinlich weiter, wahrnehmbar ist. Man kann den Strahl durch Drehen des Spiegels richten, man kann an ihm die geradlinige Ausbreitung, die Schattengebung, vollkommen nachweisen. Ein Mensch z. B., der die Bahn des Strahles kreuzt, läßt den Funkenstrom in dem induzierten Spiegel vollständig erlöschen. Gestern ist es mir nun auch geglückt, die regelmäßige Reflexion des Strahles deutlicher nachzuweisen, als ich gehofft hatte. Stellte ich die Hohlspiegel nebeneinander, so war ein Einfluß von A auf B nicht vorhanden; wurde nun aber vor die Hohlspiegel eine ebene metallische Wand gestellt, so traten in B sofort Funken auf, die noch wahrgenommen wurden, wenn die Wand 10 m von den Spiegeln entfernt war. Ebenso konnte ich die Reflexion unter 45° herstellen, indem ich, wie die Zeichnung andeutet, zwei benachbarte Zimmer benutzte. Das Schließen der dieselben trennenden Holztüre behindert das Zustandekommen des sekundären Funkens durchaus nicht. Dagegen hören die Funken auf, wenn die ebene spiegelnde Wand nur um etwa 5° nach der einen oder anderen Seite aus der richtigen Lage gedreht wird, woraus man ersieht, daß die Reflexion die regelmäßige, keine diffuse ist.

Verzeihen Sie, hochverehrter Herr Geheimrat, meinen Eifer, wenn ich suche, diese Beobachtungen so bald an Ihr Ohr zu tragen.

Tagebuch

1. Dezember 1888. Versuche über Reflexion und Polarisation des Strahles angestellt und erweitert.

2. Dezember. Vergeblich nach Beugungserscheinungen mich umgesehen.

6. Dezember. Ungeduldig auf das Prisma gewartet.

7. Dezember. Das Prisma kommt an und wird im elektrotechnischen Saal aufgestellt. Versuche damit gelingen.

8. Dezember. Die Brechungsversuche ausführlich und mit Dr. Schleiermacher angestellt.

9. Dezember. Einige Nachversuche und niedergeschrieben für die Akademieberichte. Spazierengegangen.

First of all, a fortuitous accident showed me that not only waves several meters long could be generated, but that it was also possible to work with much shorter waves, which makes everything infinitely more convenient. With waves

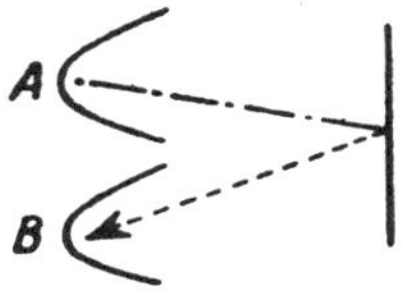

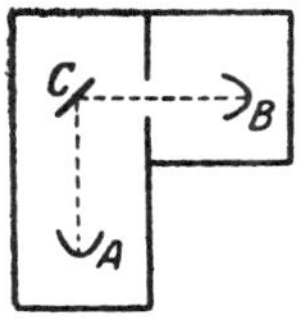

33 cm long, I was able to confirm and in part improve on my earlier results in air. At these short wavelengths I then repeated the experiments, on transmitting the force to a distance by means of concave mirrors and to produce a beam, altogether with the best of success. I place my primary and secondary conductors along the focal line of a metal sheet bent in the shape of a parabola 2 m high and 2 m wide, and I find, emerging from the mirror, a beam of well-defined width of about 1½ meters, which is observable in a second concave mirror up to a distance of 16 m and probably farther. The beam may be aimed by rotation of the mirror, it can be used to demonstrate a rectilinear propagation and shadow formation to perfection. For instance, a person crossing the beam path causes complete extinction of the spark stream in the induction mirror. Yesterday I succeeded in demonstrating regular reflection of the beam more clearly than I had hoped. When I placed the concave mirrors one next to the other there was no effect of A on B, but if a plane metal surface was placed in front of the concave mirrors, sparks immediately appeared in B which remained perceptible even when the surface was moved to a distance of 10 m from the mirrors. Similarly, I was able to produce reflection at 45° by using two adjoining rooms as shown in the drawing. Closing the wooden doors that separated them in no way hindered the generation of the secondary spark. On the other hand, the sparks cease if the plane reflecting surface is rotated by as little as 5° to one side or the other from the right position, showing that it is regular reflection and not diffusion.

Please forgive my eagerness, most honored Herr Geheimrat, in seeking to gain your ear with these observations so early.

Diary

1 December 1888. Experiments on reflection and polarization of the beam repeated and extended.

2 December. Looked in vain for diffraction phenomena.

6 December. Waited for the prism with impatience.

7 December. Prism received and set up in the electrical engineering lecture hall. The experiments with it are successful.

8 December. Conducted extensive refraction experiments, with Dr. Schleiermacher.

9 December. Some supplementary experiments and wrote up my work for the Academy reports. Went for a walk.

Elisabeth Hertz an die Eltern

9. Dezember 1888

Heute schreibe ich wieder an Heinrichs Statt, er ist so eifrig bei seiner Arbeit, daß er sie nicht unterbrechen will und soll durch etwas, das ich auch für ihn besorgen kann. Aber er kommt auch so außerordentlich rasch weiter, daß er jetzt schon mit der letzten Niederschrift beschäftigt ist, die Arbeit also in den nächsten Tagen an Helmholtz abgehen kann. Ich glaube, er hat die ganze Sache neben seinen Vorlesungen in drei Wochen gemacht, dabei hält er sie für die beste seiner Arbeiten*. Übrigens drängt er nicht umsonst, denn kommt erst die Berufungsangelegenheit in Gang, so muß er wieder alles liegen lassen. — Aber außerdem habe ich Euch noch eine Mitteilung zu machen, die Euer Elternherz erfreuen wird, nämlich die, daß die Wissenschaftliche Gesellschaft in Göttingen Euern Heins zu ihrem Korrespondenten gewählt hat. Heins hat sich sehr darüber gefreut, besonders da dies in Deutschland das erste Zeichen öffentlicher Anerkennung ist.

10. Dezember 1888

Wir können Euch heute einen doppelten Berufungsantrag mitteilen. Heute früh kam ein Brief von Geheimrat Althoff, worin er Heinrich zwischen der Professur in Berlin und Bonn wählen läßt, und im Fall Heinrich letztere wähle, ihm wegen alles Näheren eine Unterredung in Bonn vorschlägt. Heinrich hat sich, ohne sich zu bedenken, für Bonn entschieden und will, falls die Unterredung mit Althoff erst nach Neujahr stattfinden sollte, einmal auf eigene Hand nach Bonn gehen.

Helmholtz hatte am 9. September 1888 in der Berufungsangelegenheit an den Bonner Mathematiker Prof. R. Lipschitz geschrieben; siehe Nachtrag S. 350.

An die Eltern

16. Dezember 1888

Bonn scheint jetzt sicher, am 22. habe ich am Orte selbst eine Konferenz mit Althoff, um die näheren Verhältnisse festzusetzen. Der Wechsel an sich ist ja nicht angenehm, und zwei Jahre können wieder herumgehen, ehe alles im Geleise ist, aber ich hoffe, es ist dann auch für lange, lange Zeit, und es ist ein freudiges Gefühl, daß sich der Wechsel auch lohnt. Vielleicht wird er mir diesmal auch nicht so schwer wie der Wechsel hierher. Über die Verhältnisse in Bonn haben wir und ich natürlich sehr unklare Vorstellungen, aber über die Schönheit des Landes sind sich ja alle einig, und von den Verhältnissen der Universität verspreche ich mir so viel wie möglich. Die Naturwissenschaften scheinen keinen Hauptplatz dort einzunehmen, dafür sind aber wieder die naturwissenschaftlichen Professoren lauter Männer, die mir schon durch ihren Ruf bekannt sind. Bonn soll sehr teuer sein, dafür werden auch unsere Einnahmen sich jedenfalls beträchtlich steigern. Nach allem was

* Siehe Nachtrag, S. 348. Brief von Helmholtz vom 15. Dezember 1888.

To the Parents from Elisabeth Hertz

9 December 1888

Today I write in Heinrich's place again; he is so engrossed in his work that he does not want to interrupt it, and should not interrupt it for something that I can do for him. But he is making such extraordinarily rapid progress that he is now already engaged in writing up the most recent work, so that the paper can go off to Helmholtz in a few days. I believe he did the whole thing in three weeks, lecturing the while, yet he considers it the best of his papers.* Moreover, it is not for nothing he is in a hurry, for once the business of a call to another position gets under way, he will have to put everything aside.—But I have some other news to report besides to please a parent's heart, namely that the Scientific Society of Göttingen has elected your Heins a corresponding member. Heins was very pleased about it, especially since it was the first sign of public recognition as far as Germany is concerned.

10 December 1888

Now we are able to report a double call to a position. This morning brought a letter from Geheimrat Althoff offering Heinrich a choice between a professorship in Berlin and in Bonn, and suggesting that in case he chose the latter, he should meet him in Bonn to confer about details. Without hesitating, Heinrich decided on Bonn and (if the conference with Althoff should not take place until after New Year's Day) to go to Bonn on his own first.

On 9 September 1888, Helmholtz had written to the Bonn mathematician Prof. R. Lipschitz regarding the candidature for the professorship in Bonn; see Appendix, p. 351.

To His Parents

16 December 1888

Bonn looks certain now; on the 22nd I shall have a conference there with Althoff to settle the terms definitely. The move itself will be no pleasure, it could easily take a couple of years before everything is back on track, but then I hope to stay put for a long, long time, and it is a joy to feel that the change will be worth while. Perhaps this time it will not be as hard on me as was the move here. Of course we (and I) have no clear idea of the conditions in Bonn, but everybody is in agreeement on the beauty of the countryside, and I am as sanguine as I can be about the conditions at the University. Natural sciences do not seem to be a high priority there, but on the other hand I know all the professors of the natural sciences as men of repute.

* See Appendix, p. 349. Letter from Helmholtz dated 15 December 1888.

ich höre, muß die Professur durch die Kollegiengelder einen zum wohlhabenden Mann machen, wenn ich auch den von sehr inkompetenten Seiten zugetragenen Zahlen keine Bedeutung beimessen kann. Dafür werden denn auf der anderen Seite viele Ansprüche gestellt werden, welche man hier mit Freuden und nicht allein um des Geldes willen entbehrt hat. Alles in allem aber ist nicht zu leugnen, daß ich mich hier als rechter Glückspilz bewährt habe, zunächst äußerlich und dem Schein nach, hoffentlich zeigt die Zeit, daß es auch innerlich und dem Wesen nach so ist. Meine neuste Arbeit, an der ich heute vor acht Tagen noch abschrieb, reiste am Dienstag nach Berlin, und gegenwärtig reisen schon die korrigierten Druckbogen auf dem gleichen Wege. Man lebt doch schnell heutzutage. Von Helmholtz habe ich auch eine Empfangsbescheinigung mit hinzugefügtem besten Glückwunsch. Ich lebe in der freudigen Hoffnung, daß Ihr die Arbeit wenigstens in der Hauptsache auch verstehen könnt. Wenn ich mich irre, so verzichte ich auf das Vergnügen für immer, aber bitte Euch dann auch, Euch Euer Schulgeld für die Physik zurückgeben zu lassen, welches sich freilich wohl nicht hoch beläuft. In vier Wochen hoffe ich habt Ihr die Arbeit und die in Wiedemanns Annalen gedruckte in Händen (welche Ihr entschieden nicht genießen werdet, außer etwa Elisabeths Zeichnungen).

25. Dezember 1888

Jetzt aber auch zu Nachrichten aus Bonn. Es ist also fest, daß ich hingehe, wie auch zu erwarten war. Natürlich schien mir die Lage von Bonn sehr schön, aber neblige Dezembertage sind freilich nicht geeignet, einen in dieser Hinsicht schwärmen zu lassen. Nachdem ich Donnerstag abend bei Mondschein in der Stadt herumgelaufen war und mich über den majestätischen Rhein gefreut hatte, machte ich am Freitag den nächsten Kollegen Besuche, um mich zu orientieren. Alle empfingen mich aufs liebenswürdigste und gefielen mir demnach aufs beste, ob sie nun Geheimräte sind oder nicht; ich habe keinen Zweifel, daß ich in dieser Hinsicht den angenehmsten Verkehr haben werde, wenn auch natürlich nicht so bequem und ungeniert, als ob es jüngere Leute wären. Der Jüngste in der engeren Fakultät ist jetzt 36–37 Jahre, dann aber folgt eine Lücke bis auf etwa 50 Jahre, so daß ich allerdings das Kind in der Fakultät sein werde. Was mich zunächst interessierte, war die Frage der Dienstwohnung. Nun ist allerdings von meinem Vorgänger eine herrliche Dienstwohnung bewohnt worden, nämlich der Flügel des Universitätsgebäudes, welcher mit der einen Front auf die Poppelsdorfer Allee, mit der anderen auf den Hofgarten sieht, eine lange Reihe von Zimmern von fürstlichen Dimensionen. Aber die Sache hatte ihren Haken. Erstlich ist das eigentliche Institut sehr klein, und da keine Aussicht augenblicklich auf den Bau eines eigenen Instituts ist, so wünschte die Fakultät sehr, daß die Räume zum Institut geschlagen würden. Zweitens aber waren die Räume bis vor vier Jahren medizinische Klinik, und obwohl damals alles abgekratzt und neue Fußböden gelegt wurden, so hatten die Mediziner doch abgeraten, mit jüngerer Familie in die Wohnung zu ziehen, da die Wohnung noch infiziert sein könne. Entsprechend wurde denn auch ich gewarnt. Ich ging deshalb noch zu dem

Bonn is supposed to be very expensive, but our income will rise considerably in any case. According to all I hear, the lecture fees must make the holder of the chair a wealthy man, even though I am unable to assess the significance of figures reported by very casual observers. On the other hand, we shall have many demands on us that we gladly did without here, and not merely because of the expense. All in all, it cannot be denied that I have proved to be in luck this time, at least outwardly and according to appearances; I hope time will show that this is true inwardly and essentially as well. My latest paper, which a week ago I was still copying, went off to Berlin on Tuesday, and now the corrected proofs are under way in the same direction. Our pace is fast nowadays. From Helmholtz I had an acknowledgment with warmest congratulations appended. I cherish the fond hope that you too will be able to follow at least the main ideas in my paper. If I am wrong there, I shall renounce this pleasant anticipation for all time, but then I must ask you to seek reimbursement for your school fees in physics, which to be sure do not amount to much. In four weeks I hope you will have in your possession this paper and the one printed in Wiedemann's *Annalen* (that you will certainly not enjoy, except perhaps Elisabeth's drawings).

25 December 1888

Now for news from Bonn. It is certain that I shall go there, as was to be expected. Naturally I found Bonn very beautifully situated even though foggy December days are scarcely conducive to enthusiasm in that regard. After strolling about the town by moonlight and taking delight in the majestic Rhine, I called on my nearest colleagues on Friday, to find my bearings. They all received me most kindly, and accordingly I took the greatest liking to them, whether Geheimräte or no; I have no doubt that my social contacts will be of the most pleasant, even though not as casual or informal as they would be with younger people. The youngest member of my own faculty group is now 36–37, but after that there is a gap up to about age 50, so that I shall surely be the junior of the faculty. Of most immediate interest to me was the question of an official residence. My predecessor had a magnificent apartment, namely the wing of the university building whose one side faces the Poppelsdorfer Allee and whose other side gives on the Hofgarten, a long row of rooms of princely dimensions. But there is a hitch. First of all, the Institute itself is very small, and since there is no prospect at present of housing it in a separate building, the faculty would very much like to see these rooms added to the Institute. Second, until four years ago these rooms served as a medical clinic, and although at the time the walls were scraped and new floors were put down, the medical people had nonetheless advised against moving into the apartment with a young family, since the apartment might still be contaminated. Accordingly, I was warned too. So I went to see the professor of medicine who had

Mediziner, der dort gehaust hatte. Er sagte mir, wenn die Regierung keinen großen Wert auf das Beziehen der Wohnung lege, solle ich doch lieber darauf verzichten, nach vier Jahren sei von den Miasmen zwar nicht mehr viel zu fürchten, und es sei in Clausius' Familie ja auch alles gut gegangen, aber er halte die Wohnung überhaupt für ungesund. Es ist nämlich der Flügel des Schlosses um eine alte Bastion herumgebaut, welche im Innern in der Höhe der Wohnung eine Art schwebenden Gartens, sogar mit großen Bäumen bildet. Derselbe ist von der Wohnung umschlossen, was ja allerdings einen großen Reiz hat, aber er macht das ganze Gebäude feucht und ungesund als Wohnung. Endlich kam für mich noch der dritte Grund hinzu, daß eine passende Ausstaffierung der Räume leicht 8000–10 000 Mark hätte verschlingen können, und so war ich von vornherein entschlossen, auf sie zu verzichten, um so mehr, als die eigenen Wohnungen dort sehr behaglich scheinen. Jeder bewohnt wie in Hamburg sein eigenes, wenn auch nicht großes Haus. Ein Haus, wie es die Profesoren bewohnen, mit 7 bis 10 Zimmern und gar nicht kleinem Garten, kostet etwa 1800 Mark in Miete und 40 000 Mark im Kauf. Wir beabsichtigen also ein solches Haus zu mieten und wo möglich nach einiger Zeit, wenn es uns gefällt, zu kaufen. Zunächst werden wir freilich Schwierigkeit haben, jetzt noch und außerhalb des gewohnheitsmäßigen Ziehtermins etwas Passendes zu finden. Das Physikalische Institut fand ich allerdings etwas beschränkt und unbequem in den kasemattenartigen Parterreräumen des Flügels untergebracht, nach Zuziehung der Wohnung wird es aber doch etwa 20, zum Teil große Räume, einen großen Hörsaal und einen kleinen umfassen. An Apparaten fehlt viel, zum Glück sind gerade die kostbareren vorhanden. Zum Etat 1890–91 kann ich sozusagen beliebig viel Geld für Einrichtung und Apparate fordern, wenigstens hat mich Althoff direkt aufgefordert, nicht bescheiden zu sein. Vorher nur das Notwendigste, doch bekomme ich immerhin 3000 Mark extra für Apparate und so viel für Einrichtung, als nötig ist, einige weitere Zimmer auszustatten. Der jährliche Etat ist 2000 M., davon sind leider allerdings Heizung und Gas zu bestreiten, doch ist auch hier, und zwar von vornherein, besondere Berechnung dieser nicht unbedeutenden Posten versprochen. Ich bin aus meiner historischen Schilderung ausgewichen, muß also auf dieselbe zurückkommen. Althoff kam Sonnabend morgen in Bonn an, ich ging mit ihm, dem stellvertretenden Kurator, dem Universitätsbaumeister, dem interimistischen Direktor und einigen anderen Herren der Fakultät durch das Institut, und es wurden die erwähnten Dinge festgestellt und mein Verhältnis zu dem zweiten Physiker Professor Ketteler. Derselbe ist eigentlich übergangen worden, hat aber doch jahrelang das Laboratorium geleitet, die Sache war also schwierig; ich kann heute aber nicht alles erörtern. Am Sonnabend nachmittag kam dann noch Althoff zur Frage der persönlichen Gehaltsverhältnisse. Ich war durch die Beschreibungen auf ein greuliches Schachern vorbereitet, aber wir kamen in anständigster Weise zusammen. Es trug dazu allerdings bei, daß ich durch Zufall aufs genauste von den Bonner Gehaltsverhältnissen unterrichtet war und daß auch die Gehaltslage in Gießen, auf welche ich verzichtet hatte, eine gute Grundlage bildete. Ich forderte 7000 M., ohne zu sagen,

lived there. He told me that if the government did not push the issue of having the apartment occupied, I would do better to renounce it, although there was little danger of contagion after four years, and everything had gone well with the Clausius family, he considered the residence to be unhealthy anyway. For that wing of the former palace* is built around an old bastion that inside, at the level of the apartment, forms a sort of hanging garden, even with large trees. The apartment surrounds it, which (although of great charm) does make the entire building damp and unhealthy as a dwelling. Finally, there was from my viewpoint a third consideration, that suitable furnishings for these rooms could easily swallow 8000–10 000 Marks, and so I was determined from the outset to give them up, all the more easily since the private apartments there seem very comfortable. As in Hamburg, everyone lives in his own house however small. A house of the type inhabited by the professors, with 7 to 10 rooms and a not inconsiderable garden, costs about 1800 Marks to rent and about 40 000 Marks to buy. So we intend to rent such a house, and if possible to buy it after a while if we like it. Some difficulties are to be expected at first in finding something suitable now, outside the usual rental period. I found the Physics Institute, located in the casement-like ground floor of this wing, to be rather cramped and uncomfortable, but with the apartment rooms added there will be some 20 rooms, some of them large, including a large auditorium and a small one. The stock of instruments is incomplete; luckily the most expensive are there. In the 1890–91 budget I can ask so to speak for as much money as I like for equipment and apparatus, at least Althoff was direct in pressing me not to be shy. Until then only the most urgent needs will be met, but anyway I am to have an extra 3000 Marks for apparatus and as much as is required to equip several additional rooms. The annual budget is 2000 Marks, which unfortunately must also cover heating and gas, yet here again special consideration of these not inconsiderable items has been promised in advance. I have strayed from my historical account and must return to it. Althoff arrived in Bonn Saturday morning; I went over the Institute with him, the deputy curator, the university building supervisor, the interim director, and several other gentlemen of the faculty, and the abovementioned matters were settled, as well as my relationship to the second physicist, Professor Ketteler. He has actually been passed over, and yet he has been directing the laboratory for years, a difficult business; but I cannot go into it all now. Then on Saturday afternoon Althoff came to the question of my personal salary. From the general reports of others I was prepared for some dreadful haggling, but we came to an agreement in a most decent way. It was helpful that by chance I had exact information on the salary conditions in Bonn, as well as on the salary situation in Giessen, which I had turned down. I asked for 7000 M.** without saying whether I meant with or without housing allowance, whereupon he offered

* [Built as their residence by the former ruling Prince-Archbishops of Cologne.]

** [One Mark was then the twentieth part of an English (gold) pound, i.e., quarter of a dollar.]

ob ich mit oder ohne Wohnungsgeld meine, er bot mir darauf 6000 M. und 660 M. Wohnungsgeld, ging aber ohne weiteres auf 6400 M. und 660 M. Wohnungsgeld. Offenbar hatte er sich vorgenommen, 7000 M. im ganzen nicht zu überschreiten, denn 6300 oder 6400 machte ihm die meiste Sorge.

Noch eins muß ich erwähnen, die Liberalität, mit welcher man mir in bezug auf die Verpflichtung, Vorlesungen zu halten, entgegengekommen ist. Als ein Kollege der Fakultät wünschte, ich solle doch auch dies und jenes lesen, sagte Althoff: Nein, wir legen H. Prof. H. nur die Verpflichtung auf, die Experimentalphysik zu lesen und das Laboratorium zu leiten, er soll freie Zeit zu seinen Arbeiten behalten und seine Ausbreitungsgeschichten ruhig zu Ende bringen. Und zu mir allein auf seinem Zimmer bei der Besprechung des Gehaltes sagte er: Überladen Sie sich nicht mit Kollegien, es ist zwar gesetzlich, daß jeder Professor ein Publikum lesen muß, aber selbst darin sieht man durch die Finger. Und ein andermal, als ich sagte: Nach Zuziehung so vieler Räume werde es wieder heißen, das Laboratorium stehe leer, sagte er: Machen Sie, daß darin etwas geleistet wird, wie Sie es bisher getan haben, dann ist es uns im Ministerium ganz gleich, ob es heißt, es stehe leer oder nicht. Ich sah aus allem diesen, wieviel Wert man auf die wissenschaftliche Seite meiner Tätigkeit legt und empfand auch darin wohltätig den Gegensatz der Universität gegen das Polytechnikum.

An die Eltern

6. Januar 1889

Ich habe noch alles gesehen, was zu sehen war, habe auch noch durch die Zeitung gesucht, ohne besser zu fahren, und habe schließlich am Freitag mir zwei Häuser zur engeren Wahl gestellt, das Clausiussche und ein anderes, welches in mancher Hinsicht, insbesondere der Größe einiger wesentlicher Zimmer und der Lage, hinter dem Clausiusschen zurückstand, dagegen neu, sehr preiswürdig für 35 000 M. und zum ersten April fertig zum Beziehen war. In dem letzteren, welches jetzt noch erst im Streichen und Tapezieren ist, war ich dreimal, des Clausiussche habe ich zweimal von Kopf zu Füßen besehen. Dann nahm ich mir Zeit bis zum folgenden Morgen und entschied mich für das Clausiussche, welches mir zu 37 700 M. als letztes angeboten war und welches mir immer besser gefiel, und in welches ich mich ganz verliebt hatte, so daß ich eher Angst hatte, es könnte mir ein anderes so viel vorteilhafter erscheinen, daß es töricht wäre, jenes zu nehmen. Bleiben wir, wie zu hoffen, lange in dem Hause wohnen, so ist der Kauf ein sehr glücklicher, denn es läßt sich schwer ein für unsere Verhältnisse passenderes Haus finden. Clausius hat mit Familie fünfzehn Jahre in dem Hause gewohnt, den Garten angepflanzt, der einen schon schönen Kastanienbaum enthält und sehr schönes Obst (Trauben) tragen soll, das ist schon etwas anderes als ein neu angepflanzter Garten. Daß das Haus von einem in meiner Wissenschaft hochberühmten Mann bewohnt wurde, ist natürlich noch ein weiterer Reiz für mich und alle Physiker, welche mich etwa besuchen, welchen ich freilich bei

me 6000 M. in salary and 660 M. as housing allowance, but readily went up to 6400 M. and 660 M. as housing allowance. Evidently he had decided not to go above 7000 M. altogether, because the question of 6300 or 6400 was his greatest worry.

I must mention one more thing, the generosity with which they met me as regards my lecturing obligations. When a faculty colleague wanted me to lecture on this and that, Althoff said, "No, the only obligations we are putting upon Prof. H. are the experimental physics course and the direction of the laboratory; he must keep some time for his work so that he can bring his propagation things to conclusion in peace." And in his room, during the salary discussion, he said to me privately, "Do not overload yourself with courses; to be sure there is a regulation that every professor must teach one public lecture course, but even that is sometimes winked at." And another time, when I said, "After we shall have added all these rooms, they will say the laboratory stands empty," he said, "See to it that something worthwhile comes out of it, as you have been doing till now, and then it's all the same to us at the Ministry whether they say it stands empty or not." From all this I saw how much they value the scientific research aspect of my activities and also felt (in a benign sense) the contrast between the University and the Polytechnic.

To His Parents

6 January 1889

I have seen all there was to see and also looked through the newspaper without faring any better, and on Friday I finally narrowed down the choice to two houses, Clausius's house and another, which in some respects, particularly in the size of several important rooms and in location, ranked far below Clausius's; on the other hand it is new, is very much worth the 35 000 Marks price, and is to be ready for occupancy on the first of April. I visited the latter, which is still being painted and wallpapered, three times; I looked over the Clausius house from top to bottom twice. Then I took my time until the next morning and decided on the Clausius house, which had been offered to me at a final price of 37 700 Marks, and which I liked more and more and with which I had truly fallen in love, so that I rather feared that another might seem so advantageous to me that it would be foolish to take the former. If we stay in this house for a long time, as is to be hoped, then the purchase is a very fortunate one, for it would be hard to find a house more suitable for our situation. Clausius lived in the house with his family for fifteen years and planted the garden, which contains what is already a beautiful chestnut tree and is supposed to yield very fine fruit (grapes); that is something quite different from a newly planted garden. Naturally, I find the fact that a very famous man in my own field has lived in the house an added attraction (as will any physicist that might visit me there), although to be sure I did not

dem Kauf nicht berücksichtigt habe. Und das ganze Äußere des Hauses ist genau so anständig und doch auch wieder so anspruchslos, daß es fast für mich gebaut scheint. Wenn also nur die übrigen Verhältnisse es gestatten, das Haus wird uns nicht hindern, dauernd glücklich darin zu wohnen.

20. Januar 1889

Meine letzte Arbeit hat mir eine Anzahl zum Teil recht schmeichelhafter Briefe, auch wieder von meinen Freunden in England, eingetragen. Hierdurch und durch andere Briefe, welche sich auf die hiesige Vakanz beziehen, und durch Briefe, welche durch die Übersiedelung nach Bonn veranlaßt sind, war meine Korrespondenz in dieser Zeit eine recht gesegnete; es war kein Tag, wo wir nicht 60–80 Pf. für Porto ausgegeben haben. Unsere Gedanken sind jetzt viel mit der Einrichtung des Hauses beschäftigt, und wir verteilen in Gedanken die Möbel auf dem Fußboden und die Bilder an den Wänden.

Tagebuch

21. Januar 1889. Durch Amann ein großes Rohr aus parallelen Drähten anfertigen lassen.

26. Januar. Versuche über die Reflexion der Wellen in einer Röhre.

28. Januar. Versuche über Verlauf der Wellen im Rohr. Über Verwendung des Froschschenkels im sekundären Kreise statt des Funkens.

30. Januar. Zeichnungen gemacht für die Veröffentlichung der Arbeit bei Wiedemann.

31. Januar. Die Arbeit an Wiedemann und andere Briefe abgeschickt.

1. Februar. Versuche über Eindringen in verschlossene Röhren.

2. Februar. Nachgedacht über ein neues Gravitationspendel für Mondattraktion (Pendel auf Spitze), über Primzahlen und elektromagnetische Theorien.

3. Februar. In Tyndalls On Sound gelesen.

4. Februar. Akustische Versuche über tönende Flammen gemacht.

6. Februar. Sehr hübscher Versuch, die Interferenz der reflektierten Wellen von einer Wand mit den ankommenden durch tönende Flammen zu zeigen.

7. Februar. In dieser Zeit lebhafte Korrespondenz mit Engländern, überhaupt starke Zunahme der Korrespondenz seit Neujahr.

8. Februar. Aufforderung von Sarasin in Genf, die Arbeiten für das Archiv zusammenzufassen.

An die Eltern

10. Februar 1889

Uns geht es weiter gut. Heute hatten wir Besuch von einem Professor Lehmann aus Dresden, meinem mutmaßlichen Nachfolger, der zur Besichtigung und Verhandlung hierher kam. Elisabeth bemerkt, daß wir im ganzen mehr Fremde bei uns sehen als Hiesige. Am Dienstag war Emil Levy aus Freiburg bei uns, um sich beim Großherzog für die übrigens schon vor 1½ Jahren er-

take that into consideration in the purchase. And the entire external appearance of the house is so dignified and yet so unpretentious that it seems almost to have been built for me. If only the other circumstances will permit it, the house will not stop us from living there happily for a long time to come.

20 January 1889

My latest paper has brought me a number of letters, some of them quite flattering, including again some from my friends in England. Because of these and other letters relating to the vacancy here, and letters occasioned by the move to Bonn, I am quite blessed with correspondence just now; not a day has gone by but that we had to spend 60–80 Pf. on postage. Our thoughts are now much occupied with the furnishing of the house and we mentally arrange the furniture about the floors and the pictures on the walls.

Diary

21 January 1889. Had a large tube of parallel wires constructed by Amman.

26 January. Experiments on the reflection of waves in a tube.

28 January. Experiments on the transmission of waves through a tube. On the use of a frog's leg in the secondary circuit instead of a spark.

30 January. Made drawings for the publication of the paper at Wiedemann's.

31 January. Posted the paper to Wiedemann and other letters.

1 February. Experiments on penetration in closed tubes.

2 February. Thought about a new gravity pendulum for lunar attraction (upside-down pendulum), about primary numbers, and electromagnetic theories.

3 February. Read in Tyndall's *On Sound.*

4 February. Made acoustic experiments on sound flames.

6 February. Very beautiful experiment demonstrating the interference of waves reflected from a wall with incident waves by means of sound flames.

7 February. Lively correspondence with Englishmen these days; altogether a great increase in correspondence since the New Year.

8 February. Invitation from Sarasin in Geneva to summarize the papers for the Archives.

To His Parents

10 February 1889

All continues well with us. Today we were visited by a Professor Lehmann from Dresden, my presumed successor, who came here to inspect and negotiate. Elisabeth remarks we generally seem to be seeing more strangers than local people. On Tuesday we had Emil Levy from Freiburg; he came to pay his respects to the Grand Duke in acknowledgment of his appointment as associate professor, which by the way he was made a year and a half ago. On the

folgte Ernennung zum außerordentlichen Professor zu bedanken. Am gleichen Tage war auch ein Professor Hall* aus Amerika bei mir, President of Clark University, einer aus einer Stiftung neu zu gründenden Universität bei Boston; es soll mehr Akademie sein als Universität, nur für vorgeschrittene Studenten, und er kam, um sich zu erkundigen, ob ich nicht in Amerika, Europa oder angrenzenden Ländern einen geeigneten Physiker wisse, da es gar zu schwer sei, einen zu finden. Helmholtz habe ihn an die jüngeren Physiker gewiesen, da er nicht au fait sei, offenbar will er keinen empfehlen, den er behalten möchte, und auch keinen schlechten. Ich merkte nun bald, daß es ihm recht wäre, wenn ich selber wollte, denn er bedauerte sehr, daß Bonn so schön sei. Was meint Ihr? Eine Million Mark für ein Institut und 20 000 M. Gehalt? Ja, wenn er vor einem Jahr gekommen wäre, wäre ich da gegangen? Ich will es nicht sicher behaupten, aber die Versuchung wäre doch überwältigend gewesen. Ehe ich verheiratet war, wäre ich bestimmt gegangen. Jetzt ist es zu spät, außer wenn Ihr mir heftig zuredet. Jetzt muß ich ihm leider noch antworten, was ich ihm raten kann, aber ich weiß wenig zu raten, und wenn ich einen vollkommen Geeigneten in Deutschland wüßte, würde ich ihn auch nicht gern empfehlen. Als ich ihm sagte, er solle doch einen Amerikaner nehmen, fragte er: Wen? Wissen Sie jemand? und meinte, zweiten Ranges hätten sie genug, aber nur einen ersten Ranges, und den wollten sie nicht von seinem eben vollendeten Institut wegholen; ihr Institut aber solle noch schöner werden, das beste, welches es gäbe. Ich erhielt auch neulich von einer schweizer, in französischer Sprache erscheinenden Zeitschrift die Bitte um eine zusammenfassende Bearbeitung meiner Versuche; heute werde ich sogar aus Graz um meine Photographie für ein Album der Mathematiker gebeten. Auch einen Verleger für meine ungeschriebenen Werke habe ich schon gefunden, kurzum, Ihr seht, bei uns geht's schnell weiter, und wir müssen uns einigermaßen an eine vergrößerte Korrespondenz gewöhnen, und der Bescheidenheit werden bisweilen Zumutungen gestellt. Hoffentlich gelingt mir dieselbe doch zu bewahren. Übrigens ist natürlich meine letzte Arbeit nur dasjenige, was der Welt in die Augen springt, in Wahrheit ist sie in den früheren enthalten, und das Verdienst bestand mehr in dem Auffinden der ersten Spur; je weiter eine Arbeit in der Reihe zurückliegt und je weniger sie beachtet worden ist, je mehr hätte sie eigentlich Lob verdient. Jetzt sind leider doch auf einige Zeit meine Kräfte lahmgelegt, die nächste Zukunft nimmt mich zu sehr in Anspruch. Überhaupt denke ich, was ich vielleicht leisten könnte, wenn ich an nichts anderes als die Arbeit zu denken hätte, da es mir immer vorkommt, als ob ich im Grunde doch nur einzelne Tage oder vielleicht Wochen zwischendurch arbeite und dann wieder Monate die eigentliche Arbeit nicht anrühre; aber dann denke ich auch, daß wiederum die äußere Unruhe merkwürdig wenig stört, wie ich in diesen Sachen den entscheidenden Schritt eigentlich gerade nach der Geburt des Kindes getan habe, wo doch Unruhe genug zu Hause und im Kopfe war. Aber ich hoffe immer noch auf eine Zukunft, wo ich mich ganz

* G. Stanley Hall (1844–1924), berühmter amerikanischer Psycholog.

same day a Professor Hall* from America came to see me, the president of Clark University, a new university being founded on an endowment near Boston; it is to be more of an academy than a university, only for advanced students, and he came to inquire whether I knew of any suitable physicist in America, Europe, or adjacent lands, it being altogether too difficult to find one. He said Helmholtz had referred him to the younger physicists, saying he was not *au fait;* evidently he neither wants to recommend anyone whom he would like to keep nor anyone bad. I soon noticed that it would have suited him if I had wanted to go myself, for he said he greatly regretted that Bonn was so beautiful. What do you think? A million Marks for an institute and 20 000 Marks as salary? Well, if he had come a year ago, would I have gone then? I cannot say for sure, but the temptation would have been overwhelming. Before I was married, I would certainly have gone. Now it is too late, unless you are going to be very persuasive. Alas, I still have to give an answer and my advice, but I scarcely know what to advise; even if I knew of someone in Germany who was perfectly suitable, I would not like to recommend him. When I told him that he ought to take an American, he asked, "Whom? Do you know of anyone?" and said they had plenty of second-class people but only one first-class person, and they did not want to take him away from his institute which had been just established; but their institute is to be still better, the best there is. Recently I also received a request for a comprehensive review of my experiments from a Swiss journal published in French; today I even got a request from Graz for my photograph for an album of mathematicians. I have even found a publisher for my unwritten works; in short, you see that we are moving on quickly and must become a bit used to an enlarged correspondence, and modesty is sometimes put to a test. I hope I shall manage to preserve it all the same. By the way, it is my most recent paper that alone commands attention in the eyes of the world; whereas in truth the result was contained in my earlier papers, and the merit lies rather in the discovery of the first trace; the farther back a paper stands in the series and the less attention it has received, the more praise it actually deserves. Now, unfortunately, my strength has been numbed for some time to come; the near future holds too many claims on me. I often think of how much I could perhaps accomplish if I had nothing but my experiments to think about, because it always seems to me as though in truth I work only for a few days or perhaps weeks at a time and then do not touch the actual work for months again; on the other hand I sometimes wonder how remarkably little external turmoil matters, of how I actually took the decisive step in these things just after the birth of the child, when there was turmoil enough in the house and in my head. But I still hope for a future time when I shall be able to concentrate completely on thought and observation;

* G. Stanley Hall (1844–1924), famous American psychologist.

in die Betrachtung vertiefen kann; für eine eigentliche Vertiefung fehlt mir innere und äußere Ruhe. Doch genug über mich!

Tagebuch

11. Februar 1889. Über Fortleitung der schnellen Wellen durch Spiralen.

16. Februar. Versuche gemacht über ponderomotorische Wirkung von Ätherwellen.

17. Februar. Über die Grundgleichungen der Elektrodynamik nachgedacht.

20. Februar. An der Niederschrift der französischen Veröffentlichung gearbeitet.

21. Februar. Niedergeschrieben und nachgedacht über die Gleichungen für ein Dielektrikum.

23. Februar. Nachgedacht über die Grundgleichungen der Elektrodynamik.

An die Eltern

24. Februar 1889

Was mich selbst anlangt, so ist es freilich das beste, wenn alles so bliebe, wie es jetzt steht. Ich höre freilich diese Zeit fast zu viel Angenehmes und möchte ganz gern wieder etwas zurücktreten können (was freilich in einiger Zeit von selbst eintreten wird), denn einen so guten Ruf, wie er mir jetzt von allen Seiten entgegentönt, zu bewahren, ist nicht leicht. Jetzt gilt es den Sieg zu verfolgen, und das ist schwerer als der Sieg selbst, bei dem das gute Glück doch in allem Ernst eine große Rolle spielt. Auch verfolgt mich meine Arbeit ein wenig, ich soll die Sache nochmals ausarbeiten, Vorträge darüber halten, die Versuche andern zeigen; sonst waren die Sachen so schön abgetan und fertig, wenn sie einmal gedruckt waren. Freitag, an meinem Geburtstage, habe ich einen größeren Vortrag im hiesigen Naturwissenschaftlichen Verein über die Sache gehalten, der nach allem, was ich höre, ein wirklicher Erfolg war, und ich werde jetzt auch in Karlsruhe bekannt, zu spät!

Tagebuch

27. Februar 1889. Flimmern vor den Augen bekommen.*

28. Februar. Mit meinen Augen nicht zufrieden, Mühe im Fixieren. Von Elisabeth vorlesen lassen.

1. März. Lebhaft über die Gleichungen der Elektrodynamik nachgedacht und an der Niederschrift der Arbeit für Genf gearbeitet.

2. März. Zum Augenarzt gegangen, der mir eine Brille für das Nahesehen verschreibt.

4. März. Niedergeschrieben an der Arbeit für Genf.

5. Marz. Wie gestern, zwischendurch über Elektrodynamik nachgedacht.

6. März. Feste Kohlensäure gemacht. Arbeit nach Genf fertig.

7. März. Kolleg geschlossen. Abends öffentlicher Vortrag für die Studierenden über meine Arbeit, wobei der Hörsaal überfüllt ist.

* Nach immer wiederholten Vorführungen seiner Versuche vor einer Reihe von Besuchern.

Heinrich Hertz' Eltern mit ihrem Söhnchen, 1857

Heinrich Hertz's parents with their little son, 1857

Heinrich Hertz, Dezember 1865

Heinrich Hertz' Eltern in ihren jüngeren Jahren

Heinrich Hertz's parents in their younger years

Magdalenenstraße 3, Hamburg-Pöseldorf, wo Heinrich Hertz aufwuchs und seine Eltern bis zu ihrem Tod lebten
Magdalenenstrasse 3, Hamburg-Pöseldorf, where Heinrich grew up and where his parents lived until their death

Heinrich Hertz's Eltern zur Zeit ihrer Goldenen Hochzeit, 1906
Heinrich Hertz's parents at the time of their golden wedding, 1906

Die Ecke des Technischen Hochschulgebäudes in Karlsruhe, wo sich Heinrich Hertz' Institut befand; die Aufnahme stammt aus der Zeit seines Einzuges dort

Corner of the building at the Technische Hochschule in Karlsruhe housing Heinrich Hertz's Institute; the photograph was taken at the time of his arrival there

Heinrich Hertz zur Zeit seiner Verlobung mit Elisabeth Doll in Karlsruhe, 29 Jahre alt

Heinrich Hertz and Elisabeth Doll at the time of their engagement in Karlsruhe; he was 29

Wiedergabe der Schattenrisse, die Heinrich und Elisabeth Hertz gegenseitig von sich an der Wand zeichneten, etwa 1888

Reproduction of silhouettes mutually traced by Heinrich and Elisabeth Hertz on a wall, circa 1888

Heinrich Hertz als Leutnant der Reserve im Manöver zur Zeit seiner besten Gesundheit

Heinrich Hertz as lieutenant of the reserve on maneuvers at the top of his physical condition

Heinrich Hertz in Bonn zur Zeit seiner beginnenden Krankheit, 1891

Heinrich Hertz in Bonn at the time his illness began, 1891

Büste ihres Vaters von Mathilde Hertz, im zweiten Weltkrieg vernichtet

Bust of her father by Mathilde Hertz, destroyed in World War II

Das Haus Quantiusstraße 13 in Bonn, das Heinrich Hertz 1889 erwarb und wo er am 1. Januar 1894 starb

The house in Quantiusstrasse 13 in Bonn, which Heinrich Hertz acquired in 1889 and where he died on 1 January 1894

I lack both inner and outer peace for complete absorption. But enough about me!

Diary

11 February 1889. On the transmission of fast waves through spirals.

16 February. Conducted experiments on the ponderomotive effect of ether waves.

17 February. Thought about the basic equations of electromagnetics.

20 February. Worked on the draft of the French paper.

21 February. Wrote down equations for a dielectric and thought about them.

23 February. Thought about the basic equations of electromagnetics.

To His Parents

24 February 1889

As far as I am concerned, it would certainly be best if everything remained as it is at present. These days I hear almost too much of what is flattering and would not mind stepping out of the limelight now (which will of course happen of its own accord after a while), for to keep up a repute as good as mine is just now according to all I hear is no easy matter. The next task is to follow up the victory, and that is more difficult than the victory itself, where good luck certainly plays a major part. The work itself is a hard taskmaster; I am expected to elaborate the thing once more, to lecture about it, to demonstrate the experiments to others; formerly these things were done with and out of the way once they were published. Friday, on my birthday, I gave a longer lecture on the matter for the local Natural Science Society, which according to all I hear was a real success; and I am now become well known even in Karlsruhe, too late!

Diary

27 February 1889. Got glitter before my eyes.*

28 February. Not happy with my eyes, trouble with focusing. Made Elisabeth read to me.

1 March. Thought vigorously about the equations of electromagnetics and worked on the draft of the paper for Geneva.

2 March. Went to an occulist, who prescribed glasses for near work.

4 March. Worked on the paper for Geneva.

5 March. As yesterday, with thoughts about electromagnetics in between.

6 March. Made solid carbonic acid. Paper for Geneva ready.

7 March. Final lecture. In the evening, a public lecture about my work for students, before an overflow audience.

* After repeated demonstrations of his experiments to a succession of visitors.

Elisabeth Hertz an die Eltern

10. März 1889

Über Heins' Vortrag im Naturwissenschaftlichen Verein müssen wir immer noch viel Schönes hören; der eine sagt, er sei ganz „erschüttert" gewesen, der andere behauptet, der Vortrag habe ihn eine schlaflose Nacht gekostet, aber er bereue es nicht! Nun hat Heins auf Bitten einiger Studenten denselben Vortrag noch einmal im Polytechnikum gehalten, und da doch auch eine Studentin dabei war, hat Heins mich auch mitgenommen. Sein Hörsaal, der eigentlich nur für 240 Studenten ist, war übervoll, gewiß weit über 300 Zuhörer, eine Versammlung, wie sie das Polytechnikum wohl seit lange nicht mehr gesehen. Am Schluß wurde so sehr applaudiert und Hoch gerufen, daß ich ganz beschämt war.

Tagebuch

11. März 1889. Beim Zahnarzt Zahnausziehen. Mit meinen Augen zu tun gehabt.

16. März. Heftig gerechnet, um eine allgemeinere Fläche als die Fresnelsche Wellenfläche herauszubekommen.

17. März. Heftig gerechnet.

An die Eltern

17. März 1889

An die Abreise haben wir eigentlich noch gar nicht gedacht, müssen jetzt aber ernstlich an unsere Besuche gehen. Los ist jetzt immer etwas bei uns. Zunächst habe ich vorgestern ein Diplom als korrespondierendes Mitglied der Berliner Akademie erhalten. Ihr könnt Euch denken, daß mich diese Ehre gefreut hat, dieselbe ist mir immer ganz außerordentlich erschienen — wie viele Verpflichtungen legt mir alles dieses auf! Ich komme mir jetzt ganz wichtig mit meinen Arbeiten vor, und doch kann ich nicht anders arbeiten als bisher und möchte auch lieber die Ehren noch etwas aufgeschoben haben, wenn ich dafür meine Arbeiten mit gleichem Erfolge fortsetzen könnte. Am besten ist es wohl, man freut sich an diesen Ehren eine Zeit und vergißt dann, daß man sie genießt. Gleichzeitig wurde mir von dem Professor Joubert in Paris ein Abdruck aus dem französischen Journal de physique mit einem sehr schmeichelhaften Schreiben geschickt. Es war darin ein Auszug meiner früheren Arbeiten und eine Übersetzung meiner letzten, die er par l'entremise de madame Fould* erhalten und, wie es scheint, sofort übersetzt und aufgenommen hatte; so scheint das Exemplar, welches Papa nach Paris gesandt, doch das erste dort bemerkte gewesen zu sein.

Experimentell habe ich hier nichts mehr angefangen, ich arbeite theoretisch an der Ausbildung der neueren Anschauungen, aber nachdem ich viele Haupt-

* Eine Verwandte von Heinrich Hertz' Vater.

To the Parents from Elisabeth Hertz

10 March 1889

We still keep receiving compliments on Heins's lecture to the Natural Science Society: one man says he was quite "shaken," another claims the lecture cost him a sleepless night, but he does not rue it! At the request of several students, Heins now repeated the same lecture at the Polytechnic, and since there was one woman student, Heins took me along, too. His lecture hall, actually intended for no more than 240 students, was overcrowded, surely more than 300 listeners, a meeting such as the Polytechnic has scarcely seen for a long time. At the end there was so much applauding and cheering that I was quite embarrassed.

Diary

11 March 1889. Went to the dentist to have a tooth pulled. Had trouble with my eyes.

16 March. Vigorous computing effort to derive a more general plane than the Fresnel wave plane.

17 March. Vigorously computing.

To His Parents

17 March 1889

So far we have not given much thought to our departure, but now we must begin our visits in earnest. Something is happening to us all the time. Yesterday I received my diploma as corresponding member of the Berlin Academy. You can imagine how much this honor pleases me; it has always seemed quite an extraordinary one to me—how many obligations all this throws on me! With my papers I think myself quite important now, and yet I can work no differently from before and would have gladly postponed the honors for a bit if instead I could have continued my work with equal success. It is probably best to take pleasure in these honors as they come and then to forget them. At the same time Professor Joubert of Paris sent me a reprint from the French *Journal de Physique* with a very flattering letter. It contained an abstract of my earlier papers and a translation of the last one, which he had received *par l'entremise de Madame Fould** and which, apparently, he had translated and printed immediately; so it seems that the copy Papa sent to Paris was indeed the first one to be noticed there.

I have started no further experimental work here; I am doing theoretical work on the development of the new interpretations, but after dealing with

* A relation of Heinrich Hertz's father.

sachen leicht erledigt, sitze ich jetzt schon seit ein paar Wochen an einer kleinen Nebensache, die nicht will und die ich doch nicht aufgeben will. Nun werden wohl bald die Umzugssachen mich herausreißen.

Tagebuch

21. März 1889. Abends gelingt der Beweis für die verallgemeinerte Wellenfläche.

22. März. Mich entschlossen, den Rest der Versuche noch vor der Übersiedelung niederzuschreiben.

23. März. Niedergeschrieben an der Arbeit. Commissionen, Besuche.

26. März. Arbeit abgeschickt. Besuche. Immer mit meinen Augen etwas zu tun gehabt.

29. März. Zu Hause geräumt, gearbeitet an der Theorie der Elektrodynamik.

many major points with ease, I have now been brooding for several weeks over a small ancillary matter that will not yield to solution but that I nevertheless do not want to give up. The realities of moving will soon tear me away from all that.

Diary

21 March 1889. In the evening succeeded in working out the proof for the generalized wave plane.

22 March. I decided to write up the rest of the experiments before we move.

23 March. Wrote up my work. Shopping, visits.

26 March. Sent the paper off. Visits. Constantly having trouble with my eyes.

29 March. Cleared up at home, worked on the theory of electromagnetics.

Bonn

1889-92

Tagebuch

3. April 1889. Nach Bonn.

5. April. Mit vier Schreinern die Bibliothek transportiert, das Eckzimmer behaglich eingerichtet und geheizt.

An die Eltern

5. April 1889

Nachdem ich ein warmes Zimmer habe, gefällt es mir auch recht gut im Institut, nur so entsetzlich leer und einsam ist es in diesen Räumen; wenn ich mir hier sechs Praktikanten denke, wo fünfzig bequem arbeiten könnten, wird mir angst, und einstweilen irre ich allein nicht ohne Beklemmung in denselben herum. Und alle die Keller und Gänge, wo das Wasser von der Decke tropft und man Quellen rauschen hört — hu — hu —. Werden wir Leben in die Sache bringen, das frage ich mich mit großen Zweifeln.

14. April 1889

Im Laboratorium mache ich mir viel Arbeit mit Neuordnen der Sammlung, und ich will auch ein ganz neues Inventar aufstellen. Ob's mir jemand dankt, ist wohl fraglich, aber einmal muß doch wenigstens alle zwanzig Jahre Ordnung gemacht werden, und da ich lange hierbleiben möchte, tue ich's lieber zu Anfang. Hoffentlich hält der Eifer an, bis alles in Ordnung ist. Das schlimmste ist, daß ich in so vielen Dingen nicht auf mir selbst beruhe, sondern Anträge stellen muß, das hält sehr auf. Heute habe ich wieder einen Ausflug gemacht, ich ging zu Fuß nach Rolandseck am Rhein entlang, ein sehr hübscher Spaziergang (allerdings drei Stunden) und ein schönes Ziel, aber man kann auf sehr viele Arten einen Teil dieses Weges und alle Wege in der Gegend auf andere Weise machen.

Bonn

1889-92

Diary

3 April 1889. To Bonn.

5 April. Moved the library in with the help of our carpenters; furnished the corner room comfortably and heated it.

To His Parents

5 April 1889

Now that I have a warm room, the Institute pleases me very well, only it is so terribly empty and lonely in these rooms; when I think about having six laboratory workers where fifty could work in comfort, I grow nervous, and meanwhile I wander about them alone, not without anxiety. And all these cellars and passages where water drips from the ceiling and one can hear the murmur of springs "hoo — — hoo — —." "Shall we bring it to life?" I ask myself with great doubts.

14 April 1889

In the laboratory I am making a lot of work for myself rearranging the collection of apparatus; I also want to set up a completely new inventory. It is questionable whether anyone will thank me for it, but things have to be put in order at least once every twenty years, and since I should like to stay here for a long time, I might as well do it at the beginning. I hope the impetus lasts until order is achieved. The worst of it is that so often I cannot act on my own, but must ask for approval and that holds everything up. Today I went exploring; I walked along the Rhine to Rolandseck, a very nice walk (three hours, however) and a beautiful destination; there are several routes for parts of this walk and for all walks in this area.

Tagebuch

26. April 1889. Elisabeth kommt an.

29. April. Vorlesung beginnt.

8. Mai. Ehrenmitglied der Manchester Philosophical Society geworden.

9. Mai. Besuche all diese Zeit. Bisher etwa 7 Fahrten zu je 12 Besuchen gemacht.

17. Mai. Unser Haus wird frei, und wir gehen hinein.

3. Juni. Viel um das Haus gekümmert in dieser Zeit.

4. Juni. Ich erhalte den Baumgartenpreis von 1000 fl. von der Wiener Akademie.

7. Juni. Vormittags kommen die Möbel ins Haus, Abends kommen meine Eltern an.

11. Juni. Zum Ehrenmitglied der Gesellschaft in Genf ernannt.

12. Juni. Wie gestern im Haus gearbeitet. Nach Tisch ziehen wir ein.

18. Juni. In hohem Grade nervös abgespannt.

25. Juni. Sehr gedrückt und überbürdet gefühlt.

1. Juli. Dr. Pulfrich jetzt zu militärischer Übung eingezogen, so daß ich auch das Praktikum allein habe.

5. Juli. In dieser Zeit Mitglied der Erlanger Gesellschaft.

6. Juli. Viel Ärger mit Reparaturen.

An den Vater

7. Juli 1889

Soeben habe ich einen Brief an Mama abgeschickt, dessen wesentlicher Inhalt außer guten Wünschen ist, daß es uns sehr schlecht, im übrigen sehr gut geht. Soll ich das Dir nun nochmal auseinandersetzen? Außer unserer regelmäßigen Schlafenszeit 10–8 Nachts und 2–4 Nachmittags haben wir keine Ruhe bei Tag und Nacht. Immer klingelt es an unserer Haustür, immer klopft es bei mir im Institut. Was uns kränkt, kannst Du Dir ja auch denken: Ungewohntheit, Neuheit, Handwerker, Gesellschaften, Examina, Sitzungen usw. Jetzt fange ich schwach an, wieder an meine Arbeiten zu denken, und hoffe bis zum Anfang der Ferien alles so weit vorbereitet zu haben, daß ich anfangen kann.

Wir sehen hier nach rechts und links die Eisenbahnzüge an uns vorübergleiten und können unsern Geist doch gar nicht zu solcher Freiheit aufschwingen, daß wir es für möglich hielten, selbst einmal wieder aus allen diesen kleinen, engen Sorgen hinausfahren zu können. Betrachte die Freimarke dieses Briefes, sie ist ein Teil des Wiener Preises, welcher glücklich angekommen ist.

Tagebuch

12. Juli 1889. Allmählich angefangen, an eigene Arbeit zu denken.

16. Juli. An kleinem Apparat zur Beobachtung der ponderomotorischen Wirkung gearbeitet.

Diary

26 April 1889. Elisabeth arrives.

29 April. Lectures begin.

8 May. Elected honorary member of the Manchester Philosophical Society.

9 May. Continued visiting. We took about 7 drives, with 12 visits each time.

17 May. Our house is vacant, and we look in.

3 June. The house takes a great deal of our time these days.

4 June. I receive the Baumgarten prize of 1000 fl. from the Vienna Academy.

7 June. The furniture arrives in the morning, my parents in the evening.

11 June. Named honorary member of the society in Geneva.

12 June. Worked in the house, as yesterday. We move in after dinner.

18 June. Nervous and tense to a high degree.

25 June. Felt very depressed and overburdened.

1 July. Dr. Pulfrich called up for military service, so that I now have to do the laboratory on my own.

5 July. Became a member of the Erlangen society.

6 July. Much annoyance over repairs.

To His Father

7 July 1889

I have just sent off a letter to Mama,* the essential contents of which are, aside from good wishes, that we are very miserable but for the rest very well. Shall I go over that for you once more? Apart from our regular time of sleep from 10 to 8 at night and from 2 to 4 in the afternoon we find no rest by day or night. The doorbell of our house rings continually; someone is forever knocking at the Institute.

You can imagine what plagues us: unfamiliarity, newness, workmen, social occasions, examinations, meetings, etc. Now I am slowly turning to thoughts about my work again, and I hope that by the beginning of the vacations everything will be ready, so that I can start.

We see the trains here passing us to the right and the left but we cannot make so bold as to think it possible that we two could ever again get away from all these narrow little cares.**

Have a good look at the stamp on this letter, it is a part of the Vienna prize which has just arrived.

Diary

12 July 1889. Gradually started to consider my own work.

16 July. Worked on a small instrument for the observation of the ponderomotive effect.

* [Who was away on holidays.]

** [His room overlooked the rail lines carrying traffic to the Netherlands and to Italy.]

18. Juli. Viel Arbeit mit dem Laboratorium, ohne weiterzukommen.

22. Juli. Sehr erschöpft und unglücklich.

24. Juli. Weiter Examen.

26. Juli. In der Bibliothek gestöbert. Life and Letters of Faraday gelesen.

30. Juli. Diese Zeit mit Mühe das Semester zu Ende geführt.

31. Juli. Sehr erschöpft.

An den Vater

1. August 1889

Neues habe ich Dir nichts zu erzählen, nicht einmal etwas Erfreuliches über meine Arbeiten, ich sehe mit Sehnsucht den Ferien entgegen und halte meine Vorlesungen einmal wieder so schlecht als möglich, doch liegt es nicht an meinem guten Willen, sondern ich kann buchstäblich nicht besser. Nun, noch heute und morgen wird es ja gehen, und dann kommt eine lange Pause. Hätte ich nur nicht auf der Naturforscherversammlung zu sprechen; so sind die Ferien wieder halbiert.

Tagebuch

14. August 1889. Kleine Spaziergänge. Diese Zeit nur ausgeruht.

26. August. Angefangen, am Vortrag für die Naturforscherversammlung zu schreiben, aber es mißglückt.

27. August. Unglücklich über das Nicht-Vorwärtsgehen der Niederschrift.

28. August. Spaziergang ins Melbthal und Wasserbauten gemacht.

2. September. Ernstlich an meinen Vortrag gegangen, jedoch wieder von vorn angefangen, in der alten Form von Karlsruhe.

An die Eltern

8. September 1889

Zu der Britischen Naturforscherversammlung bin ich auch von seiten des Komitees offiziell eingeladen und privatim ist mir auch eine reception to be proud of in Aussicht gestellt, aber leider kann ich nicht gehen, und im geheimen muß ich gestehen, daß die guten Aussichten mir die Lust nur benehmen könnten. Hören und sehen möchte ich ja gerne, aber mitspielen gar nicht. Ich bin schon sehr unglücklich, daß ich mir den Vortrag in Heidelberg aufgeladen habe, und doktere mit schwerer, saurer Arbeit und viel Zeitaufwand an ihm herum, und was ich herausbringe, ist dennoch meiner Meinung (meiner aufrichtigen Meinung) nach für den Laien unverständlich, für den Fachmann trivial, mir selbst ekelhaft. Leider ist diesmal kein Ausweichen, etwas muß ich sagen. Fremde Besuche, Einladungen, Visiten haben glücklicherweise seit den Ferien vollkommen aufgehört, das Haus kommt allmählich instand, und die Ferien üben die gute Wirkung, daß das nervöse Gefühl des beständigen Gehetztseins verschwindet und ich auch ab und zu ein Stündchen wieder

18 July. Much work on the laboratory, without any progress.
22 July. Very weary and unhappy.
24 July. Examinations continue.
26 July. Browsed in the library. Read the *Life and Letters* of Faraday.
30 July. Finished the semester with difficulty.
31 July. Quite exhausted.

To His Father

1 August 1889

I have nothing to relate, not even pleasing news about my work; I look forward longingly to the vacations and once again lecture in the worst imaginable way; there is no lack of good intentions, I simply cannot do any better. Well, I shall manage today and tomorrow, and then comes a long pause. If only I had not undertaken to speak at the Natural Scientists' meeting; that again cuts the vacation in half.

Diary

14 August 1889. Short walks. Merely rested during these days.

26 August. Started to write the lecture for the Natural Scientists' meeting, but it will not get off the ground.

27 August. Miserable about the lack of progress on the draft.

28 August. Walked into the Melb valley and played at water works.

2 September. Worked at my lecture in earnest, starting over again from the beginning, in the old Karlsruhe arrangement.

To His Parents

8 September 1889

I have been officially invited to the meeting of the British Association for the Advancement of Science by the committee and the prospect of a 'reception to be proud of' has been held out to me privately, but unfortunately I cannot go; and secretly I must admit that the good prospects could only diminish my pleasure. I would like to go to see and hear, but not to participate. I am unhappy enough that I took the lecture in Heidelberg upon myself, and I am doctoring it with much hard, distasteful labor and great expenditure of time, yet what I am producing is, in my opinion (my honest opinion), incomprehensible to the layman, trivial to the expert, and nauseous to myself. No way out this time, alas, I have to say something. Visiting foreigners, invitations, and social calls have fortunately altogether stopped since vacations began, the house is gradually getting organized, and the holidays help by dispensing with

an wissenschaftliche Gegenstände denken kann, welches mir Gott sei Dank noch immer ein großer Genuß ist.

Tagebuch

11. September 1889. Diese Tage immer morgens gearbeitet am Vortrag. Nachmittags kleiner Spaziergang.

15. September. Vortrag fertig gemacht.

16. September. Mit Elisabeth zusammen den Vortrag abgeschrieben.*

17. September. Nach Heidelberg auf die Naturforscherversammlung gereist.

An die Eltern

26. September 1889

In Heidelberg also hat es mir, wie Ihr Euch denken könnt, sehr gut gefallen, und es wird eine sehr schöne Erinerung für mich sein. Alle kamen mir aufs freundlichste und ehrendste entgegen, und schließlich war ich froh, wieder allein zu sein, um nicht mehr Komplimente zu hören.

Doch dies war weniger das Vergnügen als das Zusammensein mit den Fachgenossen. Auch sehr viel gelernt habe ich. Ich will versuchen, das Wichtigste in chronologischer Reihe zu erzählen. Als ich am Dienstag ankam, fühlte ich mich zunächst etwas einsam in dem durchfrorenen Hotelzimmer, aber bald traf ich Bekannte. Abends war allgemeine Begrüßung im Museum; hier wurde ich Siemens vorgestellt, der sehr freundlich war und auch in den folgenden Tagen keine Gelegenheit versäumte, mir zu sagen: Das ist alles Unsinn. Sie müssen nach Berlin kommen. Ebenso sprach ich mit Edison, der sich vergewisserte, ob ich der „man" sei, „who made the experiments about vibrations and sparks". Dann erzählte er mir, er habe früher auch einmal etwas Ähnliches versucht, und als ich ihm mein Bedauern ausdrückte, daß er es nicht zu Ende geführt, meinte er, seine Sache sei „only inventions, not science". Doch war die Unterhaltung sehr kurz, andere ließen sich vorstellen, und es war ein großes Gedränge um ihn. Der Phonograph wirkt wunderbar, aber die Art, wie er dort vorgeführt wurde, war Reklame und nach unseren Begriffen nicht sehr würdig. Am Mittwoch war die erste allgemeine Sitzung, die ziemlich lang dauerte, worin Virchow eine Stunde lang eine Rede hielt über organisatorische Dinge, ohne Inhalt und Zweck, so daß ich ihn hätte umbringen können, doch stellte sich nachher heraus, daß der Großherzog eine Stunde Verspätung hatte und daß nur diese Lücke ausgefüllt werden sollte. Es ist doch etwas Schönes um die parlamentarische Beredsamkeit.** Am Donnerstag war Sektionssitzung von 9 Uhr morgens bis 3 Uhr nachmittags, und es waren wohl 100 Mitglieder dort, die besten Physiker, Helmholtz, Kundt, Kohlrausch, Siemens usw., fast alles, was Namen hat. Daher war es auch

* Über die Beziehungen zwischen Licht und Elektrizität. Ges. Werke, I. Band, 20.
** Rudolf Virchow (1821–1902) war damals Reichstagsabgeordneter.

the nervous feeling of constant pressure; I can think about scientific subjects again for an hour or two now and then, which thank God still gives me great contentment.

Diary

11 September 1889. Worked on the lecture every morning during the past days. Short walk in the afternoon.

15 September. Finished the lecture.

16 September. Copied the lecture with Elisabeth's help.*

17 September. Travelled to Heidelberg for the Natural Scientists' meeting.

To His Parents

26 September 1889

As you can imagine, I was very pleased with Heidelberg, and I shall remember it with pleasure. Everyone approached me most cordially and respectfully, and in the end I was glad to be once more by myself and not compelled to listen to further compliments.

Yet that was less important than the pleasure of the company of professional colleagues. I learned a great deal as well. I shall try to recount what matters most in chronological order. On Tuesday, when I arrived, I felt at first somewhat lonely in my freezing hotel room, but I soon met some friends. In the evening there was a general get-acquainted session at the museum; there I was introduced to Siemens who was very friendly and over the days that followed lost no opportunity of telling me, "This is all nonsense. You must come to Berlin." I also taked with Edison, who wanted to make certain that I was the man 'who made the experiments about vibrations and sparks.' Then he told me that he had once tried something similar, and when I expressed my regret that he had not brought it to conclusion, he said that his business was 'only inventions, not science.' Yet the conversation was very short, others asked to be introduced and they crowded around him. The phonograph is marvellously effective, but the manner in which it was presented there was advertisement and not very dignified by our lights. The first general session was on Wednesday and lasted rather a long time, during which Virchow spoke for an hour about organizational matters without content or purpose, so that I could have killed him; however, afterwards it transpired that the Grand Duke had been delayed by an hour and that it had been merely necessary to fill the gap. Indeed there is something admirable about parliamentary eloquence.** On Thursday there was a section meeting from 9 o'clock in the morning until 3 o'clock in the afternoon, probably 100 members were there, the best physicists, Helmholtz, Kundt, Kohlrausch, Siemens, etc. almost everyone who has made a name for himself. Therefore it got quite animated. In the afternoon there was a banquet, but

* On the Relations Between Light and Electricity. Coll. Works, vol. I, 20.

** Rudolf Virchow (1821–1902) was then a member of the Reichstag.

recht belebt. Nachmittags war Festmahl, doch entzog ich mich demselben, um noch die letzte Feile an meinen Vortrag zu legen. Dieser lief denn am Freitag vormittag glücklich von Stapel und hat nach allem, was ich gehört habe, gefallen. Er ist schon im Druck, und Ihr werdet ihn also in 8 bis 14 Tagen lesen. Was ich bisher in den Zeitungen davon gelesen habe, ist ziemlich traurig; der Nationalzeitung habe ich auf Wunsch mein Manuskript geliehen, doch weiß ich nicht, was dabei herausgekommen ist. Es soll in der Nummer vom 24. sein. Den Nachmittag war ich bei dem Mathematiker Königsberger zu Tisch mit Kundt, Helmholtz, Wiedemann und einigen anderen. Abends war noch Sektionssitzung. An demselben Tage war auch die Statutenberatung, worin ich auch nach den Zeitungen in den Vorstand gewählt sein soll; ich weiß bisher nichts, da ich nicht zugegen war. Was ich nicht weiß, macht mich nicht heiß. Wenn es wahr ist, brauche ich mir nicht viel darauf einzubilden: es lag dann daran, daß ich unmittelbar vorher meinen Vortrag gehalten und niemand sieben Namen so schnell finden konnte. Es ist mir jedenfalls nicht lieb, denn es gibt mir eine falsche Stellung und wäre nicht geschehen, wenn ich gefragt worden wäre. Abends war Kneiperei mit den Fachgenossen, letzteres übrigens jeden Abend. Sonnabend wieder Sektionssitzungen den ganzen Tag, auch für mich erfreulich, weil mehrere Vorträge sich um meine Sachen drehten. Abends Fest auf dem Schlosse. Sonntag verregnet, aber um so gemütlicher zusammen mit den Fachgenossen. Es schmeichelte mir doch, daß die Älteren und Namhafteren mich immer in ihre Nähe zogen, und daß dadurch meine Autorität bei den Jüngeren schnell und sozusagen sichtbar wuchs. Am Montag war schönes Wetter, aber das beständige Kneipen, die Aufregung, das Disputieren wurde ich doch satt, so verzichtete ich auf den Tag und reiste zurück.

Tagebuch

24. September 1889. Gleich an die Arbeit gegangen und versucht, die Metallreflexion aus elektrischer Lichttheorie abzuleiten.

25. September. Gerechnet und bis auf kleine Spaziergänge zu Hause geblieben wegen meines Fußes.

27. September. An den Voigtschen optischen Arbeiten studiert.

1. Oktober. Wegen des Fußes das Haus hüten müssen.

4. Oktober. Gearbeitet an den Grundgleichungen der Elektrodynamik.

11. Oktober. In dieser Zeit ununterbrochen gearbeitet an den Grundgleichungen für ruhende Leiter und zu Hause bleiben müssen.

17. Oktober. Der Fuß wird wieder geschnitten, abends sehr heftige Schmerzen davon.

To His Parents

3. November 1889

Im ganzen kann man augenblicklich nicht sagen, daß Arbeit und Vergnügen bei uns in behaglicher Folge wechseln, sondern wir werden eher beständig zwischen beiden gehetzt; in dieser Hinsicht muß es hier noch viel besser werden

I absented myself in order to put the final touches to my lecture. This was then well launched on Friday morning and, according to all I hear, met with approval. It is already in print and you may expect to see it in a week or two. What I have seen in the papers of it so far is pretty sad; I lent my manuscript to the *Nationalzeitung* at their request, but I do not know what they made of it. It is supposed to be in the issue of the 24th. In the afternoon I had dinner at the house of Königsberger, the mathematician, with Kundt, Helmholtz, Wiedemann, and several others. In the evening there was another section meeting. On the same day there was also a business meeting during which, again according to the newspapers, I was elected to the executive committee; so far I know nothing, since I was not there. What I don't know won't hurt me. If it is true, I need not be proud; it was only because I had just read my paper and that no one could come up with seven names so quickly. In any case, I do not welcome it, because it places me in a false position and would not have come about if I had been consulted. In the evening drinking sessions with the colleagues, which by the way went on every evening. On Saturday again section meetings all day, which I also found gratifying because several of the papers read derived from my work. In the evening a festival at the castle. Rain on Sunday, but it was all the more pleasant to be with one's colleagues. I felt flattered after all that the older and best known among them constantly drew me into their circle and that my authority with the younger ones thus grew quickly and so to speak visibly. On Monday the weather was fine but I had had my fill of the constant drinking, the excitement, the talk, and so I gave up and travelled home.

Diary

24 September 1889. Went to work right away and tried to derive the reflection at a metal surface from the electric theory of light.

25 September. Did calculations and stayed at home, except for short walks, because of my foot.

27 September. Studied Voigt's optical papers.

1 October. Had to stay at home because of my foot.

4 October. Worked on the basic equations of electrodynamics.

11 October. Worked incessantly on the basic equations for stationary conductors during this period, and had to stay at home.

17 October. My foot was lanced again, which caused me very acute pains in the evening.

To His Parents

3 November 1889

On the whole, I can scarcely say that at the moment our work and pleasure alternate in a comfortable sequence, but rather that we are constantly driven from one to the other; in that respect things here still have to improve greatly,

und wird es wohl auch werden. Im einzelnen gefallen uns die Menschen und die Geselligkeit hier sehr gut, und wenn man dieselben Menschen zwei-, dreimal die Woche trifft, so gewinnt die Geselligkeit einen sehr ungenierten, wenig anstrengenden Charakter, und das hat auch sein Gutes; aber das viele gute Essen, Trinken und Aufbleiben absorbiert auch Kraft.

Was die Arbeit anlangt, so muß ich mich natürlich in dieser Zeit auf die laufende Arbeit des Semesters beschränken. Mein Hauptkolleg ist sehr besucht, mein Hörsaal in dieser ersten Woche ganz voll, und ich hätte also Grund, sehr zufrieden zu sein, wenn ich nicht etwas mißmutig wäre (wozu allerdings heute auch ein steifer Hals mir verhilft, ich bin jetzt von einem kleinen Leiden nach dem anderen geplagt).

24. November 1889

Wir leben so in den Tag hinein, gedrängt von den Pflichten jedes einzelnen Tages, daß wir jeden vergessen, wie er gewesen ist, und auch nicht über viele hinaus im voraus denken. Etwas mehr Ruhe und Beschaulichkeit darf gern wieder in unser Leben hineinkommen und wird es ja auch hoffentlich. Wir freuen uns sehr auf Weihnachten und hoffen die Zeit recht still und ruhig bei Euch im Hause zu verleben und einmal auf einige Zeit aus den ewigen Gesellschaften herauszukommen.

Tagebuch

27. November 1889. Den ganzen Nachmittag im ungeheizten Zimmer bei Stearinlicht die Bibliothek neu inventarisiert.

16. Dezember. Abends Vortrag für den „Milchverein" über den Edisonschen Phonographen.

21. Dezember. Nicht ohne Schwierigkeiten nach Hamburg gefahren.

25. Dezember Ich und Elisabeth werden von der Grippe befallen, die jetzt jedermann hat. Abends mit Mühe an der Bescherung teilgenommen.

26. Dezember. Im Bett gelegen, teilweise gelesen.

27. Dezember. Wieder aufgestanden. Böse Nacht, da die Kleine auch befallen wird.

29. Dezember. Alles wieder wohl, sehr vergnügter Abend bei Gustav.

Elisabeth Hertz an die Eltern

8. Januar 1890

Da ich weiß, wie Euch alles freut, was uns Angenehmes wiederfährt, so teile ich Euch gleich mit, daß Heins heute mittag den gedruckten Sitzungsbericht der Pariser Akademie der Wissenschaften erhalten hat, in welchem mitgeteilt wird, daß am 30. Dezember die Preisverteilung des vorigen Jahres stattgefunden hat, und daß Heins der Preis [Prix Lacaze] für die beste physikalische Arbeit der beiden letzten Jahre zuerteilt worden ist. Nicht wahr, Ihr denkt, es ist des Guten fast zu viel, aber wo Tauben sind, da fliegen Tauben

and probably will. As to particulars, the people and the social life here please us very much and meeting the same people two or three times a week gives the social life a casual and easy character, with little strain, and that has its points; but so much good eating, drinking, and staying up late consumes strength as well.

As far as work is concerned, I must naturally restrict myself to the current demands of the semester at this time of year. My most important course is very popular, the auditorium completely full this first week, and I should thus have every reason to be very satisfied if I did not feel a little low (nor does a stiff neck help; nowadays I am plagued by one minor affliction after another).

24 November 1889

We live from day to day, pressed by the duries of each individual day, so that we forget each one and how it went by; nor do we think ahead for too many days. To get back to somewhat more rest and contemplation in our life would be a welcome change and we may hope that it will come. We look forward to Christmas very much and hope to spend the time very quietly and peacefully at home with you, and to get away from our eternal social obligations for a while.

Diary

27 November 1889. Worked on a new inventory of the library all afternoon, by a tallow candle in an unheated room.

16 December. In the evening, lecture for the "Milk Society" on the Edison phonograph.

21 December. Travelled to Hamburg, not without difficulties.

25 December. Elisabeth and I fall victim to the influenza that is going around. Took part in the evening handing out of gifts only with difficulty.

26 December. Stayed in bed, read part of the time.

27 December. Got up again. Bad night, as the little one is also afflicted.

29 December. Everyone well again, very happy evening at Gustav's.

To the Parents from Elisabeth Hertz

8 January 1890

Because I know how much everything nice that happens to us pleases you, I write without delay to let you know that today Heins received the published proceedings of the Paris Academy of Sciences, in which it is announced that the distribution of prizes for the previous year took place on December 30 and that Heins has been awarded the prize [Prix Lacaze] for the best work in physics over the past two years. You think that this is almost too much of a good thing, don't you, but those that have, get. Heins pretends to be very indig-

zu. Heins tut sehr ungehalten über die neue „Störung“, aber es macht ihm doch Freude, daß es gerade die Franzosen* sind, die ihm einen solchen Preis geben.

Tagebuch

14. Januar 1890. Telegramm von der Naturforscherversammlung in Petersburg.

17. Januar. Wieder geschrieben an den Grundgleichungen nach Maxwell.

2. März. Ich erhalte vom Kurator den Kronenorden III. Kl. überreicht.

7. März. Stark nachgedacht über die Gleichungen der Elektrodynamik in bewegten Leitern.

13. März. Etwas im Laboratorium zu arbeiten begonnen, aber es strengt meine Augen sehr an.

15. März. Nach Berlin gefahren zu einer Sitzung des Vorstandes der Gesellschaft deutscher Naturforscher und Ärzte.

27. März. Samen für den Garten gekauft.

28. März. Einen Glaskasten für den Garten gezimmert und gesät.

30. März. Viel nachgedacht in dieser Zeit über die Gleichungen für bewegte Körper.

10. April. Ziegeln mit römischen Stempeln am Wichelshof gesucht und auch gefunden.

18. April. Ponderomotorische Wirkung der Schwingungen in Drähten. Die elektrische Kraft beobachtet. Resonanz. Wirkung zwischen den Kreisen bis auf größere Entfernung verfolgt.

19. April. Es glückt, auch die magnetische Wirkung zu beobachten, d. h. die Wirkung der magnetischen Kraft. Abstoßung. Kleiner Aluminiumring.

23. April. Die Erscheinungen komplizieren sich und geben keine reinen Resultate.

24. April. Die Versuche wollen nicht.

29. April. Experimentelle Arbeiten wieder unterbrochen, da das Semester mich in Anspruch nimmt.

2. Mai. Wunderschöner Frühling. Gartenarbeiten.

7. Mai. Bei Lipschitz** mich nach dem Hamiltonschen Prinzip erkundigt.

14. Juni. Gearbeitet an den Grundgleichungen für bewegte Körper.

21. Juni. Der Bauinspektor bei mir im Laboratorium und die Herstellungsarbeiten beendet. Endlich!

23. Juni. Wasser- und Gaseinrichtung in den Räumen angeordnet.

28. Juni. An der Arbeit über bewegte Körper gesessen, die langsam vorrückt.

20. Juli. Wieder unermeßlichen Regen.

21. Juli. Beförderungsdienstleistung beim 2. Bat. 28. Regt.

* Aus Frankreich (Prof. Cornu) war der einzige Widerspruch gegen Hertz' Karlsruher Arbeiten gekommen.

** Professor der Mathematik in Bonn.

nant about this new "disturbance," but it does please him that it is precisely the French* who are giving him such a prize.

Diary

14 January 1890. Received a telegram from the Natural Scientists' Congress in Petersburg.

17 January. Again analyzed the basic equations according to Maxwell.

2 March. Received the Order of the Crown, IIIrd Class, from the curator.

7 March. Thought intensively about the electromagnetic equations for moving conductors.

13 March. Started to work a little in the laboratory, but it puts great strain on my eyes.

15 March. Travelled to Berlin for a meeting of the executive council of the Association of German Natural Scientists and Physicians.

27 March. Bought seeds for the garden.

28 March. Constructed a glass frame for the garden and seeded it.

30 March. Thought a great deal about the equations for moving bodies at this time.

10 April. Searched for bricks with Roman imprints in the Wichelshof area and actually found some.

18 April. Ponderomotive effect of oscillations in wires. Observed the electric force. Resonance. Observations on the effect between circuits at a greater distance of separation.

19 April. Succeeded in observing the magnetic effect as well, i.e., the effect of the magnetic force. Repulsion. Small aluminum ring.

23 April. The phenomena grow more complex and yield no clear results.

24 April. Experiments not going well.

29 April. Experimental work again interrupted by the exigencies of the semester.

2 May. Beautiful spring. Work in the garden.

7 May. Asked Lipschitz** about the Hamiltonian principle.

14 June. Worked on the basic equations for bodies in motion.

21 June. Building inspector to see my laboratory; the renovations are finished. At last!

23 June. Ordered water and gas to be laid on in the rooms.

28 June. Worked at the paper on bodies in motion, which is progressing slowly.

20 July. Interminable rain again.

21 July. Promotion qualification duty with the 2nd Bat. 28th Reg.

* The only objection to Hertz's Karlsruhe papers had come from France (Prof. Cornu).

** Professor of Mathematics at Bonn.

An die Eltern

27. Juli 1890

Es ist wohl Zeit, daß auch ich wieder einmal selbst schreibe, und doch fällt es mir schwer, ich bin schon so aus der Übung gekommen. Auch hatte ich die letzte Zeit vor meiner Dienstleistung wirklich sehr viel zu tun, nach langen Jahren kann ich wohl einmal wieder sagen, daß ich gehörig gearbeitet habe. Es war noch so vieles abzuwickeln, die Einrichtung des Instituts kam endlich in Fluß, und ich mußte für die Zeit meiner Abwesenheit vorausdenken, Examina drängten sich, dabei die auswärtigen Korrespondenten, die natürlich nicht wissen, ob und wodurch man beständig verhindert ist. Und dann wollte ich gern noch eine Arbeit fertig machen, um nach den Ferien nicht auf sie zurückkommen zu müssen. Das ist mir nun freilich nicht ganz gelungen, der Sache nach ist sie fertig, aber der Form nach nicht ganz, in drei ruhigen Tagen könnte ich sie fertig machen, aber die gibt es jetzt nicht mehr. Es schadet auch nichts. Ich habe jetzt so viel Arbeit auch von den Arbeiten, welche erschienen sind, daß es mich gar nicht so schrecklich drängt, sie zu vermehren. Die ersten Tage beim Militär waren etwas bitter, und mich quälte dann etwas die Frage, warum eigentlich, da es doch freiwillig? Und alle Gründe, welche mir dafür gesprochen hatten, traten zurück gegen die große Belästigung und das Gefühl, daß ich auch andere Pflichten habe. Aber Gott sei Dank haben schon die Bewegung und die frische Luft und der Regen und der Sonnenschein ihre wohltätige Wirkung ausgeübt, so daß mir die Sache Freude macht, und da denke ich, ich werde die acht Wochen schon aushalten und dann doch zufrieden sein, daß ich nicht zurückgestanden bin. Es hat sich alles sehr verändert seit sieben Jahren. Übrigens ist mein ziviler Ruf doch auch ins Militär gedrungen und steht mir zur Seite, was mich eingermaßen wundert. Allein gerade die Berücksichtigung, die ich erfahre, gab mir in den ersten Tagen etwas das Gefühl, daß ich mich in einer schiefen Lage befände. Neulich habe ich auch eine goldene Medaille von einer italienischen Gesellschaft delle scienze in Neapel als Mateucci-Preis für 1888 erhalten, die einige Irrfahrten gemacht zu haben scheint, ehe sie zu mir gelangte.

An die Eltern

15. September 1890

Nun Gott sei Dank ist es gut und glücklich überstanden und ich bin zu Hause, wo es mir nur allzugut gefällt, zumal bei dem herrlichen Wetter dieser Tage, so daß ich mich nur mit blutendem Herzen schon wieder losreißen kann, um ein paar Tage noch nach Bremen zu gehen, da ich mich doch schäme, ganz wegzubleiben. Von dort denke ich dann auch Euch auf einen Tag zu besuchen, dann kann ich ja mündlich Euch über die vergangene Zeit berichten. Zufrieden konnte ich in derselben eigentlich nur mit meiner Gesundheit sein, da mir körperlich die Strapazen ebensowenig ausmachten wie in

To His Parents

27 July 1890

It is about time to take my turn writing you, and yet I find it is difficult, I am so much out of practice. Moreover, during the period just before my military duty I really had a great deal to do; after many years I can once again say that I have been properly at work. So much remained to be wound up, the equipping of the Institute finally got under way, and I had to plan ahead for the time of my absence; examinations pressed upon me, on top of it there are all these foreign correspondents who naturally cannot see the whys and wherefores of one's silence. And then I very much wanted to complete another paper so that I should not have to come back to it after the vacations. I did not quite succeed in that; in content it is ready, but in form not yet; if I had three quiet days I could complete it, but they are no longer to be had. No matter, anyway. I am kept so busy now as a result of the papers that have been published that I am in no great hurry to add to them. The first days of military duty were somewhat bitter, and in a torment I asked myself, "Why, after all, since it is voluntary?" And all the reasons that I could advance in favor of it were diminished by the great burden thrown on me and the conviction that I had after all other responsibilities. But thank God the exercise, the fresh air, the rain, and the sunshine have already had their benign effect on me, so that I am more pleased than otherwise, and now I think I shall endure the two months alright and will then be well content that I did not drop out. Everything has changed a great deal over the past seven years. By the way, my civilian reputation has to some extent penetrated the military and stands me in good stead, which somewhat surprises me. But it was precisely the extra consideration I got that at first rather gave me the feeling that I was in an awkward position. Recently I also received a gold medal from an Italian society 'delle scienze' in Naples, the Mateucci prize for 1888, which seemed to have gone from pillar to post before reaching me.

To His Parents

15 September 1890

Now thank God I am safely and well over it and I am at home, where I am only too well pleased to be, especially with the splendid weather we are having, so that I can only tear myself away with a heavy heart to go to Bremen for a few days, for I should feel ashamed to stay away altogether. I am thinking of going on from there to visit you for a day, so that I shall be able to tell you in person all about my recent days. I derive full satisfaction from them only as regards my health; the physical exertion bothered me no more than in pre-

früheren Jahren. Leider bin ich aber etwas verwildert und wenig mehr in meiner Wissenschaft darin, und gerade darum bangt mir auch etwas nach Bremen zu gehen, die Details und Spezialitäten erscheinen mir allzu deutlich als Details und Spezialitäten, und es fällt mir schwer, ihnen das nötige Interesse abzugewinnen, um zuzuhören.

Tagebuch

29. September 1890. Arbeit fertig gemacht über Elektrizität bewegter Körper.

6. und 7. Oktober. Apparate für eigene Arbeit gebaut.

8. Oktober. Dr. Pulfrich geht zu Professor Abbe nach Jena.

10. Oktober. Die Versuche über ponderomotorische Wirkung wollen nicht recht gehen, auch wenig Zeit dafür.

19. Oktober 1890.

Daß Dr. Pulfrich von uns fort geht, habt Ihr durch Elisabeth gehört, es freut mich für ihn, denn ich glaube, daß er eine dauernde Stellung, welche ihm zusagt, gewonnen hat. Ich werde nun zwar zunächst etwas viel Arbeit haben, aber ich habe sie mir dadurch erleichtert, daß ich in dem neuen Semester ein neues Kolleg fallen lasse und so mich ausschließlich mit dem Experimentalkolleg und dem Laboratorium beschäftige. Letzteres ist jetzt recht hübsch eingerichtet, jetzt schwebe ich zwischen den Ängsten, daß für die Zukunft zu wenig und daß zu viel Teilnehmer sich finden könnten, zunächst wird es noch leer sein.

Tagebuch

24. Oktober 1890. Eigene Arbeit über Anziehung und Abstoßung durch magnetische Kräfte, wie schon im April.

7. November. Arbeit über magnetische Wirkungen, die Experimente abgeschlossen.

An die Eltern

8. November 1890

Auch mir selbst geht es gut. Ich habe zwar viel zu klagen über unaufhörliche Nadelstiche des Schicksals mit allen möglichen Quengeleien der kleinlichsten Art, die mir als dem Direktor des Institutes zufallen, wären es auch nur rauchende Öfen, verlegte Schlüssel, endlose Schreibereien um zu zahlende 1.50 M. usw., aber wenn ich dann mit dem Geschick zürne, wirft es mir schnell ein Stück Zucker in den bitteren Trank. Während Ihr in Graz waret, wurde bei mir von dort angefragt, ob und unter welchen Bedingungen ich der Nachfolger des dort abgegangenen Prof. Boltzmann werden wollte. Da ich allerdings unter keinen Bedingungen wollte, so schrieb ich

vious years. Unfortunately I feel rather demoralized and out of touch with my science, and it is precisely for this reason that I am not anxious to go to Bremen; I see the details and particulars all too clearly as details and particulars and find it difficult to give them the requisite attention.

Diary

29 September 1890. Completed the paper on the electricity of moving bodies.

6 and 7 October. Constructed apparatus for my own work.

8 October. Dr. Pulfrich is moving to Jena to Professor Abbe.*

10 October. The experiments on the ponderomotive effect are not going well, moreover there is too little time for them.

19 October 1890

You have heard from Elisabeth that Dr. Pulfrich is leaving us; I am pleased for him, for I believe that he has gained a permanent position that suits him. There will be rather a lot of work for me to do at first, but I have made it easier for myself by dropping a new course next semester, so that I am devoting myself exclusively to the experimental course and the laboratory. The latter is now very nicely equipped; now I alternate between the fear that there will be too few participants in the future or that there may be too many; at first it will remain empty.

Diary

24 October 1890. My own work on attraction and repulsion through magnetic forces, as in April.

7 November. Paper on magnetic effects; completed the experiments.

To His Parents

8 November 1890

I am well, too. Although I have much to complain about the unceasing pinpricks of fate, all kinds of bother of the most trivial nature that comes to me as director of the Institute, be it merely smoking stoves, mislaid keys, endless paperwork about payments due of 1.50 Marks, etc., but then when I grow angry with Fortune, she quickly throws a lump of sugar into the bitter brew. While you were in Graz, I received an inquiry from there as to whether and under what conditions I would be willing to become the successor of the departed Prof. Boltzmann. However, since I was not interested under any conditions, I said so in my letter and thereby stopped the offer, so naturally nothing came

* [Ernst Abbe (1840–1905), optical physicist and (with his partner, Carl Zeiss) social reformer.]

dies, vereitelte dadurch einen Ruf dorthin und hatte so freilich nichts davon als das ehrende Bewußsein, daß es in meiner Hand gelegen hätte, einen Ruf zu erhalten. Es hat mir freilich auch nicht zwei Minuten Überlegung gekostet. Gestern erhielt ich nun wieder aus London die Anzeige, daß mir die Royal Society eine ihrer Auszeichnungen, die Rumford-Medaille zuerkannt habe. Wenn es nur nicht alles so viel und teilweise nicht leichte Korrespondenz machte.

Tagebuch

10. November. 1890. In dieser Zeit niedergeschrieben an der Arbeit über die ponderomotorischen Kräfte.

25. November. Premierleutnant geworden. Gemeldet.

26. November. Ehrenmitglied einer Gesellschaft in Moskau geworden.

28. November. Abends nach London gefahren.

An die Eltern

5. Dezember 1890

Mir ist es also in England sehr gut gegangen, ich bin aufs höchste befriedigt von dem, was ich gesehen, und zufrieden, daß ich hingegangen. Reines Vergnügen war es natürlich nicht, sondern in mehrfacher Beziehung eine sehr große Anstrengung, aber ich habe die Bekanntschaft fast aller englischen Fachgenossen, welche mich interessierten, gemacht und auch sonst so viel Interessantes gesehen, als die Zeit zuließ. Dies war im Umriß der Verlauf meiner Reise. Freitag abend ging ich von hier und kam Sonnabend mittag in London an. Ich war diesmal beide Male seekrank, ich werde offenbar alt. Ich wurde in Empfang genommen von Professor Ayrton, welcher Physik und Elektrotechnik lehrt an einer technischen Institution der City and Guilds of London, und besonders als Konstrukteur elektrischer Apparate einen guten Namen hat. Er hatte mich bzw. uns zu sich eingeladen; als ich angenommen, hatte er sich selbst, seine Frau and mich für die vier Tage in das Langham Hotel einquartiert, um mir nun die Honneurs von London zu machen. Mir war dies natürlich gar nicht recht, aber da ich einmal angenommen, konnte ich nichts ändern, auch erledigten sich die beiden ihrer Aufgabe in der liebenswürdigsten Weise. Am Sonnabend nachmittag machte ich mit ihm einen Spaziergang durch London und dann brachte er mich in die Royal Institution, wo Faraday arbeitete. Der dort anwesende Professor Dewar, Chemiker im Vorstand des Instituts, zeigte mir alles, Faradays alte Apparate usw. Er sprach davon, daß sie mich auch dorthin für einen Vortrag haben wollten, er meinte, mein Englisch sei mehr als ausreichend. Das Ganze interessierte mich aufs höchste. Abends waren wir dann im Hotel zusammen vor dem Kaminfeuer und unterhielten uns. Sonntag morgen wohnten wir zunächst dem Gottesdienst in Westminster Abbey bei, dann waren wir um die Zeit zu vertreiben in einer kleinen Kunstsammlung in einem Klub (ich wäre ganz gern durch die Straßen gegangen, aber in dieser Hinsicht war ich etwas ungünstig daran, daß ich

of it but the flattering knowledge that it had been within my reach to receive a call. I certainly did not give it two minutes' thought. Yesterday I received another notification, this time from London, that the Royal Society has awarded me one of its honors, the Rumford Medal. If only everything did not entail so much (and in part not so easy) correspondence.

Diary

10 November 1890. Worked on the draft of the paper on ponderomotive forces during this period.

25 November. Became first lieutenant. Reported.

26 November. Was made honorary member of a society in Moscow.

28 November. Left for London in the evening.

To His Parents

5 December 1890

I had a very good time in England, I am most satisfied with what I have seen and glad I went. Naturally it was not sheer pleasure but in many respects a great strain; however, I came to know nearly all the English colleagues in whom I was interested, and saw as many interesting things as time allowed besides. Here are the major points of my itinerary. I left here Friday evening and arrived in London at noon on Saturday. This time I was seasick both ways; I am evidently getting old. I was met by Professor Ayrton, who teaches physics and electrical engineering at a technical institution of the City and Guilds of London and is especially well known as a designer of electrical apparatus. He had invited me (or rather us) to stay with him; when I accepted he had taken rooms for the four days for himself, his wife, and me in the Langham Hotel in order to do the honors of London for us. That was not at all what I wished, but having once accepted I could not very well change anything; moreover they both acquitted themselves of their task in the most amiable manner. On Saturday afternoon he took me for a walk through London and to the Royal Institution, where Faraday worked. Professor Dewar, the chemist on the board of the Institution, was there and showed me everything, Faraday's old apparatus, etc. He mentioned that they would like to have me there for a lecture as well, he thought that my English was more than adequate. It was all of the greatest interest to me. Then in the evening we sat together around the hotel fireplace and talked. Sunday morning we first attended services at Westminster Abbey, and then looked in on a small art collection in a club just to pass the time (I really would have preferred to walk through the city, but in

nie allein gelassen, sondern immer geführt wurde). Um 1 Uhr war dann ein lunch im Hotel, wo 15 Physiker teilnahmen, unter denen Dir, lieber Papa, wohl Crookes und Lockyer bekannt sind; dies lunch ging dann um 4 Uhr in eine reception über, das heißt es kamen eine große Zahl Leute, die 1/2 – 1 Stunde blieben und dann wieder gingen, vielleicht 60 – 70, meistens Leute, die ich kannte, oder von denen ich schon gehört hatte, z. B. Swan, der zuerst oder doch zugleich mit Edison die Glühlampen aufbrachte, Hughes, der Erfinder des Mikrophons und des automatischen Telegraphen, eine große Zahl elektrischer Ingenieure, usw. usw., es war für mich eine ziemliche Aufgabe, da ich mit fast allen bekannt gemacht wurde und häufig die Namen nicht recht verstand. Alle waren natürlich sehr freundlich mit mir, und ich bemühte mich, es wieder zu sein. Ich habe Professor Ayrton gebeten, mir die Liste der Anwesenden zu geben, aber ich habe sie bisher nicht erhalten. Um 7 Uhr war es zu Ende. Den Abend waren Professor Ayrton, Professor Lodge und ich als Gäste bei Professor Lockyer im Reform Club, einem prächtigen Gebäude in Pall Mall, es war ganz sehenswert, einen Einblick in diese Klubs zu tun. Am Montag morgen überlegte ich mir zuerst meinen speech für den Abend, dann ging ich um 11 ins Laboratorium zu Professor Ayrton, dann in dasjenige von Lockyer; ich sah hier überall vieles, was mich aufs äußerste interessiert, besonders auch die ganze Art und Weise zu arbeiten, die von unserer ganz verschieden ist. Dann war ich als Gast zum lunch bei Professor Rücker und sah dessen Laboratorium, dann dasjenige eines Mr. Boys, eines älteren Assistenten, der ganz besonders geschickt ist und besonders schöne Experimente gemacht hat, wesentlich auf Handgeschicklichkeit beruhend. (Leider verbietet der Raum auf alles einzugehen.) Alle diese Laboratorien waren dicht zusammen bei South Kensington. Um drei Uhr fuhren wir alle zusammen zu dem meeting der Royal Society. Hier was es natürlich besonders interessant, die älteren und auswärtigen Physiker kennen zu lernen, Sir W. Thomson, Sir G. Stokes, Lord Rayleigh und andere, die alle zu dem meeting gekommen waren. Die Medaille hatte ich nur mit einer Verbeugung in Empfang zu nehmen, also nicht zu sprechen, was mir sehr angenehm war. Ich habe wohl gemerkt, daß es sehr gern gesehen wurde, daß ich gekommen war. Um 7 Uhr begann das dinner. Die Reden begannen erst nach Tisch, waren für unsere Begriffe entsetzlich lang, alle vorher bestimmt und wurden durch den Toastmaster dirigiert, eine mir ganz neue Sitte: Der Lord Chancellor sprach auf die Royal Society, Sir W. Thomson auf die Medallists. Dr. Hopkinson dankte für die Medallisten im allgemeinen, ich für mich im besonderen. Natürlich machte ich es kurz und hatte vorher dem Professor Ayrton vorgelesen, was ich sagen wollte, mir wurden nachher nur schmeichelhafte Bemerkungen gemacht. Jedenfalls glaube ich besser getan zu haben, als wenn ich deutsch gesprochen hätte. Der italienische Gesandte, welcher auf italienisch für die Gäste dankte, entschuldigte sich aufs schönste, daß er kein Englisch spreche, aber niemand verstand ihn, es machte einen etwas dummen Eindruck, sich in dieser Form entschuldigen zu müssen. Ich sah sehr viele Leute bei dem dinner, aber sprach nur meine Nachbarn, unmittelbar nach Schluß der Reden

that regard I was somewhat at a disadvantage, in that I was never left alone, never without a guide). At 1 o'clock there was a 'lunch' at the hotel attended by 15 physicists, among whom you would recognize the names of Crookes and Lockyer, dear Papa; this lunch then turned into a reception at 4 o'clock, that is a large number of people came and stayed for ½–1 hour and then left again, about 60–70 people, most of whom I knew or had previously heard of, e.g., Swan, who introduced the incandescent lamp before or at the same time as Edison; Hughes, the inventor of the microphone and the automatic telegraph; a large number of electrical engineers, etc., etc.; it was quite a problem for me, since I was introduced to nearly everyone and frequently did not get the names quite right. They were of course all very friendly to me and I tried to respond in the same way. I asked Professor Ayrton for a list of those who were present, but I have not got it yet. It ended at 7 o'clock. In the evening Professor Ayrton, Professor Lodge, and I were the guests of Professor Lockyer at the Reform Club, a magnificent building in Pall Mall; it was well worth while to get a glimpse of these clubs. On Monday morning I first gave some thought to my 'speech' for the evening and then went at 11 to the laboratory of Professor Ayrton and then to Lockyer's; everywhere I saw much that was of the greatest interest to me, especially the entire manner and method of working, which is quite different from ours. Then I was Professor Rücker's guest for 'lunch' and saw his laboratory, then that of Mr. Boys, an older assistant, who is extraordinarily skillful and has set up some extremely beautiful experiments, based essentially on manual skill. (Unfortunately space does not permit going into all the details.) All these laboratories were very close together near South Kensington. At 3 o'clock we all went together to the 'meeting' of the Royal Society. Here I was of course especially fascinated to meet the older of the foreign physicists, Sir W. Thomson, Sir G. Stokes, Lord Rayleigh, and others, who had all come to the 'meeting.' Acceptance of the medal required merely a bow on my part and no speech, which I found much to my taste. I did notice that my coming in person made a very favorable impression. The 'dinner' began at 7 o'clock. The speeches did not start until after the meal and were by our lights dreadfully long, all prepared in advance and managed by the 'toastmaster,' a completely new custom to me. The Lord Chancellor toasted the Royal Society, Sir W. Thomson the medallists. Dr. Hopkinson responded for the medallists in general, I for myself in particular. Of course I made it short; I had read what I wanted to say over for Professor Ayrton beforehand, and received nothing but flattering comments afterwards. In any case, I think I did better than if I had spoken in German. The Italian ambassador, who responded for the guests in Italian, apologized most handsomely for not speaking English, but no one understood him; and having to apologize in this way made a rather foolish impression. I saw a great many people at this dinner but spoke only with my neighbors; as soon as the speeches

brach alles auf. Ich wurde dann noch geführt (oder geschleppt) durch einen Chief Engineer in eine unterirdische Zentralstation der elektrischen Beleuchtung, wo in einem verhältnismäßig kleinen Kellerraume nicht weniger als 1200 Pferdekräfte umgesetzt werden; ich war eigentlich ziemlich müde, aber in der Erinnerung ist es mir äußerst lieb, diese Dinge gesehen zu haben. Viele Einladungen zu ähnlichen Besichtigungen mußte ich aus Mangel an Zeit ablehnen, denn Dienstag wollte ich noch gern etwas von London sehen. Länger zu bleiben, als ich vorher angegeben hatte, war ich schon durch das eigentümliche Gastverhältnis verhindert, welches doch nur bei der kurzen Dauer zulässig war. Am Dienstag morgen war ich dann bis 1 Uhr in der National Gallery, die doch sehr herrliche Gemälde enthält, viel mehr, als ich in Erinnerung hatte. Dann war ich als Gast von Professor Lodge in dem National Liberal Club, dessen vornehmstes Mitglied Gladstone ist, ein ganz neues Gebäude am Thames Embankment und wirklich großartig eingerichtet. Da Prof. Ayrton eine Sitzung hatte, war ich zum ersten Male frei und ich benutzte dies zu einem 2½ stündigen Spaziergang durch die City, London-bridge bis zum Tower. Leben möchte ich in London nicht, aber einmal durchzugehen, ist interessant genug. Um 6 aßen wir im Hotel mit Professor Lodge und FitzGerald aus Dublin, der zum meeting noch nicht gekommen war, den ich nun auch noch kennen lernte. Dann fuhren wir alle ins Lyceum Theater und sahen Ravenswood nach der Braut von Lammermoor von Scott, es war aber ein dummes Stück nach meiner Meinung und schlecht gespielt, obgleich die Schauspieler und Zuschauer ganz anderer Meinung waren. Dann nahm ich Abschied von meinen Wirten. Am Mittwoch stand ich früh auf und fuhr nach Cambridge, lernte auch dort noch 5–6 Professoren verwandter Fächer kennen, sah das physikalische Laboratorium, mehrere Colleges, die Kapellen, die Reliquien Newtons, fuhr um 4 wieder ab, holte meine Sachen im Hotel und fuhr ebenso froh darüber, daß ich gekommen, wie darüber, daß ich wieder gehen konnte, zurück, kam hier gestern um 1 Uhr an und fand alles in schönster Ordnung, wurde auch heute von meinen Studenten mit ebenso lebhaftem Trampeln begrüßt, wie am Montag in der Royal Society, so daß ich wirklich nicht mehr verlangen kann.

Tagebuch

6. Dezember 1890. Im Institut Galvanometer von Elliot geprüft, großer Eisenkern und Spirale.

10. Dezember. Wissenschaftliches Kränzchen bei mir. Vortrag über Spektralanalyse (Kaysers Sachen).

24. Dezember. Sehr vergnügter Weihnachtsabend.

26. Dezember. Mit dem Richterschen [Kinder-] Baukasten gebaut, spazieren, geschrieben.

27. Dezember. Glühlampe probiert, Kohlensäure zwischen den Polen des Magnets ausströmen lassen.

28. Dezember. Versuche über indirekte Induktion.

were over, all broke up. I was then taken (or dragged) by a 'chief engineer' to an underground central station for electric lighting, where no less than 1200 horsepower was converted in a relatively small cellar room. I was actually rather tired, but in retrospect I am extremely glad to have seen these things. I had to refuse many invitations for similar inspections for lack of time, for I still very much wanted to see something of London on Tuesday. I was prevented from staying beyond the prearranged term by the peculiar guest relationship, which was after all permissible only for a short period. Tuesday morning, until 1 o'clock, I spent in the National Gallery, which does contain some very magnificent paintings, many more than I had remembered. Then I was Professor Lodge's guest in the Liberal Club, the noblest ornament of which is Gladstone, a completely new building on the Thames Embankment and really grandly furnished. Since Prof. Ayrton had a meeting, I was at liberty for the first time, and I took the occasion for a 2½-hour walk through the City, from London Bridge to the Tower. I would not care to live in London, but to walk through it is interesting enough. At 6 we had dinner at the hotel with Professor Lodge and FitzGerald of Dublin, who had not previously attended the meeting and with whom I now became acquainted as well. Then we all went to the Lyceum Theatre and saw *Ravenswood*, based on Scott's *The Bride of Lammermoor*, a piece of inanity in my opinion and badly acted, although the actors and the audience thought quite otherwise. Then I took leave of my hosts. On Wednesday I got up early and travelled to Cambridge, where I met 5–6 more professors in related fields, saw the physics laboratory, several colleges, the chapels, Newton's relics; left again at 4, fetched my things from the hotel, and started back glad that I had come and equally glad that I was able to leave again, arrived here yesterday at 1 o'clock and found everything in the best of order, was greeted by my students today with just as lively demonstrations as at the Royal Society on Monday, so that I really could not ask for anything better.

Diary

6 December 1890. Tested Elliot's galvanometer in the Institute. Large iron core and coil.

10 December. Scientific circle at my house. Lecture on spectral analysis (Kayser's material).

24 December. Very cheerful Christmas Eve.

26 December. Played with the Richter [children's] erector set, walked, wrote

27 December. Tried incandescent lamp, flow of carbonic acid between the poles of the magnet.

28 December. Experiments on indirect induction.

29. Dezember. Mit dem großen Magneten und dem Elliotschen Galvanometer verschiedene Versuche gemacht.

30. Dezember. Mit dem großen Magneten experimentiert. Auflösung von Eisen zwischen den Polen. Wirbel der Gasblasen.

31. Dezember. Pläne für freieres Experimentieren gemacht in dieser Zeit.

5. Januar 1891. Polarisationsversuche durch Gravitationswirkung gemacht. Überhaupt herumexperimentiert in dieser Zeit.

7. Januar. Versuche mit dem eisernen Barometerrohr.

8. Januar. Eisenstab gewickelt als Modell zu Vorversuchen über unipolare Induktion.

9. Januar. Die Versuche ergeben die Wahrscheinlichkeit günstiger Resultate.

10. Januar. Nachgedacht über unipolare Induktion.

11. Januar. Elektrometer aufgestellt und Versuche damit gemacht.

13. Januar. Noch schöner Spaziergang auf den Alten Zoll, das Rheineis zu sehen.

14. Januar. An die Eltern. Ein Töchterchen, Mutter und Kind sind wohl.

16. Januar. Elektrometer geladen.

18. Januar. Kondensator zur Übertragung der Elektrizität versucht.

19. Januar. Weitere Versuche am Modell gemacht.

21. Januar. Weitere Vorversuche zu Versuchen über unipolare Induktion gemacht.

23. Januar. Die Versuche scheinen wenig Aussicht zu versprechen, daher Entmutigung und Abbrechen derselben.

25. Januar. Mit dem Browningschen Spektralapparat Metallspektren beobachtet. Kraftlos zur Arbeit.

26. Januar. Erschöpft von den mißlungenen Versuchen.

2. Februar. Spaziergang, vergeblich nach Anhaltspunkten für neue Arbeit gesucht.

3. Februar. Großen Überdruß an der physikalischen Arbeit empfunden.

An die Eltern

24. Februar 1891

Meinen allerbesten Dank für Eure freundlichen Geburtstagswünsche, ich weiß allerdings, daß keine Wünsche für mich aufrichtiger sein können als die Euren, und ich sehe ja auch an meinen Kinderchen, daß Eltern eine närrische Zuneigung zu ihren Kindern haben und daß es nicht leicht vorkommen wird, daß sie ihnen nicht Gutes wünschen. Ich habe Euch aber nicht allein für die guten Absichten zu danken, sondern für das viele Gute, welches Ihr mir alle diese Jahre getan habt, in welchen Ihr mich allmählich bis zur Selbständigkeit heraufgefüttert habt. Wenn die äußern Erfolge, die ich habe, und von denen mir ja eigentlich der kleinste Anteil zukommt, Euch dafür etwas Freude machen, so ist das der einzige und beste Dank, der Euch werden kann.

29 December. Made various experiments with the large magnet and the Elliot galvanometer.

30 December. Experimented with the large magnet. Dissolution of iron between the poles. Turbulence of gas bubbles.

31 December. These days planned a more independent way of experimenting.

5 January 1891. Made experiments on polarization through gravitational effect. Experimented around in general during this period.

7 January. Experiments with the iron barometer pipe.

8 January. Wound coil around iron rod as a model for preliminary experiments on unipolar induction.

9 January. The experiments yield probability of favorable results.

10 January. Thought about unipolar induction.

11 January. Set up electrometer and experimented with it.

13 January. One more fine walk to the *Alter Zoll,** to see the ice on the Rhine.

14 January. To his parents: A little daughter, mother and child doing well.

16 January. Charged the electrometer.

18 January. Tried a condenser for the transmission of electricity.

19 January. Made further experiments on the model.

21 January. Made further preliminary trials for experiments on semipolar induction.

23 January. The experiments seem to show little promise; therefore discouraged and broke off same.

25 January. Observed metal spectra by means of the Browning spectral apparatus. Powerless to work.

26 January. Worn out by the unsuccessful experiments.

2 February. Took a walk, searched in vain for starting points for fresh work.

3 February. Felt fed up with work in physics.

To His Parents

24 February 1891

My deepest thanks for your kind birthday wishes, I do know no one could wish me better than you, and I also know by my own babies that parents have a foolish fondness for their children and that they are unlikely not to wish them well. However, I want to thank you not for mere good intentions, but also for all the good you have done me all these years as you gradually nurtured me to independence. If my external successes (for which I can really take very little credit) give you any pleasure in return, that is the best and only reward you may expect.

* ["Old Toll," part of the fortifications that formerly controlled river traffic on the Rhine.]

Tagebuch

8. Februar 1891. Lateinischen Brief nach Bologna zur Danksagung geschrieben.

9. Februar. Mit der Kleinen vom Institut aus den Rosenmontagszug angesehen.

26. Februar. Unerfreuliche Zeit, Ermüdung, Überdruß.

2. März. In dieser Zeit Mitglied der Cambridge Philosophical Society.

19. März. Mit mechanischen Prinzipien mich beschäftigt, Hamiltons Arbeiten.

28. März. Diese Zeit durchaus, wiewohl mit wenig Erfolg mit den mechanischen Prinzipien beschäftigt.

1. April. Dr. Lenard kommt an.

6. April. Taufe der kleinen Mathilde.

An die Eltern

10. April 1891

Ich selbst bin ebenfalls wohl, aber nicht in ganz so vergnügter Stimmung als ich wünschte, ich bin einige Jahre durch den rüstigen Fortgang der Arbeit und der äußeren Erfolge allzusehr verwöhnt worden, um jetzt nicht die Stockung etwas schwer zu empfinden. Ich tröste mich damit, daß ich ähnliche Stimmungen früher oft gehabt, und daß dann doch wieder gute Zeiten gekommen sind. Im übrigen warten wir wie auch wohl Ihr sehnsüchtig auf das Frühjahr, die Blüten wollen schon seit drei Wochen aufbrechen, ohne je dazu zu kommen.

29. April 1891

Übrigens hat jetzt doch die Korrespondenz ganz bedeutend nachgelassen und nicht ohne Behagen fühle ich mich wieder in glückliche Vergessenheit kommen. Bene vixit qui bene latuit.

Tagebuch

20. Juni 1891. Sehr hübscher Tag in Schlangenbad. Die mechanischen Probleme, die seit den Osterferien ruhten, wieder aufgenommen.

29. Juni. In dieser Zeit über den Zusammenhang des Gaußschen Prinzips der kleinsten Wirkung nachgedacht.

19. Juli. Mechanische Probleme alle diese Zeit.

23. Juli. In dieser Zeit viel Besuch von auswärts.

8. August. Nachgedacht über Aufsatz zu Helmholtz' Geburtstag.

9. August. Geschrieben für die Allgemeine Zeitung zu Helmholtz' Geburtstag.*

* Zum 31. August 1891. Ges. Werke, I. Band, 22. (70. Geburtstag.)

Diary

8 February 1891. Wrote a letter in Latin to Bologna to express my gratitude.

9 February. Watched the Carnival pageant from the Institute with the little one.

26 February. Unpleasant time, weariness, disgust.

2 March. Became a member of the Cambridge Philosophical Society at this time.

19 March. Occupied with mechanical principles, Hamilton's papers.

28 March. Busy with mechanical principles throughout this period, albeit with little success.

1 April. Dr. Lenard arrives.

6 April. Little Mathilde baptized.

To His Parents

10 April 1891

I too am well, but not in as good spirits as I could wish; the rapid progress of my work and the external successes over the past several years have altogether spoiled me so, it would be surprising if the present stagnation did not affect me heavily. It is some consolation to know that I have been quite often the victim of a similar gloom in the past and that good times then followed. Otherwise, we are (as you too are doubtless doing) looking forward to spring with longing; the blooms have been trying to burst open for three weeks without ever quite managing it.

29 April 1891

By the way, my correspondence has now decreased markedly and I notice with content that I have stepped back into happy obscurity. *Bene vixit qui bene latuit.* [He has lived well who remained well hidden (Ovid).]

Diary

20 June 1891. Very nice day in Schlangenbad. Took up the problems in mechanics that had been put aside since Easter vacation.

29 June. Thought on the context of the Gaussian principle of least effect.

19 July. Problems in mechanics throughout this period.

23 July. Many visitors from abroad during this period.

8 August. Thought about an article for Helmholtz's birthday.

9 August. Began writing a piece for the *Allgemeine Zeitung* in honor of Helmholtz's birthday.*

* On the Occasion of 31 August 1891. Coll. Works, vol. I, 22. (70th birthday of Helmholtz.)

11. August. Ebenso und fertig. Endlich den Anfang der Ferien gefühlt.

Reise über Ems, Frankfurt nach Nürnberg, Würzburg, Bamberg und Koburg; Fußtour durch Thüringen, dann Hamburg und Berlin.

22. September. Sehr angenehme Fahrt zur Naturforscherversammlung nach Halle, freilich schon sehr spät.

25. September. Sehr schöne Rückfahrt über Kassel durch das Lahntal nach Bonn.

29. September. Entladungen in verdünnter Luft und mechanische Probleme behandelt.

30. September. Durchaus nicht wieder recht in Arbeit kommen können und sehr unzufrieden.

5. Oktober. Zuerst früh ½6 aufgestanden und bis 9 Uhr gearbeitet. Mechanik.

10. Oktober. Immer früh aufgestanden und dadurch viel Zeit gewonnen.

12. Oktober. Früh auf und in dieser Woche emsig Mechanik gearbeitet.

16. Oktober. Gezeichnet an Tafeln über magnetische Meridiane.

17. Oktober. Adresse an Helmholtz beschlossen. Immer heftig Mechanik getrieben.

21. Oktober. Adresse zum Druck.

22. Oktober. Mich wieder zur Mechanik gewandt.

24. Oktober. Fleißig früh aufgestanden und Mechanik getrieben.

28. Oktober. Aufforderung von Barth*, die Arbeiten in gesammelter Form wieder abzudrucken.

31. Oktober. Noch ruhig zu Hause gearbeitet.

1. November. Reise nach Berlin.

2. November. Morgens Gratulation bei Helmholtz, Adresse überreicht. Abends Festessen.

3. November. Morgens im Laboratorium bei Pictet, dann bei Dr. Rubens im physikalischen Institut. Abends Gesellschaft bei Helmholtz.

4. November. Rückkehr nach Bonn.

7. November. Überlegt, in welcher Form die elektrischen Arbeiten wieder abzudrucken seien.

An die Eltern

14. Dezember 1891

Uns geht es wie gesagt sehr gut. Das Angenehmste für uns ist, daß wir eigentlich je länger, je lieber hier sind und daß uns unser Haus, der Ort und die Menschen immer besser gefallen. Sonnabend abend war hier ein akademischer Familienabend im Hotel Royal, wo tüchtig getanzt wurde, gestern mittag waren wir zum Mittagessen aus, abends kamen noch Bekannte zu uns, heute habe ich die Herren wieder in einer Sitzung und Elisabeth die Damen in einem Vortrag gesehen, und gerade dies, daß man sich alle paar

* Der Leipziger Verleger.

11 August. Likewise, and finished it. Become aware at last that the vacations have started.

Journey via Ems, Frankfurt, to Nurenberg, Würzburg, Bamberg, and Coburg, walking tour through Thuringia, then Hamburg and Berlin.

22 September. Very comfortable ride to Halle for the Natural Scientists' Congress, being of course rather late.

25 September. Very beautiful return trip via Kassel, through the Lahn valley, to Bonn.

29 September. Dealt with discharge in rarified air and problems in mechanics.

30 September. Could not get back into my work properly, and felt very dissatisfied.

5 October. Started rising at 5:30, working until 9 o'clock. Mechanics.

10 October. Rose early every day and thus gained much time.

12 October. Up early, and worked eagerly on mechanics this week.

16 October. Drew tables on magnetic meridians.

17 October. Decided on an address of congratulations for Helmholtz. Continued to drive myself on mechanics.

21 October. Address to the printer.

22 October. Turned to mechanics again.

24 October. Always rose early and worked on mechanics.

28 October. Offer from Barth* to reprint my collected papers.

31 October. Still worked quietly at home.

1 November. Journey to Berlin.

2 November. To Helmholtz in the morning, presented address of congratulations. Banquet in the evening.

3 November. With Pictet in the laboratory in the morning, then with Dr. Rubens in the Institute. Party at Helmholtz's in the evening.

4 November. Return to Bonn.

7 November. Reflected on the form in which the electrical papers are to be reprinted.

To His Parents

14 December 1891

We are very well as you see. The main point is that the longer we are here, the better we like it, and that our house, the place, and the people please us ever more. Saturday evening there was a faculty family evening at the Hotel Royal, complete with spirited dancing; yesterday we were asked for lunch, in the evening some friends came to see us; today I saw the gentlemen again at a meeting and Elisabeth saw the ladies at a lecture, and it is precisely because we run into each other every other day that we get a real feeling of

* The Leipzig publisher.

Tage sieht, bewirkt ein wirkliches Zusammenleben, welches ich noch kaum gehabt habe, seit ich von Hause fort bin, und welches natürlich dadurch oder nur dadurch so angenehm wird, daß einige Bekannte sehr angenehme, der Durchschnitt angenehme Leute sind und die geradezu unangenehmen Leute fast ganz fehlen. Hoffentlich bleibt diese Empfindung uns immer so, dann möchte ich wohl, daß wir recht lange hier in Ruhe und Frieden wohnen könnten.

Ich habe gerade eine Arbeit fertig, die mir wenig Mühe hätte machen sollen, den Wiederabdruck meiner Abhandlungen, die mir aber doch bei großem Fleiße sechs Wochen genommen hat, und durch das Lesen der Korrektur noch mehr Zeit nehmen wird.

23. Dezember 1891

Uns geht es sehr gut, und wir gehen dem Fest mit den besten Hoffnungen entgegen. Ich stecke gerade etwas fest in theoretischem Nachdenken, so daß ich mich mit Gewalt herausreißen muß, um das Fest nicht zu verträumen.

Tagebuch

24. Dezember 1891. Vergnügte Weihnachten.

27. Dezember. Telegramm von Turin, den Bressa-Preis bekommen.

28. Dezember. Von Frau von Helmholtz Bild von Helmholtz bekommen.

29. Dezember. Alle diese Zeit fleißig an den Prinzipien der Mechanik gearbeitet.

An die Eltern

30. Dezember 1891

Mama hat mir in ihrer Nachschrift zu Melanies* Brief schon gezeigt, daß sie die Notiz von dem Turiner Preis gelesen. Mir wäre es lieber, der Preis hätte auf eine neue Gelegenheit des Preisens gewartet, meine Freude ist nicht nur mit 50 Prozent Beschämung, sondern auch mit 20 Prozent Mißbehagen oder Befürchtung gemischt, es könne den Freunden und Kollegen schließlich langweilig werden, mir immer zu gratulieren, und ich könne an ihrer Freundschaft und guten Meinung mehr einbüßen, als mir der Preis wert ist. Außerdem kommen noch 10 Prozent eines peinlichen Gefühls über den Geldwert des Preises hinzu, die Freude über eine Medaille oder eine Mitgliedschaft ist eigentlich reiner. Indessen, man muß sich in das Unvermeidliche mit Anstand fügen, die Feste feiern, wie sie fallen, und ehrenvoll ist der Preis, glaube ich, sehr, denn soviel ich weiß, ist er für die beste Arbeit in einem sehr weiten Gebiete und in einer Reihe von Jahren bestimmt. Ich weiß aber die genaueren Verhältnisse noch nicht. Werdet Ihr schließlich auch nicht müde zu gratulieren? Wieviel Menschen sind mit viel kleineren Preisen zufrieden, dürsten nach der kleinsten Auszeichnung und erhalten gar keine. Es geht

* Schwester von Heinrich Hertz.

a social community such as I have scarcely felt since I left home, the pleasure of course arising from and only from the circumstance that several of our acquaintances are very pleasant people; on the average they are all pleasant, and there is almost a complete dearth of altogether unpleasant people. I hope we shall continue to regard them so; then I could certainly wish that we might dwell here in peace and quiet for a long time to come.

I have just finished a piece of work that should have given me little trouble, the reprinting of my papers, yet it cost me six weeks of hard work and reading the proofs will take still more of my time.

23 December 1891

We are very well and look forward to Christmas with great expectations. At the moment I am a bit stuck in theoretical thoughts and must make a special effort to tear myself away, lest I dream away the holiday.

Diary

24 December 1891. Joyful Christmas.
27 December. Telegram from Turin. Received the Bressa prize.
28 December. Received picture of Helmholtz from Frau von Helmholtz.
29 December. Eager work on the principles of mechanics throughout.

To His Parents

30 December 1891

I note by her postscript to Melanie's* letter that Mama has already seen the announcement of the Turin prize. I should have preferred the prize to wait for a new occasion for praising, my pleasure is diluted not only by 50 per cent of embarrassment but also by 20 per cent of misgivings or fear that my friends and colleagues will get bored with constant congratulations and that the loss of their friendship and good will may cost me more than the prize is worth. Another 10 per cent is embarrassment about the monetary value of the prize; a medal or a membership really gives purer pleasure. Meanwhile one must bow to the inevitable and take the feast days as they come. The prize is I believe a genuine honor; for as far as I know, it is awarded for the best work over several years in a very wide field. But I have not yet learned the precise particulars. Won't you also grow tired of congratulating? How many people are content with much smaller prizes, thirst for the least recognition and receive

* Sister of Heinrich Hertz.

doch nicht nach Verdienst, die einen bekommen zu viel und die anderen zu wenig. Es ist nicht gut, daß für eine Arbeit viele Preise gegeben werden. Indessen haben wir die Welt nicht gemacht und eingerichtet, und ihre Unvollkommenheiten sind in diesem Falle für mich nicht so schwer zu tragen.

17. Januar 1892

Die Arbeit, an welcher ich jetzt arbeite, ist allerdings rein theoretischer Art und wird mich auch wohl mindestens ein Jahr beschäftigen. Was ich im Oktober geschrieben habe, war eine Einleitung zu meinen früheren Abhandlungen, die in Buchform gesammelt erscheinen sollen, auf Wunsch des Verlegers der Annalen, der also wohl hoffen muß, ein Geschäft damit zu machen. Der Druck hat erst begonnen, er soll bis Ostern fertig sein. Die Weihnachtsferien habe ich wirklich fleißig gearbeitet, aber im Semester ist es kaum möglich; die Vorlesungen, die Direktion des Instituts, die Examina, die Gesellschaften füllen doch die Zeit zu sehr, als daß man, ohne sich zu erschöpfen, noch viel arbeiten könnte.

Tagebuch

20. Februar 1892. Bei gutem Wetter im Garten das Holz des Kastanienbaumes klein gemacht.

An Hermann von Helmholtz

24. Februar 1892

Auf Anregung des Verlegers der Wiedemannschen Annalen werden meine die elektrischen Wellen betreffenden Abhandlungen in kurzer Zeit in gesammelter Form erscheinen. Um die Abhandlungen doch einigermaßen als eine einheitliche Arbeit darzustellen und das hinzufügen zu können, was ich jetzt hinzufügen möchte, habe ich eine Einleitung vorausgeschickt. Ich denke, daß aus dieser Einleitung besser und deutlicher als aus den einzelnen Abhandlungen hervorgehen wird, daß meine Arbeiten nicht sowohl direkt aus dem Studium der Maxwellschen Werke hervorgegangen sind, wie ich immer höre, als vielmehr wesentlich aus dem Studium der Arbeiten Ew. Exzellenz, und daß den ersten Anstoß sogar Ihre persönliche Anregung gab. Aus diesem besonderen Anlaß und aus dem allgemeinen meiner Dankbarkeit und Verehrung wäre es mir eine sehr große Freude, wenn Sie mir gestatten wollten, Ihnen die Arbeit in der jetzigen gesammelten Form zu widmen. In den Abhandlungen selbst fehlt der Ausdruck des Dankes, welchen ich Ihnen in Hinsicht derselben wie in jeder Hinsicht schulde; es wäre mir sehr leid, wenn Sie mir versagen wollten, dieses rein zufällige Versäumnis wieder auszugleichen. Jedes Zeichen des Einverständnisses, z. B. Ihre Visitenkarte, genügt mir*.

Helmholtz' Antwort — siehe Nachtrag, S. 350.

* Das Original dieses Briefs erhielt Elisabeth Hertz von Prof. W. Wien (München), in dessen Hände es gekommen war.

none. It is not strictly proportional to merit; some receive too much and the rest not enough. It seems unfair that many prizes are given for a single achievement. However, we did not make or order this world, and its shortcomings in this instance are not too hard for me to bear.

17 January 1892

The work that occupies me now is of a purely theoretical nature and will probably take up my time for at least a year. What I had written in October was an introduction to earlier papers, which are to be collected and published in book form at the behest of the publisher of the *Annalen*, who may well be expecting to profit from it. The printing has only just started; it should be ready by Easter. I really worked hard right through the Christmas vacations, since during the semester it is scarcely possible; the lectures, the administration of the Institute, the exams, the social occasions take up too much time to permit me further work short of letting myself run down completely.

Diary

20 February 1892. Good weather, chopped up the wood from the chestnut tree in the garden.

To Hermann von Helmholtz

24 February 1892

At the instigation of the publisher of Wiedemann's *Annalen*, my papers concerning electric waves will shortly appear in collected form. To present these papers as a somewhat unified piece of work and to make the additions that I should now like to make, I have prefaced them with an introduction. I think it will be clearer and more evident from this introduction than from the individual papers that my work derives not merely from the direct study of Maxwell's works, as I am constantly told, but rather essentially from the study of the works of Your Excellency, and that the original impetus even came from your personal suggestion. For that reason in particular and because of my gratitude and respect for you in general, it would give me great pleasure if you would permit me to dedicate this work to you in its present collected form. The expression of gratitude that I owe you in this regard as in every other regard is absent from the papers themselves; it would distress me very much if you were to deny me the opportunity of rectifying this completely accidental omission. Any token of your consent, e.g., your calling card, will suffice.*

For Helmholtz's answer see Appendix, p. 351.

* Elisabeth Hertz was given the original of this letter by Prof. W. Wien (Munich), into whose hands it had passed.

Tagebuch

6. März 1892. Über die Hamiltonsche Differentialgleichung.

Reise in die Schweiz zum Besuch der Genfer Physiker: Sarasin, Pictet, Rillet, dann nach Baden-Baden.

An die Eltern

Baden-Baden, 10. April 1892

Ich habe eine sehr hübsche Reise hinter mir, sogar besonders glücklich, denn ich habe sehr viel Schönes gesehen, strahlendes Wetter von Anfang zu Ende und keinen einzigen Mißton oder Ärger dabei, was mir auf der Reise noch kaum vorgekommen ist. Auch habe ich wieder ziemlich viel Menschen kennengelernt, die mir alle freundlich entgegengekommen sind. Diese Art Reise denke ich in Zukunft öfters vorzunehmen und dann auch Elisabeth mitzunehmen, nur 8 bis 10 Tage; in diesen kann man furchtbar viel sehen, es kostet wenig Zeit und Geld, und man hat doch das Gefühl, als sei man vier Wochen gereist, während die weiteren Tage des Reisens so schnell laufen wie die Zeit zu Hause. Auch mit meinen Arbeiten bin ich wieder etwas zufriedener und beruhigter geworden; ich sehe, daß ich zwar nichts Fertiges habe, aber doch allerlei, was wächst und wovon vielleicht das eine oder das andere doch mit der Zeit eine gute Ernte geben kann.

Tagebuch

12. April 1892. In den Osterferien noch einige Versuche gemacht. 1. Einfluß des polarisierten Lichtes auf den Widerstand dünner Metallschichten, 2. Änderung des Magnetismus durch Stöße (transversale Wirkung gesucht), 3. absolutes Maß für Adhäsion kleiner Kugeln usw., nichts geglückt.

16. April. Mich wieder an die Mechanik gemacht und das ganze Sommersemester intensiv daran gearbeitet.

8. Mai. Überlegungen über die „geradeste Entfernung" eines Systems. Im Mai geht Elisabeth nach Karlsruhe.

10. Mai. Während der Abwesenheit von Elisabeth den Kindern einen großen Sandhaufen in den Garten getan. Zauberhöhle darin. Beleuchtung derselben abends mit Josef.*

12. Juni. Im Juni die Arbeit über Mechanik aufs neue ganz abgeschrieben, dieselbe fängt an, greifbare Gestalt zu erhalten.

An die Eltern

15. Mai 1892

Heute war ich den ganzen Vormittag im Garten, der jetzt ganz erfüllt ist mit Duft. Ich glaube wohl, daß Euch das Urteil aus der Lumière électrique

* Josef von Geitler, ein Vetter von Heinrich Hertz, später Professor der Physik in Czernowitz und Graz.

Diary

6 March 1892. On the Hamiltonian differential equation.

Journey to Switzerland to visit the Geneva physicists: Sarasin, Pictet, Rillet, then to Baden-Baden.

To His Parents

Baden-Baden, 10 April 1892

I have had a very nice trip, I would even say an especially fortunate one, for I saw much to admire, had splendid weather from beginning to end, and not a single discord or vexation, something I have seldom experienced while on my travels. Once again I met a number of people who all gave me a cordial welcome. I propose to take this sort of trip more frequently in the future, just for a week or 10 days, and Elisabeth to come with me; one can see a lot on such a trip, it does not take much time or money, and yet one feels as if one had been away for a month, whereas additional days of travel go by as quickly as they do at home. I have also grown somewhat more content and serene about my work; although I have nothing that is complete, I can see this and that growing healthily of which one or the other may yet yield a good harvest.

Diary

12 April 1892. During the Easter vacations made several more experiments. 1. Effect of polarized light on the resistance of thin metal layers. 2. Change in magnetism by impact (looked for transverse effect). 3. Absolute measurement of the adhesion of small spheres, etc.; no luck.

16 April. Set to work on mechanics again and worked on it intensively throughout the summer semester.

8 May. Reflections on the "least distance" of a system. Elisabeth goes to Karlsruhe in May.

10 May. Installed a large sand pit in the garden for the children to play in during Elisabeth's absence. It has a magic cave in it. Illumination in the evening with Josef.*

12 June. Rewrote the paper on mechanics completely, it begins to take palpable shape.

To His Parents

15 May 1892

Today I spent the entire morning in the garden, which is now permeated with fragrance. I can well believe that the judgment in *Lumière électrique*

* Josef von Geitler, a cousin of Heinrich Hertz, later Professor of physics in Graz and Czernowitz.

Spaß gemacht hat, mir, offen gesagt, auch; schade, daß der Schreiber kein Recht hat, für alle zu sprechen, sonst wäre ich am Ende des Lobes. Schade auch, daß sein Urteil in Wahrheit zu günstig ist; so viel verstehe ich auch von der Sache. Daß die physikalische Vorlesung in Hamburg nun auch glücklich auf dem Punkte ist, wo Papa sie haben wollte, freut mich sehr. Der arme Papa mußte nun schon den ganzen Winter gewissenhaft hingehen, damit es nicht schiene, als ob er eigens wegen seines Sohnes komme und nicht wegen der Elektrizität.

24. Juli 1892

Ich habe nun schon mehrere Wochen Elisabeth allein schreiben lassen und muß also wohl auch einmal selber zur Feder greifen, sonst glaubt Ihr gar nicht mehr an meine Existenz, sondern meint, ich sei verlorengegangen und Elisabeth suche dies nur zu verbergen. Der Grund oder die Entschuldigung ist allerdings diese, daß ich ziemlich eifrig bei der Arbeit bin, und ich habe nachgerade gefunden, daß ich mir schon etwas rücksichtslos Zeit für die Arbeit schaffen muß, sonst komme ich überhaupt nicht dazu. Die Arbeit rückt trotz aller Anstrengung nur äußerst langsam vor; man muß aber zufrieden sein, wenn sie überhaupt vorrückt. Apropos, was zusammen reisen anlangt, nimmst Du das mit dem Türkisch lernen ernstlich, lieber Papa? Bei mir ist nämlich die Sache so, daß ich unmöglich eine längere Reise machen kann, bis ich das, was ich jetzt arbeite, fix und fertig und gedruckt habe; um so lieber würde ich nachher gehen. Aber es ist nun leider kaum denkbar, daß ich bis zum Frühjahr fertig werde. Wenn Du also ernstliche Gedanken hast, so berücksichtige dies bitte und laß mich auch Deine Gedanken wissen. Die Arbeit hindert nicht, daß wir gelegentlich zusammen spazierengehen, am vorigen Sonnabend und Sonntag habe ich sogar mit Elisabeth einen Ausflug nach Ems gemacht und von da nach Nassau, das uns sehr gut gefallen hat und der auch vom Wetter begünstigt war. Auf die Ferien freue ich mich jetzt weniger, denn ich bin jetzt wieder so eingearbeitet, daß ich die Vorlesungen und Examina nicht sehr empfinde; Geselligkeit haben wir augenblicklich so gut wie gar nicht, und meine eigentliche Arbeit läuft in den Ferien weiter, und wenn ich sie dann beiseite schiebe, bin ich auch nicht zufrieden. Sie plagt mich sehr, aber sie ist schon in einem Stadium, daß ich sie nicht eher los werde, bis sie fertig ist. Es ist auch wünschenswert, daß ich einmal wieder etwas von mir hören lasse und nicht fortfahre, von den Zinsen meiner früheren Arbeit zu leben. Ich bin nämlich heute wieder benachrichtigt worden, daß ich Mitglied der Accademia de Lincei in Rom geworden bin, was mir viele Freude macht.

amused you—me too, frankly; pity the author is not entitled to speak for one and all, otherwise I would be at the farthest limit of praise. Pity too that his judgment is in truth too favorable; that far I am in the know myself. I am very pleased that the physics lecture in Hamburg has now safely reached the point that Papa wished for. Poor Papa had to attend conscientiously all winter, so that it would not seem as if he came only for his son's sake and not for the sake of electricity.

24 July 1892

I have let Elisabeth write by herself for several weeks and had better take pen in hand myself now, or you will believe I no longer exist but have been lost and that Elisabeth is merely trying to conceal it. The actual reason or excuse is that I am rather heavily involved in my work, and I have discovered by now that I must be somewhat ruthless in making time for my work, else I cannot get to it at all. Despite all efforts, my work is making extremely slow progress; but one must be content if it makes any progress at all. By the way, as to our traveling together, are you serious about learning Turkish, dear Papa? As far as I am concerned, it would be impossible for me to go on a longer journey until the work that I now have in hand is complete and finished and in print; I would go all the more gladly afterwards. But unfortunately it is scarcely conceivable that I shall be ready by Spring. If you are seriously thinking about it, please take that into consideration and also let me know what you think. The work does not stop us from going out for a walk together occasionally. Last Saturday and Sunday I even made an excursion with Elisabeth to Ems and from there to Nassau; we liked it very much, and the weather was favorable as well. I no longer look forward to the vacations as much as I did formerly, for I am so well drilled that the lectures and the examinations no longer bother me very much; we have as good as no social commitments at the moment; my real work goes on during the vacations, and if I push it aside that will not please me either. It plagues me greatly, but it has reached a stage where I cannot leave it alone until it is finished. Moreover, I should wish to give new signs of life these days and stop living on the dividends from my earlier work. Again today I have been advised that I am made a member of the Accademia dei Lincei in Rome, which pleases me very much.

Ende

1892-94

An die Eltern

Bonn, den 15. August 1892.

Unsere Zeit ist jetzt eigentlich so ruhig wie überhaupt denkbar, und ich hatte mich noch ganz besonders auf diese Zeit als eine stille Arbeitszeit gefreut. Leider ist sie mir persönlich und damit auch Elisabeth so gründlich verpfuscht wie nur möglich, indem ich mir, Gott wieß wie, einen ebenso hartnäckigen wie unangenehmen Schnupfen zugezogen habe, der mich die letzten drei Wochen kaum etwas anderes hat denken lassen als meine Nase und das Kribbeln in ihr. Vielleicht ist es auch ein sogenanntes Heufieber, auf den Namen soll es mir nicht ankommen, wenn es nur erst vorbei wäre. Mit Einzelheiten möchte ich Euch verschonen, entschuldigt nur bitte, daß ich Euch soviel darüber schreibe, aber zur Zeit ist meine Nase meine Welt, und alle meine Arbeiten sind mir fernliegend und gleichgültig. Wenn's nur erst wieder gut ist, werde ich mit Recht sagen, daß es sehr lehrreich ist, zu sehen, wie man von körperlichen Kleinigkeiten abhängt, und eine gründliche geistige Ausruhe wird es gewesen sein, denn meine Hauptbeschäftigung ist in dieser Zeit, an einem Netze über unsere Trauben zum Schutz gegen die Vögel zu flechten, welches Elisabeth halb fertig gemacht hatte, dazu reicht die geistige Sammlung gerade noch aus. Laßt Euch durch diese klägliche Epistel nicht stören, jeder muß sein Leid tragen, und es wäre mir sehr recht, wenn mir unser zu großes Glückskonto auf so billige Weise einmal wieder könnten ausgeglichen haben.

The End

1892-94

To His Parents

Bonn, 15 August 1892

Our days are now as peaceful as they could conceivably be, and I particularly have been looking forward to this time as a quiet time suitable for work. Unfortunately it has been spoiled as thoroughly as possible for me personally, and thus for Elisabeth as well, because I have caught a cold in the head, God knows how, which is as stubborn as it is unpleasant; and I have been able to think of almost nothing else over the past three weeks but my nose and the itch in it. Perhaps it is what is called hay fever; I do not care what they call it, if only it were over. I want to spare you the details, please forgive my writing so much about it; but at present my nose is my universe and all my work is remote and meaningless to me. Once it is over and done with, I shall have reason to say that it is very instructive to see how much one depends on bodily trivia, and it will have been a thorough mental rest, for my main occupation at present is plaiting a net, which Elisabeth half-finished, to protect our grapes from the birds; my faculty of concentration is just equal to that. Do not let this epistle of misery disturb you; everyone must bear his share of suffering, and I would accept it quite willingly if we could have balanced our excessive credit of happiness so cheaply by it.

Tagebuch

27. Juli. 1892. Der Schnupfen wird bösartig. Die Arbeit abgebrochen und liegen gelassen.

20. August. Leichte Besserung bis hierher. Reise nach Baden-Baden mit den Schwiegereltern.

22. August. In den ersten Tagen Ausflüge mit Johanna, zunehmende Besserung.

24. August. Magen verdorben, Rückkehr des Leidens in Nase und Rachen.

26. August. Unglückliche Tage; versucht, mich mit Fasten und Laufen zu kurieren und schnelles Herunterkommen. Baden.

29. August. Die Eltern kommen nach Baden auf der Rückreise nach Hamburg. Die Cholera in Hamburg.

30. August. Entschlossen, nach Münster am Stein zu gehen.

An die Eltern

12. September 1892

In Münster war das Wetter rauh und kalt. Alles reiste bereits ab, das Hotel war am Schließen, es war nicht wohl möglich, dazubleiben. Und doch wäre ich natürlich geblieben oder nach Kreuznach gegangen, wenn sich mir nicht immer gewisser der Gedanke aufgedrängt hätte, es sei Blödsinn, mein Leiden für einen einfachen Katarrh zu halten, so gern ich mir dies hatte auch von allen Seiten einreden lassen, sondern es sei doch entschieden Zeit, zur ultima ratio zu greifen, nämlich zum Spezialisten. Ich kehrte also nach einigem Kampfe nach Bonn zurück, traf glücklicherweise sogleich Finkler an, der nun auch entschieden dafür war, zu Walb, unserem Ohren- und Nasenspezialisten, zu gehen, und mich sogleich im eigenen Wagen mit hinnahm. Beide Herren bemühen sich aufs liebenswürdigste um mich — leider weiß man ja aber, wie weit die Macht der Ärzte geht. Ich muß mich jetzt etwas mit Geduld und Tapferkeit wappnen. Helfen tut mir, daß ich nicht überrascht bin, sondern vom ersten Tage an gewußt habe, daß es so kommen würde. Es war mir freilich angenehm, mich beschwichtigen zu lassen mit der Versicherung, es sei nur ein Schnupfen.

3. Oktober 1892

Von mir kann ich leider nicht recht Erfreuliches melden, es will gar nicht vorangehen, und der einzige Trost — wenn es ein Trost ist — ist, daß alle diese Geschichten erfahrungsmäßig äußerst langwierig sind und mein Fall dabei keine Ausnahme bildet. Indessen erfreut es mich doch auch, zu sehen, wie mit dem Übel auch die Widerstandskraft wächst und wie ich jetzt das bösere Leiden mit viel mehr Resignation trage als vorher das leichtere, und ich empfinde auch das moralische Vergnügen, kein ganz so schwacher Mensch zu sein, wie ich anfangs glaubte. Auch lernt man bald von den schlechten Wochen die guten Tage und von den schlechten Tagen wenigstens die guten Stunden

Diary

27 July 1892. My cold is becoming vicious. Broke off work and let it lie.

20 August. Slight improvement so far. Trip to Baden-Baden with my parents-in-law.

22 August. Excursions with Johanna in the first days; continuing improvement.

24 August. Stomach upset, nose and throat trouble back.

26 August. Unhappy days; tried to cure myself by fasting and running, got worse rapidly. Baths.

29 August. Parents arrive in Baden on the way back to Hamburg. Cholera in Hamburg.

30 August. Decided to go to Münster am Stein [a spa].

To His Parents

12 September 1892

The weather was raw and cold in Münster. Everyone was getting ready to leave, the hotel was closing down, it was hardly possible to stay on. And still I would have stayed, or gone on to Kreuznach, if the thought had not forced itself upon me with ever growing conviction that it was sheer imbecility to take this illness for a simple catarrh, that however much I had listened to all the talk along these lines it was decidedly time to reach for the last resort, that is consulting a specialist. So, after some struggle, I returned to Bonn, where luckily I found Finkler without delay; he was now himself all for going to Walb, our ear and nose specialist, and took me to see him in his carriage then and there. They are both doing their level best for me—but unfortunately we all know the limits of the doctors' powers. Now I shall have to arm myself with some patience and courage. What helps me is that I am not surprised, but rather knew from the first day that it would come to his. Of course I found it pleasant to let myself be lulled by assurances that it was just a cold.

3 October 1892

Unfortunately I cannot report anything encouraging about myself; there is absolutely no progress and the only consolation—if it is a consolation—is that according to experience these conditions tend to be protracted, and my case is no exception. However, it does encourage me to see that my powers of resistance grow with my illness and that I now bear the greater complaint with much more resignation than the lesser previously; moreover, I see with moral satisfaction that I am not such a weakling as it seemed to me at first. Also, one learns to appreciate the good days among the bad weeks and at least

zu genießen, und man begreift, wie die Gewohnheit auch über lange Leiden hilft. Und endlich schlägt das augenblickliche Leiden den schlimmsten Feind der Zufriedenheit tot, nämlich die Sorge für die Zukunft. Arbeiten zum Beispiel kann ich jetzt doch nicht, und wie soll es werden, wenn in 14 Tagen bis drei Wochen das Semester anfängt?

Tagebuch

6. Oktober 1892. Größere Operation in der Nase, aber allgemeine Entzündung nachher.

7. Oktober. Die Entzündung und Schluckbeschwerden sehr stark, Ohrenschmerzen kommen hinzu.

9. Oktober. Ohrenentzündung und starke Schmerzen.

11. Oktober. Mit Fieber zu Bett gelegt. Wieder versucht, aufzustehen, aber sehr hohes Fieber, der Eiter bricht durchs Ohr.

12. Oktober. Die nächsten drei Wochen fortdauernd im Bett.

15. Oktober. Immer mehr den Mut verloren, gewünscht, daß alles vorbei sei.

19. Oktober. Sehr trübe Zeit, dickes Anschwellen des Kopfes hinter dem Ohr.

28. Oktober. Die Geschwulst hinter dem Ohr nimmt immer mehr zu, vergebliche Versuche, den Eiter dort zum Durchbruch zu bringen.

29. Oktober. Professor Witzel durch Walb gerufen und Operation vorgenommen. Aufmeißelung des mastoideus. Alles gut gegangen.

30. Oktober. Einige sehr böse Tage verlebt, aber dann doch allmähliche Besserung.

An die Eltern

11. November 1892

Dem Patienten scheint die Dauer der Rekonvaleszenz unendlich und ihre kleinen Leiden immer noch sehr groß. Die Ärzte behaupten, daß ein paar Wochen gar keine Zeit sei und daß es auf Kleinigkeiten nicht ankomme. Dies ist mein Zustand, möchte bald ich selbst auch das Gefühl haben, daß es gut geht. Was soll ich Euch die Kleinigkeiten des Tages erzählen?

An Hermann von Helmholtz

15. Dezember 1892

Ich habe während meiner Krankheit gehört, daß Ew. Exzellenz sich bei Professor Pflüger* nach mir erkundigt haben, und diese Teilnahme hat mir undendlich wohlgetan; ich bin jetzt fortwährend in der Besserung, aber diese geht doch so langsam und mit so viel kleinen Zwischenfällen voran, daß das Frühjahr oder der Sommer herankommen dürfte, ehe ich wieder ganz gesund und arbeitsfähig bin.

* Professor der Physiologie in Bonn.

the good hours among the bad days, and understands how growing adjusted to it can help you over even protracted suffering. And finally, the pain of the moment kills the worst enemy of acquiescence, worry about the future. For example, work is now impossible, and what is to happen in two or three weeks, when the semester begins?

Diary

6 October 1892. Major operation in the nose, but general inflammation afterwards.

7 October. Inflammation and difficulties in swallowing very severe, ear ache in addition.

9 October. Went to bed with fever. Inflammation of the ear and severe pain.

11 October. Tried to get up, but fever very high, pus breaks through ear.

12 October. Confined to bed for the next three weeks.

15 October. Lost courage progressively, wished it were all over.

19 October. A troubling period; thick swelling in the head, behind the ear.

28 October. The swelling behind my ear keeps growing; unsuccessful attempts to drain through there.

29 October. Walb called Professor Witzel, who performed operation chiseling through mastoid. All went well.

30 October. Passed several very bad days, but then gradual improvement.

To His Parents

11 November 1892

To the patient convalescence seems endlessly long and its lesser complaints still formidable. The doctors insist that a few weeks is no time at all and that the trivia do not matter. That is my situation; would that I myself might soon feel that it is going well. What is the use of telling you about the day's small incidents?

To Hermann von Helmholtz

15 December 1892

During my illness I heard that Your Excellency had asked Professor Pflüger* about me, and this concern did me infinite good; I am now progressively recovering, but it is going so slowly and with so many small setbacks that it might be spring or summer before I should be completely well and able to work.

* Professor of Physiology at Bonn.

Ew. Exzellenz haben sich auch bei Dr. Richarz, wie er mir sagte, nach meiner jetzigen Arbeit erkundigt. Ich habe in den letzten Zeiten durchaus theoretisch gearbeitet über Dinge, zu welchen ich durch das Studium Ihrer Arbeiten über das Prinzip der kleinsten Wirkung angeregt wurde. Ich habe mich gefragt, welche Gestalt man der Mechanik von dem ersten Anfang an geben müsse, damit das Prinzip der kleinsten Wirkung an den Anfang gestellt werden könne, und daß die verschiedenen Formen derselben nicht als Resultate verwickelter Rechnung, sondern als einleuchtende Wahrheiten von einfacher Bedeutung erscheinen und sich klar und deutlich als verschiedene Formen eines und desselben Satzes darstellen. Ich bin auch in gewissem Grade zufrieden mit meinen Erfolgen, aber ich habe doch noch ein halbes oder ein ganzes Jahr an der Sache zu arbeiten, und da jetzt meine Krankheit eine Unterbrechung macht, so muß ich vielen als untätig erscheinen. Ich bitte Ew. Exzellenz, zu glauben, daß ich nicht untätiger bin, als ich jetzt durch die Krankheit gezwungen werde.

Eine sehr merkwürdige Entdeckung hat hier in den letzten Wochen Herr Dr. Lenard*, mein Assistent, gemacht. Er hat Geißlersche Rohre durch Aluminiumplättchen von äußerster Dünne verschlossen, und es ist ihm gelungen, Plättchen von solcher Dicke zu erhalten, daß dieselben schon vollständig luftdicht schließen und doch noch so dünn sind, daß ein merklicher Teil der Phosphoreszenz erregenden Kathodenstrahlen hindurchgeht. Dabei hat er gefunden, daß sich diese Strahlen, einmal erzeugt, auch im lufterfüllten Raume fortpflanzen, in verschiedenen Gasen verschieden gut, wodurch ein ganz neues Feld der Untersuchung geöffnet ist, denn man kann nun die Erzeugung dieser Strahlen von ihrer Beobachtung vollständig trennen. Ich habe ihm geraten, die Wichtigkeit seines Resultates dadurch zu dokumentieren, daß er zunächst eine kurze Mitteilung der Berliner Akademie schickt. Ich hoffe, sie wird seinerzeit der Aufnahme in die Sitzungsberichte für würdig gehalten werden.

An die Eltern

23. Dezember 1892

Ist es denn wirklich schon Weihnachten? Eben war es ja noch heißer Sommer, und seitdem ist mir eigentlich nicht bewußt, daß etwas geschehen wäre und daß ich etwas anderes erlebt habe als einen wüsten Traum, aus dem ich immer noch nicht erwachen kann.

3. Januar 1893

Es ist wahr, wir müssen wohl Geduld haben eine Weile; aber es ist schwer, Geduld zu haben, um so schwerer, als immer wieder von Zeit zu Zeit einem der Mut entfällt und die Hoffnung, daß man doch noch zur Genesung komme. Nichts ist schwerer als ein Kampf, den man nicht mehr um den Sieg kämpft, sondern um nicht unanständig zu fallen. Die Ärzte versichern uns zwar, daß es sich darum bei mir nicht handle, sondern daß der Sieg auf die Dauer sicher

* Philipp Lenard (1862–1947), später Professor in Heidelberg.

Your Excellency also asked Dr. Richarz (as he tells me) about my present work. Recently I have been confined to theoretical work on topics suggested by a study of your papers on the principle of least action. I asked myself what form mechanics should be given right from the outset if the principle of least action is to appear at the point of departure and if its various forms are to show up not as the results of complicated derivations but as obvious truths of simple significance, and to present themselves clearly and distinctly as various forms of one and the same theorem. I am to a degree satisfied with my results, but I still have six months' or a year's work to go on this matter, and since my illness has now caused an interruption, I must appear idle to many. I ask Your Excellency to believe that I am no more idle than I am forced to be by my illness.

A very singular discovery has been made here during the past weeks by Dr. Lenard,* my assistant. He sealed off Geissler tubes by extremely thin aluminum lamina, and he succeeded in obtaining lamina of a thickness such that they make completely airtight seals and yet are still thin enough to be penetrated by a perceptible part of the cathode rays that excite phosphorescence. He found that these rays, once produced, also propagate in air-filled space, to a varying degree in various gases, which unlocks an entire new field of research, for the production of these rays can now be wholly separated from their observation. I advised him to document the importance of his result by sending a brief report to the Berlin Academy first. I hope that in due time it will be considered worthy of being included in the proceedings.

To His Parents

23 December 1892

Is Christmas really here? It seems only yesterday that it was the middle of summer, and since then I have not been aware of anything that has happened, or that I have experienced anything but a dreadful dream from which I still cannot awaken.

3 January 1893

It is true that we must have patience for a while; but it is hard to be patient, all the harder if one repeatedly loses heart and with it the hope of final recovery. Nothing is harder than a struggle fought no longer for victory but merely so as not to give up without making a decent stand. To be sure, the doctors assure us that this is not my case, but rather that victory is certain

* Philipp Lenard (1862–1947), later professor at Heidelberg.

sei, aber wenn man leidet, glaubt man nicht recht daran, ja wünscht bisweilen den Kampf entschieden auf jede Weise.

23. Januar 1893

Ich kann nur bestätigen, daß es mir zur Zeit erträglich geht, da ich arbeiten und schlafen kann, wenn ich auch wünschte, daß das Damoklesschwert endlich über meinem Haupte entfernt würde.

9. Februar 1893

Ich arbeite, und es gewährt mir Befriedigung, zu denken, daß die Krankheit trotz Schmerz und allem mir nicht mehr Zeit und Kraft nimmt, als es sonst meine Vorlesungen täten.

24. Februar 1893

Im übrigen, was soll ich schreiben? Am besten nichts. Genug, daß ich ziemlich durchmachen muß alle diese Zeit und ein Ende eigentlich nicht abzusehen vermag. Vorlesungen könnte ich nicht halten, weil ich zu sehr am Sprechen behindert bin; ich halte die laufenden Examina ab, aber es ist mir eine recht schwere Aufgabe.

15. März 1893

Am Dienstag abend ist unsere Absicht zu reisen. Immer wieder scheint es uns eine kühne Absicht, ein Sprung ins Wasser und fast als Unsinn. Möchte es sich ganz anders bewähren! Wir haben es beide so sehr nötig. Wenn die Welt sich auf der Reise durch dieselbe Brille ansieht wie vom Krankenzimmer aus, so wird alles Meer und aller Sonnenschein nicht hindurchleuchten können. Wir hoffen aber, daß es uns wie Schuppen von den Augen fällt, wenn wir fort sind, sonst ist es gefehlt.

Mailand, den 24. März 1893

Mit Freuden melde ich Euch, daß wir endlich einmal zwei Tage mit positiver Bilanz abgeschlossen haben, d. h. daß wir uns endlich einmal wieder etwas freuen konnten, ohne durch die Schlechtigkeit unseres Stoffes allzusehr gestört zu sein. Wir hatten beide Tage herrliches Wetter, gestern fuhren wir zu Schiff über den Vierwaldstätter See, dann über den Gotthard, heute haben wir uns Mailand so gründlich angesehen, daß es nur ein Glück ist, daß wir morgen gleich fortgehen, sonst wüßten wir gar nicht, was wir noch machen sollten. Heute morgen bin ich auch auf den Turm des Doms geklettert, und erst als ich wieder herunter war, fiel mir ein, daß es doch ein ganz hübscher Fortschritt im Treppensteigen sei seit November und daß ich doch froh sein müsse, daß ich in dieser Beiziehung so gar nichts dauernd eingebüßt habe.

in the long run; but one does not rightly believe all that when one is suffering and sometimes even wishes the struggle were decided in one way or another.

23 January 1893

I can only confirm that my condition is bearable at present, because I can work and sleep, even though I could wish to see the sword of Damocles removed from over my head at last.

9 February 1893

I am working and I derive some satisfaction from the thought that my illness, pain and all, robs me of no more time and strength than my lectures would otherwise have taken.

24 February 1893

For the rest, what shall I write? Preferably nothing. Let it be enough that I have to pass through a great deal these days and really cannot see how it will ever end. I could not give lectures because my speech is impeded; I am administering the current examinations, but I find it a really difficult proposition.

15 March 1893

It is our intention to depart on Tuesday evening. We keep seeing it as a bold design, a leap into the unknown and almost a folly. May it prove otherwise! We both need it so much. If we are to look at the world during our travels through the same spectacles worn in the sickroom, then all the sea and all the sunshine will not come through. But we hope that once we are away they will fall away from our eyes like scales, else it will be a failure.

Milan, 24 March 1893

I am pleased to report to you that we have at last closed the books on two days on the credit side, that is we could enjoy ourselves at last without being bothered overmuch by the defects of our substance. We had glorious weather on both days; yesterday we crossed the Vierwaldstätter Lake by boat and then went over the Gotthard Pass; today we toured Milan so thoroughly that it is lucky that we are leaving again tomorrow, otherwise we would have had nothing left to do. This morning I climbed to the top of the Duomo tower, and not until I came down again did it occur to me that this was quite appreciable progress in climbing stairs since November and that I must be glad that I have not suffered a permanent loss in that regard.

Sa. Margherita, den 17. April 1893

Wir sind schon daran, unsere Zelte abzubrechen, denn morgen wollen wir weiter. Leider waren wir die letzten acht Tage nicht so recht mit unserm Befinden zufrieden. Ich hatte wieder Gelegenheit, meine Geduld weiter zu üben, so daß wir die Hoffnung aufgeben mußten, anders nach Hause zu kommen, als wir von dort weggegangen waren. Während wir vor 14 Tagen selbst daran dachten, über Pisa und Florenz zurückzukehren, haben wir in diesen Tagen sogar geschwankt, ob wir nicht direkt von hier zurückkehren sollten. Jetzt denken wir doch noch nach Bordighera zu fahren und die andere Seite der Riviera wenigstens flüchtig zu besuchen. In 10 Tagen etwa kehren wir zurück nach Bonn, dann müssen wir einmal weiter sehen, wie es mit der Arbeit und den Vorlesungen gehen wird. Ich kann mir noch gar kein Bild davon machen, ich hoffe, es wird besser gehen, als ich denke.

Bonn, den 7. Mai 1893

Es ging mir persönlich in der letzten Woche wirklich über Erwarten gut, ich habe die Vorlesungen etwas mit Zittern und Zagen angefangen, aber zu meiner großen Befriedigung viel weniger Schwierigkeit in ihnen gefunden, als ich gedacht. Das Sprechen macht etwas Mühe, aber am Ende der Vorlesung nicht mehr als am Anfang; ich habe den Eindruck, daß mir das viele Sprechen nicht mehr schadet. Und meine Nase war in dieser Zeit viel freier als irgend seit dem Anfang der ganzen Geschichte und gab mir Urlaub, wieder stundenlang an andere Dinge zu denken und dem Leben hin und wieder sogar Genuß abzugewinnen. Obwohl sie durchaus nicht etwa in Ordnung ist und obwohl die Eiterung unvermindert ist, so ist doch der Unterschied ein so gewaltiger, daß ich mich bisweilen ordentlich wie neugeboren fühle und trotz der übrigbleibenden Belästigungen im ganzen wirklich guter Laune bin. Möchte es nur so bleiben und mir eine Wiederkehr der stündlichen und minutlichen Quälerei erspart bleiben, die ich monatelang ertragen mußte. Eine Garantie ist dafür freilich nicht gegeben, und solange die Eiterung fortdauert, ist wohl sogar die Gefahr neuer Verschlechterung naheliegend. Hoffen wir indes das Beste.

8. Juli 1893

Diese letzten Tage geht es mir wieder gut, d. h. es sind die Allgemeinbeschwerden wieder verschwunden, während ich mich die Zeit vorher wieder recht vergiftet und von allen Seiten angefaßt fühlte.

6. August 1893

Auf Ungars* Rat gehen wir nach Reichenhall. Wir freuen uns sehr darauf, und es ist mir auch für Elisabeth und die Kinder sehr viel wert. Denn wenn wir jetzt die Zeit versäumen, das zu tun, was wir können, so stehen wir wieder

* Professor und Arzt in Bonn.

Sa. Margherita, 17 April 1893

We are getting ready to fold our tents, for tomorrow we are to go on. Alas, the state of our health during the past week left much to be desired. I had another chance to exercise my patience, and we had to give up all hope of coming home in a state different from that in which we left. Whereas a fortnight ago we even gave some thought to returning via Pisa and Florence, during the last few days we have been actually debating whether we should not go back directly from here. Now we are after all thinking of traveling to Bordighera so as to get at least a fleeting glance at the other side of the Riviera. In about 10 days we return to Bonn, then we shall have to see how the work and the lectures go. I still cannot picture it at all; I hope it will go better than I think.

Bonn, 7 May 1893

In the last weeks things have gone better for me personally than was to be expected, I started to lecture with some fear and trepidation, but to my great satisfaction I had much less difficulty than I had feared. Speaking gives me some trouble, but no worse at the end of the lecture than at the beginning; I have the impression that speaking a great deal no longer does me harm. And my nose has been much clearer than at any time since the beginning of the whole business and has given me leave to think about other things again for hours on end and even to derive some pleasure from life again now and then. Although it is by no means all in order, and although the festering goes on, the difference is nevertheless so tremendous that I sometimes really feel as if I had been reborn, and despite the remaining troubles I am actually in good spirits. May it remain like that and may I be spared a return to the torture through every hour and every minute that I had to bear for months. Of course there can be no guarantee of that, and as long as the festering continues, the danger of a new turn for the worse is really never very far. However, let us hope for the best.

8 July 1893

These last few days I have been feeling better, that is, the general infirmities have passed away, whereas during the preceding time I felt poisoned and attacked from all sides.

6 August 1893

We are going to Reichenhall on Ungar's* advice. We look forward to it very much, and I also value it greatly for the sake of Elisabeth and the children. For if we now miss the chance to do what we can, then we shall be

* Professor and medical practitioner in Bonn.

dem Winter gegenüber, und in Zustände wie die des vorigen möchten wir nicht gern hineinkommen. Im allgemeinen ist natürlich die Operation mehr aufgeschoben als aufgehoben, aber vielleicht nimmt der Knochen noch Vernunft an und läßt sich in gutem raten. Es ist mir in der letzten Zeit so gut gegangen, ich habe mich so tatkräftig und elastisch gefühlt, daß ich viel mehr an einen Ausgang in Güte glaube als z. B. im vorigen Jahr. Vor vier Wochen glaubte ich schon meine Arbeit* wieder einmal bis auf weiteres abschließen zu müssen, seitdem ist sie nahezu fertig geworden, und natürlich lockt es mich nun auch sehr, sie ganz fertig zu machen.

Kirchberg bei Reichenhall, den 2. September 1893

So setze ich mich denn sogleich hin, damit Ihr am Montag nicht ohne Brief bleibt, obwohl es mir sehr schwerfällt, da ich so lange schon keine Feder angerührt habe, und obgleich ich somit meinen ganzen Kurerfolg aufs Spiel setze. Wir haben die drei Wochen, welche wir hier sind, recht sehr genossen, soviel wie noch kaum eine Sommerfrische vorher. Es hat uns die Gegend sehr gut gefallen, und wir sind hier sehr gut aufgehoben. Soweit wir gesund sind, bekommt uns allen der Aufenthalt ausgezeichnet, d. h. das Allgemeinbefinden ist bei allen bedeutend gehoben; soweit wir allerdings krank sind, spüren wir keinen sehr großen Unterschied. Was meine Arbeit anlangt, so ist sie nicht weitergerückt; ich gedachte sie hier fertigzumachen und habe sie mitgenommen, in den ersten Tagen auch daran gearbeitet, aber bald kam die ausruhende Faulheit der Sommerfrische, und ich habe dann nicht mehr daran gedacht, was für die Arbeit wohl das beste ist. Vom Druck ist natürlich also noch keine Rede.

Bonn, den 14. September 1893

Wir blicken sehr gern auf unseren Reichenhaller Aufenthalt zurück, überhaupt auf den ganzen Sommer, so geplagt wir auch an manchen Tagen waren. Aber wir machten die Erfahrung, daß dann die anderen Tage nur um so schöner waren, teils schon durch den bloßen Gegensatz. Allerdings war der Sommer auch besonders schön und lang. Ich selbst habe bei vielen Ausflügen und Spaziergängen, z. B. auf den Zwiesel, die Überzeugung wiedergewonnen, daß ich eigentlich ein ganz gesunder Mensch bin, aber mein lokales Leiden hat keine Änderung erfahren, und wir müssen nun einmal sehen, was damit zu machen ist; in jedem Fall denke ich, es sei eine Kleinigkeit.

22. September 1893

Für morgen haben wir nun doch die Operation festgesetzt. Ich habe mich schon während der Reise überzeugen können, daß auch das Baden nichts nützte, und war doch auch beständig durch kleine Leiden gequält, so daß es bald bei mir beschlossen war, nach der Rückkehr die gewaltsame Beendigung

* Die Prinzipien der Mechanik. Ges. Werke, III. Band.

soon facing another winter, and we would not like getting into a situation like that of last winter. On the whole the operation has been postponed rather than cancelled, but perhaps the bone will behave reasonably and be well advised. I have been so well lately, I have felt so energetic and resilient, that I am more inclined to believe in a benign outcome now than let us say last year. Four weeks ago, I thought once again that I would have to bring the book* to a premature end, but since then it has come close to being completed and naturally I am greatly attracted by the idea of finishing with it for good.

Kirchberg bei Reichenhall, 2 September 1893

I sit down at once to write so that you will not go without a letter on Monday, although I find it very difficult, since I have not touched a pen for so long, and although I thereby jeopardize the whole success of my cure. We have greatly enjoyed the three weeks we spent here, almost more than any previous summer holiday. We liked the country very much and we are looked after very well. Insofar as we are well, our stay does us all good, that is, everyone's general state of health is significantly improved; but insofar as we are ill, we do not perceive any very great difference. As for my work, it has not progressed; I had thought to finish it here and took it with me, and during the first days I actually worked on it, but soon the restful lassitude of a summer holiday came over me and I gave it up, which from the viewpoint of the work is probably for the best. Naturally there is still no question of printing it.

Bonn, 14 September 1893

We look back with content on our stay in Reichenhall, on the whole summer in general, even though we were so troubled on some days. But we made the discovery that the other days were all the more beautiful, in part owing to mere contrast. To be sure the summer was especially beautiful and long. On many excursions and walks, e.g., to the Zwiesel, I regained the conviction that I am actually quite a healthy person, but there was no change in the local complaint and we must now see what can be done about it; in any case, I think it is trivial.

22 September 1893

We have set the operation for tomorrow after all. I had occasion to convince myself on our journey that the baths were of no help, neither; I was still constantly bothered by minor ailments, so that I soon made up my mind that on my return an attempt to force a decision should be made. All the doctors are

* The Principles of Mechanics. Coll. Works, vol. III.

der Sache zu versuchen. Es sind ja alle Ärzte jetzt einig darin, daß es das beste ist, vorzugehen. Ich hoffe nur, daß sich eine Ursache findet, die sich sofort beseitigen läßt, und nicht etwas, was wieder wochenlange unsichere Behandlung erfordert. Das ist meine einzige Sorge.

29. September 1893

Heute kann ich Euch nun schon melden, daß ich nach Hause zurückgekehrt bin und daß also die eigentliche Operation und die erste Heilung als abgeschlossen betrachtet wird. Wie lange es nun freilich dauern wird, bis ich aus der ärztlichen Behandlung komme, wie lange ich dann weiter noch die Höhle offenhalten muß, ob sie schließlich gut und überhaupt zuheilt, das sind alles Fragen, auf die ich wohl erst in längerer Zeit Antwort erhalten werde und in bezug auf welche ich weiter Geduld haben muß. In dieser Hinsicht hätte ja die Sache besser ausfallen können, so ist es leider wirklich ein äußerst veraltetes und deshalb sehr hartnäckiges Zahngeschwür gewesen. Was, wie wir hoffen, erreicht ist, ist, daß die beständige Bedrohung mit ernster Allgemeinvergiftung aufhört, und hoffentlich werden nun auch die verschiedenen Symptome, die auf solche deuteten, verschwinden. Übrigens geht es mir sehr gut, die Schmerzen in der Backe verschwinden immer mehr, ich fühle mich sehr wenig angegriffen von der ganzen Sache; das Lächeln fällt mir schwer, und wenn ich den Leuten freundliche Gesichter mache, dürfen sie sich bedanken, denn ich trage die Kosten. Jetzt habe ich noch drei Wochen bis zum Semester; geht alles weiter gut, so werde ich nicht mehr im Beruf gestört sein, die Sache ist viel leichter gewesen, als ich irgend gedacht hatte.

10. Oktober 1893

Uns geht es soweit gut. Auch mir, obgleich die schönen Tage der Operation ja nun vorbei sind und wir wieder in ein gleichmäßiges Weiterdoktern hineinkommen. Doch war dies ja einigermaßen prophezeit, und nur etwas sanguinische Hoffnungen sind nicht erfüllt worden; die Ärzte versichern ja, daß jetzt wenigstens jede Gefahr beseitigt sei, welche vorher immer drohte. Und geschadet hat mir ja die Operation nicht viel, leider der Krankheit, wie es scheint, auch nicht. Es wird eben noch viel Geduld nötig sein, und von dieser besitze ich doch jetzt unendlich viel mehr als im Vorjahr. Übrigens ist heute ein großer Tag, denn ich habe heute den letzten Satz an meiner Arbeit geschrieben, so daß dieselbe nur noch der letzten allgemeinen Durcharbeitung und Nachfeilung bedarf. Ich bin froh, denn sie war mir eine große Last, und ich schiebe ihr auch einen großen Teil meiner Gebrechlichkeit im letzten Jahr in die Schuhe: 1. weil es vielleicht wirklich so ist, 2. weil es mir wenigstens Trost gewährt, es zu denken. Jedenfalls fühle ich mich unendlich wohler, wenn ich mich frei und aufrecht mehr mechanisch beschäftige, als wenn ich am Schreibtisch sitze oder nachdenkend im Zimmer herumhocke. So verspreche ich mir denn jetzt auch, leichter meines Leidens Herr zu werden. Ich war heute schon im Laboratorium und habe dort Vorbereitungen zur Arbeit

now agreed that it is best to go ahead with it. I only hope that they will find a cause that can be removed immediately and not something that will again require weeks of tentative treatments. That is my only worry.

29 September 1893

Today I am able to report that I have returned home and that the actual operation and the immediate healing process are thus regarded as finished. How long it will take until I can cease to be under medical treatment, how long the cavity must be kept open, whether it will finally heal well or at all, those are all questions that will doubtless remain open for some time to come and with regard to which I must remain patient. So far luck was not on my side, for unfortunately it turned out to be an extremely old and therefore very stubborn tooth abscess. What has been achieved, we hope, is that the constant threat of a serious general blood poisoning has been lifted, and I am hoping that the various symptoms that pointed towards it will now likewise disappear. Otherwise I am very well, the pain in my cheek is steadily going down, I feel myself very little affected by the whole affair; the only impediment is that I still cannot laugh; smiling is difficult and people ought to thank me for a friendly face, for I have to pay the price. Now there are still three weeks until the semester begins; if all continues to go well, I shall no longer be obstructed in my profession; the business turned out easier than I had ever thought possible.

10 October 1893

We are well up to a point. I too, although the operation's fine days are now past and we have again entered on continuing doctoring. But this is as expected and only some all too sanguine hopes were not fulfilled; the doctors assure us that at least the danger that threatened all along has now been removed. And the operation did not harm me very much, nor does it seem to have harmed my illness, either. Much patience will still be needed, and my supply of it is endlessly greater now than last year. By the way, today is a red-letter day, for today I wrote the last sentence of my book, so that all it still lacks is a general going over and a few final touches. I am glad, because it was a great burden for me and I blame a large part of my last year's infirmity on it: first because it may really be so, second because it gives me a sort of consolation to think so. In any case I feel infinitely better when I am up and about and keeping busy with my hands than when I sit at my desk or squat in my room, lost in thought. So I promise myself that I shall master my suffering more easily now. Today I even went to the laboratory and started to make some

getroffen. Ein hohes Gelübde habe ich schon lange getan, so bald nicht wieder auf eine theoretische Arbeit einzugehen. Aber diese mußte fertig werden. Was noch an ihr zu tun ist, ist langweilig, aber nicht schwer, und ich will sie mir erst ein paar Wochen aus dem Kopfe tun, ehe ich ihr die Politur gebe.

29. Oktober 1893

In Anbetracht, daß eigentlich alle Menschen etwas drückt, geht es uns gut. In Anbetracht, daß eigentlich alle Menschen nichts zu drücken brauchte, geht es uns schlecht. Wir verharren auf unserem Standpunkt und sind froh, wenn wir darauf beharren. Eine Vorlesungswoche liegt schon hinter mir, die gut verlaufen ist.

19. November 1893

Uns geht es befriedigend, d. h. unverändert. Bleibt es so, so ist es erträglich, aber der Mangel jedes Fortschritts hat an sich etwas Drückendes. Mir ist natürlich erwünscht, das Buch heraus zu haben, aber doch nicht auf Kosten seiner Form. Jetzt, wo es an den Druck geht, habe ich übrigens sehr das Gefühl: „Gott bewahr' das Haus". Das Buch ist sehr geeignet, meinen im ganzen guten Ruf gründlich zu verderben und zu verbrennen, „wenn der Guß mißlang". Ein kleiner Fehler kann schon das Ganze mißklingend machen. Und es ist doch ein etwas bängliches Gefühl, mit einer Sache herauszutreten, die man niemals mit keinem Menschen besprochen oder beraten hat. Da empfinde ich es doch ganz angenehm, Mitglied einiger Akademien zu sein, woher sollte man sonst das Vertrauen zu sich selber nehmen?

3. Dezember 1893

Wir hatten auch wieder ein wenig zu kämpfen, die rheumatischen Beschwerden waren bei mir so heftig geworden, daß ich große Mühe hatte, im Gang zu bleiben; doch habe ich keine Vorlesung aussetzen müssen, so kann es doch nicht so arg gewesen sein. Jetzt geht es auch wieder besser. Der November ist eben kein guter Monat, doch nun liegt er ja hinter uns. Wir eilen dem kürzesten Tag zu, hinter dem ja eigentlich das Licht wieder anfängt und der Sommer beginnt.

Meine Einleitung befindet sich im Satz, der größere Teil des Manuskripts geht heute druckfertig ab, nur ein kleiner Teil bedarf noch der letzten Feile. In dem Verlagsvertrage habe ich alles erhalten, was ich selbst gefordert habe. Da ich mir freilich vorbehielt, in zwölf Jahren das Buch neu zu gestalten, bei meinem jetzigen Zustand, kam ich mir vor wie die Römer, die bei der Schlacht von Cannae nicht an der Rettung des Vaterlandes verzweifelten. Hoffentlich habe ich den gleichen Erfolg wie sie.

Am 7. Dezember hielt Heinrich Hertz zum letzten Mal seine Vorlesung.

preparations for working there. Long ago I made a solemn vow not to enter on theoretical work for a long time to come. But this one had to be finished. What remains to be done to it is boring but not difficult, and I want to put it out of my mind for a few weeks before I give it a final polish.

29 October 1893

Considering the fact that all the world is troubled in one way or another, we are getting along well. Considering the fact that all the world need not be troubled at all, we are getting along badly. We stay where we are and are glad to stay there. One week of lectures, which went well, already lies behind me.

19 November 1893

Our condition is satisfactory, i.e., unchanged. If it gets no worse, it is bearable, but the lack of any progress is necessarily depressing. Naturally I want to see the book brought out, but not at the cost of poor form. Moreover, now that it is being set, I have very much a feeling of "God protect the house." The book could easily reduce my by and large good repute to rack and ruin, "if the casting fail."* Even a minor fault can flaw the whole. It frightens me to come out with something that I have never talked over with any human being. At least I find comfort in knowing myself to be a member of several academies; where else to obtain confidence in oneself?

3 December 1893

We had to struggle again; my rheumatic pains grew so severe that I had great trouble carrying on; yet I had to cancel no lectures, so it cannot have been so bad after all. Now I feel better again. November is simply not a good month, but now it is behind us. We approach the shortest day, after which the light begins to grow again and summer approaches.

My introduction has been set, the major part of the manuscript goes off today ready for printing, only a small part still requires a final touch. I got all I required in the publisher's contract. When I did reserve the right to revise the book after twelve years, in my present condition, I felt like the Romans who never despaired of the fatherland's deliverance after the battle of Cannae. Let us hope I shall be as successful as they were.

On December 7 Heinrich Hertz lectured for the last time.

* [A reference to Schiller's poem "Die Glocke" (The Bell).]

Am 9. Dezember 1893 schreibt er:

Wenn mir wirklich etwas geschieht, so sollt Ihr nicht trauern, sondern sollt ein wenig stolz sein und denken, daß ich dann zu den besonders Auserwählten gehöre, die nur kurz leben und doch genug leben. Dies Schicksal habe ich mir nicht gewünscht und gewählt, aber wo es mich getroffen, muß ich zufrieden sein, und wenn mir die Wahl gelassen wäre, würde ich es vielleicht selbst gewählt haben.

Am 1. Januar 1894 erlag Heinrich Hertz einer Sepsis.

On 9 December 1893 he wrote:

If anything should really befall me, you are not to mourn; rather you must be proud a little and consider that I am among the especially elect destined to live for only a short while and yet to live enough. I did not desire or choose this fate, but since it has overtaken me, I must be content; and if the choice had been left to me, perhaps I should have chosen it myself.

On 1 January 1894 Heinrich Hertz succumbed to septicemia.

Nachtrag

Vier Briefe von Helmholtz an Hertz

Berlin, 8. August 1880

Geehrter Herr Doktor,

am 1. Okt. wird eine der Assistentenstellen am Physikalischen Institut frei, und ich erlaube mir deshalb die Anfrage bei Ihnen, ob Sie geneigt sind, die Stelle, welche bisher Herr Dr. Kayser innegehabt hat, zu übernehmen. Die Geschäfte bestehen hauptsächlich in der Besorgung der Vorbereitungen für meine Vorlesungen und Assistenz eventualiter bei meinen eigenen Versuchen, ferner Übernahme der Bibliothek; unter Umständen natürlich auch Vertretung der andern Assistenten. Die Anstellung wird immer auf je zwei Jahre gegeben, die Remuneration beträgt in Geld 1110 Mk. im Jahr, dazu freie Wohnung, Heizung, Gas und Wasser. Herr Dr. Kayser hat in der betreffenden Stellung ziemlich freie Zeit gehabt, aber so frei, wie ohne die Stelle, sind Sie natürlich nicht. Ich kenne Ihre äußeren Verhältnisse nicht und muß es Ihnen also überlassen, das Für und Wider zu überlegen.

Antwort bitte ich mir nach Ambach am Starnberger See, Bayern, zu senden.

Ihr H. Helmholtz

Herrn Dr. H. R. Hertz,
Hamburg

Appendix

Four Letters from Helmholtz to Hertz

Berlin, 8 August 1880

Honored Sir,

On October 1 one of the assistantships at the Physics Institute falls vacant and accordingly I take the liberty of inquiring whether you might be inclined to assume the position that Dr. Kayser has held until now. The duties consist mainly of taking charge of the preparations for my lectures, possibly also assisting with my own experiments, furthermore taking charge of the library; and should the case arise substituting for the other assistants as well. The appointment is renewed every two years, the remuneration comes to 1110 Mk. annually in cash and free living quarters as well as heat, gas, and water. The position in question left Dr. Kayser considerable free time, but naturally you will not be as free as if you had no position. I know nothing of your pecuniary circumstances and so must leave it to you to weigh the pros and cons.

Be so good as to send me your reply to Ambach am Sternberger See in Bavaria.

Yours,

H. Helmholtz

Dr. H. R. Hertz
Hamburg

Berlin, 29. Juli 1883

Geehrter Herr Doktor,

ich habe mit größtem Interesse Ihre Arbeit über die Glimmentladung gelesen und kann nicht umhin, Ihnen mein Bravo schriftlich zuzusenden. Die Sache scheint mir von der größten Tragweite zu sein. Ich trage mich seit einiger Zeit mit dem Gedanken, ob nicht die Kathodenstrahlen die Ausbreitungsform eines plötzlichen Stoßes auf den Maxwellschen elektromagnetischen Äther sind, wobei die Elektrodenfläche die erste Wellenlänge bildete. Denn soweit ich sehe, müßte eine solche Welle sich genau so ausbreiten, wie jene Strahlen es tun. Dann würde auch Ablenkung der Wellen durch Magnetisierung des Mediums möglich sein. Longitudinalwellen wären leichter vorzustellen und könnten existieren, wenn die Konstante k meiner elektrom. Arbeiten nicht Null wäre. Aber auch Transversalwellen könnten zustande kommen. Wie es scheint, hegen Sie ähnliche Gedanken; aber wie es auch sei, genieren Sie sich nicht in der Verwendung der eben ausgesprochenen, denn ich habe für jetzt keine Zeit, sie auszuarbeiten, und sie drängen sich beim Lesen Ihrer Arbeit so von selbst auf, daß Sie sie notwendig bald finden würden, wenn Sie sie noch nicht gefunden haben.

Nun ist aber ein Einwand mir aufgestoßen gegen Ihre Versuche, der sich vielleicht noch vollständiger beseitigen läßt, als bisher geschehen, und der jedenfalls erörtert werden müßte. Nämlich wenn die Kathodenstrahlen der früheren Ansicht gemäß elektrische Ströme sind, so müßten sie notwendig auch einen zurückführenden unsichtbaren Teil, etwa in der Nähe der Gefäßwand, haben. Das ist ein Punkt, den ich oft mit Dr. Goldstein diskutiert habe. Dann würden sie in dem zylindrischen Gefäße ebensowenig wie die eigentlichen geschlossenen Ströme nach außen magnetisch wirken können, weil sie Ringmagnete bilden. Im den 4eckigen Gefäßen bleibt dann immer noch die Möglichkeit, sich die unsichtbaren rückführenden Ströme so vorzustellen, daß die beobachtete Wirkung herauskommt. Ich sehe wohl, daß eine solche Deutung wenig wahrscheinlich ist, da die Kathodenstrahlen ein konzentriertes Bündel bilden, und ich glaube selbst nicht an die Wahrscheinlichkeit; aber ich fürchte, es ist ein Bedenken, was vielen Lesern sehr naheliegt.

Berlin, 15. Dezember 1888

Verehrter Freund,

über Ihre letzten Taten habe ich mich sehr gefreut. Es sind Dinge, an deren Möglichkeit ich jahrelang herumgenagt habe, um ein Loch zu finden, wie man ihnen beikommen könnte, und mir ist deshalb auch der ganze Gedankenkreis vertraut und ihre große Wichtigkeit gleich einleuchtend. Ich habe, nachdem sie am Donnerstag der Akademie offiziel übergeben waren,

Berlin, 29 July 1883

Honored Sir,

I have read your paper on the cathode discharge with the greatest interest and cannot refrain from writing to say Bravo! This matter seems to me to be of the widest importance. For some time I have been wondering whether the cathode rays might not be a mode of propagation of a sudden impact on the Maxwellian electromagnetic ether, in which the electrode surface forms the first wave front. For as far as I can see such a wave should be propagated exactly as these rays are. That would then also make deflection of these waves by magnetization of the medium possible. Longitudinal waves could be more easily postulated and could exist if the constant k in my electrom. theories were not zero. But transverse waves might also be generated. You seem to have similar thoughts in your own mind; but be that as it may, feel free to make any use of what I mentioned above, for I have no time to elaborate it at present, and these ideas suggest themselves so readily to anyone reading your paper that they must soon occur to you if they have not already done so.

However, one objection to your experiments has occurred to me that could perhaps be removed even more completely than it has been before now and that would have to be discussed in any case. That is, if cathode rays are (in accordance with the earlier view) electric currents, they would necessarily have to have an invisible return component, possibly in the vicinity of the container wall. That is a point that I have often discussed with Dr. Goldstein. Inside the cylindrical vessel they would then have as little outward magnetic effect as actual closed circuits, because they form ring magnets. For the rectangular vessel a possibility still remains of imagining the visible return currents in a way that would admit of the observed effect. I can well see that the probability of such an interpretation is not very great, since the cathode rays form a concentrated bundle, and I do not believe in the probability myself; but I am afraid that it is a reservation, something that many readers may seize on.

Berlin, 15 December 1888

Honored friend,

Your latest achievements have given me much pleasure. For years I worried away on the possibility of these things, trying to find an opening through which they could be reached, and therefore I am familiar with the entire train of thought and immediately recognize their great importance. After your paper was officially transmitted to the Academy on Thursday, I lectured on it to the

am Freitag auch der Physikalischen Gesellschaft vorgetragen in Anschluß an einen Vortrag von Dr. Ritter, der den Einfluß des ultravioletten Lichts auf die Funken gezeigt hatte.

Es tut mir persönlich leid, daß Sie nicht nach Berlin kommen wollen, aber wie ich Ihnen schon früher sagte, ich glaube allerdings, daß Sie in Ihrem eigenen Interesse ganz richtig handeln, wenn Sie Bonn zunächst vorziehen. Wer noch viel wissenschaftliche Aufgaben vor sich sieht, die er angreifen möchte, bleibt den großen Städten besser fern. Am Ende des Lebens, wenn es mehr darauf ankommt, den errungenen Standpunkt für die Heranziehung der neuen Generation und für die Staatsverwaltung zu verwerten, ist es anders.

Charlottenburg, 26. Februar 1892

Geehrter Freund und Kollege,

ich nehme mit bestem Dank Ihr Anerbieten an, mir Ihre Sammlung von Abhandlungen über die elektrischen Wellen zu dedizieren; dies ist einmal eine Widmung, an der ich ungetrübte Freude haben kann, und für die Belehrungsbedürftigen aller Länder ist es ein großer Vorteil, die Abhandlungen alle zusammen zu haben.

Ich bin eben selbst dabei, wieder einen kleinen elektrodynamischen Aufsatz zu schreiben, nämlich eine Umformung von Maxwells Gleichungen in die Form des Prinzips der kleinsten Wirkung, da, wie Sie selbst schon bemerkt haben, die Herleitung der ponderomotorischen Kräfte möglicherweise unvollständig sein konnte. Aber das genannte Prinzip ergibt sie übereinstimmend mit der älteren Herleitung aus der Energie.

Falls Ihnen bekannt sein sollte, daß schon ein anderer dasselbe gemacht hat, so bitte ich um Nachricht.

Mit besten Grüßen

Ihr H. v. Helmholtz

Aus zwei Briefen von Helmholtz an Lipschitz in Angelegenheit der Besetzung der physikalischen Professur in Bonn.*

Weggis, 9. September 1888

Für den talentvollsten und an originalen Ideen reichsten unter den jüngeren Physikern glaube ich Professor Hertz in Karlsruhe (zur Zeit auch Kandidat für Gießen) ansehen zu müssen. Er war früher kurze Zeit mein Assistent und ist ebenso befähigt, die abstraktesten mathematischen Theorien zu

* Rudolf Lipschitz, Professor der Mathematik in Bonn. Die Witwe Professor Lipschitzs hatte die Freundlichkeit, vor langen Jahren diesen Brief Elisabeth Hertz zu schenken.

Physical Society on Friday, following a lecture by Dr. Ritter, who has demonstrated the effect of ultraviolet light on sparks.

Personally I regret you won't come to Berlin, but as I have told you previously, I must say I believe you are acting quite rightly in your own interest in preferring Bonn at present. A person who yet hopes of grappling with many scientific problems had better stay away from the big cities. At the end of one's life, when it is more important to use the position he has attained for educating a new generation and for public purposes, it is a different matter.

Charlottenburg, 26 February 1892

Honored friend and colleague,

I gratefully accept your offer to dedicate the collection of your papers on electric waves to me; for once, it is a dedication that gives me unalloyed pleasure, and it is a great advantage for all who would profit from it in all lands to have all the contributions in a single volume.

I am just on the point of writing another short essay on electromagnetics myself, namely a reformulation of Maxwell's equations in the form of the principle of least action, since, as you have already noted yourself, the derivation of the ponderomotive forces might possibly be incomplete. Yet they follow from the aforementioned principle exactly as they do from the older derivation from energy.

Should you be aware of anyone else who might have done the same thing, please advise me.

With best regards,

Yours,

H. von Helmholtz

Excerpts from Two Letters from Helmholtz to Lipschitz in the Matter of the Filling of the Professorship in Physics at Bonn.*

Weggis, 9 September 1888

I believe that Professor Hertz in Karlsruhe (currently a candidate for Giessen as well) must be regarded as the most talented among the younger physicists and most replete with original ideas. He was once my assistant for a short time and he is as capable of mastering the most abstract

* Rudolf Lipschitz, professor of mathematics at Bonn. The widow of Professor Lipschitz was kind enough to give this letter to Elisabeth Hertz many years ago.

beherrschen, wie die daraus hergeleiteten Fragen experimenteller Art mit großer Geschicklichkeit und großer Erfindungsgabe in den Methoden zu lösen. Seine letzten Untersuchungen über Fortpflanzung der elektrodynamischen Wirkungen durch den Luftraum zeigen ihn als einen Kopf ersten Ranges. Da er noch verhältnismäßig jung ist, würde es ihm gegenüber auch vielleicht leichter werden, für Prof. Ketteler eine passende Stellung zu finden.

In gleicher Angelegenheit nach Hertz' Tod:

Charlottenburg, 16. Januar 1894

Bei der Berufung eines Nachfolgers für H. Hertz ist freilich nicht daran zu denken, daß Sie jemanden finden könnten, der diesen einzigen Mann ersetzen könnte, auch würde meines Erachtens kein Grund dafür vorliegen, daß man ihn in seinem besonderen Fache zu vertreten suchen sollte.

mathematical theories as he is of solving the experimental problems deriving from them with the greatest dexterity and inventiveness in method. His latest research on the propagation of electromagnetic effects in air shows that he has a first-class mind. Perhaps it will be easier to find a suitable position for Prof. Ketteler in relation to Prof. Hertz, since the latter is still relatively young.

On the Same Subject After Hertz's Death:

Charlottenburg, 16 January 1894

In the appointment of a successor to H. Hertz there can surely be no thought of finding someone who could replace this unique man, nor would there be any reason in my opinion to seek to replace him in his special field.

Bibliographie des Hertzschen Werkes

Die Gesammelten Werke von Heinrich Hertz erschienen in den folgenden drei Bänden. Band I, *Schriften vermischten Inhalts,* herausgegeben von Ph. Lenard, erschien bei Johann Ambrosius Barth (Arthur Meiner) in Leipzig im J. 1895; er ist mit einem längeren Vorwort von Lenard ausgestattet und enthält u.A. den Aufsatz zu Helmholtz' 70. Geburtstag. Band II erschien zuerst selbstständig als *Untersuchungen über die Ausbreitung der elektrischen Kraft,* auch bei Barth (1892), mit einem Vorwort des Verfassers; und dann als Band II der Gesammelten Werke (1894). Band III, *Die Prinzipien der Mechanik, in neuem Zusammenhange dargestellt,* mit einem Vorwort von Hermann von Helmholtz, erschien bei Barth in 1894, kurz nach Hertz' Tod. Vier Werke aus dem zweiten Band wurden von Hertz' Neffen, dem Physiker und Nobelpreisträger Gustav Hertz, als Band 251 von *Ostwalds Klassiker der exakten Wissenschaften* zusammengestellt und mit einer Einleitung und mit Anmerkungen versehen: *Über sehr schnelle elektrische Schwingungen* (Leipzig: Geest & Portig, 1971). Die vier Werke sind Band II, 2, 8 und 11; Band I, 20.

Englische Übersetzungen erschienen in London bei Macmillan and Co.: *Electric Waves (Being Researches on the Propagation of Electric Action with Finite Velocity Through Space),* Übersetzung von D. E. Jones, mit einem Vorwort von Lord Kelvin (1893; es gibt auch eine Neuausgabe von 1962, bei Dover Publications in New York); *Miscellaneous Papers,* Übersetzung von D. E. Jones und G. A. Schott (1896); und *The Principles of Mechanics, Presented in a New Form,* Übersetzung von D. E. Jones und J. T. Walley (1896; eine Neuausgabe von 1956, bei Dover Press in New York, enthält ein Vorwort von R. S. Cohen über Hertz' Philosophie der Wissenschaft und eine wertvolle Bibliographie der wissenschaftlichen, philosophischen und geschichtlichen Werke über seine Mechanik). Es gibt weiters auch Übersetzungen der Einzelwerke in andere Sprachen, z.B. die russische.

Bibliography of Hertz's Publications

The Collected Works of Heinrich Hertz appeared in the following three volumes. Volume I, *Schriften vermischten Inhalts,* brought out by Ph. Lenard, was published by Johann Ambrosius Barth (Arthur Meiner) in Leipzig, in 1895; it is provided with a lengthy preface by Lenard and contains among other contributions the article written for Helmholtz's 70th birthday. Volume II first appeared independently as *Untersuchungen über die Ausbreitung der elektrischen Kraft,* likewise published by Barth (1892), with an author's preface; and then as Volume II of the Collected Works (1894). Volume III, *Die Prinzipien der Mechanik, in neuem Zusammenhange dargestellt,* with a preface by Hermann von Helmholtz, was published by Barth in 1894, shortly after Hertz's death. Four papers from the second volume were arranged by Hertz's nephew, the physicist and Nobel Prizewinner Gustav Hertz, as Volume 251 of *Ostwalds Klassiker der exakten Wissenschaften,* with an introduction and notes: *Über sehr schnelle elektrische Schwingungen* (Leipzig: Geest & Portig, 1971). The four papers are vol. II, 2, 8, and 11; vol. I, 20.

English translations appeared in London at Macmillan and Co.: *Electric Waves (Being Researches on the Propagation of Electric Action with Finite Velocity Through Space),* translated by D. E. Jones, with a preface by Lord Kelvin (1893; there is also a reprint dated 1962, published by Dover Publications in New York); *Miscellaneous Papers,* translated by D. E. Jones and G. A. Schott (1896); and *The Principles of Mechanics, Presented in a New Form,* translated by D. E. Jones and J. T. Walley (1896; a reprint dated 1956, published by Dover Press in New York, contains an introduction by R. S. Cohen about Hertz's philosophy of science and a valuable bibliography of the scientific, philosophic, and historical works about his mechanics). There are also translations of the individual works into other languages, e.g., Russian.

Band I: Schriften vermischten Inhalts

1. Versuche zur Feststellung einer oberen Grenze für die kinetische Energie der elektrischen Strömung (1880).

2. Über die Induktion in rotierenden Kugeln (1880).

3. Über die Verteilung der Elektrizität auf der Oberfläche bewegter Leiter (1881).

4. Obere Grenze für die kinetische Energie der bewegten Elektrizität (1881).

5. Über die Berührung fester elastischer Körper (1881).

6. Über die Berührung fester elastischer Körper und über die Härte (1882).

7. Über ein neues Hygrometer (1882).

8. Über die Verdunstung der Flüssigkeiten, insbesondere des Quecksilbers, im luftleeren Raume (1882).

9. Über den Druck des gesättigten Quecksilberdampfes (1882).

10. Über die kontinuierlichen Ströme, welche die fluterregende Wirkung der Gestirne im Meere veranlassen muß (1883).

11. Dynamometrische Vorrichtung von geringem Widerstande und verschwindender Selbstinduktion (1883).

12. Über eine die elektrische Entladung begleitende Erscheinung (1883).

13. Versuche über die Glimmentladung (1883).

14. Über das Verhalten des Benzins als Isolator und als Rückstandsbildner (1883).

15. Über die Verteilung der Druckkräfte in einem elastischen Kreiszylinder (1883).

16. Über das Gleichgewicht schwimmender elastischer Platten (1884).

17. Über die Beziehungen zwischen den Maxwell'schen elektrodynamischen Grundgleichungen und den Grundgleichungen der gegnerischen Elektrodynamik (1884).

18. Über die Dimensionen des magnetischen Poles in verschiedenen Maßsystemen (1884).

19. Graphische Methode zur Bestimmung der adiabatischen Zustandsänderungen feuchter Luft (1884).

20. Über die Beziehungen zwischen Licht und Elektrizität (1889).

21. Über den Durchgang der Kathodenstrahlen durch dünne Metallschichten (1891).

22. Zum 31. August 1891.

Volume I: Miscellaneous Papers

1. Experiment to determine an upper limit to the kinetic energy of an electric current (1880).

2. On induction in rotating spheres (1880).

3. On the distribution of electricity over the surface of moving conductors (1881).

4. Upper limit for the kinetic energy of electricity in motion (1881).

5. On the contact of elastic solids (1881).

6. On the contact of rigid elastic solids and on hardness (1882).

7. On a new hygrometer (1882).

8. On the evaporation of liquids, and especially of mercury, in vacuo (1882).

9. On the pressure of saturated mercury-vapor (1882).

10. On the continuous currents which the tidal action of the heavenly bodies must produce in the ocean (1883).

11. Hot-wire ammeter of small resistance and negligible inductance (1883).

12. On a phenomenon which accompanies the electric discharge (1883).

13. Experiments on the cathode discharge (1883).

14. On the behavior of benzene with respect to insulation and residual charge (1883).

15. On the distribution of stress in an elastic right circular cylinder (1884).

16. On the equilibrium of floating elastic plates (1884).

17. On the relations between Maxwell's fundamental electromagnetic equations and the fundamental equations of the opposing electromagnetics (1884).

18. On the dimensions of magnetic pole in different systems of units (1885).

19. A graphical method of determining the adiabatic changes of moist air (1884).

20. On the relations between light and electricity (1889).

21. On the passage of cathode rays through thin metallic layers (1892).

22. Hermann von Helmholtz (1891).

Band II: Untersuchungen über die Ausbreitung der elektrischen Kraft

1. Einleitende Übersicht—A. Zu den Versuchen; B. Zur Theorie (1892).
2. Über sehr schnelle elektrische Schwingungen (1887).
3. Aus der Abhandlung Herrn W. von Bezold's: „Untersuchungen über die elektrische Entladung—Vorläufige Mitteilung" (1870).
4. Über einen Einfluß des ultravioletten Lichtes auf die elektrische Entladung (1887).
5. Über die Einwirkung einer geradlinigen elektrischen Schwingung auf eine benachbarte Strombahn (1888).
6. Über Induktionserscheinungen, hervorgerufen durch die elektrischen Vorgänge in Isolatoren (1887).
7. Über die Ausbreitungsgeschwindigkeit der elektrodynamischen Wirkungen (1888).
8. Über elektrodynamische Wellen im Luftraume und deren Reflexion (1888).
9. Die Kräfte elektrischer Schwingungen, behandelt nach der Maxwell'schen Theorie (1889).
10. Über die Fortleitung elektrischer Wellen durch Drähte (1889).
11. Über Strahlen elektrischer Kraft (1888).
12. Über die mechanischen Wirkungen elektrischer Drahtwellen (1891).
13. Über die Grundgleichungen der Elektrodynamik für ruhende Körper (1890).
14. Über die Grundgleichungen der Elektrodynamik für bewegte Körper (1890).

Band III: Die Prinzipien der Mechanik, in neuem Zusammenhange dargestellt

Volume II: Electric Waves

1. Introduction—A. Experimental; B. Theoretical (1892).

2. On very rapid electric oscillations (1887).

3. From Herr W. von Bezold's paper: "Researches on the electric discharge—Preliminary communication" (1870).

4. On an effect of ultra-violet light upon the electric discharge (1887).

5. On the action of a rectilinear electric oscillation upon a neighboring circuit (1888).

6. On electromagnetic effects produced by electrical disturbances in insulators (1887).

7. On the finite velocity of propagation of electromagnetic actions (1888).

8. On electromagnetic waves in air and their reflection (1888).

9. The forces of electric oscillations, treated according to Maxwell's theory (1889).

10. On the propagation of electric waves by means of wires (1889).

11. On electric radiation (1888).

12. On the mechanical action of electric waves in wires (1891).

13. On the fundamental equations of electromagnetics for bodies at rest (1890).

14. On the fundamental equations of electromagnetics for bodies in motion (1890).

Volume III: The Principles of Mechanics, Presented in a New Form

Namenregister — Name Index

Die Zahlen verweisen auf die englischen Seiten. Es fehlen die Namen von Heinrich Hertz, seiner Gattin und seinen Eltern, die zu oft vorkommen.

Page numbers refer to the English version. The names of Heinrich Hertz, his wife, and his parents have been omitted, since they occur so frequently.

Gesetzt von — Typeset by
Friedrich Typography
Santa Barbara, California